Matemáticas y Programación en Python

J.C. Bautista

Matemáticas y Programación en Python
Copyright © 2014 by José Carlos Bautista ISBN 978-1-326-14074-8

Trademarked names, logos, and images may appear in this book. Rather than use a trademark symbol with every occurrence of a trademarked name, logo, or image we use the names, logos, and images only in an editorial fashion and to the benefit of the trademark owner, with no intention of infringement of the trademark.

The use in this publication of trade names, trademarks, service marks, and similar terms, even if they are not identified as such, is not to be taken as an expression of opinion as to whether or not they are subject to proprietary rights. The term pysamples refers exclusively to the internet address www.pysamples.com, registered by the author of this book.

The information in this book is distributed on an "as is" basis, without warranty. Although every precaution has been taken in the preparation of this work, neither the author(s) nor the publisher shall have any liability to any person or entity with respect to any loss or damage caused or alleged to be caused directly or indirectly by the information contained in this work.

This book intends to show Python applications to the study of Mathematics. Programs have been developed with the aim of showing the possibilities of this language: they have not been thoroughly tested for all possible cases, and have not been evaluated by usability testing. The use of these programs to perform calculations can in some cases produce unexpected or wrong results, since the programs have been developed exclusively as examples for this book. The use of the software is strictly the responsibility of the reader.

Second Edition, August 2014.

Para Carmen y Diego.

Índice general

0. **Fundamentos de Python** — 4
   - 0.1. ¿Qué es Python? — 4
   - 0.2. Un primer programa en Python — 7
   - 0.3. Operaciones con números — 7
   - 0.4. NumPy y SciPy. La instrucción if — 8
   - 0.5. Las instrucciones for y while — 12
   - 0.6. Operaciones con polinomios — 15
   - 0.7. Más sobre la instrucción while — 16
   - 0.8. Matplotlib — 20
   - 0.9. Archivos de texto. Estadística — 24

1. **Conjuntos** — 33
   - 1.1. Relaciones de equivalencia — 33
   - 1.2. Conjuntos contables: $\mathbf{N}, \mathbf{Z}, \mathbf{Q}$ — 34
   - 1.3. Tres ejemplos de Teoría de Números — 36
     - 1.3.1. Números primos — 36
     - 1.3.2. Algoritmo de Euclides — 38
     - 1.3.3. Ternas pitagóricas — 39
   - 1.4. Conjuntos equivalentes, ordenados. — 41
   - 1.5. El conjunto de los números reales — 42

2. **Cuerpos** — 46
   - 2.1. El cuerpo de los números reales — 46
   - 2.2. Matrices cuadradas — 48
   - 2.3. El cuerpo de los números complejos — 50

3. **Espacios Métricos** — 60
   - 3.1. Espacios métricos — 60
   - 3.2. Conjuntos abiertos, cerrados, acotados — 61
   - 3.3. Sucesiones — 63

4. **Convergencia** — 70
   - 4.1. Sucesiones convergentes. Límite. — 70
   - 4.2. Propiedades de las sucesiones — 72
   - 4.3. Sucesiones monótonas — 73
   - 4.4. Sucesión de Cauchy — 75
   - 4.5. Intervalos encajados — 78
   - 4.6. Series numéricas — 81

5. **Función. Continuidad** — 85
   - 5.1. Función — 85
   - 5.2. Límite de una función — 86
   - 5.3. Continuidad — 87
   - 5.4. Funciones continuas — 93
   - 5.5. Programas de gráficas de este capítulo — 97

6. **Cónicas** — 101
   - 6.1. Cónicas degeneradas — 101
   - 6.2. Elipses e Hipérbolas — 103
   - 6.3. Parábolas — 112

7. Exponencial — 115
- 7.1. Series de potencias 115
- 7.2. La función exponencial $exp(z)$ 116
- 7.3. Programas de gráficas de este capítulo 125

8. Diferenciación — 128
- 8.1. Derivada de una función 128
- 8.2. Significado geométrico 131
- 8.3. Cálculo de derivadas 134
- 8.4. Teoremas del cálculo diferencial 136
- 8.5. Serie de Taylor 143
- 8.6. Aplicaciones de la derivada 152
  - 8.6.1. Representación de funciones polinómicas 152
  - 8.6.2. Física: tiro parabólico 156
  - 8.6.3. Física: Teoría de Planck del cuerpo negro 159
  - 8.6.4. Economía: función de producción 161
  - 8.6.5. Física: Ley de enfriamiento de Newton 162

9. Integral — 163
- 9.1. Integral de Riemann 163
- 9.2. Integral Indefinida 167
- 9.3. Integral definida 168
- 9.4. Teorema fundamental del cálculo integral 178
- 9.5. Longitudes, áreas, volúmenes 181
  - 9.5.1. Área de un sector curvilíneo 181
  - 9.5.2. Longitud de un arco 183
  - 9.5.3. Área de una superficie de revolución 185
  - 9.5.4. Volumen de un sólido de revolución 186
- 9.6. Aplicaciones de la integral a la física 195
  - 9.6.1. W realizado por una fuerza constante 196
  - 9.6.2. W realizado al comprimir un muelle 197
  - 9.6.3. W durante una expansión isoterma 197
  - 9.6.4. W durante una expansión adiabática 197
  - 9.6.5. Ciclo de Carnot 198
- 9.7. La función logaritmo 202
- 9.8. Integración numérica 205

10. Vectores — 214
- 10.1. Espacio vectorial 214
- 10.2. Ecuaciones de una recta en el plano 223
- 10.3. Funciones vectoriales 230
- 10.4. Limite, continuidad y derivada de una función vectorial ... 232
- 10.5. Campos escalares 237
- 10.6. Gradiente de un campo escalar 240
- 10.7. Integración de una función vectorial 243
  - 10.7.1. Integral curvilínea de un campo vectorial 243
  - 10.7.2. Circulación de un campo conservativo 244
  - 10.7.3. Rotacional de un campo vectorial 245
  - 10.7.4. Integrales múltiples 247
  - 10.7.5. Flujo de un campo vectorial. Divergencia 247
- 10.8. Lineas de flujo. Ejemplos de campos vectoriales 250

Esquema de dependencia de los capítulos

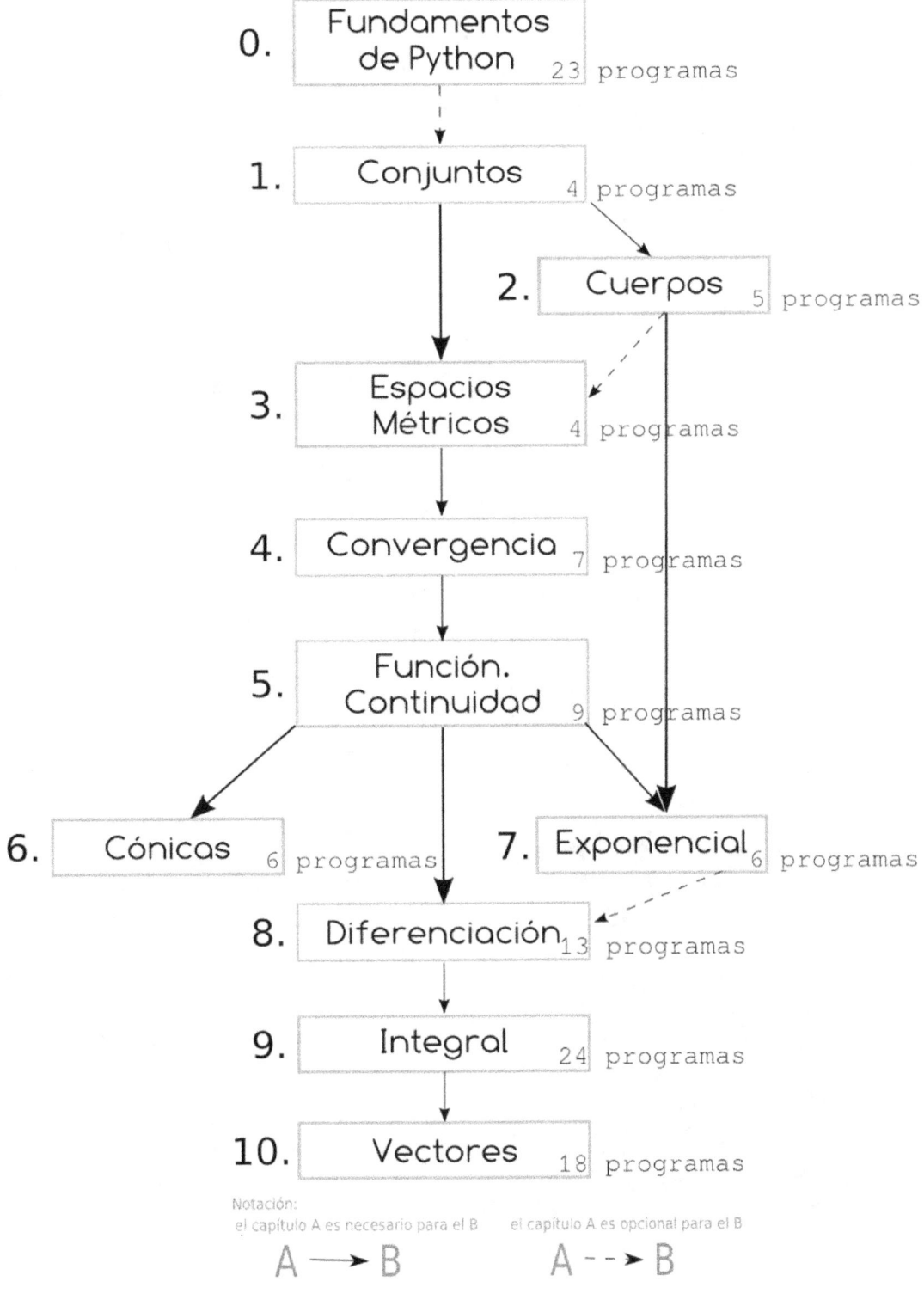

Notación:
el capítulo A es necesario para el B   el capítulo A es opcional para el B
A ⟶ B   A --▸ B

ÍNDICE GENERAL

Cuadro 1: Listado de programas de Python

nº	py	Descripción
1	pa.py	Calcula las permutaciones de las cinco vocales
2	pb.py	Primer programa: escribe 'hola'
3	pc.py	Operaciones con números enteros y con números reales
4	pd.py	Especifica el número de decimales que se muestran
5	pe.py	Operaciones con variables
6	pf.py	Numpy. Definición de una función. Operaciones matemáticas. Instrucción if
7	pg.py	Instrucción if - else
8	ph.py	Instrucción if - elif - else
9	pi.py	Instrucción for
10	pj.py	Instrucción for, avanzando de 5 en 5
11	pk.py	Instrucción for con gráficos de tortuga
12	pl.py	Instrucción for: espiral de Arquímedes con gráficos de tortuga
13	pm.py	Representa la función $y = a \cdot sen3\alpha$ con gráficos de tortuga
14	pn.py	Numpy. Operaciones con polinomios
15	po.py	Ejemplo de bucle while sin fin
16	pq.py	Instrucción while: descomposición en factores primos.
17	pr.py	Instrucción while y listas: descomposición en factores primos.
18	ps.py	Ajuste de datos experimentales con Numpy y representación con Matplotlib
19	pt.py	Utiliza Matplotlib para representar la ecuación de Van der Waals en 2D
20	pu.py	Representa el gráfico anterior como una superficie en 3D
21	pv.py	Recuenta letras de un archivo de texto
22	pw.py	Recuenta y representa frecuencias de letras en textos
23	px.py	Elabora estadísticas y representa histograma
24	p1a.py	Calcula 30 números racionales comprendidos entre dos elegidos al azar
25	p1b.py	Criba de Eratóstenes
26	p1c.py	Algoritmo de Euclides para calcular el máximo común divisor
27	p1d.py	Calcula y representa triángulos pitagóricos
28	p2a.py	Producto de matrices
29	p2b.py	Cálculo de la matriz inversa mediante operaciones de filas con Sympy
30	p2c.py	Operaciones con números complejos
31	p2d.py	Representa números complejos
32	p2e.py	Resolución de la ecuación de segundo grado y representación gráfica de las soluciones
33	p3a.py	Calcula términos y la suma de una progresión aritmética
34	p3b.py	Calcula términos y la suma de una progresión geométrica
35	p3c.py	Calcula los 100 primeros términos de la sucesión de Fibonacci
36	p3d.py	Calcula los términos de la sucesión de Fibonacci como números binarios
37	p4a.py	Calcula términos de a^n, con $a < 1$, hasta acercarse al límite a una distancia $< \epsilon$
38	p4b.py	Calcula la raíz cuadrada de un número, mediante términos de una sucesión convergente
39	p4c.py	Calcula 5000 términos de la sucesión que define al número e
40	p4d.py	Calcula cuántos términos de la sucesión del número e son necesarios para que la diferencia entre dos términos consecutivos sea menor que un valor ϵ dado
41	p4e.py	Calcula la sucesión de intervalos encajados cuyo límite es el número e
42	p4f.py	Representa la sucesión de intervalos encajados cuyo límite es el número e
43	p4g.py	Muestra gráficamente que la sucesión $a^n/n!$ tiende a cero
44	p5a.py	Muestra la continuidad de la función $y = x^2$ a partir de la definición de continuidad
45	p5b.py	Elabora gráfica de función discontinua
46	p5c.py	Segundo teorema de Bolzano-Cauchy
47	p5d.py	Representa la función $f(x) = \frac{x^2-9}{x-1}$
48	p5e.py	Representa las funciones $senx$ y $cosx$
49	p5f.py	Representa una función continua a trozos
50	p5g.py	Representa las funciones $y = x$, $y = senx$, $y = senx/x$ para valores de x cercanos a cero.
51	p5h.py	Representa la función $f(x) = \frac{x \cdot senx}{5}$
52	p5i.py	Representa la función $f(x) = x^2$
53	p6a.py	Determina el tipo de cónica si el discriminante es nulo
54	p6b.py	Representa la órbita elíptica de la Luna alrededor de la Tierra

Continúa en la siguiente página

Cuadro 1 – *Continúa de la página anterior*

nº	py	Descripción
55	p6c.py	Representa las órbitas elípticas del modelo atómico de Sommerfeld para n=4
56	p6d.py	Representa y determina el tipo de elipse si la cónica tiene $A_{33} > 0$
57	p6e.py	Calcula y representa la hipérbola si la cónica tiene $A_{33} < 0$
58	p6f.py	Calcula y representa la cónica correspondiente a una parábola
59	p7a.py	Desarrolla en serie la función exponencial
60	p7b.py	Ajusta los datos de población de España a una función exponencial
61	p7c.py	Representa las raíces de $z = 1{,}05 e^{j\pi}$
62	p7d.py	Representa las funciones de $y = e^x$; $y = e^{-x}$; $y = e^{-x^2}-$
63	p7e.py	Representa las potencias de $z = e^{j\frac{\pi}{6}}$
64	p7f.py	Representa las potencias de $z = 1{,}02 \cdot e^{j\frac{\pi}{10}}$
65	p8a.py	Calcula el valor de la derivada de una función polinómica en un punto dado a partir de la definición de derivada, y la compara con su valor exacto calculado con Numpy
66	p8b.py	Representa los teoremas de Lagrange y de Rolle para funciones polinómicas.
67	p8c.py	Representa el teorema de Cauchy para la función de la curva astroide
68	p8d.py	Representa el desarrollo en serie de Taylor hasta la cuarta derivada de la función $y = 3sen2x$, en el entorno de un punto $x = a$
69	p8e.py	Desarrollo en serie de Maclaurin de una función, utilizando Sympy
70	p8f.py	Representa funciones polinómicas, marcando los máximos, mínimos, puntos de inflexión y cortes con los ejes
71	p8g.py	Representa el tiro parabólico para diferentes ángulos, y calcula parábola de seguridad
72	p8h.py	Simplifica la ecuación de Planck para la radiación del cuerpo negro
73	p8i.py	Representa la función $f(x) = x^3 \exp(-x/T)$ como simplificación de la ecuación de Planck
74	p8j.py	Representa el desarrollo en serie de Leibniz para $\pi/4$
75	p8k.py	Representa el significado de la derivada y el diferencial
76	p8l.py	Representa las funciones seno, coseno y tangente hiperbólicas
77	p8m.py	Representa hipérbola equilátera, mostrando Sht y Cht
78	p9a.py	Calcula y representa la suma de Riemann para una función
79	p9b.py	Calcula primitivas de funciones con Sympy
80	p9c.py	Representa la función $f(x) = \sqrt{(1-x^2)}$ y calcula su área en el intervalo $x \in [0,1]$
81	p9d.py	Representa una función polinómica, y calcula el área entre su curva y el eje X
82	p9e.py	Representa dos funciones y el área comprendida entre ambas
83	p9f.py	Representa las funciones $f(x) = 1$ y $g(x) = senx$
84	p9g.py	Representa el teorema del valor medio para integrales para la función $f(x) = x^2$
85	p9h.py	Representa el teorema fundamental del cálculo integral
86	p9i.py	Calcula el área bajo una curva dada en coordenadas polares
87	p9j.py	Calcula la longitud de la cicloide y la representa
88	p9k.py	Representa en 3D la superficie de revolución de la cicloide al rotar alrededor del eje X
89	p9l.py	Representa el área entre las funciones $f(x) = x^2$, y $g(x) = x^5$, y calcula el volumen de revolución al rotar alrededor del eje X
90	p9m.py	Representa en 3D el volumen de revolución del programa anterior
91	p9n.py	Representa el área entre la curva de la clepsidra y el eje Y, y calcula este área y el volumen de revolución al rotar alrededor del eje Y
92	p9o.py	Representa en 3D el cono, el cilindro y la clepsidra, y calcula su volumen, dimensiones y tiempo que tarda en vaciarse
93	p9p.py	Calcula y representa el trabajo, como aplicación de la integral a la física en varios casos
94	p9q.py	Calcula y representa el ciclo de Carnot de un gas, como aplicación de la integral a la física
95	p9r.py	Dada una tabla de datos, calcula y representa la integral numérica, tomando el extremo izquierdo de cada subintervalo
96	p9s.py	Dada una tabla de datos, calcula y representa la integral numérica, tomando el extremo derecho de cada subintervalo
97	p9t.py	Dada una tabla de datos, calcula y representa la integral numérica, tomando el punto medio de cada subintervalo
98	p9u.py	Dada una tabla de datos, calcula y representa la integral numérica por el método de los trapecios

Continúa en la siguiente página

ÍNDICE GENERAL

Cuadro 1 – *Continúa de la página anterior*

nº	py	Descripción
99	p9v.py	Dada una tabla de datos, calcula y representa la integral numérica por el método de las parábolas
100	p9w.py	Representa el lne como el área bajo la curva $y = f(x)$ entre $x = 1$ y $x = e$
101	p9x.py	Representa la curva del logaritmo neperiano
102	p10a.py	Calcula el producto escalar de dos vectores
103	p10b.py	Calcula el módulo de un vector
104	p10c.py	Normaliza un vector
105	p10d.py	Calcula el ángulo entre dos vectores
106	p10e.py	Calcula y representa en 3D el producto vectorial de dos vectores
107	p10f.py	Calcula las ecuaciones de una recta, y la representa en el plano
108	p10g.py	Representa en 3D el hodógrafo de una función vectorial
109	p10h.py	Representa función vectorial **r**, y su derivada $d\mathbf{r}/dt$
110	p10i.py	Representa tiro parabólico: vectores **r**, **v**, **a**
111	p10j.py	Representa el campo escalar $z = 0{,}03(x^2 - y^2)$
112	p10k.py	Representa en 3D el campo escalar anterior, siendo Z la altitud.
113	p10l.py	Representa las líneas de nivel para el potencial eléctrico V creado por una carga puntual
114	p10m.py	Calcula el gradiente de un vector
115	p10n.py	Representa el campo escalar $z = 0{,}03(x^2 - y^2)$ y su vector gradiente en varios puntos
116	p10o.py	Calcula el rotacional de un vector utilizando Sympy
117	p10q.py	Representa campo vectorial de velocidades $\mathbf{v} = -3y\mathbf{i}$
118	p10r.py	Calcula la divergencia de un vector
119	p10s.py	Representa en 3D el flujo neto de un campo vectorial a través de una superficie cerrada
120	p10t.py	Representa un campo vectorial mediante líneas de flujo

Prólogo

Comenzaré citando al filósofo Karl Popper[1]: «*Solo hay una manera de aprender a comprender un problema que no hayamos comprendido todavía: tratar de resolverlo y fracasar*». Explicaré brevemente mi tesis: la enseñanza de las matemáticas en los niveles de educación secundaria y primeros cursos universitarios de ciencias en muchos casos no da la oportunidad al estudiante de fracasar, sino que le presenta una receta para resolver un problema concreto, que el estudiante memoriza mediante su aplicación repetida a una considerable cantidad de ejercicios. En cambio, se desdeña la posibilidad de emplear suficientemente los recursos informáticos disponibles actualmente, para hacer al estudiante pensar en qué consiste el problema, enseñarle a elaborar un programa informático que proporcione una solución, falle total o parcialmente al hacerlo, y al ver los defectos de su programa, lo mejore, con lo que mejorará a su vez la comprensión del problema. Lo mismo se puede decir de los conceptos y definiciones: en lugar de meramente memorizarlos, el estudiante adquirirá una comprensión más profunda de los mismos si elabora un programa que los ponga en práctica numéricamente, algo que tardaría probablemente horas o días en efectuar mediante cálculos manuales.

Durante mis más de quince años de experiencia como profesor, he observado que a pesar de la creciente presencia de ordenadores tanto en los hogares como en las aulas, la enseñanza de las matemáticas, y de las ciencias en general, de hecho no está empleando muchos recursos informáticos que se encuentran disponibles tanto para los estudiantes como para los profesores, muchos de ellos de manera gratuita, sino que la enseñanza continúa ajustándose el viejo esquema de definición-teorema-demostración, al cual siguen gran cantidad de ejercicios a realizar por el estudiante. Muchos de estos ejercicios solamente requieren la realización de operaciones repetitivas sobre el papel.

En su lugar, propongo incrementar el empleo de ordenadores de manera que los estudiantes puedan adquirir una comprensión más profunda y rápida de los conceptos matemáticos, y empleen menos tiempo desarrollando realizando cálculos mecánicos que requieren varios minutos o incluso horas, cuando un corto programa de ordenador, escrito en muchos casos por el mismo estudiante, puede encontrar la solución a ese problema en unas pocas décimas de segundo. De hecho, cuando este estudiante necesite en un futuro realizar operaciones matemáticas en su trabajo, lo hará, con toda seguridad, utilizando un ordenador.

He intentado poner mi grano de arena para contribuir a esta forma de pensar acerca de la enseñanza de las matemáticas, y para ello elaboré mi sitio web www.pysamples.com alojado en Google App Engine, que además permite utilizar Python en la realización de los programas que aparecen en las páginas web, y que proporciona acceso al código de los programas de este libro. El libro no se distribuye en versión pdf para evitar la piratería, pero sí está disponible la descarga gratuita de el código de todos los programas del libro por sus compradores. Este libro tiene tres objetivos:

1. Presentar el análisis matemático del nivel correspondiente a bachillerato y primeros cursos universitarios de ciencias, de una manera útil, que sirva de puente entre las matemáticas que se estudian al final de la educación secundaria y las que el estudiante debe afrontar en los primeros cursos universitarios de ciencias.

---

[1] Karl R. Popper: El mito del marco común, en defensa de la ciencia y la racionalidad. Ed. Paidós Ibérica, 1997

2. Emplear el tiempo de clase disponible de una manera más racional: más tiempo para que el estudiante consiga comprender los conceptos, y menos tiempo para aprender a realizar mecánicamente operaciones matemáticas.

3. Aprender un lenguaje de programación moderno, gratuito, apto para iniciarse en la programación, pero además útil y con la potencia suficiente para realizar tareas complejas: Python. De hecho, en la actualidad Python es el lenguaje más utilizado como lenguaje de introducción a la programación en las universidades americanas (http://goo.gl/awrrTc).

Para la segunda edición de este libro, que coincide en el tiempo con su primera edición en inglés, he revisado la maquetación, el código de los programas y he corregido algunas erratas. Se han modificado algunas representaciones en 3D de manera que se pueda visualizar mejor con la impresión en papel en blanco y negro. El cambio de maquetación ha hecho posible reducir el número de páginas del libro sin reducir su contenido, lo que hace que el libro tenga un precio más asequible al reducir los costes de impresión.

Tengo la esperanza de que este libro sea útil tanto para los estudiantes como para sus profesores, y sirva para facilitar la comprensión de las matemáticas, para acceder a modernas herramientas de programación gratuitas, así como recurso educativo para los profesores, y para que el alumno elabore sus propios programas.

José Carlos Bautista Marugán, Madrid, Agosto de 2014.

0 | Fundamentos de Python

0.1 ¿Qué es Python?

En la redacción de todo el texto, elaboración de programas y gráficas, edición de imágenes, etc. solamente se ha utilizado software libre, de manera que para elaborar los programas no es necesario comprar ningún paquete de software: todo el software necesario está disponible gratuita y legalmente.

Como Guido Van Rossum, creador del lenguaje Python, dice en su blog [1]:«*Python es actualmente uno de los lenguajes de programación dinámica más populares... Es un lenguaje de programación de propósito general, y se utiliza para todo: desde scripts a grandes servidores web escalables que proveen servicio las 24 horas del día. Es utilizado para crear interfaces de usuario y para programar bases de datos, para programación web. Es utilizado por científicos para escribir aplicaciones para los supercomputadores más rápidos del mundo, y por niños que están aprendiendo a programar por primera vez.*»

Comparado con otros lenguajes y entornos de programación, Python tiene algunas ventajas:

- Python es un lenguaje moderno de código abierto. Puedes descargar e instalar gratuita y legalmente Python tanto en Windows como en Linux y Apple.

- Una sintaxis sencilla, sin llaves {} ni puntos y coma.

- Su versatilidad permite utilizarlo para realizar programas de cálculo, o programas de procesamiento de texto, gráficos, etc.

- Mientras que Octave y Scilab son entornos específicamente diseñados para realizar cálculos matemáticos y representar funciones, Python es un lenguaje de uso general, pero que cuenta con módulos específicos para realizar las mismas tareas que Octave y Scilab, y con una sintaxis más sencilla.

- La curva de aprendizaje de Python es sensiblemente más rápida que con otros lenguajes. Mientras que en otros entornos simplemente la creación de un primer programa para mostrar una palabra en pantalla puede requerir varios pasos, en Python es inmediato.

- Existen varios entornos de programación en Python, de manera que el usuario puede elegir el que prefiera. En este libro hemos utilizado Spyder, del que hablaremos más tarde.

Como ejemplo de la velocidad y la simplicidad de la sintaxis de Python, mostramos el siguiente programa, que calcula las permutaciones de las cinco vocales. No entramos en este momento en la explicación de los detalles del código, solamente mostramos que con once líneas de código podemos calcular las 120 permutaciones en menos de una milésima de segundo:

```
# -*- coding: utf-8 -*-
"""
pa.py
```

---

[1] http://python-history.blogspot.com.es/2009/01/introduction-and-overview.html

0.1. ¿QUÉ ES PYTHON?

```
""""

import itertools

elementos = ['a', 'e', 'i', 'o', 'u']
permutaciones = list(itertools.permutations(elementos))
resultado = ''
for permutacion in permutaciones:
    palabra = ''
    for i in range(0, 5):
        palabra += permutacion[i]
    resultado += palabra + ', '
resultado = resultado[0:len(resultado) - 2]
print resultado
```

───────────────── ejecución del programa ─────────────────
```
aeiou, aeiuo, aeoiu, aeoui, aeuio, aeuoi, aieou, aieuo, aioeu, aioue, aiueo, aiuoe,
aoeiu, aoeui, aoieu, aoiue, aouei, aouie, aueio, aueoi, auieo, auioe, auoei, auoie,
eaiou, eaiuo, eaoiu, eaoui, eauio, eauoi, eiaou, eiauo, eioau, eioua, eiuao, eiuoa,
eoaiu, eoaui, eoiau, eoiua, eouai, eouia, euaio, euaoi, euiao, euioa, euoai, euoia,
iaeou, iaeuo, iaoeu, iaoue, iaueo, iauoe, ieaou, ieauo, ieoau, ieoua, ieuao, ieuoa,
ioaeu, ioaue, ioeau, ioeua, iouae, iouea, iuaeo, iuaoe, iueao, iueoa, iuoae, iuoea,
oaeiu, oaeui, oaieu, oaiue, oauei, oauie, oeaiu, oeaui, oeiau, oeiua, oeuai, oeuia,
oiaeu, oiaue, oieau, oieua, oiuae, oiuea, ouaei, ouaie, oueai, oueia, ouiae, ouiea,
uaeio, uaeoi, uaieo, uaioe, uaoei, uaoie, ueaio, ueaoi, ueiao, ueioa, ueoai, ueoia,
uiaeo, uiaoe, uieao, uieoa, uioae, uioea, uoaei, uoaie, uoeai, uoeia, uoiae, uoiea
0.32901763916  ms
```
──

Este libro ha sido escrito utilizando software libre. Todos las aplicaciones utilizadas se pueden conseguir gratuita y legalmente en internet. Para muchas de ellas existe versión para Windows, Mac y Linux. La versión de Python que se ha empleado es la 2.7, que se ha instalado junto con las bibliotecas Numpy y Scipy. En el momento de terminar este libro, la versión más reciente es la 2.7.6, lanzada en noviembre de 2013 (http://www.python.org/download/releases/2.7.6/). Puedes ver una lista cronológica de las versiones de Python en esta dirección: http://docs.python.org/2/license.html.

He preferido la versión 2.7 porque a día de hoy es la versión soportada por Google Application Engine y la que se emplea actualmente en cursos tales como *Introduction to Computer Science and Programming Using Python*, del MIT (https://www.edx.org/course/mitx/mitx-6-00-1x-introduction-computer-1122. Los programas de este libro están escritos en la versión 2.7 de Python, y si decides utilizar la versión 3 del lenguaje, deberás reescribirlos o utilizar un conversor disponible en la dirección http://docs.python.org/2/library/2to3.html, lo cual en mi opinión no es necesario si te mantienes en la versión 2.7. Las diferencias entre ambas versiones son principalmente sintácticas, más que funcionales. En cualquier caso, si no sabes por qué versión decidirte, puedes consultar estas recomendaciones: http://wiki.python.org/moin/Python2orPython3

En los programas he preferido la claridad del código a su brevedad. Es decir, los programas están elaborados intentando mostrar lo más claramente posible su funcionamiento ilustrando un concepto matemático, y no buscan realizar la tarea con el menor número de líneas de código, ni emplear procedimientos quizá más eficaces y rápidos pero que pueden resultar más difíciles de comprender.

En algunos programas, se ha cronometrado el tiempo de ejecución utilizando el módulo timeit, cuya forma de empleo se puede consultar en http://docs.python.org/2/library/timeit.html. El tiempo se da simplemente a título ilustrativo de la velocidad de Python para realizar tareas, o bien para comparar dos maneras distintas de programar una misma tarea, y puede ser distinto al ejecutarlo en otro ordenador.

En los códigos de algunos programas pueden aparecer símbolos ← para indicar cambios de línea. Estos símbolos no son parte del código de Python sino que solamente se han insertado en el texto para ajustar la longitud de las líneas del código de Python al ancho de la página del libro.

Vamos ahora con el tema del entorno de programación en Python: existen varios entornos gratuitos que se pueden descargar e instalar fácilmente. Solo voy a nombrar algunos: **IDLE**, que es el que se instala por defecto con Python y también lo puedes encontrar la web http://www.python.org/download/; **Spyder**, que es el que he utilizado en los programas del libro. Ambos son excelentes, pero en mi opinión **Spyder** es superior a la hora de buscar errores en el código, ayudas con las palabras del lenguaje, etc. El nombre de **Spyder** es un acrónimo que deja ya clara su orientación a la programación científica: «Spyder is the Scientific PYthon Development EnviRonment». Lo puedes descargar gratuitamente en la dirección https://code.google.com/p/spyderlib/. Junto a los anteriores es de destacar también **IPython**, que puedes descargar gratuitamente en la dirección http://ipython.org/install.html. Para los usuarios de Windows, la opción más sencilla posiblemente sea **Winpython**: http://sourceforge.net/projects/winpython/.

Casi todos los gráficos que figuran en el libro se han elaborado mediante los correspondientes programas de Python que se muestran también en el libro. Las pocas excepciones a esta regla las constituyen algunas demostraciones geométricas, que se han elaborado utilizando Geogebra (http://www.geogebra.org/cms/es/), y los esquemas de los capítulos y cónicas, que se han elaborado con Inkscape (http://www.inkscape.org/es/). También se ha utilizado Gimp (http://www.gimp.org/) para la edición de imágenes. Estas tres aplicaciones también están disponibles gratuita y legalmente en Internet.

Todos los programas de Python, y la redacción del libro en Latex, se han realizado en un ordenador portátil Samsung R540, en el que se ha instalado como sistema operativo Linux Mint http://www.linuxmint.com/. Los programas han sido escritos en la versión 2.7 de Python, y su sintaxis sigue las recomendaciones PEP 8 que figuran en la dirección web http://www.python.org/dev/peps/pep-0008/.

Las páginas que siguen constituyen una breve introducción a la programación en Python, especialmente orientada a cálculos matemáticos. Puedes ampliar esta información con alguno de los libros y tutoriales gratuitos disponibles en las siguientes direcciones:

- Byte of Python:
  http://files.swaroopch.com/python/byteofpython_120.pdf

- Google's Python Class:
  https://developers.google.com/edu/python/

- Dive into Python:
  http://www.diveintopython.net/toc/index.html

- Learn Python The Hard Way:
  http://learnpythonthehardway.org/book/

- Python for you and me:
  http://kushal.fedorapeople.org/book/

- The Art and Craft of Programming:
  http://beastie.cs.ua.edu/cs150/book/book.pdf

- Python Documentation:
  http://docs.python.org/2/download.html

0.2 Un primer programa en Python

A diferencia de otros lenguajes, el típico primer programa escrito en Python es muy simple:

primer programa en python
```
>>> print 'hola'
hola
```

Es posible utilizar Python como calculadora, pero esto sería como matar moscas a cañonazos. Para aprovechar las posibilidades de Python debemos escribir un programa. Los programas de Python se guardan como archivos con la extensión .py.

0.3 Operaciones con números

Veremos a continuación varios programas cortos que comentaremos brevemente. En este primer programa definimos dos variables que llamamos e1 y e2, correspondientes a dos números enteros. Las siguientes líneas realizan operaciones con ellos. Observa que si los dos enteros se dividen directamente, el resultado es un número entero. Para que la división tenga decimales, hemos multiplicado el primer entero por 1.0 en la última línea del programa. La primera línea (coding: utf-8) es necesaria para poder imprimir caracteres tales como letras acentuadas, etc.

```
# -*- coding: utf-8 -*-
'''
pc.py
'''

e1 = 23
e2 = -2
r1 = 0.01
r2 = 2.5e-3
print 'operaciones con numeros enteros:'
print 'e1 + e2 = ', e1 + e2
print 'e1 - e2 = ', e1 - e2
print '-e2 = ', -e2
print 'e1 * e2 = ', e1 * e2
print 'e2 elevado a 5 = ', e2 ** 5
print 'division de enteros: e1/e2 = ', e1 / e2
print ('division exacta de enteros: e1/e2 = ' + str(1.0 * e1 / e2))
print 'operaciones con numeros reales:'
print 'e1 * r1 = ', e1 * r1
print 'e1 / r1 = ', e1 / r1
print 'r1 / r2 = ', r1 / r2
print 'r2 elevado a 4 = ', r2 ** 4
print 'division: 7.5/2 = ', 7.5 / 2
print 'division truncada 7.5//2 = ', 7.5 // 2
print ('modulo: el resultado es el resto de la division:' + ' 7.5 % 2 = ' + str(7.5 // 2))
```

ejecución del programa
```
operaciones con números enteros:
e1 + e2 =  21
e1 - e2 =  25
-e2 =  2
e1 * e2 =  -46
e2 elevado a 5 =  -32
división de enteros: e1/e2 =  -12
división exacta de enteros: e1/e2 = -11.5
operaciones con números reales:
e1 * r1 =  0.23
e1 / r1 =  2300.0
r1 / r2 =  4.0
r2 elevado a 4 =  3.90625e-11
división: 7.5/2 =  3.75
```

```
división truncada 7.5//2 =  3.0
módulo: el resultado es el resto de la división: 7.5 % 2 = 3.0
```

En este programa quizá solo tengamos que comentar las dos últimas líneas: la división truncada, que elimina los decimales de la división; y la última instrucción print, que al ser muy larga, enmarca su argumento entre paréntesis y une los elementos a imprimir mediante signos +. La instrucción str() convierte en cadena de texto el resultado de la operación módulo, para añadirlo a la cadena que se va a imprimir con esa instrucción print.

Es posible realizar también operaciones con números complejos. Tienes un ejemplo en la sección 2.3.

0.4 NumPy y SciPy. La instrucción if

Para realizar operaciones más complicadas que la suma, multiplicación, etc., Python dispone de «paquetes» en los que ya se han codificado las instrucciones para realizar estas operaciones, de manera que no tenemos que indicar paso a paso, por ejemplo, como multiplicar dos matrices, sino que podemos hacerlo con una única instrucción.

A lo largo del libro hemos utilizado principalmente NumPy, que es el principal paquete para cálculos científicos con Python. Puedes encontrar más información sobre NumPy en la siguiente dirección: http://www.numpy.org/. Para incluirlo en nuestros programas solo tenemos que añadir la instrucción import Numpy al comienzo del programa.

Veamos como mostrar números con una cantidad dada de decimales, y como truncar un número.

```
# -*- coding: utf-8 -*-
'''
pd.py
'''

import numpy as np

pi = np.pi
print pi
print str(pi)
print "%10.2f" % pi
print "%10.8f" % pi
print np.trunc(pi)
print "%20.18f" % pi
```

```
_____ ejecución del programa _____
3.14159265359
3.14159265359
      3.14
3.14159265
3.0
3.141592653589793116
```

Operaciones con variables. A menudo debemos realizar sumas, restas, etc. con variables, así como aumentar o disminuir su valor en una cantidad dada. El siguiente programa muestra cómo hacerlo. Observa cómo va cambiando el valor de la variable z.

```
# -*- coding: utf-8 -*-
'''
pe.py
'''
```

0.4. NUMPY Y SCIPY. LA INSTRUCCIÓN IF

```
x = 1
z = 100 * x
print 'z = 100x = ', z
z += 2
print 'z aumenta en 2 unidades: z+=2 : ', z
z -= 52
print 'z disminuye en 52 unidades: z-=2 : ', z
z *= 3
print 'z se triplica: z*=3 :', z
z /= 10
print 'z se divide entre 10: z/=10 : ', z
z %= 4
print 'el resto de dividir z entre 4: z%=4 : ', z
```

————————————————— ejecución del programa —————————————————
```
z = 100x =  100
z aumenta en 2 unidades: z+=2 :  102
z disminuye en 52 unidades: z-=2 :  50
z se triplica: z*=3 : 150
z se divide entre 10: z/=10 :  15
el resto de dividir z entre 4: z%=4 :  3
```

Python dispone de paquetes para realizar cálculos. Ya hemos mencionado a NumPy. El siguiente programa utiliza NumPy para realizar operaciones tales como logaritmo, seno, coseno, etc.

El programa muestra cómo definir una función que llamamos gradosagms. Esta función recibe un número de grados en formato decimal, y lo transforma en grados, minutos y segundos. La función devuelve una cadena de texto llamada strgms que podemos incluir en cualquier parte del programa. Para utilizar esta función solo tenemos que incluir su nombre y valor de grados, por ejemplo: gradosagms(10.55) da como resultado la cadena de texto 10.0º 33.0' 0.00''.

```
# -*- coding: utf-8 -*-
'''
pf.py
'''

import numpy as np


def gradosagms(grados):
    g = np.floor(grados)
    m = np.floor((grados - g) * 60)
    s = round((((grados - g) * 60) - m) * 60)
    if s == 60:
        s = 0
        m += 1
    if m == 60:
        m = 0
        g += 1
    strgms = str(g) + '    ' + str(m) + "' " + "%5.2f" % s + "''"
    return strgms


x = 6
y = 0.5
radian = 1
print radian, ' radian = ', np.rad2deg(radian), ' grados'
print radian, ' radian = ' + gradosagms(np.rad2deg(radian))
grados = 180
print grados, ' grados = ', np.deg2rad(grados), ' radianes'
```

CAPÍTULO 0. FUNDAMENTOS DE PYTHON

```
print 'valor del número e: ', np.e
print 'valor de pi: ', np.pi
print 'e^x = ', np.power(np.e, x)
print 'x^y = ', np.power(x, y)
print 'log10(1024) = ' + "%8.5f" % np.log10(1024)
print 'ln(1024) = ' + "%8.5f" % np.log(1024)
print 'log2(1024) = ' + "%4.1f" % np.log2(1024)
print '6! = ', np.math.factorial(6)
alfaradianes = np.pi / 6
print ('alfa = ' + "%8.5f" % alfaradianes + ' radianes = pi/' + str(x))
alfagrados = np.rad2deg(alfaradianes)
print ('sen(' + gradosagms(alfagrados) + ') = ' + "%8.5f" % np.sin(alfaradianes))
print ('cos(' + gradosagms(alfagrados) + ') = ' + "%8.5f" % np.cos(alfaradianes))
print ('tan(' + gradosagms(alfagrados) + ') = ' + "%8.5f" % np.tan(alfaradianes))
print ('asen(1) = ' + "%8.5f" % np.arcsin(1) + ' radianes = ' +
       gradosagms(np.rad2deg(np.arcsin(1))))
print ('acos(1) = ' + "%8.5f" % np.arccos(1) + ' radianes = ' +
       gradosagms(np.rad2deg(np.arccos(1))))
print ('atan(1) = ' + "%8.5f" % np.arctan(1) + ' radianes = ' +
       gradosagms(np.rad2deg(np.arctan(1))))
print gradosagms(10.55)
```

En este programa hemos incluido una instrucción de la que no habíamos hablado hasta ahora: la instrucción if. La sintaxis de la instrucción if es la siguiente:

```
if condición:
    instrucciones a ejecutar si se cumple la condición
```

En nuestro caso:

```
if s == 60:
    s = 0
    m += 1
```

Si los segundos (s) a son 60, pone los segundos a cero (s = 0), y aumenta los minutos en una unidad (m += 1). Las instrucciones a ejecutar si se cumple la condición de la instrucción if, están indentadas. Así mismo, las instrucciones pertenecientes a la función gradosagms están indentadas bajo la instrucción

```
def gradosagms(grados):
```

En Python se utiliza la indentación en lugar de las llaves para delimitar las funciones, a diferencia de lo que ocurre en otros lenguajes como Java y C. El resultado al ejecutar el programa es el siguiente:

─────────────────────── ejecución del programa ───────────────────────
```
1 radian =  57.2957795131  grados
1 radian = 57.0° 17.0' 45.00''
180 grados = 3.14159265359 radianes
valor del número e: 2.71828182846
valor de pi: 3.14159265359
e^x = 403.428793493
x^y = 2.44948974278
log10(1024) = 3.01030
ln(1024) = 6.93147
log2(1024) = 10.0
6! = 720
alfa =  0.52360 radianes = pi/6
sen(30.0° 0'  0.00'') = 0.50000
cos(30.0° 0'  0.00'') = 0.86603
tan(30.0° 0'  0.00'') = 0.57735
asen(1) =  1.57080 radianes = 90.0° 0.0'  0.00''
acos(1) =  0.00000 radianes =  0.0° 0.0'  0.00''
atan(1) =  0.78540 radianes = 45.0° 0.0'  0.00''
10.0° 33.0'  0.00''
```

0.4. NUMPY Y SCIPY. LA INSTRUCCIÓN IF

Vamos a ver otro ejemplo de utilización de la instrucción if. El siguiente programa pide que se escriba un número entero, y a continuación determina si ese número es par o impar. Si es divisible por dos se comprueba con la instrucción if:

```
if (numero % 2) == 0:
```

y en caso contrario, solo cabe una posibilidad (else): que el número sea impar.

```
# -*- coding: utf-8 -*-
'''
pg.py
'''

numero = int(raw_input('Escribe un numero entero: '))

if (numero % 2) == 0:
    print 'El numero ', numero, ' es par'
else:
    print 'El numero ', numero, ' es impar'
```

──────────────────── ejecución del programa ────────────────────
```
Escribe un número entero: 4
El número  4  es par
```

──────────────────── ejecución del programa ────────────────────
```
Escribe un número entero: 45
El número  45  es impar
```

¿Qué sucede si hay más de dos opciones? Podemos incluir varias instrucciones anidadas, o bien cada caso posible con una instrucción elif, y dejar como opción por defecto si todas las anteriores fallan, la instrucción else:

```
# -*- coding: utf-8 -*-
'''
ph.py
'''

letra = raw_input('Escribe una letra: ')
print letra

if (letra in 'aeiou'):
    print 'Has escrito la vocal: ', letra
elif letra in 'bcdfghjklmn pqrstvwxyzBCDFGHJKLMN PQRSTVWXYZ':
    print 'Has escrito una consonante: ', letra
elif letra in '1234567890':
    print 'Has escrito un numero: ', letra
else:
    print letra, ' no es una letra ni un numero'
```

──────────────────── varias ejecuciones del programa ────────────────────
```
Escribe una letra: e
e
Has escrito la vocal:  e

Escribe una letra: H
H
Has escrito una consonante:  H

Escribe una letra: 8
8
Has escrito un número:  8

Escribe una letra: $
$
$  no es una letra ni un número
```

0.5 Las instrucciones for y while

Las instrucciones for y while se emplean para repetir la ejecución de un fragmento de código un número de veces. Comencemos por la más sencilla, pero también más limitada: la instrucción for:

```
# -*- coding: utf-8 -*-
'''
pi.py
'''

lista = ''
for i in range(1, 20):
    lista = lista + str(i) + ','
print lista
```

———————————————————————— ejecución del programa ————————————————————————
1,2,3,4,5,6,7,8,9,10,11,12,13,14,15,16,17,18,19,

Observa que aunque el rango que se indica es (1,20), la variable i solamente toma 19 valores. Si se quiere que el bucle recorra n valores, ha de indicarse un rango (0,n) o bien (1, n+1). También podemos especificar si contamos de dos en dos, de cinco en cinco, etc.

```
# -*- coding: utf-8 -*-
'''
pj.py
'''

lista = ''
for i in range(0, 101, 5):
    lista = lista + str(i) + ','
print lista
```

———————————————————————— ejecución del programa ————————————————————————
0,5,10,15,20,25,30,35,40,45,50,55,60,65,70,75,80,85,90,95,100,

Otro ejemplo de utilización de la instrucción for, ahora importando el módulo turtle, que permite realizar gráficos de tortuga, de manera similar a como se hace utilizando el lenguaje logo. Puedes obtener más información sobre estos gráficos de tortuga en la dirección http://docs.python.org/2.7/library/turtle.html

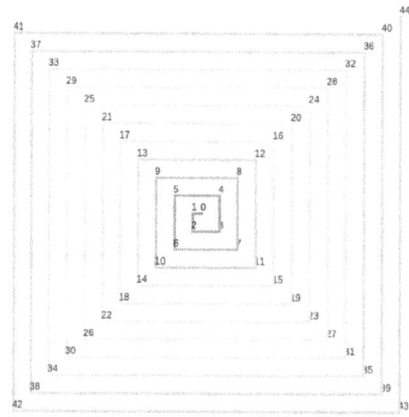

0.5. LAS INSTRUCCIONES FOR Y WHILE

El dibujo se va trazando con movimientos de un cursor que se llama tortuga, y permite entender visualmente cómo funciona la instrucción for, aunque en este caso el programa no resuelva una cuestión matemática ni científica. Con cada trazo, cambia el color e imprime el valor de la variable i que se utiliza como contador:

```python
# -*- coding: utf-8 -*-
'''
pk.py
'''
import turtle as tt

tt.mode('logo')
tt.reset()
tt.home()
screen = tt.getscreen()
screen.colormode(255)
r = 255
g = 50
b = 30
tt.pencolor(r, g, b)
tt.pensize(3)
tt.write('0')
for i in range(0, 45):
    tt.forward(10 * i)
    tt.left(90)
    tt.pencolor('black')
    tt.write(str(i))
    if i < 15:
        g += 12
    elif i < 30:
        b += 12
    else:
        r -= 12
    #print r, g, b
    tt.pencolor(r, g, b)
tt.hideturtle()
```

También podemos emplearlo para representar una función, por ejemplo, la espiral de Arquímedes $r = a\varphi$ y para terminar, un segundo programa que representa la función $r = a \cdot sen 3\alpha$ con gráficos de tortuga.

```python
# -*- coding: utf-8 -*-
'''
pl.py
'''

import numpy as np
import turtle as tt

tt.mode('logo')
tt.reset()
tt.home()
screen = tt.getscreen()
screen.colormode(255)
r = 221
g = 25
b = 127
tt.pencolor(r, g, b)
```

```
tt.speed('fastest')
grados = 0
a = 5
tt.pensize(5)
for grados in range(0, 360 * 5):
    radianes = np.deg2rad(grados)
    r = a * radianes
    x = int(r * np.cos(radianes))
    y = int(r * np.sin(radianes))
    tt.setpos(x, y)
    tt.forward(r - 5)
    tt.pendown()
    tt.forward(5)
    tt.penup()
    tt.left(1)
tt.hideturtle()
```

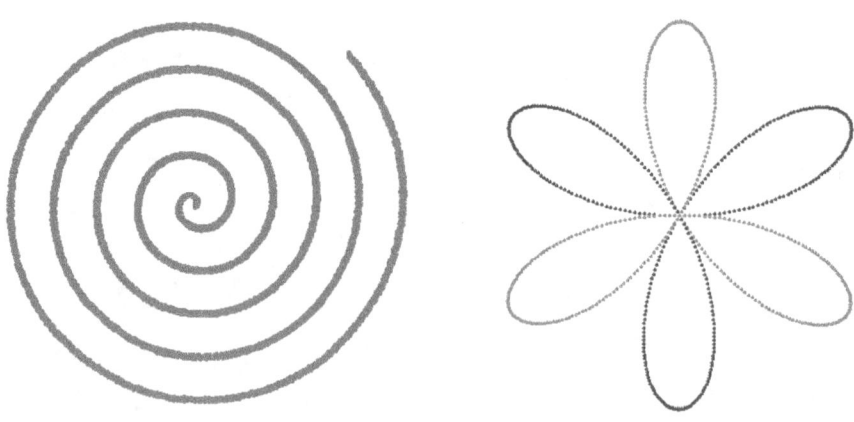

```
# -*- coding: utf-8 -*-
'''
pm.py
'''

import numpy as np
import turtle as tt

tt.mode('logo')
tt.reset()
tt.home()
tt.speed('fastest')
a = 200
grados = 0
while grados <= 180:
    radianes = np.deg2rad(grados)
    r = a * np.sin(3 * radianes)
    x = int(r * np.cos(radianes))
    y = int(r * np.sin(radianes))
    y2 = - y
    tt.goto(x, y)
    tt.pendown()
    tt.pencolor('blue')
```

0.6 Operaciones con polinomios

Numpy dispone de instrucciones para realizar operaciones con polinomios. Veamos un ejemplo:

```python
# -*- coding: utf-8 -*-
'''
pn.py
'''

import numpy as np

p1 = np.poly1d([1, 2, 3])
print 'p1 = '
print p1
print 'valor del polinomio p1 para x=5:', np.polyval(p1, 5)
p2 = np.poly1d([1, -2, 1, 3, 2])
print 'p2 = '
print p2
print 'suma: '
print np.polyadd(p1, p2)
print 'diferencia p2-p1:'
print np.polysub(p2, p1)
print 'producto: '
p = np.polymul(p1, p2)
print p
print 'division de polinomios: p2/p1: '
cociente = np.polydiv(p2, p1)
print cociente
print 'cociente = '
print cociente[0]
print 'resto = '
print cociente[1]
print 'p2 y sus derivadas: '
for i in range(0, 6):
    print np.polyder(p2, m=i)
print 'integral de la primera derivada de p2:'
#si no se especifica, la constante de integracion es cero
p2int = np.polyint([4, -6, 2, 3])
print np.poly1d(p2int)
print 'binomios y su producto: '
polinomio = np.poly1d([0, 1])
for j in range(-2, 2):
    print np.poly1d([1, j])
    polinomio = np.polymul(polinomio, np.poly1d([1, j]))
print polinomio
```

```
print 'raices del polinomio'
print np.sort(np.roots(polinomio))
```

──────────────────── ejecución del programa ────────────────────
```
p1 =
   2
1 x + 2 x + 3
valor del polinomio p1 para x=5: 38
p2 =
   4     3     2
1 x - 2 x + 1 x + 3 x + 2
suma:
   4     3     2
1 x - 2 x + 2 x + 5 x + 5
diferencia p2-p1:
   4     3
1 x - 2 x + 1 x - 1
producto:
   6     3      2
1 x - 1 x + 11 x + 13 x + 6
división de polinomios: p2/p1:
(poly1d([ 1., -4.,  6.]), poly1d([  3., -16.]))
cociente =
   2
1 x - 4 x + 6
resto =

3 x - 16
p2 y sus derivadas:
   4     3     2
1 x - 2 x + 1 x + 3 x + 2
   3     2
4 x - 6 x + 2 x + 3
    2
12 x - 12 x + 2

24 x - 12

24

0
integral de la primera derivada de p2:
   4     3     2
1 x - 2 x + 1 x + 3 x
binomios y su producto:

1 x - 2

1 x - 1

1 x

1 x + 1
   4     3     2
1 x - 2 x - 1 x + 2 x
raices del polinomio
[-1.  0.  1.  2.]
```
──

0.7 Más sobre la instrucción while

Veamos ahora la instrucción while en un ejemplo que descompone un número dado en factores primos. Mostramos tras los resultados el tiempo cronometrado a la ejecución del programa para hacernos una idea de la velocidad de Python. Por supuesto, este tiempo es meramente orientativo y dependerá de las características del ordenador que utilices.

En primer lugar, veremos un bucle while **incorrecto**, ya que nunca se cumple la condición para que el bucle termine: el número a dividir no decrece, y la variable factorPrimo no para de crecer indefinidamente:

```
# -*- coding: utf-8 -*-
'''
po.py
instruccion while sin fin
'''
```

0.7. MÁS SOBRE LA INSTRUCCIÓN WHILE

```
numero = int(raw_input('Escribe un numero natural: '))

resultado = str(numero) + ' = '
factorPrimo = 2
divisiones = 0

while factorPrimo >= 1:
    resto = numero % factorPrimo
    divisiones += 1
    if resto == 0:
        resultado = resultado + str(factorPrimo) + '.'
        #numero = numero / factorPrimo
        divisiones += 1
        print 'Se han realizado ', divisiones, ' divisiones.'
    else:
        if factorPrimo > 2:
            factorPrimo += 2
        else:
            factorPrimo += 1
resultado = resultado.rstrip('.')
print resultado
```

Al ejecutarlo, el número que dividimos siempre es el mismo, y el bucle no termina nunca:

```
—————————————————————————— ejecución del programa ——————————————————————————
Se han realizado   254046   divisiones.
Se han realizado   254048   divisiones.
Se han realizado   254050   divisiones.
Se han realizado   254052   divisiones.
Se han realizado   254054   divisiones.
...
```

El error está en la línea comentada

```
#numero = numero / factorPrimo
```

Esta instrucción es la que hace que con cada división, el número a descomponer sea más pequeño, de manera que llegue un momento en que el bucle termine. Se ha comentado a propósito para mostrar que en un bucle while siempre debemos comprobar que se llegará al final del bucle.

Veamos ahora el programa descomentando esa línea y cambiando la condición de la instrucción while. El programa funciona, pero como veremos, no es muy eficiente. Mostramos el tiempo de ejecución en milisegundos.

```
# -*- coding: utf-8 -*-
'''
pq.py
'''

numero = int(raw_input('Escribe un numero natural: '))
resultado = str(numero) + ' = '
factorPrimo = 2
divisiones = 0

while factorPrimo <= numero:
    resto = numero % factorPrimo
    divisiones += 1
    if resto == 0:
        resultado = resultado + str(factorPrimo) + '.'
        numero = numero / factorPrimo
        divisiones += 1
```

```
        else:
            if factorPrimo > 2:
                factorPrimo += 2
            else:
                factorPrimo += 1
resultado = resultado.rstrip('.')
print resultado
print 'Se han realizado ', divisiones, ' divisiones.'
```

──────────────────── ejecución del programa varias veces ────────────────────

```
Escribe un número natural: 499
499 = 499
Se han realizado  251  divisiones.
0.34499168396  ms

Escribe un número natural: 2013
2013 = 3.11.61
Se han realizado  36  divisiones.
0.118970870972  ms

Escribe un número natural: 123456780
123456780 = 2.2.3.3.5.47.14593
Se han realizado  7310  divisiones.
8.26501846313  ms
```

Observa que ahora no indicamos en la instrucción while cuántas divisiones se han de realizar, ya que lo desconocemos porque dependerá del número que se introduzca. Lo que hacemos es indicar que todo el bloque de instrucciones bajo la instrucción while se ha de ejecutar mientras el factor primo por el cual se esté dividiendo, sea menor que el número dado. Con cada división, se comprueba si el número es divisible por el mismo factor. En caso de serlo, se continúa dividiendo por ese factor una y otra vez mientras el factor sea menor que el número. Si el resto no es cero, el número no será divisible por ese factor, y entonces aumentamos el factor en dos unidades si era impar, o en una unidad si estábamos dividiendo entre 2. A diferencia del programa incorrecto, en cada paso, o bien disminuye el número a descomponer, o aumenta el factor por el que dividimos, de manera que el bucle termina en algún momento.

El procedimiento tiene la desventaja de que prueba a dividir por todos los múltiplos de 3, 6, 9, etc, y en todos esos casos resultará que no es divisible, ya que previamente se ha dividido por el factor primo menor, que es 2, 3,..., y se pierde algo de tiempo. Para tener una idea de la velocidad del programa, se ha ejecutado para descomponer una lista de 1000 números enteros aleatorios, y se le ha cronometrado un tiempo de 191.375 ms, efectuando un total de 284705 divisiones.

Otra alternativa sería disponer de una lista de números primos y utilizarla para tomar los factores primos. Esto es lo que haremos ahora, en la siguiente versión de nuestro programa de descomposición en factores, en el que incluimos una lista de números primos que serán los factores que utilizaremos para comenzar a dividir, en lugar de aumentar el factor de dos en dos. De este modo esperamos reducir el número de divisiones necesarias, y el tiempo de proceso del ordenador. Además, si el número dado está en la lista, ahora no se efectuará división alguna:

```
# -*- coding: utf-8 -*-
'''
pr.py
'''

numero = int(raw_input('Escribe un numero natural: '))
resultado = str(numero) + ' = '
divisiones = 0
lista = [2, 3, 5, 7, 11, 13, 17, 19, 23, 29, 31, 37, 41, 43, 47, 53, 59, 61, 67, 71, 73,
79, 83, 89, 97, 101, 103, 107, 109, 113, 127, 131, 137, 139, 149, 151, 157, 163, 167,
173, 179, 181, 191, 193, 197, 199, 211, 223, 227, 229, 233, 239, 241, 251, 257, 263, 269,
271, 277, 281, 283, 293, 307, 311, 313, 317, 331, 337, 347, 349, 353, 359, 367, 373, 379,
383, 389, 397, 401, 409, 419, 421, 431, 433, 439, 443, 449, 457, 461, 463, 467, 479, 487,
```

0.7. MÁS SOBRE LA INSTRUCCIÓN WHILE

```
491, 499, 503, 509, 521, 523, 541, 547, 557, 563, 569, 571, 577, 587, 593, 599, 601, 607,
613, 617, 619, 631, 641, 643, 647, 653, 659, 661, 673, 677, 683, 691, 701, 709, 719, 727,
733, 739, 743, 751, 757, 761, 769, 773, 787, 797, 809, 811, 821, 823, 827, 829, 839, 853,
857, 859, 863, 877, 881, 883, 887, 907, 911, 919, 929, 937, 941, 947, 953, 967, 971, 977,
983, 991, 997, 1009]

i = 0
factorPrimo = lista[i]

if numero in lista:
    resultado = str(numero) + ' es primo'
    divisiones = 0
else:
    while factorPrimo <= numero:
        resto = numero % factorPrimo
        #print factorPrimo
        divisiones += 1
        if resto == 0:
            resultado = resultado + str(factorPrimo) + '.'
            numero = numero / factorPrimo
            divisiones += 1
        else:
            if factorPrimo < 1009:
                i += 1
                factorPrimo = lista[i]
            else:
                factorPrimo += 2
        #print factorPrimo, ' ', numero
resultado = resultado.rstrip('.')
print resultado
print 'Se han realizado ', divisiones, ' divisiones.'
```

─────────────────────────── varias ejecuciónes del programa ───────────────────────────

```
Escribe un número natural: 499
499 es primo
Se han realizado  0  divisiones.
0.0870227813721  ms

Escribe un número natural: 2013
2013 = 3.11.61
Se han realizado  23  divisiones.
0.135898590088  ms

Escribe un número natural: 123456780
123456780 = 2.2.3.3.5.47.14593
Se han realizado  6974  divisiones.
6.17289543152  ms
```

Esta versión del programa es más eficaz: 0 divisiones frente a 251 divisiones en el primer programa, para descomponer el número 499; 23 divisiones frente a 36 para descomponer el número 2013; y 6974 divisiones frente a 7310 para el último número. Conforme el número es mayor que los números primos de la lista, el programa es más ineficaz y sus tiempos se acercan a los de la versión anterior. En tiempos, en la primera versión se emplearon 8.729 milésimas de segundo en descomponer los tres números; en la segunda versión, 6.396 milésimas: una reducción de un 27 % en el tiempo empleado. También se ha cronometrado el tiempo que tarda esta versión del programa en descomponer 1000 números aleatorios y ha resultado ser de 144.076 ms, realizando un total de 173176 divisiones.

Comparamos ambos programas:

- sin lista de primos: 191.375 ms, efectuando un total de 284705 divisiones.

- con lista de primos: 144.076 ms, realizando un total de 173176 divisiones.

Se consigue una reducción de tiempo de alrededor del 25 %, y una reducción del 39 % en el número de divisiones efectuadas.

0.8 Matplotlib

Aunque es divertido utilizar turtle para dibujar gráficos, Python dispone de una biblioteca especialmente diseñada para representar funciones y gráficos: Matplotlib, que veremos a continuación con un ejemplo que nos servirá tanto para representar datos con Matplotlib como para ver dos métodos de interpolación.

Es muy frecuente en el trabajo científico tener que consultar tablas de valores, y en ellas interpolar un valor medido experimentalmente. Supongamos que queremos determinar el contenido de azúcares de una muestra de uvas. Si medimos la densidad del mosto de estas uvas, podemos saber su contenido en azúcares consultando una tabla como la siguiente, que utilizaremos en un archivo llamado densidades.csv, que puedes abrir con cualquier editor de texto. La lista completa de valores aparece en el programa de Python más abajo:

archivo densidades.csv
```
densidad,"azucares (g/l)"
1015,10
1020,23
1025,36
...
1165,410
1170,423
```

Es una lista de parejas de valores de densidad y contenido en azúcares, separados por una coma. En el ejemplo hemos utilizado una tabla corta. Normalmente el archivo será mucho más largo. En la muestra de mosto medimos con un densímetro su densidad y obtenemos experimentalmente el valor, por ejemplo, de 1068. Este valor no figura en la tabla, así pues ¿cómo saber a qué contenido en azúcares equivale?

El siguiente programa de Python lo realiza mediante dos métodos: interpolación lineal, y mediante el ajuste estadístico de los datos de la tabla a una recta por el método de mínimos cuadrados. Además, representa los puntos de la tabla, la recta ajustada y el punto interpolado (en rojo):

```python
# -*- coding: utf-8 -*-
"""
ps.py
lee tabla densidades.csv e interpola
"""

import csv
import matplotlib.pyplot as plt
from scipy import stats
import numpy as np

d = []
gl = []
with open('densidades.csv', 'rb') as csvfile:
    spamreader = csv.reader(csvfile, delimiter=',', quotechar='"')
    fila = 0
    for row in spamreader:
        if fila > 0:
            d.append(int(row[0]))
            gl.append(int(row[1]))
        #print ', '.join(row)
        fila += 1
```

0.8. MATPLOTLIB

```
print d
print gl

# interpolacion lineal
delta = 5  # distancia entre los datos de densidades
densidad = 1068  # valor de densidad experimental
i = 0
for dato in d:
    if dato < densidad:
        dant = dato
        j = i
    i += 1
print 'densidad anterior: ', dant
glant = gl[j]
print 'azucares anterior: ', glant
f = np.round(glant + ((densidad - dant) * (gl[j + 1] - gl[j]) / 5.0), 1)
print 'densidad medida: ', densidad
print 'azucares interpolado linealmente: ', "%.1f" % f
#ajuste por minimos cuadrados
print 'ajuste por minimos cuadrados:'
slope, intercept, r_value, p_value, std_err = stats.linregress(d, gl)
print 'r^2: ', "%8.6f" % (r_value ** 2)
print ('recta: y = ' + "%6.2f" % slope + 'x + ' + "%6.2f" % intercept)
print 'densidad medida: ', densidad
f2 = np.round(slope * densidad + intercept, 1)
print ('azucares por ajuste de minimos cuadrados a una recta: ' + "%.1f" % f2)
#grafica
f0 = slope * d[0] + intercept
fn = slope * d[-1] + intercept
plt.plot([d[0], d[-1]], [f0, fn], 'k-', lw=1.5)  # ajuste a una recta
plt.plot(d, gl, 'wo')
plt.xlim(1010, 1180)
plt.plot(densidad, f2, 'ro')
plt.plot([densidad, densidad], [0, f2], 'r--', lw=1.0)
plt.plot([1010, densidad], [f2, f2], 'r--', lw=1.0)
plt.xlabel('densidad (g/l)')
plt.ylabel('azucares (g/l)')
plt.show()
```

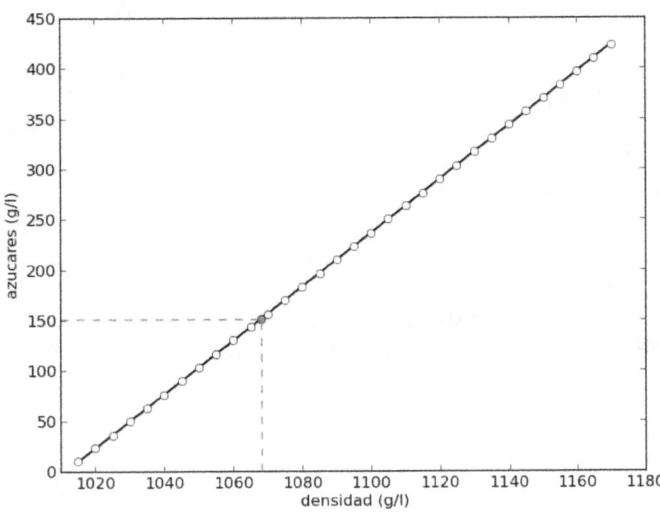

```
──────────────── ejecución del programa ────────────────
[1015, 1020, 1025, 1030, 1035, 1040, 1045, 1050, 1055, 1060, 1065, 1070, 1075,
 1080, 1085, 1090, 1095, 1100, 1105, 1110, 1115, 1120, 1125, 1130, 1135, 1140,
 1145, 1150, 1155, 1160, 1165, 1170]
[10, 23, 36, 50, 63, 76, 90, 103, 116, 130, 143, 156, 170, 183, 196, 210, 223,
 236, 250, 263, 276, 290, 303, 317, 330, 344, 357, 370, 383, 397, 410, 423]
densidad anterior:  1065
azucares anterior:   143
densidad medida:  1068
azucares interpolado linealmente:  150.8
ajuste por mínimos cuadrados:
r^2:  0.999993
recta: y =    2.67x + -2700.00
densidad medida:  1068
azucares por ajuste de mínimos cuadrados a una recta: 151.1
```

Si se consulta una tabla más completa, el valor que figura para la densidad de 1068 es justamente 151, el valor que hemos obtenido por ajuste.

Matplotlib también permite realizar gráficos más complejos. Como ejemplo, vamos a representarnos la ecuación de Van der Waals para diferentes temperaturas:

$$(P + \frac{a}{V^2})(V - b) = RT$$

para el gas CO_2. Cada línea corresponde a un valor de la temperatura: son líneas isotermas.

```python
# -*- coding: utf-8 -*-
"""
pt.py
lineas de nivel: z = temperatura
"""

import matplotlib
import numpy as np
import matplotlib.pyplot as plt

matplotlib.rcParams['xtick.direction'] = 'out'
matplotlib.rcParams['ytick.direction'] = 'out'
a = 3.592         # atm l2 mol-2
b = 0.0427        # l mol-1
R = 0.08206       # atl l K-1 mol-1
numpuntos = 1000  #Tc = 31.1 C ; Pc= 72.8 atm; Vc = 0.094 l mol-1
v = np.linspace(0.064, 0.18, numpuntos)   # x = V
p = np.linspace(0, 100.0, numpuntos)      # y = P
X, Y = np.meshgrid(v, p)
Z = ((Y + (a / X ** 2)) * (X - b) / R)
plt.figure()
CS = plt.contour(X, Y, Z, 25, linewidth=1.0, colors='k')
zc = CS.collections[0:8]
plt.setp(zc, linewidth=0.2, linestyle='dashed')
plt.clabel(CS, inline=1, fontsize=10, fmt='%4.0f')
plt.title('Z = T (Kelvin)')
plt.xlabel('V (litros)')
plt.ylabel('P (atm)')
plt.show()
```

0.8. MATPLOTLIB

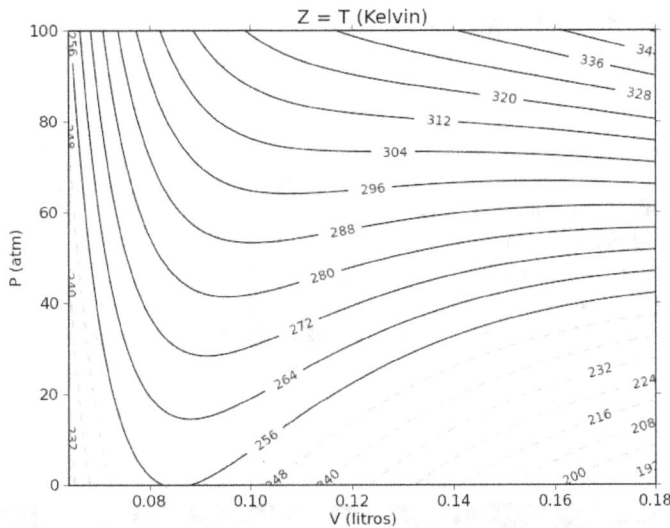

que corresponde a la representación en 3D que elabora el siguiente programa. El eje Z corresponde a la presión.

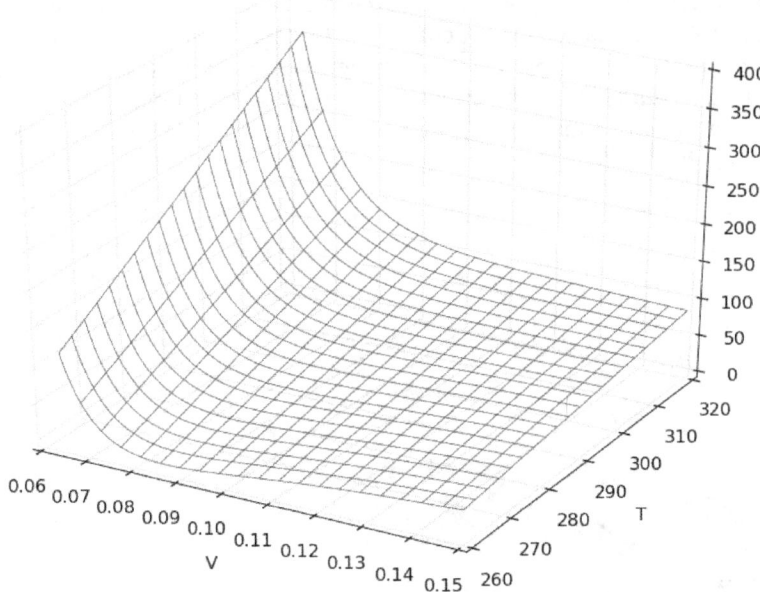

```
# -*- coding: utf-8 -*-
"""
pu.py
"""

from mpl_toolkits.mplot3d import Axes3D
import matplotlib.pyplot as plt
import numpy as np

fig = plt.figure()
ax = fig.add_subplot(111, projection='3d')
ax.w_xaxis.set_pane_color((1.0, 1.0, 1.0, 1.0))
```

```
ax.w_yaxis.set_pane_color((1.0, 1.0, 1.0, 1.0))
ax.w_zaxis.set_pane_color((1.0, 1.0, 1.0, 1.0))
a = 3.592     # atm l2 mol-2
b = 0.0427    # l mol-1
R = 0.08206   # atl l K-1 mol-1
numpuntos = 500
v = np.linspace(0.064, 0.15, numpuntos)   # x = V
t = np.linspace(260, 320, numpuntos)
X, Y = np.meshgrid(v, t)
Z = (R * Y / (X - b)) - (a / X ** 2)
ax.plot_wireframe(X, Y, Z, rstride=25, cstride=25, lw=0.5, color='b')
plt.xlabel('V')
plt.ylabel('T')
plt.show()
```

0.9 Archivos de texto. Estadística

A continuación, vamos a comprobar la capacidad de Python para abrir archivos de texto y leer su contenido. Vamos a utilizar para comenzar, el texto de Don Quijote de la Mancha, que se puede obtener gratuitamente, por ejemplo en http://www.gutenberg.org/browse/languages/es. El programa siguiente abre el archivo de texto 04quijote.txt, y cuenta cuántas letras a existen en el texto; cuántas letras b, etc., y almacena los resultados en un diccionario. Posteriormente, tomamos los datos del diccionario, los ordenamos y transformamos en una lista. Por último, el programa calcula el porcentaje de aparición de cada letra en el texto, y elabora una gráfica. Al final de los resultados se ha añadido el tiempo cronometrado que tarda en programa en hacer el recuento de letras del libro, en milisegundos.

```
# -*- coding: utf-8 -*-
"""
pv.py
recuento de letras de un archivo .txt
"""

vocales = 'aeiouAEIOU'
consonantes = 'bBcCdDfFgGhHjJkKlLmMnN pPqQrRsStTvVwWxXyYzZ'
dictvoc = {}
dictcons = {}
input = file('04quijote.txt')
texto = input.read()
utexto = unicode(texto, 'utf-8')
longitud = len(utexto)
print longitud
dictvoc['a'] = (utexto.count('a') + utexto.count(' ') +
                utexto.count('A') + utexto.count(' '))
dictvoc['e'] = (utexto.count('e') + utexto.count(' ') +
                utexto.count('E') + utexto.count(' '))
dictvoc['i'] = (utexto.count('i') + utexto.count(' ') +
                utexto.count('I') + utexto.count(' '))
dictvoc['o'] = (utexto.count('o') + utexto.count(' ') +
                utexto.count('O') + utexto.count(' '))
dictvoc['u'] = (utexto.count('u') + utexto.count(' ') +
                utexto.count('U') + utexto.count(' ') +
                utexto.count(' ') + utexto.count(' '))

nvocales = dictvoc.values()
numero_vocales = 0
```

0.9. ARCHIVOS DE TEXTO. ESTADÍSTICA

```python
for i in nvocales:
    numero_vocales += i
print 'total de vocales: ', numero_vocales
listavocales = dictvoc.items()
listavocales.sort()
print listavocales


def cuentacons(texto, letra):
    recuento = (texto.count(letra) + texto.count(letra.upper()))
    return recuento
dictcons['b'] = cuentacons(utexto, 'b')
dictcons['c'] = cuentacons(utexto, 'c')
dictcons['cedilla'] = cuentacons(utexto, ' ')
dictcons['d'] = cuentacons(utexto, 'd')
dictcons['f'] = cuentacons(utexto, 'f')
dictcons['g'] = cuentacons(utexto, 'g')
dictcons['h'] = cuentacons(utexto, 'h')
dictcons['j'] = cuentacons(utexto, 'j')
dictcons['k'] = cuentacons(utexto, 'k')
dictcons['l'] = cuentacons(utexto, 'l')
dictcons['m'] = cuentacons(utexto, 'm')
dictcons['n'] = cuentacons(utexto, 'n')
enemays = ' '.encode('utf-8')
nene = utexto.count(' ') + utexto.count(enemays)
dictcons['ntilde'] = nene
dictcons['p'] = cuentacons(utexto, 'p')
dictcons['q'] = cuentacons(utexto, 'q')
dictcons['r'] = cuentacons(utexto, 'r')
dictcons['s'] = cuentacons(utexto, 's')
dictcons['t'] = cuentacons(utexto, 't')
dictcons['v'] = cuentacons(utexto, 'v')
dictcons['w'] = cuentacons(utexto, 'w')
dictcons['x'] = cuentacons(utexto, 'x')
dictcons['y'] = cuentacons(utexto, 'y')
dictcons['z'] = cuentacons(utexto, 'z')

nconsonantes = dictcons.values()
numero_consonantes = 0
for i in nconsonantes:
    numero_consonantes += i
print 'total de consonantes: ', numero_consonantes
listacons = dictcons.items()
listacons.sort()
print listacons

array100vocales = [0.0, 0.0, 0.0, 0.0, 0.0]
for i in range(0, 5):
    array100vocales[i] = float("%7.3f" %
                               (100.0 * listavocales[i][1] /
                               (numero_vocales + numero_consonantes)))
porcentajevocales = 0
for i in array100vocales:
    porcentajevocales += i
print array100vocales, ' = ', porcentajevocales, '%'
```

```
array100cons = [0.0, 0.0, 0.0, 0.0, 0.0, 0.0, 0.0, 0.0, 0.0, 0.0, 0.0, 0.0,
                0.0, 0.0, 0.0, 0.0, 0.0, 0.0, 0.0, 0.0, 0.0, 0.0, 0.0]
for i in range(0, 23):
    array100cons[i] = float("%7.3f" % (100.0 * listacons[i][1] /
                            (numero_vocales + numero_consonantes)))
porcentajecons = 0
for i in array100cons:
    porcentajecons += i
print array100cons, ' = ', porcentajecons, '%'
```

─────────────────────────────── ejecución del programa ───────────────────────────────
```
2135418
total de vocales: 761836
[('a', 200498), ('e', 229194), ('i', 90072), ('o', 162514), ('u', 79558)]
total de consonantes: 878789
[('b', 24147), ('c', 59437), ('cedilla', 0), ('d', 87239), ('f', 7581),
 ('g', 17226), ('h', 19920), ('j', 10530), ('k', 0), ('l', 89142), ('m', 44659),
 ('n', 108442), ('ntilde', 4241), ('p', 35465), ('q', 32483), ('r', 100956),
 ('s', 125729), ('t', 61750), ('v', 17857), ('w', 2), ('x', 377), ('y', 25115), ('z', 6491)]
[12.221, 13.97, 5.49, 9.906, 4.849]  =  46.436 %
[1.472, 3.623, 0.0, 5.317, 0.462, 1.05, 1.214, 0.642, 0.0, 5.433, 2.722, 6.61,
 0.258, 2.162, 1.98, 6.154, 7.663, 3.764, 1.088, 0.0, 0.023, 1.531, 0.396]  =  53.564 %
218.610048294  ms
```
───

En algo más de dos décimas de segundo, el programa ha hecho el recuento y clasificación de más de dos millones de letras que contiene la obra de Cervantes. El programa se ha ejecutado después para cinco libros: El Cantar de Mío Cid, El libro del Buen Amor, Don Quijote de la Mancha, Artículos de Larra, y El Árbol de la Ciencia, de Baroja.

Para cada libro se recoge el recuento de letras, que el siguiente programa representa como puntos. Puedes ver como en la misma gráfica es posible representar las cinco series de puntos, cada una con un marcador distinto; y una serie más, correspondiente a la media de las otras cinco, y que se representa como una línea. Observa también que los rótulos para el eje X son las letras correspondientes, en lugar de una numeración simple.

```
# -*- coding: utf-8 -*-
'''
pw.py
'''

import matplotlib.pyplot as plt

fig = plt.figure()
ax = fig.add_subplot(1, 1, 1)
xticks = ['$a$', '$e$', '$i$', '$o$', '$u$', '$b$', '$c$', '$\c{c}$', '$d$', '$f$',
          '$g$', '$h$', '$j$', '$k$', '$l$', '$m$', '$n$', '$\~{n}$', '$p$', '$q$',
          '$r$', '$s$', '$t$', '$v$', '$w$', '$x$', '$y$', '$z$']
x = [0, 1, 2, 3, 4, 5, 6, 7, 8, 9, 10, 11, 12, 13, 14, 15, 16, 17, 18, 19, 20,
     21, 22, 23, 24, 25, 26, 27]

cid = [13.503, 12.34, 4.757, 10.654, 4.11, 1.187, 2.568, 1.303, 5.735, 1.059,
       1.232, 0.557, 0.121, 0.0, 5.637, 2.795, 7.927, 0.0, 1.795, 1.232,
       6.424, 8.949, 3.104, 0.844, 0.0, 0.257, 1.382, 0.528]
hita = [12.254, 13.647, 4.83, 9.895, 4.541, 1.263, 2.486, 1.69, 5.004, 1.137,
        1.252, 0.448, 0.386, 0.0, 5.275, 2.659, 7.392, 0.433, 2.288, 1.582,
        6.836, 7.475, 3.805, 1.352, 0.0, 0.177, 1.113, 0.78]
quijote = [12.221, 13.97, 5.49, 9.906, 4.849, 1.472, 3.623, 0.0, 5.317, 0.462,
           1.05, 1.214, 0.642, 0.0, 5.433, 2.722, 6.61, 0.258, 2.162, 1.98,
           6.154, 7.663, 3.764, 1.088, 0.0, 0.023, 1.531, 0.396]
larra = [12.148, 14.059, 6.061, 9.424, 4.601, 1.491, 3.999, 0.004, 4.961, 0.581,
         1.027, 1.167, 0.435, 0.003, 5.242, 2.959, 6.736, 0.226, 2.526, 1.441,
```

0.9. ARCHIVOS DE TEXTO. ESTADÍSTICA

```
              6.414, 7.929, 4.016, 1.006, 0.002, 0.114, 1.101, 0.328]
baroja = [13.607, 13.039, 6.43, 8.827, 4.574, 1.744, 4.095, 0.0, 5.124, 0.588,
          1.02, 1.144, 0.543, 0.007, 5.797, 2.626, 6.909, 0.212, 2.282, 1.104,
          6.5, 7.216, 4.026, 1.082, 0.003, 0.125, 1.006, 0.371]

media = []
for i in range(0, 28):
    promedio = float("%7.3f" % ((cid[i] + hita[i] + quijote[i] +
              larra[i] + baroja[i]) / 5))
    media.append(promedio)
print media
izquierda = (media[0] + media[1] + media[5] + media[6] + media[8] + media[9] +
            media[10] + media[19] + media[20] + media[21] + media[22] +
            media[23] + media[24] + media[25] + media[27])
print 'castellano: teclado izquierdo: ', izquierda
print 'castellano: teclado derecho: ', 100 - izquierda
plt.plot(x, media, color='#F00707', lw=1.5)
p1, = plt.plot(x, cid, 'ko')
p2, = plt.plot(x, hita, 'wo')
p3, = plt.plot(x, quijote, 'b^')
p4, = plt.plot(x, larra, 'wd')
p5, = plt.plot(x, baroja, 'ys')
plt.ylabel('porcentaje de cada letra')
plt.xlabel('letras')
plt.legend(('media', 'cid', 'hita', 'quijote', 'larra', 'baroja'), loc='best')
plt.grid(axis='x')
plt.xticks(x, xticks)
ax.set_xlim(-1, 28)
plt.show()
```

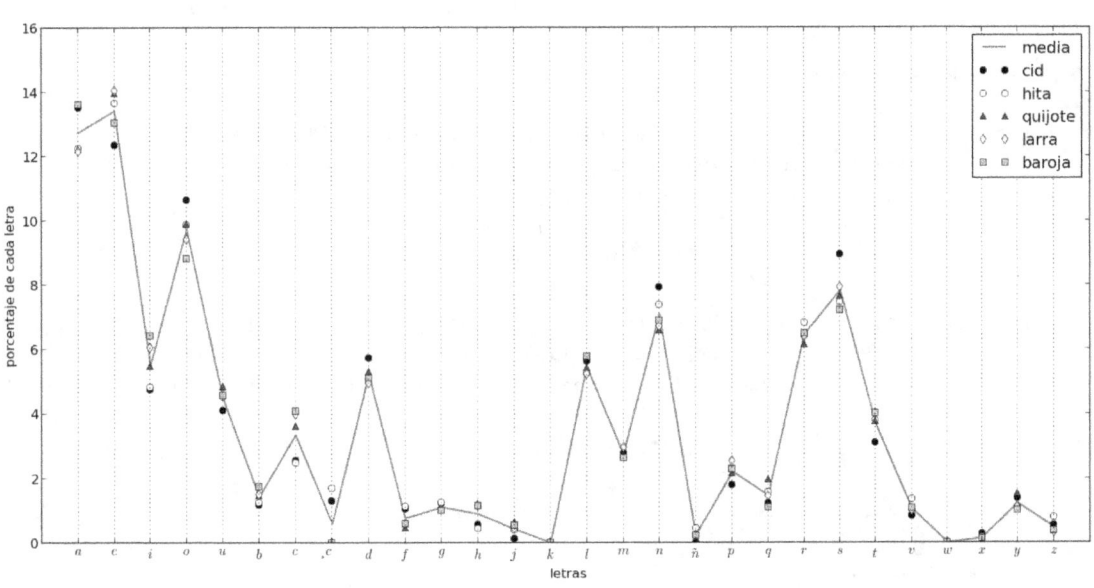

El siguiente paso consiste en modificar ligeramente el programa anterior para comparar tres idiomas: latín, castellano e inglés. Los datos del latín se han obtenido ejecutando el programa anterior con el texto de Historia de la Guerra de las Galias, de Julio César; y los datos del inglés, a partir del libro Robinson Crusoe, de Daniel Defoe.

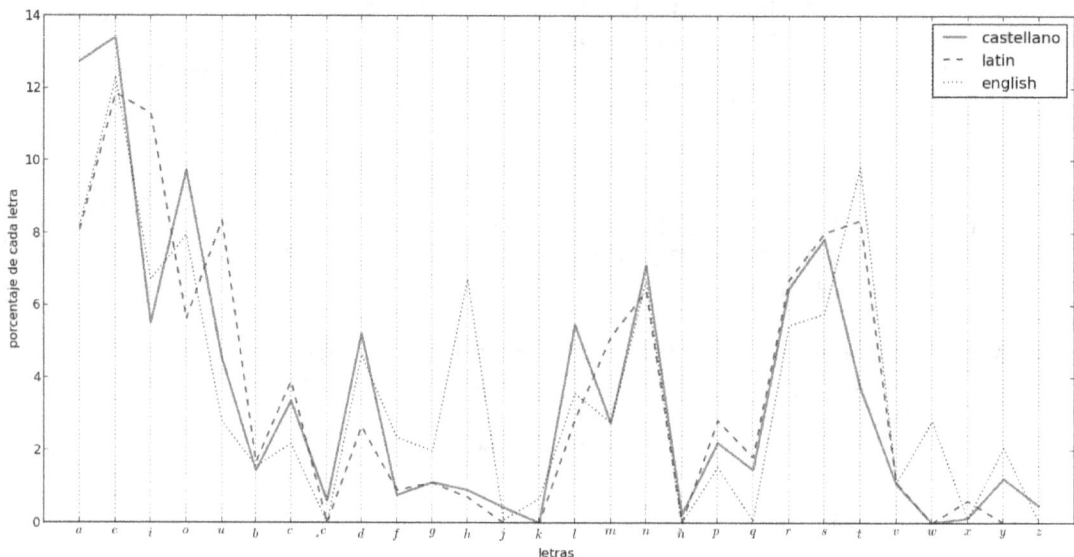

Podemos observar como el latín y el castellano tienen gráficas similares, salvo que el latín presenta mayores frecuencias de las letras i, u, m, t, mientras que el castellano tiene más frecuencia en las letras a, o, d, l. El inglés se diferencia de ambos principalmente por los picos de frecuencia que tiene en las letras h, t, w, y, así como por su menor frecuencia en las letras q, u. En las tres lenguas, la e es la letra más frecuente. En latín, las cuatro letras más frecuentes son e, i, u, t; en castellano son e, a, o, s; y en inglés son e, t, h, n. El análisis de frecuencias se ha utilizado desde antiguo para descifrar mensajes cifrados, identificando cada signo por la frecuencia con que aparece. Solamente mostramos la modificación para hacer el recuento de cada mano.

```
media = []
for i in range(0, 28):
    promedio = float("%7.3f" % ((cid[i] + hita[i] + quijote[i] + larra[i] +
                 baroja[i]) / 5))
    media.append(promedio)
print media
izquierda = (media[0] + media[1] + media[5] + media[6] + media[8] + media[9] +
             media[10] + media[19] + media[20] + media[21] + media[22] + media[23] +
             media[24] + media[25] + media[27])
print 'castellano: teclado izquierdo: ', izquierda
print 'castellano: teclado derecho: ', 100 - izquierda

leftkeys = (crusoe[0] + crusoe[1] + crusoe[5] + crusoe[6] + crusoe[8] +
            crusoe[9] + crusoe[10] + crusoe[19] + crusoe[20] + crusoe[21] +
            crusoe[22] + crusoe[23] + crusoe[24] + crusoe[25] + crusoe[27])
print 'ingles: teclado izquierdo: ', leftkeys
print 'ingles: teclado derecho: ', 100 - leftkeys
```

─────────── ejecución del programa ───────────
```
castellano: teclado izquierdo:  59.27
castellano: teclado derecho:  40.73
inglés: teclado izquierdo:  58.392
inglés: teclado derecho:  41.608
```

0.9. ARCHIVOS DE TEXTO. ESTADÍSTICA

Vamos a aprovechar el programa que acabamos de ver para conseguir una lista de datos con la que elaborar estadísticas. Aplicamos el programa a 25 textos en castellano, de diferentes épocas y autores, y deseamos averiguar qué porcentaje de letras vocales respecto del total de letras se da en los textos en castellano. El código del siguiente programa lo explicaremos por partes. En primer lugar, importamos los paquetes que vamos a necesitar, y mostramos los datos de vocales y consonantes de los 25 textos analizados: Cantar de Mío Cid, El Libro del Buen Amor, Don Quijote de la Mancha, Artículos de Larra, El Árbol de la Ciencia, Comedias de Lope de Ve-

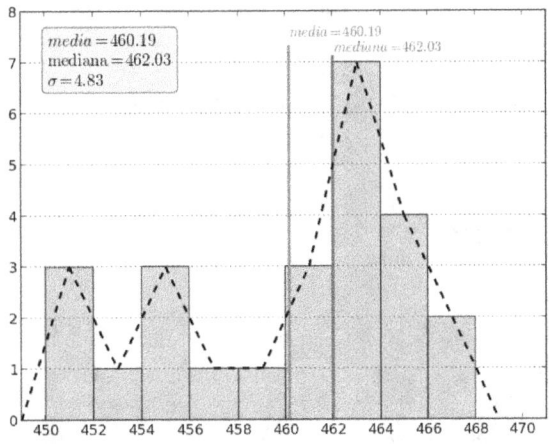

ga, Trafalgar, textos de Valle-Inclán, La Regenta, La Barraca, textos de Espronceda, El Buscón de Quevedo, España Invertebrada, El Hombre y la Gente, Constitución de 1812, Constitución de 1978, Viaje a la Alcarria, textos de Miguel Delibes, Revista Legión, Alonso de Contreras, Novelas Ejemplares de Cervantes, La Araucana, Selección de Sonetos, Selección de canciones, transcripción de programas de radio.

```
# -*- coding: utf-8 -*-
"""
px.py
Calcula estadisticos a partir de una lista de datos
"""

import numpy as np
import matplotlib.pyplot as plt

vocales = [58469, 15337, 761836, 183369, 133620, 59026, 108791, 48222, 649917, 118900,
        26860, 84255, 67336, 189238, 38380, 44441, 87602, 55188, 58763, 111772,
        368946, 128287, 2076, 10229, 42310]
consonantes = [70422, 18618, 878789, 212737, 153872, 68434, 126670, 57673, 744313, 141157,
        32269, 97561, 78490, 219277, 46588, 54082, 101642, 63386, 70190, 128058,
        423469, 151592, 2426, 11868, 49663]
```

Con estos datos recogidos de los 25 textos, el programa elabora una lista que llamamos pormil, y cuyos elementos son el número de vocales que aparece en cada texto, por cada mil letras. También muestra algunos datos sobre la muestra como su tamaño, el número de letras analizado, el máximo, mínimo y recorrido de la lista, etc.:

```
nvocales = np.sum(vocales)
nconsonantes = np.sum(consonantes)
print ('Muestra de ' + str(nvocales + nconsonantes) + ' letras, de las cuales ' +
        str(nvocales) + ' son vocales.')
pormil = np.zeros(25, float)
for i in range(0, 25):  # vocales por cada mil letras
    pormil[i] = float("%8.2f" % (1000.0 * vocales[i] / (vocales[i] + consonantes[i])))
print 'datos: '
print pormil
creciente = np.sort(pormil)
print 'datos ordenados de forma creciente: '
print creciente
#max, min, recorrido, numero de datos
```

```
maximo = float("%8.2f" % np.max(pormil))
print 'maximo: ', maximo
minimo = float("%8.2f" % np.min(pormil))
print 'minimo: ', minimo
recorrido = float("%8.2f" % (maximo - minimo))
print 'recorrido: ', recorrido
n = len(pormil)
print 'n: ', n
suma = np.sum(pormil)
print 'suma: ', suma
```

―――――――――――――――――――――― ejecución del programa ――――――――――
```
Muestra de 7456416 letras, de las cuales 3453170 son vocales.
datos:
[ 453.63  451.69  464.36  462.93  464.78  463.09  462.03  455.38  466.15
  457.21  454.26  463.41  461.76  463.23  451.7   451.07  462.91  465.43
  455.69  466.05  465.6   458.37  461.13  462.91  460.03]
datos ordenados de forma creciente:
[ 451.07  451.69  451.7   453.63  454.26  455.38  455.69  457.21  458.37
  460.03  461.13  461.76  462.03  462.91  462.91  462.93  463.09  463.23
  463.41  464.36  464.78  465.43  465.6   466.05  466.15]
máximo:  466.15
mínimo:  451.07
recorrido:  15.08
n:  25
suma:  11504.8
```

Vemos que el número de vocales está entre 451 y 466 por mil letras. A continuación distribuimos los datos en intervalos, y las marcas de clase, etc. Se ha elegido tomar 10 intervalos:

```
nintervalos = 11
amplitud = np.ceil((recorrido / (nintervalos - 1)))
print 'amplitud de los intervalos: ', amplitud
liminf = np.trunc(np.min(pormil)) - (amplitud / 2.0)
intervalos = np.zeros(nintervalos, int)
intervalos[0] = liminf
marcasclase = np.zeros(nintervalos, float)
marcasclase[0] = liminf + (amplitud / 2.0)
for i in range(1, nintervalos):
    intervalos[i] = intervalos[i - 1] + amplitud
for i in range(1, nintervalos - 1):
    marcasclase[i] = float("%8.2f" % (marcasclase[i - 1] + amplitud))
print str(nintervalos - 1) + ' intervalos: ' + str(intervalos)
print 'marcas de clase: ' + str(marcasclase)
fintervalos = np.zeros(nintervalos - 1, int)
for i in range(1, nintervalos):
    for j in range(0, n):
        if ((creciente[j] < intervalos[i]) and (creciente[j] >= intervalos[i - 1])):
            fintervalos[i - 1] += 1
print 'f de los intervalos: ', fintervalos
```

―――――――――――――――――――――― ejecución del programa ――――――――――
```
amplitud de los intervalos:  2.0
10 intervalos: [450 452 454 456 458 460 462 464 466 468 470]
marcas de clase: [ 451.  453.  455.  457.  459.  461.  463.  465.  467.  469.    0.]
f de los interfalos:  [3 1 3 1 1 3 7 4 2 0]
```

Comenzamos ahora a calcular las medidas de tendencia central:

```
#medidas de tendencia central
mediaaritmetica = float("%8.2f" % np.mean(pormil))
print 'media aritmetica: ', mediaaritmetica
mediana = float("%8.2f" % np.median(pormil))
print 'mediana: ', mediana
```

0.9. ARCHIVOS DE TEXTO. ESTADÍSTICA

```
producto = 1.0
for i in range(0, n):
    producto = producto * creciente[i]
mediageometrica = float("%8.2f" % producto ** (1.0 / n))
print 'media geometrica: ', mediageometrica
print 'la media aritmetica debe ser mayor que la geometrica:'
print mediaaritmetica, ' > ', mediageometrica
```

──────────────── ejecución del programa ────────────────
```
media aritmética:   460.19
mediana:   462.03
media geométrica:   460.17
la media aritmética debe ser mayor que la geométrica:
460.19  >  460.17
```

El siguiente bloque de código calcula las medidas de variabilidad, así como de asimetría y curtosis:

```
#medidas de variabilidad
diferencias = np.zeros(25, float)
for i in range(0, n):
    diferencias[i] = float("%8.2f" % (np.absolute(pormil[i] - mediaaritmetica)))
print '|xi - media|: ', diferencias
desviacionmedia = float("%8.2f" % (np.sum(diferencias) / n))
print ('desviacion media de los datos sin agrupar: ' + str(desviacionmedia))
diferenciasAG = np.zeros(nintervalos - 1, float)
for i in range(0, nintervalos - 1):
    diferenciasAG[i] = float("%8.2f" % (fintervalos[i] * np.absolute(marcasclase[i] -
                           mediaaritmetica)))
print 'fi |marcai - media|: ', diferenciasAG
desviacionmediaAG = float("%8.2f" % (np.sum(diferenciasAG) / nintervalos))
print ('desviacion media de los datos agrupados: ' + str(desviacionmediaAG))
desviaciontipica = float("%8.2f" % np.std(pormil))
print 'desviacion tipica s: ', desviaciontipica
varianza = float("%8.2f" % np.var(pormil))
print 'varianza s2: ', varianza
print 'Si los datos siguen la distribucion normal,'
print 'la desviacion media debe ser aproximadamente (4 * s / 5):'
print ('desviacion media: ' + str(desviacionmedia) + '; 4s/5: ' +
    str(0.8 * desviaciontipica))
if mediaaritmetica != 0:
    variacionPearson = (100 * desviaciontipica / mediaaritmetica)
    print ('coefificente de variacion de Pearson: C.V. =' + "%4.2f" % variacionPearson)
asimetriaPearson = float("%8.2f" % (3 * (mediaaritmetica - mediana) / desviaciontipica))
if asimetriaPearson == 0:
    frase1 = 'la media aritmetica coincide con la mediana'
elif asimetriaPearson < 0:
    frase1 = 'la media aritmetica es menor que la mediana'
else:
    frase1 = 'la media aritmetica es mayor que la mediana'
print 'asimetria de Pearson: ', asimetriaPearson, ': ', frase1
m4 = 0
for i in range(0, n):
    m4 += diferencias[i] ** 4
m4 = float("%8.2f" % (m4 / n))
curtosis = float("%8.2f" % (m4 / (varianza ** 2)))
if curtosis == 0:
    frase2 = 'mesocurtica, curva normal'
elif curtosis < 0:
    frase2 = 'platicurtica'
```

```
else:
    frase2 = 'leptocurtica'
print 'curtosis = ', curtosis, ' : la curva es ', frase2
```

```
_____ ejecución del programa _____
|xi - media|:  [ 6.56  8.5   4.17  2.74  4.59  2.9   1.84  4.81  5.96 2.98  5.93  3.22
                 1.57  3.04  8.49  9.12  2.72  5.24  4.5   5.86  5.41 1.82  0.94  2.72  0.16]
desviación media de los datos sin agrupar:  4.23
fi |marcai - media|:  [ 27.57   7.19   15.57    3.19    1.19 2.43  19.67  19.24  13.62   0.]
desviación media de los datos agrupados:  9.97
desviacion típica s:   4.83
varianza s2:   23.34
Si los datos siguen la distribución normal,
la desviación media debe ser aproximadamente (4 * s / 5):
desviación media: 4.23;  4s/5: 3.864
coefificente de variación de Pearson: C.V. =1.05
asimetría de Pearson:   -1.14 :
la media aritmética es menor que la mediana
curtosis =   1.96  : la curva es   leptocúrtica
```

Para terminar, el programa elabora el histograma con los datos agrupados en intervalos, traza el polígono de frecuencias, y señala la posición de la media aritmética y la mediana en el gráfico:

```
#grafica
fig, ax = plt.subplots(1)
textstr = ('media=%.2f$\n$\mathrm{mediana}=%.2f$\n$\sigma=%.2f$' %
           (mediaaritmetica, mediana, desviaciontipica))
props = dict(boxstyle='round', facecolor='#FCE945', alpha=0.6)
ax.text(0.05, 0.95, textstr, transform=ax.transAxes,
        fontsize=14, verticalalignment='top', bbox=props)
binsx = np.linspace(intervalos[0], intervalos[nintervalos - 1], nintervalos)
ax.hist(pormil, binsx, alpha=0.75, color='#F2AE04')
plt.plot([mediaaritmetica, mediaaritmetica], [0, np.max(fintervalos) + 0.3], 'r', lw=2.5)
plt.text(mediaaritmetica, np.max(fintervalos) + 0.5, 'media=' % mediaaritmetica,
         horizontalalignment='left', color='red')
plt.plot([mediana, mediana], [0, np.max(fintervalos) + 0.1], 'g', lw=2.5)
plt.text(mediana, np.max(fintervalos) + 0.2, 'mediana=%.2f' % mediana,
         horizontalalignment='left', color='green')
plt.plot([np.min(intervalos) - 1, marcasclase[0]], [0, fintervalos[0]], 'k--', lw=2)
for i in range(0, (len(fintervalos) - 1)):
    plt.plot([marcasclase[i], marcasclase[i + 1]],
             [fintervalos[i], fintervalos[i + 1]], 'k--', lw=2)

plt.ylim(0, np.max(fintervalos) + 1)
plt.xlim(np.min(intervalos) - 1, np.max(intervalos) + 1)
plt.grid(axis='y')
xticks = intervalos
plt.xticks(xticks)
plt.show()
```

1 | Conjuntos

Si alguien intentara utilizar un ábaco para calcular el número de personas en esta gran multitud, aunque pasara haciéndolo tantos eones como granos de arena hay en el Ganges nunca llegaría a conocer la suma total.
Sutra del Loto.

Esta es una de las dificultades que surgen cuando intentamos, con nuestras mentes finitas, discutir lo infinito, asignándole propiedades que damos a lo finito y limitado.
Galileo Galilei, Discurso y demostración matemática, en torno a dos nuevas ciencias, 1638.

No es sorprendente que nuestro lenguaje sea incapaz de describir los procesos que ocurren en el interior de los átomos, puesto que fue inventado para describir las experiencias de la vida diaria, y éstas consisten solamente en procesos que implican números enormes de átomos. Además es muy difícil modificar nuestro lenguaje de manera que sea capaz de describir estos procesos atómicos, ya que las palabras solamente pueden describir cosas de las que podemos formarnos una imagen mental, y esta capacidad también es resultado de la experiencia diaria. Afortunadamente, las matemáticas no están sujetas a esta limitación, y ha sido posible desarrollar un esquema matemático que parece completamente adecuado.
Werner Heisenberg, The Physical Principles of the Quantum Theory, 1930.

1.1 Relaciones de equivalencia

Adoptaremos la definición de conjuntos dada por el fundador de la teoría de conjuntos, el matemático alemán Georg Cantor (1845-1918): *Un conjunto es una colección de objetos diferentes y definidos de nuestra intuición o de nuestro pensamiento, que pueden ser concebidos como un todo. Aquellos objetos se denominan elementos de el conjunto.*

Por lo tanto, para un conjunto dado y cualquier objeto a, tendremos que a es un elemento del conjunto, o bien no lo es. El conjunto sin elementos es el conjunto vacío, $\emptyset$. Tomemos dos conjuntos cualesquiera X e Y. Cualquier subconjunto $R \subset X \times Y$ se denomina relación binaria entre X e Y. Si $Y = X$, se dice que R es una relación binaria en X. Si esta relación R cumple tres propiedades que mencionaremos a continuación, se denomina relación de equivalencia, y dotará al conjunto X de una estructura que veremos a menudo en los siguientes capítulos. Esas tres propiedades son:

1. Reflexiva: $aRa, \forall a \in X$.

2. Simétrica: si aRb, entonces bRa.

3. Transitiva: si aRb y bRc, entonces aRc.

Podemos utilizar el símbolo $\sim$ para especificar que R es una relación de equivalencia. Dado cualquier elemento $x \in X$, el conjunto de todos los elementos que están relacionados con él, y por tanto equivalentes a x, se denomina clase de equivalencia del elemento x, y se denota como $\bar{x}$. Cualquier elemento perteneciente a la misma clase de equivalencia de x se denomina representante de la clase $\bar{x}$. De esta manera, una relación de equivalencia en un conjunto X establece una partición del conjunto X en subconjuntos disjuntos llamados clases de equivalencia, la unión de todos los cuales es el mismo conjunto X.

Dos clases de equivalencia son disjuntas o coinciden, ya que si existiera un elemento x perteneciente a dos clases de equivalencia distintas $\bar{a}$ y $\bar{b}$, tendríamos que $x \sim a$ y $x \sim b$ pero a y b no estarían relacionados, al pertenecer supuestamente a clases de equivalencia distintas, lo cual es una contradicción ya que la relación de equivalencia es transitiva y si $x \sim a$, y $x \sim b$, necesariamente tendremos que $a \sim b$, y por tanto $\bar{a}$ coincide con $\bar{b}$. Y viceversa: si se tiene una partición de un conjunto X en subconjuntos disjuntos, entonces cada uno de estos subconjuntos será una clase de equivalencia, y en el conjunto X existe una relación de equivalencia, ya que diremos entonces que dos elementos están relacionados si pertenecen al mismo conjunto. Por lo tanto, todo elemento estará relacionado con sí mismo (reflexiva); si un elemento y pertenece al mismo subconjunto que x, este elemento x también pertenecerá al mismo subconjunto que y (simétrica); si y pertenece al mismo conjunto que x, y z pertenece al mismo subconjunto que y, tendremos que z pertenece al mismo subconjunto que x (transitiva), y queda demostrado que la partición de un conjunto establece una relación de equivalencia.

1.2 Conjuntos contables: N, Z, Q

Si en un conjunto finito tomamos un elemento x_1, después un elemento x_2 del complemento de x_1; seguidamente otro elemento x_3 del complemento de $\{x_1, x_2\}$, llegará un momento en que agotemos todos los elementos del conjunto. En cambio, si el conjunto es infinito esto no ocurrirá, y podremos tomar x_1, x_2, x_3,... elementos distintos del conjunto.

El conjunto infinito más simple es el de los números naturales, $\mathbf{N}$. Si tomamos cualquier conjunto infinito X y es posible establecer una biyección entre X y $\mathbf{N}$, diremos que X es numerable (o contable). Todo conjunto finito es contable. Veamos el conjunto N con algo más de detalle. En el conjunto de los números naturales se cumplen los siguientes cinco axiomas:

1. El número 1 es un número natural.

2. Para todo número natural n existe un único número que se denomina sucesor de n, y que denotaremos como n'.

3. Para todo número natural n se cumple que $n' \neq 1$.

4. Si $m' = n'$, entonces $m = n$.

5. Es válida la ley de inducción: Si un conjunto M de números naturales incluye el número 1 y si cada vez que un cierto número natural n y todos aquellos menores que n se pueden considerar pertenecientes al conjunto M, el número $n+1$ también se puede inferir que pertenece a M, entonces el conjunto M incluye todos los números naturales.

Algunos ejemplos de conjuntos contables son:

- El conjunto de todos los números naturales pares, mediante la biyección $n \leftrightarrow 2n$.

- El conjunto $\mathbf{Z}$ de todos los números enteros, ya que podemos establecer la biyección:

$$\{0, -1, 1, -2, 2, ...\} \leftrightarrow \{1, 2, 3, 4, 5, ...\}$$

- El conjunto $\mathbf{Q}$ de todos los números racionales. Este ejemplo nos puede servir para adentrarnos más en la estructura del conjunto de los números racionales. Desde los primeros cursos de Educación Primaria estamos acostumbrados a manejar fracciones, pero ahora necesitamos dar una definición más rigurosa del conjunto $\mathbf{Q}$ de los números racionales. Consideremos el conjunto formado por todos los pares ordenados (a, a') de la siguiente manera: el primer elemento del par es un número entero: $a \in \mathbf{Z}$; y el segundo elemento de cada par es un número entero no nulo: $a' \in \{\mathbf{Z} - 0\}$.

1.2. CONJUNTOS CONTABLES: N, Z, Q

Consideramos ahora la relación R definida en el conjunto de esos pares ordenados, y que definimos así:
$$(a, a')R(b, b') \leftrightarrow ab' = ba'$$
Es decir, que
$$(a, a')R(b, b') \leftrightarrow \frac{a}{a'} = \frac{b}{b'}$$

Esta es una relación de equivalencia: ($aa' = aa'$; si $ab' = ba'$ entonces $ba' = a'b$; y la propiedad transitiva es inmediata). Por tanto, la relación establecerá una partición del conjunto de pares ordenados en clases. A ese conjunto de pares ordenados $\mathbf{Z} \times \mathbf{Z}'$ es a lo que llamamos conjunto de los números racionales, $\mathbf{Q}$. Cada clase de equivalencia en que la relación de equivalencia parte el conjunto $\mathbf{Q}$ es un número racional. Por ejemplo $\frac{1}{2}$, $\frac{5}{10}$ y $\frac{12}{24}$ pertenecen a la misma clase de equivalencia, son fracciones equivalentes, cada una de ella es un representante de la clase de equivalencia $q = (1, 2)$. Observemos también que $\frac{-1}{3}$ y $\frac{1}{-3}$ pertenecen a la misma clase de equivalencia, representan el mismo número racional: $(-1, 3)$

¿Cómo podemos demostrar que $\mathbf{Q}$ es numerable? Tomemos el conjunto $\mathbf{Q}$ de todos los pares ordenados (a, b) que hemos definido antes. Tomemos $b > 0$ para representar cada clase de equivalencia. Podemos ordenar todos los números racionales de la siguiente manera: tomamos la suma de los dos elementos en valor absoluto: $|a| + b$. A esta suma la llamaremos altura de ese número racional. Colocaremos los números racionales por orden creciente de altura, y por orden creciente del elemento a para los que tengan la misma altura. Por ejemplo:

$$\frac{0}{1}, \frac{-1}{1}, \frac{1}{1}, \frac{-2}{1}, \frac{-1}{2}, \frac{1}{2}, \frac{2}{1}, \ldots$$

De este modo podemos establecer una biyección en entre el conjunto $\mathbf{Q}$ y $\mathbf{N}$, y por tanto $\mathbf{Q}$ es numerable.

El conjunto $\mathbf{Q}$ es denso, lo que quiere decir que entre dos números racionales cualesquiera a y b, con $a < b$, podemos encontrar tantos números racionales como queramos, sin más que calcular $a + \nu \frac{b-a}{n+1}$, para $\nu = 1, 2, \ldots n$. Veámoslo con un ejemplo numérico calculado con Python.

```
# -*- coding: utf-8 -*-
'''
p1a.py
calcula 30 numeros racionales entre dos racionales dados a,b
elige a al azar y elige b de manera que el numerador de b es igual al de a+1
num_a/den_ab + (i/(den_ab*(n+1))) = (num_a*(n+1)+i)/(den_ab*(n+1))
'''

import numpy as np

maximo = 1000
n = 30    # numero de numeros racionales a calcular
num_a = np.random.randint(1, maximo)
den_ab = np.random.randint(1, maximo)
num_b = num_a + 1
print ('a = ' + str(num_a) + '/' + str(den_ab) + ' = ' + "%.6f" % (1.0 * num_a / den_ab))
print ('b = ' + str(num_b) + '/' + str(den_ab) + ' = ' + "%.6f" % (1.0 * num_b / den_ab))
print 'b-a = 1/', den_ab
print ('q = (' + str(num_a) + '*' + str(n + 1) + '+ i)/(' + str(den_ab) + '*' +
    str(n + 1) + ')')
print ('q = (' + str(num_a * (n + 1)) + '+ i)/' + str(den_ab * (n + 1)))


def qdenso():
```

```
        for i in range(1, n + 1):
            num = num_a * (n + 1) + i
            den = den_ab * (n + 1)
            print ('(' + str(i) + ') ' + str(num) + '/' + str(den) + ' = ' +
                "%.8f" % (1.0 * num / den))

qdenso()
```

Lo ejecutamos para calcular 30 números racionales comprendidos entre dos números racionales cualesquiera cuyos numeradores difieren solo en una unidad:

```
───────────────────────────── 01p01.py - ejecución ─────────────────────────────
a = 832/152 = 5.473684
b = 833/152 = 5.480263
b-a = 1/ 152
q = (832*31+ i)/(152*31)
q = (25792+ i)/4712
 (1)  25793/4712 = 5.47389643      (2)  25794/4712 = 5.47410866
 (3)  25795/4712 = 5.47432088      (4)  25796/4712 = 5.47453311
 (5)  25797/4712 = 5.47474533      (6)  25798/4712 = 5.47495756
 (7)  25799/4712 = 5.47516978      (8)  25800/4712 = 5.47538200
 (9)  25801/4712 = 5.47559423     (10)  25802/4712 = 5.47580645
(11)  25803/4712 = 5.47601868     (12)  25804/4712 = 5.47623090
(13)  25805/4712 = 5.47644312     (14)  25806/4712 = 5.47665535
(15)  25807/4712 = 5.47686757     (16)  25808/4712 = 5.47707980
(17)  25809/4712 = 5.47729202     (18)  25810/4712 = 5.47750424
(19)  25811/4712 = 5.47771647     (20)  25812/4712 = 5.47792869
(21)  25813/4712 = 5.47814092     (22)  25814/4712 = 5.47835314
(23)  25815/4712 = 5.47856537     (24)  25816/4712 = 5.47877759
(25)  25817/4712 = 5.47898981     (26)  25818/4712 = 5.47920204
(27)  25819/4712 = 5.47941426     (28)  25820/4712 = 5.47962649
(29)  25821/4712 = 5.47983871     (30)  25822/4712 = 5.48005093
```

Podemos dar también algunos ejemplos de conjuntos incontables, que ahora simplemente enunciamos. Así, son incontables los siguientes conjuntos de números reales:

- El conjunto $\mathbf{R}$ de los números reales.
- El conjunto $[0, 1]$
- El conjunto de puntos de cualquier intervalo cerrado $[a, b]$
- El conjunto de puntos de cualquier intervalo abierto (a, b)
- El conjunto de todos los puntos de un plano.

Por último, observemos que todo conjunto infinito M tiene un subconjunto contable, que podemos obtener simplemente tomando un elemento $a_1 \in M$, a continuación otro elemento a_2, etc. Hasta que obtenemos nuestro conjunto contable: $A = \{a_1, a_2, a_3, ...\} \subset M$. De este modo vemos que los conjuntos contables son los "menores" conjuntos infinitos.

1.3 Tres ejemplos de Teoría de Números

La teoría de números es una rama de las matemáticas que se ocupa de estudiar las propiedades de los números, en especial de los números enteros. En esta sección veremos tres ejemplos clásicos resueltos con programas de Python.

1.3.1. Números primos

Los números primos son aquellos números naturales que solo son divisibles por 1 y por sí mismos. El conjunto de los números primos es un subconjunto infinito del conjunto $\mathbf{N}$ de los números naturales, pero el conjunto de los números primos menores que un número natural dado es finito y se puede calcular mediante un método llamado criba de Eratóstenes. Sea el número natural dado n. El método consiste en elaborar una lista de todos los números naturales en el intervalo $[2, n]$, y

1.3. TRES EJEMPLOS DE TEORÍA DE NÚMEROS

después eliminar de la lista todos los múltiplos de números primos comprendidos entre 2 y $\sqrt{n}$.

El siguiente programa de Python elabora una lista de todos los números primos menores que un número natural n dado, siguiendo el método de la criba de Eratóstenes. Se muestra el resultado para $n = 100$ y para $n = 10000$, éste último resumiendo la lista de primos. Se ha cronometrado el tiempo en milisegundos empleado en cada caso, que se muestra tras los resultados.

```
# -*- coding: utf-8 -*-
"""
p1b.py
criba de Eratostenes
"""

import numpy as np

n = 1000
print 'calculando para n< ' + str(n)
lista = np.arange(1, n + 1, 2)   # lista del numero 2 y los impares <= n
lista[0] = 2
longitud = len(lista)
raiz = np.floor(np.sqrt(n))


def f(x):
    return x != 0

for i in range(0, longitud):    # elimina multiplos de 3, 5
    if lista[i] > 5:
        if (lista[i] % 3 == 0):
            lista[i] = 0
        elif (lista[i] % 5 == 0):
            lista[i] = 0

lista = filter(f, lista)
longitud = len(lista)
print 'Comprobando', str(longitud), 'numeros < ', str(n), ':'
#lista del numero 2 y los impares no multiplos de 3 ni multiplos de 5 y menores que n
#print lista
i = 0
j = 1

while i <= raiz:
    if lista[i] > 0:    # solo comprueba los que no han sido eliminados
        while j < (longitud):
            if lista[j] != 0:
                resto = lista[j] % lista[i]
                #print i, j, resto, ': ', lista[i], lista[j], resto
                if resto == 0:
                    lista[j] = 0
            j += 1
    i += 1
    j = i + 1

primos = filter(f, lista)
print 'lista de numeros primos: ', primos
print 'hay ' + str(len(primos)) + ' primos <= ' + str(n)
```

```
 ─────────────────── ejecución del programa ───────────────────
calculando para n< 100
Comprobando 28 números menores de  100 :
lista de números primos:  [2, 3, 5, 7, 11, 13, 17, 19, 23, 29, 31, 37,
41, 43, 47, 53, 59, 61, 67, 71, 73, 79, 83, 89, 97]
hay 25 primos <= 100
1.07717514038  ms

calculando para n< 10000
Comprobando 2668 números menores de  10000 :
lista de números primos:  [2, 3, 5, 7, 11, 13, 17, 19, 23, 29, 31, 37, 41, 43, 47, 53,
59, 61, 67, 71, 73, 79, 83, 89, 97, 101, 103, 107, 109, 113, 127, 131, 137, ... ,
9781, 9787, 9791, 9803, 9811, 9817, 9829, 9833, 9839, 9851, 9857, 9859, 9871, 9883,
9887, 9901, 9907, 9923, 9929, 9931, 9941, 9949, 9967, 9973]
hay 1229 primos <= 10000
277.619123459  ms
```

1.3.2. Algoritmo de Euclides

El algoritmo de Euclides permite calcular el máximo común divisor (MCD) y el mínimo común múltiplo (mcm) de dos números naturales. El siguiente programa calcula el MCD y el mcm de dos números naturales. Veamos un ejemplo y a continuación explicamos el programa que ejecuta el algoritmo de Euclides:

```
 ─────────────────── ejecución del programa ───────────────────
resto de   256 / 60  =  16
resto de    60 / 16  =  12
resto de    16 / 12  =   4
resto de    12 /  4  =   0
El MCD es 4
El mcm es 3840
```

El programa debe calcular el MCD de $a = 256$ y $b = 60$. El algoritmo consiste en dividir a/b y calcular su resto r. Si el resto no es cero, vuelve a efectuar una división cuyo dividendo es el anterior divisor, y cuyo divisor es el resto obtenido, es decir, b/r, y calcula el nuevo resto; si éste no es nulo, vuelve a repetir el procedimiento hasta llegar a un resto nulo. El máximo común divisor es el último resto no nulo obtenido.

Una vez obtenido el MCD, obtener el mínimo común múltiplo es inmediato, ya que:

$$mcm = \frac{a \cdot b}{MCD}$$

El código del programa de Python es el siguiente:

```python
# -*- coding: utf-8 -*-
"""
p1c.py
algoritmo de Euclides
"""

def mcdmcm(x, y):
    MCD = mcd(x, y)
    print 'El MCD es ' + str(MCD)
    if MCD > 1:
        mcm = x * y / MCD
    else:
        print str(x) + ' y ' + str(y), ' son primos relativos'
        mcm = x * y
    s = 'El mcm es ' + str(mcm)
    return s


def mcd(a, b):
    if b == 0:
        return 0
```

1.3. TRES EJEMPLOS DE TEORÍA DE NÚMEROS

```
    else:
        r = a % b
        print 'resto de ', a, '/', b, ' = ', r
        if r > 0:
            return mcd(b, r)
        else:
            return b

print mcdmcm(256, 60)
```

El programa se ejecuta llamando a la función mcdmcm(a,b), siendo $a > b$, mediante la instrucción print mcdmcm(256, 60). Veamos algunos ejemplos con otras parejas de números:

――――――――――――――――――― ejecución del programa ―――――――――――――――――――
```
resto de  13 /  8  =   5
resto de   8 /  5  =   3
resto de   5 /  3  =   2
resto de   3 /  2  =   1
resto de   2 /  1  =   0
El MCD es 1
13 y 8  son primos relativos
El mcm es 104

resto de  1470 / 1155  =   315
resto de  1155 /  315  =   210
resto de   315 /  210  =   105
resto de   210 /  105  =     0
El MCD es 105
El mcm es 16170
```
――

1.3.3. Ternas pitagóricas

Desde la enseñanza primaria conocemos el teorema de Pitágoras: $h^2 = a^2 + b^2$, siendo h la hipotenusa, y a y b los catetos de un triángulo rectángulo. Las ternas pitagóricas son los conjuntos de tres números enteros que equivalen a las longitudes de los lados de un triángulo rectángulo, es decir, que proporcionan todos los triángulos rectángulos cuyos lados son números enteros. El siguiente programa de Python calcula algunos de estos triángulos pitagóricos y los representa utilizando gráficos de tortuga:

```
# -*- coding: utf-8 -*-
"""
Matematicas y programacion en Python    www.pysamples.com
p1d.py
"""

import turtle as tt

tt.mode('logo')
tt.reset()
tt.home()
screen = tt.getscreen()
screen.colormode(255)
screen.screensize(700,700)
colors = ['black', 'green', 'red', 'grey', 'blue', 'orange']
color = 0
tt.pencolor(colors[color])
tt.speed('slow')
tt.pensize(2)
tt.penup()
tt.setpos(-300, -300)
print '   m    n      a       b       h'
print '_____'
for m in range(2, 7):
```

```
    for n in range(1, m):
        x = m ** 2 - n ** 2
        y = 2 * m * n
        z = m ** 2 + n ** 2
        tt.penup()
        tt.right(90)
        tt.pendown()
        tt.forward(10 * x)
        tt.write(' ' + str(x))
        tt.left(90)
        tt.forward(10 * y)
        tt.write(str(y))
        tt.setpos(-300, -300)
        if color < 5:
            color += 1
        else:
            color = 0
        tt.pencolor(colors[color])
        print "%2d" % m, "%2d" % n, "%5d" % x, "%5d" % y, "%5d" % z
tt.hideturtle()
```

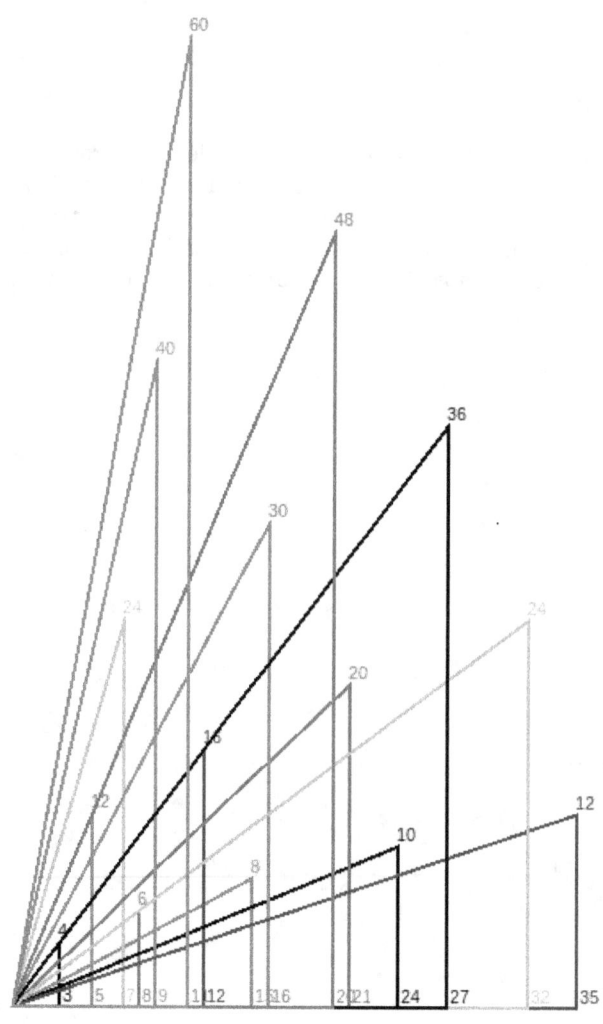

1.4. CONJUNTOS EQUIVALENTES, ORDENADOS.

———————————— ejecución del programa ————————————

m	n	a	b	h
2	1	3	4	5
3	1	8	6	10
3	2	5	12	13
4	1	15	8	17
4	2	12	16	20
4	3	7	24	25
5	1	24	10	26
5	2	21	20	29
5	3	16	30	34
5	4	9	40	41
6	1	35	12	37
6	2	32	24	40
6	3	27	36	45
6	4	20	48	52
6	5	11	60	61

1.4 Conjuntos equivalentes, ordenados.

En esta sección vamos a definir dos conceptos que nos serán útiles más adelante: la equivalencia de conjuntos y los conjuntos ordenados.

Diremos que dos conjuntos M y N son equivalentes, y lo denotaremos como $M \sim N$, si existe una biyección entre los elementos de M y los elementos de N. Dos conjuntos finitos serán equivalentes si y solo si ambos tienen el mismo número de elementos. Dado cualquier conjunto finito X, cualquier subconjunto propio de X tendrá menor número de elementos que X, lo que impide establecer una biyección entre ambos. En cambio, si X es infinito esto no es así, sino que existe un subconjunto propio de X tal que es posible establecer una biyección entre X y este subconjunto propio suyo.

Esta característica de los conjuntos infinitos permite establecer otra definición de conjunto infinito como aquel que es equivalente a uno de sus subconjuntos propios. y no la demostraremos en este momento, sino que en este punto resulta conveniente estudiar la estructura del conjunto infinito que más utilizaremos en este libro: el conjunto $\mathbf{R}$ de los números reales.

Dada una relación binaria R en un conjunto X, diremos que esta relación es una relación de orden parcial, o que X está parcialmente ordenado si la relación R cumple las siguientes condiciones:

1. Reflexiva: $aRa, \forall a \in X$.

2. Antisimétrica: si aRb y bRa, entonces $a = b$.

3. Transitiva: si aRb y bRc, entonces aRc.

Un ejemplo de conjunto parcialmente ordenado es el de los números enteros mayores de 1, definiendo aRb, como b es divisible por a.

Dados dos elementos a y b de un conjunto parcialmente ordenado X, puede ocurrir que estos elementos no estén relacionados mediante aRb ni mediante bRa. En este caso diremos que los elementos a y b no son comparables. De modo que la relación R solo está definida para ciertos pares de números, por lo que se dice que el conjunto X está parcialmente ordenado. En cambio, si X no tiene elementos no comparables diremos que X está ordenado. Es decir, X está ordenado si, dados cualesquiera dos elementos $a, b \in X$, tenemos aRb o bien bRa. Cualquier subconjunto de un conjunto ordenado, es él mismo ordenado.

Algunos ejemplos de conjuntos ordenados, definiendo aRb como $a \leq b$ son el conjunto de todos los números naturales y el conjunto Q de los números racionales.

De lo dicho se deduce que un conjunto ordenado es un tipo especial, e importante, de conjunto parcialmente ordenado, en el cual la relación es válida para cualesquiera parejas de números del conjunto. También se define un tipo de conjunto ordenado que resulta especialmente importante: el conjunto bien ordenado. Un conjunto ordenado X se dice que está bien ordenado si todo subconjunto no vacío $A \subset X$ tiene un primer elemento (o elemento mínimo) $\mu \leq a$ para todo $a \in X$.

Algunos ejemplos de conjuntos bien ordenados son:

- Cualquier conjunto finito y ordenado, es un conjunto bien ordenado.
- Todo subconjunto no vacío de un conjunto bien ordenado, también es un conjunto bien ordenado.

1.5 El conjunto de los números reales

Muchos autores definen axiomáticamente el conjunto de los números reales. Nosotros vamos a tomar como punto de partida los conjuntos que ya hemos visto: $\mathbf{N} \subset \mathbf{Z} \subset \mathbf{Q}$. ¿Por qué es necesario un nuevo conjunto? Como es conocido, la operación $\sqrt{2}$, no tiene solución en el conjunto $\mathbf{Q}$. Supongamos que no fuera así, sino que existiera un número racional $q = \frac{a}{b}$, siendo $\frac{a}{b}$ una fracción irreducible, tal que $q = \frac{a}{b} = \sqrt{2}$. Entonces $\frac{a^2}{b^2} = 2$ y debería ser cierto que $a^2 = 2b^2$.

Si a es impar, entonces a^2 será impar y por tanto $a^2 \neq 2b^2$. Si a es par, entonces b ha de ser impar, así como b^2. Pero al mismo tiempo tenemos que $b^2 = \frac{a^2}{2}$, lo cual es imposible ya que un número impar no puede resultar de dividir el cuadrado de un número par entre 2:

$$b^2 = \frac{a^2}{2} = \frac{(2n)^2}{2} = \frac{4n^2}{2} = 2n^2$$

lo cual contradice la suposición de que b es impar. Así pues, la operación $\sqrt{2}$ no tiene solución racional.

───────────────── Cálculo de $\sqrt{(2)}$ utilizando Python ─────────────────
```
>>> sqrt(2)
1.4142135623730951
```

De una manera similar se puede demostrar que $\sqrt{5}$ no es racional. Supongamos lo contrario, que existe un número racional $\frac{a}{b} = \sqrt{5}$, y a y b no tienen ningún factor común. Entonces:

$$a^2 = 5b^2$$

pero si a^2 es un número natural múltiplo de 5, entonces podemos afirmar que $a = 5k$, donde k es el producto de los otros factores primos de a.

$$25k^2 = 5b^2$$

$$5k = b$$

y b tendría los mismos factores primos que a, lo cual contradice la suposición inicial, y por tanto $\sqrt{5}$ es irracional.

Veamos otro ejemplo: el número $\log 5$. Si este número fuera racional, pongamos $q = \frac{m}{n}$, con $m, n \neq 0$, entonces tendríamos que

$$10^{\frac{m}{n}} = 5$$
$$2^{\frac{m}{n}} \cdot 5^{\frac{m}{n}} = 5$$

lo cual es imposible porque tendríamos que $2^a = 5^b$, y por lo tanto el número $\log 5$ no es racional.

───────────────── Cálculo de $\log 5$ utilizando Python ─────────────────
```
>>> log10(5)
0.69897000433601886
```

1.5. EL CONJUNTO DE LOS NÚMEROS REALES

Otro número irracional importante es el número áureo, representado por la letra φ. Dos números $a > b$ se dice que están en proporción áurea si cumplen:

$$\frac{a}{b} = \frac{a+b}{a}$$

Si llamamos $\varphi = \frac{a}{b}$ obtenemos:

$$\varphi = 1 + \varphi^{-1}$$

$$\varphi^2 = 1 + \varphi$$

$$\varphi^2 - \varphi - 1 = 0$$

Resolvemos la ecuación de segundo grado y tenemos:

$$\varphi = \frac{1 \pm \sqrt{1+4}}{2}$$

y la solución positiva es:

$$\varphi = \frac{1 + \sqrt{5}}{2}$$

Podemos calcularlo con Python, por ejemplo con 20 decimales:

```
>>> import numpy as np
>>> print "%22.20f" % ((1 + np.sqrt(5)) / 2)
1.61803398874989490253
```

El número áureo aparece en las proporciones de muchas obras de arte desde la antigüedad. Además tiene algunas propiedades matemáticas interesantes:

$$\varphi = \varphi^2 - 1$$

$$\varphi - 1 = \frac{1}{\varphi}$$

```
>>> phi = ((1 + np.sqrt(5)) / 2)
>>> print phi
1.61803398875
>>> print str(phi ** 2 - 1)
1.61803398875
>>> print 1 / phi
0.61803398875
```

El número áureo está relacionado con π mediante la siguiente demostración geométrica:
φ es igual al radio de la circunferencia circunscrita a un decágono de lado unidad:

$$\frac{KB}{AB} = \frac{FB}{BJ}$$

$$\frac{r}{1} = \frac{FB}{BJ}$$

$$KL = BL = AB = 1$$

$$LA = r - 1$$

$$\frac{FB}{BJ} = \frac{AB}{r-1} = \frac{1}{r-1}$$

$$r = \frac{1}{r-1}$$

$$r^2 - r - 1 = 0$$

$$r = \varphi \qquad sen(\pi/10) = \frac{1}{2\varphi} \qquad \varphi = \frac{1}{2sen(\pi/10)}$$

```
>>> print 1 / (2*np.sin(np.pi/10))
1.61803398875
```

Hemos llegado así a la evidencia de que el conjunto **Q** es incompleto. Nuestro siguiente objetivo será completarlo. Una elegante manera no axiomática de hacerlo la propuso el matemático alemán Dedekind (1831-1916) mediante los cortes de que llevan su nombre: cortes de Dedekind.

Un corte de Dedekind en Q es un par de subconjuntos A, B, de **Q** tales que:

1. A y B constituyen una partición de **Q**: $A \cup B = \mathbf{Q}$.
   $A \neq \emptyset$, $B \neq \emptyset$; $A \cap B = \emptyset$.

2. Si $a \in A$ y $b \in B$, entonces $a < b$.

3. A no tiene último elemento, es decir, que $\forall a \in A \, \exists a' \in A$ tal que $a < a'$.

También se puede definir de otra manera: un corte de Dedekind es un subconjunto A de **Q** tal que cumple las siguientes tres condiciones:

1. $A \neq \emptyset \neq \mathbf{Q}$.

2. A es cerrado hacia abajo, es decir: si $b \in A$ y $c < b$ entonces $c \in A$.

3. A no tiene último elemento, es decir, que $\forall b \in A \, \exists b' \in A$ tal que $b < b'$.

Denotaremos a este corte como $A|B$. Pues bien, ahora estamos en condiciones de definir un número real: Un número real es un corte de Dedekind en **Q**. El conjunto **Q** de los números racionales es incompleto, tiene huecos, uno de los cuales ocurre en el punto $\sqrt{2}$. Estos huecos en realidad son muy pequeños, de amplitud cero y nuestro objetivo ahora es completar **Q** rellenando esos huecos. Para ello utilizaremos la relación de orden que vimos en el apartado anterior. Veamos unas definiciones:

- Dados dos cortes $x = A|B$ y $y = C|D$, diremos que $x \leq y$ si $A \subset C$.

1.5. EL CONJUNTO DE LOS NÚMEROS REALES

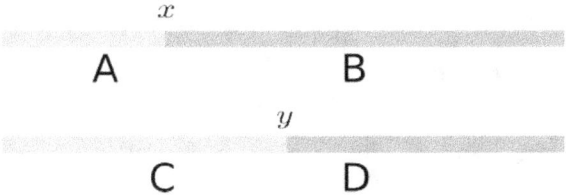

- Si S es un subconjunto de un conjunto ordenado parcialmente P, un elemento $u \in P$ se llama cota superior (*upper bound*) de S si $x < u$ para todo $x \in S$.
  Análogamente definimos la cota inferior (*lower bound*) como el elemento w tal que $w < x$ para todo $x \in S$.

- A la menor de las cotas superiores se la llama supremo (*least upper bound*) de S. Es decir, si $\mu \in P$ y $\mu < u$ $\forall u$ cota superior de S, y lo denotamos como $\mu = \sup S = \text{lub} S$.
  Análogamente, a la mayor de las cotas inferiores se la llama ínfimo (*greatest lower bound*) de S, es decir, si $\varphi > w$ $\forall w$ cota inferior de S, y lo denotamos como $\varphi = \inf S = \text{glb} S$.

Hay que hacer constar también que dado un conjunto S, puede que no tenga cota superior o/y inferior, y que de estar acotado, el sup$S$ y el inf$S$ pueden no pertenecer al conjunto S. Un par de ejemplos: el número 3 es una cota superior para el conjunto de enteros negativos; el número -1 es el supremo del conjunto de enteros negativos.

La idea detrás de los cortes de Dedekind es que podemos definir un número real x utilizando un subconjunto de $\mathbf{Q}$: el conjunto de todos los números enteros menores que x. Y definimos el conjunto de los números reales como el conjunto de todos los cortes de Dedekind.

Para aclarar más el concepto de supremo, veamos un ejemplo: sea el conjunto S de los números racionales q tales que $q \cdot q < 2$. Este conjunto está acotado superiormente, por ejemplo, por el número racional $\frac{2}{1}$, pero no tiene un supremo perteneciente a $\mathbf{Q}$, es decir lub$S \notin \mathbf{Q}$, ya que, como acabamos de ver, $\sqrt{2} \notin \mathbf{Q}$. Esta circunstancia de que el supremo de un subconjunto acotado de $\mathbf{Q}$ no pertenezca a $\mathbf{Q}$ no se da en el caso de los números reales, sino que cualquier subconjunto acotado de $\mathbf{R}$ tiene un supremo perteneciente a $\mathbf{R}$.

El conjunto de los números reales tiene la siguiente propiedad, cuya demostración se puede encontrar en la bibliografía:

Es posible encontrar un lub$A \in \mathbf{R}$ para cualquier subconjunto $A \subset \mathbf{R}$ que sea acotado superiormente.

Esta afirmación constituye un importante teorema en el análisis matemático y es necesaria para probar más adelante, por ejemplo, que una función continua en un intervalo cerrado, alcanza un máximo. Enunciamos a continuación algunas consecuencias de esta propiedad:

1. Para cualquier número real x, existe un número entero n tal que $x < n$.

2. Para cualquier número real positivo ϵ existe un entero n tal que $\frac{1}{n} < \epsilon$.

3. Para cualquier número real x existe un entero n tal que $n \leq x < n + 1$.

4. Para cualquier número real x y cualquier entero positivo N, existe un entero n tal que $\frac{n}{N} \leq x < \frac{n+1}{N}$.

5. Cualquier número real x puede ser aproximado tanto como se desee mediante un número racional. Es decir: si $x, \epsilon \in \mathbf{R}$, $\epsilon > 0$, entonces existe un número racional q tal que $|x - q| < \epsilon$.

Bibliografía para este capítulo: [6], [8], [11], [15], [16], [18], [22], [27], [29] [32], [50], [59], [62], [63]

2 | Cuerpos

2.1 El cuerpo de los números reales

En el capítulo anterior hemos avanzado desde el concepto de un conjunto cualquiera hasta llegar al conjunto de los números naturales, los números racionales y por fin, al conjunto de los números reales. Existen muchos libros de cálculo que prácticamente comienzan con el concepto de función o incluso con el de continuidad. En este libro preferimos avanzar concepto a concepto, desde los conceptos más básicos, pero sin pretender ser una enciclopedia de definiciones, teoremas y demostraciones, ni tampoco un libro de ejercicios o fórmulas. En este punto, necesitamos estudiar con más detalle el conjunto de los números reales, introduciendo aquí algunos conceptos que en capítulos posteriores resultarán ser imprescindibles para poder continuar avanzando, pero limitándonos al mismo tiempo a los conceptos mínimos necesarios.

Comenzaremos por el concepto de operación binaria: una operación binaria $*$ en un conjunto es una regla que asigna a cada par ordenado (a, b) de elementos del conjunto, algún elemento del conjunto. Debemos observar que ese elemento asignado ha de pertenecer también al conjunto G, por lo que se dice que G es cerrado bajo la operación binaria $*$. Añadamos también que ese elemento asignado, puede ser uno de los miembros del par (a, b), o no serlo. Una operación binaria $*$ en un conjunto G es conmutativa si y solo si $a * b = b * a$, $\forall a, b \in G$. La operación binaria es asociativa si y solo si $(a * b) * c = a * (b * c)$ $\forall a, b, c \in G$.

Un grupo es un conjunto G, junto con una operación binaria $*$ en G que satisface los siguientes axiomas:

1. La operación binaria $*$ es asociativa.

2. Existe un elemento $e \in G$ tal que $e * a = a * e, \forall a \in G$. A este elemento e se le denomina elemento identidad (o elemento neutro) para la operación binaria $*$ en G.

3. Para cada elemento $a \in G$ existe un elemento $a' \in G$ tal que $a' * a = a * a' = e$. A ese elemento a' se le denomina simétrico de a respecto a la operación binaria $*$ en G.

Si denotamos como $+$ a la operación binaria, es habitual denotar como $-a$ al elemento simétrico de a, y se le suele llamar opuesto de a. Si denotamos como $\cdot$ a la operación binaria, es habitual denominar al elemento simétrico de un elemento a, inverso de a.
Si la operación binaria es conmutativa, el grupo se denomina abeliano. Anotemos también que en un grupo G el elemento identidad e es único, y que para cada elemento $a \in G$ existe un único elemento simétrico a'. Veamos algunos ejemplos de grupos y de conjuntos y operaciones que no son grupos:

- El conjunto $\mathbf{Z}$ con la suma es un grupo. Sin embargo, el conjunto $\mathbf{Z}^+$ con la suma no es un grupo, al no existir un elemento identidad perteneciente a $\mathbf{Z}^+$.

- El conjunto $\mathbf{Q}^+$ con la multiplicación es un grupo abeliano.

- El conjunto $\mathbf{Z}$ con la operación de multiplicación, tampoco es un grupo, ya que no existe elemento inverso para todos los elementos de $\mathbf{Z}$. Por ejemplo, cualquier número distinto de 1 no tiene inverso en $\mathbf{Z}$.

2.1. EL CUERPO DE LOS NÚMEROS REALES

¿Qué ocurre si en lugar de una operación binaria en un conjunto, introducimos dos operaciones binarias? Un anillo es un conjunto A, junto con dos operaciones binarias definidas en A, y que denominaremos $+$ (suma) y $\cdot$ multiplicación, (lo denotaremos como $\langle A, +, \cdot \rangle$), tales que se satisfacen los siguientes axiomas:

1. El conjunto A con la operación suma es un grupo abeliano.

2. La multiplicación es asociativa.

3. Se cumple la ley distributiva de la multiplicación respecto de la suma para cualesquiera elementos $a, b, c \in A$, es decir: $a \cdot (b + c) = (a \cdot b) + (a \cdot c)$ y $(a + b) \cdot c = (a \cdot c) + (b \cdot c)$.

Si denominamos 0 a la identidad con la operación suma en un anillo A, se cumple que:

- $0 \cdot a = a \cdot 0 = 0$
- $a \cdot (-b) = (-a) \cdot b = -(a \cdot b)$
- $(-a)(-b) = ab$

Ejemplos de anillos son $\langle \mathbf{Z}, +, \cdot \rangle$, $\langle \mathbf{Q}, +, \cdot \rangle$ y $\langle \mathbf{R}, +, \cdot \rangle$. También tiene estructura de anillo el conjunto $M_n\{\mathbf{R}\}$ de las matrices cuadradas de orden n sobre $\mathbf{R}$ con las operaciones de suma y multiplicación de matrices.

Para que un conjunto tenga estructura de anillo, solo hemos exigido una condición a la multiplicación: que sea asociativa. Si esta operación además tiene elemento neutro en A, el anillo se denomina anillo con elemento unidad. Es decir, si existe un elemento $1 \in A$ tal que $1 \cdot a = a \cdot 1 = a$, $\forall a \in A$. Este elemento unidad, si existe, es único.

Tomemos ahora un anillo con elemento unidad. Si la multiplicación cumple además que para cualquier elemento $a \neq 0$ existe un elemento simétrico que denotaremos como a^{-1}, y tal que $a \cdot a^{-1} = a^{-1} \cdot a = 1$, entonces A se dice que es un semicuerpo o anillo con división.

Se denomina cuerpo a un anillo con división en el que la multiplicación es conmutativa. Es decir: si tenemos un conjunto F tal que $\langle F, + \rangle$ es un grupo conmutativo, y $\langle F, \cdot \rangle$ es un grupo conmutativo para los elementos distintos de 0, y ambos grupos están unidos mediante la ley distributiva, entonces $\langle F, +, \cdot \rangle$ tiene estructura de cuerpo.

Ejemplos de cuerpos son $\langle \mathbf{Q}, +, \cdot \rangle$ y $\langle \mathbf{R}, +, \cdot \rangle$. Así pues, el conjunto de los números reales con las operaciones de suma y multiplicación, es un cuerpo. Por último, hagamos constar dos propiedades importantes de los cuerpos:

1. En un cuerpo no existen divisores de cero, es decir, no existen elementos a, b tales que $a \cdot b = 0$.

2. En un cuerpo las ecuaciones $b \cdot x = a$ y $y \cdot b = a$, con $b \neq 0$, admiten solución única.

En el cuerpo de los números reales no tiene solución la ecuación $x^2 + 1 = 0$, ya que no existe ningún número real $x = \sqrt{-1}$. Girolamo Cardano, en su obra Ars Magna, de 1545, tiene el mérito de haber propuesto un nuevo tipo de números, aunque en ese momento todavía no se comprendía muy bien su significado. Cardano dijo de ellos que eran «tan sutiles como inútiles».

El mismo Leibniz en 1702 describió i, la raíz cuadrada de -1, como «ese anfibio entre la existencia y la no existencia». La raíz de esta dificultad para comprender los números complejos quizá se deba a una especie de bloqueo psicológico para aceptar la existencia de un número cuyo cuadrado sea igual a -1. Sin embargo, veremos a continuación que existe un conjunto de matrices, que tiene estructura de cuerpo, y en el cual tiene solución la ecuación $A \cdot A = -E$, siendo E la matriz unidad. Este razonamiento quizá contribuya a eliminar los prejuicios que históricamente han lastrado a estos números que son fundamentales en multitud de cálculos, en materias tales como el movimiento ondulatorio, el electromagnetismo, la acústica...

2.2 Matrices cuadradas

Repasemos algunos conceptos de matrices. En este momento nos interesan las matrices cuadradas, por ejemplo:

$$\begin{pmatrix} a_{11} & a_{12} & a_{13} \\ a_{21} & a_{22} & a_{23} \\ a_{31} & a_{32} & a_{33} \end{pmatrix}$$

y en concreto, el conjunto $M_2\{\mathbf{R}\}$ de las matrices cuadradas de orden dos con elementos reales:

$$\begin{pmatrix} a & b \\ c & d \end{pmatrix}$$

Veamos las propiedades de este conjunto, al que en lo sucesivo nos referiremos simplemente como M_2, con las operaciones de suma y multiplicación de matrices. Sean

$$A = \begin{pmatrix} a_{11} & a_{12} \\ a_{21} & a_{22} \end{pmatrix}, \quad B = \begin{pmatrix} b_{11} & b_{12} \\ b_{21} & b_{22} \end{pmatrix}$$

entonces

$$A + B = \begin{pmatrix} a_{11} + b_{11} & a_{12} + b_{12} \\ a_{21} + b_{21} & a_{22} + b_{22} \end{pmatrix}$$

Puesto que la suma de números reales es conmutativa, la suma de matrices también lo será: $A + B = B + A$.
También se cumple la propiedad asociativa:

$$(A + B) + C = A + (B + C)$$

Existe un elemento neutro, la matriz

$$0 = \begin{pmatrix} 0 & 0 \\ 0 & 0 \end{pmatrix}$$

tal que $A + 0 = 0 + A = A$ para cualquier matriz $A \in M_2$.
Para cualquier matriz $A \in M_2$, existe una matriz $-A \in M_2$ tal que $A + (-A) = 0$.

$$-A = \begin{pmatrix} -a_{11} & -a_{12} \\ -a_{21} & -a_{22} \end{pmatrix}$$

Por lo tanto, el conjunto M_2 con la operación suma de matrices es un grupo abeliano.
Veamos ahora la multiplicación de matrices:

$$A \cdot B = \begin{pmatrix} a_{11}b_{11} + a_{12}b_{21} & a_{11}b_{12} + a_{12}b_{22} \\ a_{21}b_{11} + a_{22}b_{21} & a_{21}b_{12} + a_{22}b_{22} \end{pmatrix}$$

El producto de matrices cuadradas de orden 2 cumple la propiedad asociativa:

$$(A \cdot B) \cdot C = A \cdot (B \cdot C)$$

y la propiedad distributiva de la multiplicación respecto de la suma:

$$A \cdot (B + C) = A \cdot B + A \cdot C$$

$$(B + C) \cdot A = B \cdot A + C \cdot A$$

Observemos que la multiplicación no es conmutativa:

$$A \cdot B \neq B \cdot A \quad \forall A, B \in M_2$$

El siguiente programa de Python muestra cómo realizar operaciones con matrices:

2.2. MATRICES CUADRADAS

```
# -*- coding: utf-8 -*-
'''
p2a.py
producto de matrices
'''

import numpy as np

A = np.array([[1, 2], [3, 4]])
C = np.array([[5, 6], [7, 8]])
E = np.array([[1, 0], [0, 1]])
print 'A = ', str(A)
print 'A.E = ', np.dot(A, E)
print 'E.A = ', np.dot(E, A)
inv_A = np.linalg.inv(A)
print 'inversa de A = ', inv_A
print 'A.inv_A = ', np.dot(A, inv_A)
print 'producto por otra matriz:'
print 'C = ', str(C)
print 'A.C = ', np.dot(A, C)
print 'C.A = ', np.dot(C, A)
```

─────────────────── ejecución del programa ───────────────────

```
A =  [[1 2]
 [3 4]]
A.E =  [[1 2]
 [3 4]]
E.A =  [[1 2]
 [3 4]]
inversa de A =  [[-2.   1. ]
 [ 1.5 -0.5]]
A.inv_A =  [[ 1.  0.]
 [ 0.  1.]]
producto por otra matriz:
C =  [[5 6]
 [7 8]]
A.C =  [[19 22]
 [43 50]]
C.A =  [[23 34]
 [31 46]]
```

En Python, cada fila aparece entre corchetes, por ejemplo,

A.B = [[19 22]
 [43 50]]

equivale a:

$$A \cdot B = \begin{pmatrix} 19 & 22 \\ 43 & 50 \end{pmatrix}$$

Por lo tanto, el conjunto $\langle M_2, +, \cdot \rangle$ es un anillo. Además, este anillo tiene elemento unidad: la matriz

$$E = \begin{pmatrix} 1 & 0 \\ 0 & 1 \end{pmatrix}$$

Sin embargo, no todas las matrices cuadradas de orden 2 tienen inversa. Por ejemplo, cualquier matriz con los cuatro componentes iguales tendrá determinante nulo y carecerá de inversa.

2.3 El cuerpo de los números complejos

Vamos a considerar ahora un subconjunto P de M_2, el de las matrices cuadradas de orden dos que tienen la forma:

$$A = \begin{pmatrix} a & b \\ -b & a \end{pmatrix} \qquad C = \begin{pmatrix} c & d \\ -d & c \end{pmatrix} \qquad etc.$$

Este conjunto P es cerrado para las operaciones de suma y multiplicación:

$$A + C = \begin{pmatrix} a+c & b+d \\ -b-d & a+c \end{pmatrix} \in M_2$$

$$A \cdot C = \begin{pmatrix} ac - bd & ad + bc \\ -bc - ad & -bd + ac \end{pmatrix}$$

$$A \cdot C = \begin{pmatrix} ac - bd & ad + bc \\ -(ad + bc) & ac - bd \end{pmatrix} \in M_2$$

el elemento neutro de la suma de matrices, la matriz 0 pertenece al conjunto P:

$$0 = \begin{pmatrix} 0 & 0 \\ 0 & 0 \end{pmatrix} \in P$$

y por tanto también tendrá estructura de anillo con elemento unidad, ya que

$$E = \begin{pmatrix} 1 & 0 \\ 0 & 1 \end{pmatrix} \in P$$

Veamos si en este conjunto P existe una matriz inversa para cualquier matriz $A \in P$:

$$\left(\begin{array}{cc|cc} a & b & 1 & 0 \\ -b & a & 0 & 1 \end{array} \right)$$

Por medio de transformaciones elementales sobre las filas de esta matriz ampliada:

```
# -*- coding: utf-8 -*-
"""
p2b.py
Calculo de la matriz inversa mediante operaciones de filas en la matriz ampliada
"""

import sympy as sy

a, b, r2 = sy.symbols('a b r2')
sy.init_printing(use_unicode=True)

fila1 = sy.Matrix([[a, b, 1, 0]])
fila2 = sy.Matrix([[-b, a, 0, 1]])
print fila1
print fila2
print 'r2 = a**2 + b**2'


def imprimir():
    print '_____'
    print fila1
    print fila2


def H(fila, k):
```

2.3. EL CUERPO DE LOS NÚMEROS COMPLEJOS

```
        for columna in range(0, 3):
            Haux = fila * k
        return Haux

fila2 = fila2 + H(fila1, b / a)
imprimir()
fila2[1] = r2 / a
imprimir()
fila2 = fila2 * (a / r2)
imprimir()
fila1 = fila1 + H(fila2, -b)
imprimir()
fila1[2] = a ** 2 / r2
fila1 = fila1 * (1 / a)
imprimir()
print
print 'matriz inversa = '
print '(1/r2) . [ ', fila1[2] * r2, ', ', fila1[3] * r2, ']'
print '          [ ', fila2[2] * r2, ', ', fila2[3] * r2, ']'
```

─────────────── ejecución del programa ───────────────

```
[a, b, 1, 0]
[-b, a, 0, 1]
r2 = a**2 + b**2
--------------
[a, b, 1, 0]
[0, a + b**2/a, b/a, 1]
--------------
[a, b, 1, 0]
[0, r2/a, b/a, 1]
--------------
[a, b, 1, 0]
[0, 1, b/r2, a/r2]
--------------
[a, 0, -b**2/r2 + 1, -a*b/r2]
[0, 1, b/r2, a/r2]
--------------
[1, 0, a/r2, -b/r2]
[0, 1, b/r2, a/r2]

matriz inversa =
(1/r2) . [ a , -b ]
        [ b ,  a ]
```

llegamos a:
$$\left(\begin{array}{cc|cc} 1 & 0 & \frac{a}{r^2} & \frac{-b}{r^2} \\ 0 & 1 & \frac{b}{r^2} & \frac{a}{r^2} \end{array} \right)$$

donde $r^2 = a^2 + b^2$, y por lo tanto, para cualquier matriz $A \in P$, existe una matriz $A^{-1} \in P$ tal que $A \cdot A^{-1} = E$.

$$A^{-1} = \left(\begin{array}{cc} \frac{a}{r^2} & \frac{-b}{r^2} \\ \frac{b}{r^2} & \frac{a}{r^2} \end{array} \right) = \frac{1}{r^2} \left(\begin{array}{cc} a & -b \\ b & a \end{array} \right)$$

Observemos que la matriz inversa de A es igual a la matriz traspuesta de A, multiplicada por $\frac{1}{r^2}$:

$$A^{-1} = \frac{1}{r^2} \cdot A^t$$

$$A \cdot A^{-1} == \frac{1}{r^2}[\left(\begin{array}{cc} a & b \\ -b & a \end{array} \right) \left(\begin{array}{cc} a & -b \\ b & a \end{array} \right)]$$

$$A \cdot A^{-1} == \frac{1}{r^2} \left(\begin{array}{cc} a^2 + b^2 & -ab + ba \\ -ba + ab & b^2 + a^2 \end{array} \right) = \frac{1}{r^2} \left(\begin{array}{cc} r^2 & 0 \\ 0 & r^2 \end{array} \right) = E$$

Por lo tanto, P es un cuerpo. Veamos si en este cuerpo tiene solución la ecuación $x^2 + 1 = 0$, es decir, si existe una matriz J tal que $J \cdot J = -E$.

$$J = \begin{pmatrix} 0 & 1 \\ -1 & 0 \end{pmatrix}$$

$$J \cdot J = \begin{pmatrix} 0 & 1 \\ -1 & 0 \end{pmatrix} \begin{pmatrix} 0 & 1 \\ -1 & 0 \end{pmatrix} = \begin{pmatrix} -1 & 0 \\ 0 & -1 \end{pmatrix} = -E$$

Ahora que hemos llegado a obtener un conjunto P con estructura de cuerpo, y en el cual tiene solución la ecuación que históricamente dio lugar a la aparición de los números complejos, veamos cómo está relacionado este conjunto P con el cuerpo de los números complejos. En primer lugar, cada matriz $A \in P$ se puede escribir como una suma:

$$A = \begin{pmatrix} a & b \\ -b & a \end{pmatrix} = a \begin{pmatrix} 1 & 0 \\ 0 & 1 \end{pmatrix} + b \begin{pmatrix} 0 & 1 \\ -1 & 0 \end{pmatrix} = aE + bJ$$

Se llama cuerpo de los números complejos a un conjunto $\mathbf{C}$ isomorfo del conjunto P, y cuyos elementos son de la forma

$$z = a + bj$$

siendo a y b números reales, y $j = \sqrt{-1}$, o dicho de otra forma, $j^2 = -1$. Al número real a se le denomina parte real del número complejo, o $Re(z)$, y al número real b que es el coeficiente del número j, se le denomina parte imaginaria del número complejo, o $Im(z)$. Si la parte real de un número complejo es cero, se dice que el complejo es un número imaginario puro.

La similitud con la representación de los elementos de P, como suma en la cual a y b son números reales y $J \cdot J = -E$, es evidente: a cada par ordenado de números reales (a,b) se le puede hacer corresponder una matriz perteneciente a P:

$$(a,b) \in \mathbf{C} \mapsto \begin{pmatrix} a & b \\ -b & a \end{pmatrix} \in P$$

El cuerpo P contiene como subcuerpo al conjunto $\{aE, \ a \in \mathbf{R}\}$, isomorfo de $\mathbf{R}$. El cuerpo $\mathbf{C}$ contiene al como subcuerpo al conjunto de los números reales $\mathbf{R}$.

$$\mathbf{Q} \subset \mathbf{R} \subset \mathbf{C}$$

Gauss a finales del siglo XVIII y principios del XIX dio el nombre de números complejos a esta clase de números, y también les otorgó una interpretación geométrica. El primero en aritmetizar el concepto de número complejo fue el irlandés W.R. Hamilton en 1837 y 1853, al considerar al número complejo como un par ordenado de números reales. Veamos las correspondencias entre ambos cuerpos P y $\mathbf{C}$:

$$A = aE + bJ \qquad\qquad z = a + bj \quad \in \mathbf{C}$$
$$A = \begin{pmatrix} a & b \\ -b & a \end{pmatrix} \in P \qquad\qquad z = a + bj \quad \in \mathbf{C}$$
$$A^{-1} = \frac{1}{r^2} \begin{pmatrix} a & -b \\ b & a \end{pmatrix} \in P \qquad\qquad z^{-1} = \frac{a}{r^2} - \frac{b}{r^2} j \quad \in \mathbf{C}$$
$$A^{-1} = \frac{1}{r^2} \cdot A^t \quad \in P \qquad\qquad z^{-1} = \frac{1}{r^2} \bar{z} \quad \in \mathbf{C}$$
$$0 = \begin{pmatrix} 0 & 0 \\ 0 & 0 \end{pmatrix} \in P \qquad\qquad z = 0 + 0j \quad \in \mathbf{C}$$
$$E = \begin{pmatrix} 1 & 0 \\ 0 & 1 \end{pmatrix} \in P \qquad\qquad z = 1 + 0j \quad \in \mathbf{C}$$
$$J = \begin{pmatrix} 0 & 1 \\ -1 & 0 \end{pmatrix} \in P \qquad\qquad z = 0 + 1j \quad \in \mathbf{C}$$

2.3. EL CUERPO DE LOS NÚMEROS COMPLEJOS

$$J^2 = -E \qquad\qquad j^2 = -1$$
$$r^2 = a^2 + b^2 \qquad\qquad |z| = +\sqrt{a^2 + b^2}$$

Comparemos cómo se efectúan las operaciones de suma y multiplicación en ambos cuerpos:
Suma:

$$A + C = \begin{pmatrix} a+c & b+d \\ -b-d & a+c \end{pmatrix} \in M_2$$

$$z_1 + z_2 = (a + bj) + (c + dj) = (a + c) + (b + d)j$$

Multiplicación:

$$A \cdot C = \begin{pmatrix} ac-bd & ad+bc \\ -(ad+bc) & ac-bd \end{pmatrix} \in M_2$$

$$z_1 \cdot z_2 = (a + bj) + (c + dj) = (ac - bd) + (ad + bc)j$$

Existen otras maneras de representar los números complejos, que veremos en capítulos posteriores. Contentémonos por el momento con ver cómo se pueden realizar fácilmente operaciones con números complejos en Python:

```
# -*- coding: utf-8 -*-
'''
p2c.py
operaciones con numeros complejos
'''

import numpy as np


def r2(z):
    a = z.real
    b = z.imag
    rdos = a ** 2 + b ** 2
    return rdos


def modulo(z):
    m = np.sqrt(r2(z))
    return m


def explicacomplejo(z):
    explica = (str(z) + '; Re(z) = ' + str(z.real) + '; Im(z) = ' + str(z.imag) +
               '; |z| = ' + "%6.4f" % modulo(z) + '; r2(z) = ' + str(r2(z)))
    return explica


def str_inverso(z):
    coef = '(1/' + str(r2(z)) + ')'
    conjugado = np.conjugate(z)
    strinverso = coef + '*' + str(conjugado)
    return strinverso
```

```python
def compruebainverso(z):
    print 'z = ' + str(z)
    print 'conjugado de z = ' + str(np.conjugate(z))
    print 'z * conjugado(z) = ', z * np.conjugate(z)
    print 'inverso de z = ' + str_inverso(z)
    print ('z * inv(z) = ' + str(z) + ' * [' + str_inverso(z) +
        '] = (1/' + str(r2(z)) + ') * ' + str(np.conjugate(z)) + ' = 1')

print 'potencias de j:'
j = complex(0, 1)
print 'j^1 = j'
print 'j^2 = ' + str(j * j) + ' = -1'
print 'j^3 = ' + str(-1 * j) + ' = -j'
print 'j^4 = ' + str(-j * j) + ' = 1'
print '--------------------------------'
z1 = 3 + 4j
z2 = complex(-1, 1)
print 'z1 = ' + explicacomplejo(z1)
print 'z2 = ' + explicacomplejo(z2)
print 'z1 + z2 = ', z1 + z2
print 'z1 - z2 = ', z1 - z2
print 'z1 * z2 = ', z1 * z2
print '--------------------------------'
print 'comprobacion del inverso de z1:'
compruebainverso(z1)
print '--------------------------------'
print 'comprobacion del inverso de z2:'
compruebainverso(z2)
```

y al ejecutar el programa obtenemos:

```
―――――――――――――――――――――― complejos.py - ejecución ――――――――――――――――――――――
potencias de j:
j^1 = j
j^2 = (-1+0j) = -1
j^3 = (-0-1j) = -j
j^4 = (1-0j) = 1
--------------------------------
z1 = (3+4j); Re(z) = 3.0; Im(z) = 4.0; |z| = 5.0000; r2(z) = 25.0
z2 = (-1+1j); Re(z) = -1.0; Im(z) = 1.0; |z| = 1.4142; r2(z) = 2.0
z1 + z2 =    (2+5j)
z1 - z2 =    (4+3j)
z1 * z2 =    (-7-1j)
--------------------------------
comprobación del inverso de z1:
z = (3+4j)
conjugado de z = (3-4j)
z * conjugado(z) =    (25+0j)
inverso de z = (1/25.0)*(3-4j)
z * inv(z) = (3+4j) * [(1/25.0)*(3-4j)] = (1/25.0) * (3-4j) = 1
--------------------------------
comprobación del inverso de z2:
z = (-1+1j)
conjugado de z = (-1-1j)
z * conjugado(z) =    (2+0j)
inverso de z = (1/2.0)*(-1-1j)
z * inv(z) = (-1+1j) * [(1/2.0)*(-1-1j)] = (1/2.0) * (-1-1j) = 1
```

Los números complejos se pueden representar como puntos en el plano complejo. La parte real corresponde con la coordenada X, y la parte imaginaria corresponde a la coordenada Y. El siguiente programa de Python realiza el gráfico que se muestra debajo, en el que representa dos complejos z_1 y z_2, así como el opuesto, el conjugado y el inverso de z_1; la suma de $z_1 + z_2$, y comprueba el producto de un complejo por su inverso es igual a la unidad.

2.3. EL CUERPO DE LOS NÚMEROS COMPLEJOS

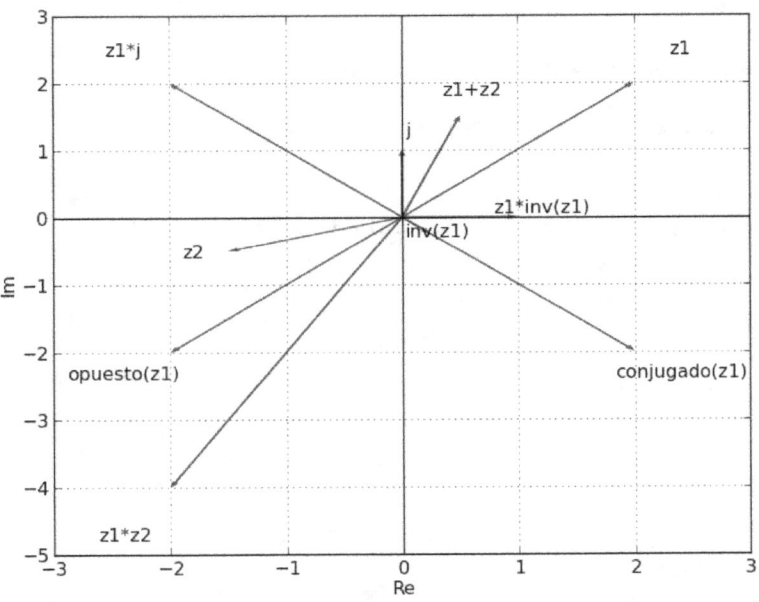

```
# -*- coding: utf-8 -*-
'''
p2d.py
representacion de numeros complejos
'''

import matplotlib.pyplot as plt
import numpy as np

j = complex(0, 1)
z1 = complex(2, 2)
z2 = complex(-1.5, -0.5)


def inverso(z):
    ro2 = z.real ** 2 + z.imag ** 2
    inversoz = (np.conj(z) / ro2)
    return inversoz

plt.figure()
plt.ylabel('Im')
plt.xlabel('Re')
plt.axhline(color='black', lw=1)
plt.axvline(color='black', lw=1)
plt.grid(b=None, which='major')
plt.ylim(-5, 3)
plt.xlim(-3, 3)


def flecha(z, texto):
    dx = z.real
    dy = z.imag
    plt.arrow(0, 0, dx, dy, width=0.02, fc='b',
              ec='none', length_includes_head=True, lw=0.5, head_width=0.05, head_length=0.1)
    if dx == 0:
```

```python
            xtexto = dx + 0.05
        else:
            xtexto = np.sign(dx) * (abs(dx) * 1.2)
        if dy == 0:
            ytexto = dy + 0.05
        else:
            ytexto = np.sign(dy) * (abs(dy) * 1.2)
        plt.text(xtexto, ytexto, texto, horizontalalignment='center')

flecha(j, 'j')
flecha(z1, 'z1')
flecha(z2, 'z2')
flecha(np.conj(z1), 'conjugado(z1)')
flecha(- z1, 'opuesto(z1)')
flecha(inverso(z1), 'inv(z1)')
flecha(z1 + z2, 'z1+z2')
flecha(z1 * j, 'z1*j')
flecha(z1 * z2, 'z1*z2')
flecha(z1 * inverso(z1), 'z1*inv(z1)')
plt.show()
```

El siguiente programa resuelve y representa las soluciones de la ecuación de segundo grado $az^2 + bz + c = 0$:

```python
# -*- coding: utf-8 -*-
"""
p2e.py
resolucion de la ec. az^2 + bz + c = 0
"""

import numpy as np
import matplotlib.pyplot as plt
from matplotlib import rc

# resuelve la ecuacion az^2 +bz + c = 0
a = 1.0
b = 2.0
c = 3.0


def ecuacion():
    if b >= 0:
        strb = '+ ' + str(b)
    else:
        strb = str(b)
    if c >= 0:
        strc = '+ ' + str(c)
    else:
        strc = str(c)
    strec = '$' + str(a) + 'z^{2} ' + strb + 'z ' + strc + '=0$\n'
    strec = strec + '$z_{1}=' + str(z1) + '$\n$z_{2}=' + str(z2) + '$'
    return strec

plt.figure()
rc('text', usetex=True)
rc('font', family='serif')
plt.ylabel('Im')
plt.xlabel('Re')
```

2.3. EL CUERPO DE LOS NÚMEROS COMPLEJOS

```python
plt.axhline(color='black', lw=1)
plt.axvline(color='black', lw=1)
plt.grid(b=None, which='major')


def puntosR(t, sol1, sol2):
    x = []
    y = [0, 0, 0]
    plt.ylim(-1, 1)
    #-b/2a
    x.append(t)
    #z1 y z2
    x.append(float(sol1))
    x.append(float(sol2))
    xmin = np.floor(x[np.argmin(x)])
    xmin = xmin - abs((xmin / 10))
    xmax = np.ceil(x[np.argmax(x)])
    xmax = xmax + abs((xmax / 10))
    plt.xlim(xmin, xmax)
    plt.plot(x, y, 'ko')
    if sol1 == sol2:
        plt.text(1.01 * x[1], -0.25, '$z_{1}$', horizontalalignment='center',
                color='blue', fontsize=20)
        plt.text(0.99 * x[2], -0.25, '$z_{2}$', horizontalalignment='center',
                color='red', fontsize=20)
        plt.text(x[0], 0.15, r"$\displaystyle\frac{-b}{2a}$", horizontalalignment='center',
                color='green', fontsize=16)
    else:
        plt.text(x[1], 0.15, '$z_{1}$', horizontalalignment='center', color='blue', fontsize=20)
        plt.text(x[2], 0.15, '$z_{2}$', horizontalalignment='center', color='red', fontsize=20)
        plt.text(x[0], 0.15, r"$\displaystyle\frac{-b}{2a}$", horizontalalignment='center',
                color='green', fontsize=16)
    textstr = ecuacion()
    props = dict(boxstyle='round', facecolor='#FCE945', alpha=0.9)
    plt.text(0.9 * xmin, 0.90, textstr, fontsize=14, verticalalignment='top', bbox=props)


def puntosC(t, re, im):
    x = []
    y = [0]
    #-b/2a
    x.append(t)
    #z1 y z2
    x.append(float(re))
    x.append(float(re))
    #xmin = np.floor(x[np.argmin(x)])
    xmin = x[0] - abs((x[0] / 5))
    xmax = np.ceil(x[np.argmax(x)])
    xmax = xmax + abs((xmax / 10))
    if xmax <= 0:
        xmax = abs(xmin / 3)
    if xmin >= 0:
        xmin = -1 * xmax / 3
    #print xmin, xmax
    plt.xlim(xmin, xmax)
    y.append(float(im))
```

```
        y.append(float(-im))
        ymin = np.floor(y[np.argmin(y)])
        ymin = ymin - abs((ymin / 10))
        ymax = np.ceil(y[np.argmax(y)])
        ymax = ymax + abs((ymax / 10))
        plt.ylim(ymin, ymax)
        plt.plot(x, y, 'ko')
        plt.text(1.05 * re, 1.15 * y[1], '$z_{1}$', horizontalalignment='center',
                 color='blue', fontsize=20)
        plt.text(1.05 * re, 1.05 * y[2], '$z_{2}$', horizontalalignment='center',
                 color='red', fontsize=20)
        if x[0] == 0:
            plt.text(xmax, 0.25, r"$\displaystyle\frac{-b}{2a}$",
                     horizontalalignment='left', color='green', fontsize=16)
        else:
            plt.text(x[0], 0.25, r"$\displaystyle\frac{-b}{2a}$",
                     horizontalalignment='center', color='green', fontsize=16)
        textstr = ecuacion()
        props = dict(boxstyle='round', facecolor='#FCE945', alpha=0.9)
        if re >= 0:
            plt.text(0.9 * xmin, 0.9 * ymax, textstr, fontsize=14,
                     verticalalignment='top', bbox=props)
        else:
            plt.text(0.3 * xmin, 0.90 * ymax, textstr, fontsize=14,
                     verticalalignment='top', bbox=props)

if a != 0:
    radicando = b ** 2 - 4 * a * c
    t1 = -b / (2 * a)
    t2 = radicando / (2 * a)
    if radicando > 0:    # la ecuacion tiene dos soluciones reales
        z1 = "%6.4f" % (t1 + t2)
        z2 = "%6.4f" % (t1 - t2)
        puntosR(t1, z1, z2)
    elif radicando == 0:    # la ecuacion tiene una raiz real doble
        z1 = "%6.4f" % t1
        z2 = z1
        puntosR(t1, z1, z1)
    else:
        aa = float("%6.4f" % t1)
        bb = float("%6.4f" % (np.sqrt(-radicando) / (2 * a)))
        z1 = complex(aa, bb)
        z2 = complex(aa, -bb)
        plt.plot([0, aa], [0, bb], 'b', lw=2)
        plt.plot([0, aa], [0, -bb], 'r', lw=2)
        puntosC(t1, aa, bb)
    print 'z1 = ', z1
    print 'z2 = ', z2
else:
    print 'el coeficiente a no puede ser cero'
plt.show()
```

2.3. EL CUERPO DE LOS NÚMEROS COMPLEJOS

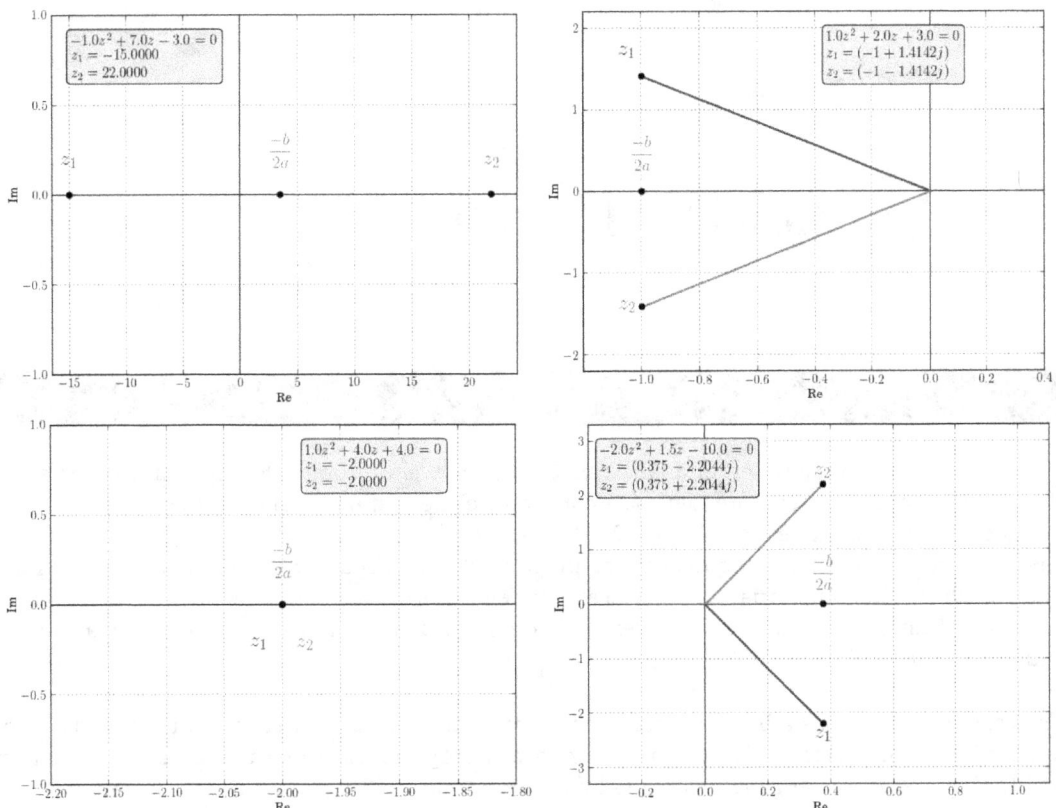

Bibliografía para este capítulo: [14], [17], [20], [33], [42], [43], [48] [52]

3 | Espacios Métricos

3.1 Espacios métricos

Un concepto fundamental en el análisis matemático es el de límite. No podemos llegar al concepto de límite sin antes comprender otro concepto: el de distancia. Hasta este momento hemos hablado de conjuntos numéricos: $\mathbf{N}, \mathbf{Z}, \mathbf{Q}, \mathbf{R}$... Uno de los objetivos de este libro es presentar el análisis matemático de manera que sirva de puente entre el cálculo matemático que se estudia al final de la educación secundaria, y el que se estudia en los primeros cursos de las facultades de ciencias. Y ello además haciendo uso de un lenguaje de programación moderno y accesible a cualquier estudiante, como es Python.

Por ello, no nos vamos a limitar a estudiar el concepto de límite en $\mathbf{R}$, sino que vamos a hablar de un conjunto cualquiera E. Este esfuerzo extra nos proporcionará una mejor visión de conjunto y facilitará que el lector tenga la posibilidad de acceder a los textos de análisis matemático de nivel universitario. Si nos conformamos en este momento con una visión del análisis limitada al conjunto de los números reales, en el futuro el estudiante se encontrará con una auténtica barrera para comprender textos matemáticos que en realidad no presentan conceptos muy distintos de los que el estudiante ha estudiado ya en educación secundaria, pero que lo hacen con un nivel de abstracción tal que para muchos estudiantes resulta imposible encontrar un punto de conexión con lo que ellos saben.

Se denomina espacio métrico a un conjunto E en el que existe una regla que asigna a cada par (x, y) de elementos del conjunto, un número real $d(x, y) \geq 0$ denominado distancia, de tal manera que se cumplen las propiedades siguientes, que se llaman axiomas de la métrica:

1. $d(x, y) \geq 0 \ \forall x, y \in E$

2. $d(x, y) = 0$ si y solo si $x = y$

3. $d(x, y) = d(y, x)$ (axioma de simetría)

4. $d(x, z) \leq d(x, y) + d(y, z)$ (desigualdad triangular)

Veamos algunos ejemplos de espacios métricos:

- Cualquier conjunto E de elementos en el que se ha definido una relación de igualdad puede ser convertido en un espacio métrico si definimos la distancia como

$$d(x, y) = \begin{cases} 0 & \text{si } x = y \\ 1 & \text{si } x \neq y \end{cases}$$

- El conjunto $E = \mathbf{R}$ con la distancia $d(x, y) = |x - y|$

- Si E es un espacio métrico con una distancia d, y E_1 es un subconjunto de E, entonces E_1 con la distancia d también tiene estructura de espacio métrico, y se le denomina subespacio de E.

- El conjunto de todas las n-tuplas ordenadas

$$x = (x_1, x_2, x_3, ..., x_n)$$

con $x_i \in \mathbf{R}$, y la distancia definida como

$$d(x,y) = \sqrt{\sum_{i=1}^{n}(x_i - y_i)^2}$$

se denomina espacio euclídeo n-dimensional, y se denota como $\mathbf{R}^n$.

- El conjunto de todas las n-tuplas ordenadas

$$x = (x_1, x_2, x_3, ..., x_n)$$

con $x_i \in \mathbf{R}$ y la distancia definida como

$$d_1(x,y) = \sum_{i=1}^{n}|x_i - y_i|$$

y se denota como $\mathbf{R}_1^n$.

- El conjunto de todas las n-tuplas ordenadas

$$x = (x_1, x_2, x_3, ..., x_n)$$

y la distancia definida como

$$d_0(x,y) = \max_{1\leq i \leq n}|x_i - y_i|$$

y se denota como $\mathbf{R}_0^n$.

Una consecuencia de la desigualdad triangular es la siguiente: si x, y, z son tres puntos del espacio métrico E tenemos que

$$\begin{array}{ll} d(x,z) \leq d(x,y) + d(y,z) & d(y,z) \leq d(y,x) + d(x,z) \\ d(x,z) - d(y,z) \leq d(x,y) & d(y,z) - d(x,z) \leq d(y,x) \end{array}$$

y uniendo ambas desigualdades tenemos que

$$|d(x,z) - d(y,z)| \leq d(x,y)$$

que corresponde en geometría al hecho de que la diferencia entre dos lados de un triángulo es menor que el tercer lado.

3.2 Conjuntos abiertos, cerrados, acotados

En el cálculo del nivel de educación secundaria se estudia el concepto de intervalo de la recta real. Sean $a, b \in \mathbf{R}$:

- Se llama intervalo abierto de extremos a y b al subconjunto de $\mathbf{R}$:

$$(a,b) = \{x \in \mathbf{R} : a < x < b\}$$

- Se llama intervalo cerrado de extremos a y b al subconjunto de $\mathbf{R}$:

$$[a,b] = \{x \in \mathbf{R} : a \leq x \leq b\}$$

Ahora vamos a ampliar este concepto en un espacio métrico E. Sea un punto x_0, y $r > 0$ un número real:

- Se llama bola abierta en E de centro x_0 y radio r al subconjunto de E:

$$\{x \in E : d(x_0, x) < r\}$$

- Se llama bola cerrada en E de centro x_0 y radio r al subconjunto de E:

$$\{x \in E : d(x_0, x) \leq r\}$$

- Un subconjunto S de un espacio métrico E es abierto si para cualquier punto $p \in S$, S contiene una bola abierta de centro p.

- Un subconjunto S de un espacio métrico E es cerrado si su complementario es abierto.

Ejemplos de subconjuntos abiertos de E son el subconjunto vacío $\emptyset$; el subconjunto E; la unión de cualquier colección de subconjuntos abiertos de E; la intersección de un número finito de subconjuntos abiertos de E. En cualquier espacio métrico E, una bola abierta es un subconjunto abierto. También podemos definir un conjunto abierto como la unión de todas las bolas abiertas que contiene.

Ejemplos de subconjuntos cerrados de E son el subconjunto E; el subconjunto vacío $\emptyset$; la intersección de cualquier colección de subconjuntos cerrados de E; la unión de un número finito de subconjuntos cerrados de E. En cualquier espacio métrico E, una bola cerrada es un subconjunto cerrado.

- Se dice que un subconjunto S de un espacio métrico E está acotado si está contenido en alguna bola.

Supongamos que S es un subconjunto de $\mathbf{R}$ acotado superiormente. Entonces existe un elemento $a = \text{lub}S$. Vamos a determinar si a pertenece o no al subconjunto S. Si $a \notin S$, entonces a pertenece al subconjunto complementario de S, que llamaremos cS. Puesto que cS es abierto, debe contener alguna bola de centro a contenida en cS. Sea ϵ el radio de esta bola abierta que está contenida en cS, entonces no existe ningún elemento de S mayor que $a - \epsilon$ y $a - \epsilon$ será una cota superior para S, pero esto contradice la suposición de que a era el $\text{lub}S$, y por tanto la afirmación de que $a \notin S$ debe ser falsa, y concluimos que $a \in S$.

- Un punto $p \in S$ se dice que es interior al conjunto S si existe una bola abierta de centro p, contenida en S. El interior de un conjunto S es el subconjunto de S que contiene todos los puntos de S que son interiores al mismo. El interior de un conjunto S es el conjunto abierto más grande que está contenido en S.

- Un punto $p \in S$ se dice que es exterior al conjunto S si existe una bola abierta de centro p, todos cuyos puntos no pertenecen a S.

- Un punto $p \in S$ se dice que es un punto frontera de S si es un punto que no es interior ni exterior a S, y por tanto toda bola centrada en p contiene al menos un punto de S y al menos un punto no perteneciente a S.

- La colección de todos los puntos frontera de un conjunto S se denomina frontera de el conjunto S. La frontera de un conjunto S siempre es un conjunto cerrado.

- Se denomina clausura de un conjunto S, y se denota como $\bar{S}$ a la unión de S y su frontera: $\bar{S} = S \cup \text{frontera}(S)$. La clausura de un conjunto S es el conjunto cerrado más pequeño que contiene a S.

- La frontera de un conjunto también se puede definir como la intersección de la clausura de S y de la clausura del complementario de S.

- Un punto $p \in S$ se dice que es aislado si existe un entorno de p que no contiene ningún otro punto de S.

3.3. SUCESIONES

- Dos conjuntos disjuntos no vacíos se dice que están mutuamente separados si ninguno contiene un punto frontera del otro.

- Un conjunto se dice que es inconexo si es la unión de subconjuntos separados.

- Un conjunto se dice que es conexo si no es inconexo.

Aunque la estructura de los conjuntos abiertos y cerrados en un espacio métrico general E puede ser bastante complicada, para el caso concreto de $\mathbf{R}$ podemos afirmar:

- Todo subconjunto abierto de $\mathbf{R}$ es la unión de una colección finita o contable de intervalos abiertos disjuntos de $\mathbf{R}$.

- Todo subconjunto cerrado de $\mathbf{R}$ se puede obtener eliminando una colección finita o contable de intervalos disjuntos de $\mathbf{R}$.

- Todo subconjunto de un solo elemento $\{x_0\}$ es cerrado.

3.3 Sucesiones

Si a todo número n de la serie de números naturales $1, 2, ..., n, ...$ se le hacer corresponder un número real x_n, entonces se denomina sucesión al conjunto de números reales $\{x_n\} = x_1, x_2, ..., x_n, ...$.

Algunos ejemplos de sucesiones muy conocidas ya en educación secundaria son la progresión aritmética, la progresión geométrica y la sucesión de Fibonacci. Repasemos brevemente sus características sin entrar en las demostraciones, que son sencillas y conocidas de los cursos de educación secundaria, en los que se explica el concepto de término general de la sucesión y suma S_n de los n primeros términos de la sucesión. Veremos también algunos ejemplos numéricos con la ayuda de Python.

- Progresión aritmética: su término general se define como:

$$x_n = x_{n-1} + d$$

o bien:

$$x_n = x_1 + (n-1)d$$

La progresión aritmética tiene la propiedad de que las sumas de los términos que equidistan de sus extremos son iguales, es decir que si $m + n = k + l$ tendremos que $x_m + x_n = x_k + x_l$, y la suma de los n primeros términos es

$$S_n = \frac{(x_1 + x_n) \cdot n}{2}$$

Veamos un ejemplo concreto calculado con un programa de Python. Al final de los resultados se muestra el tiempo de ejecución en milisegundos, cronometrado al programa, para dar una idea de la velocidad de cálculo de Python.

```
# -*- coding: utf-8 -*-
'''
p3a.py
progresion aritmetica
'''

import numpy as np


def aritmetica(x1, n, d):
```

```
    x = np.zeros(n + 1, int)
    x[1] = x1
    suma = x[1]
    sucesion = str(x[1]) + ', '
    for i in range(2, n + 1):
        x[i] = x[i - 1] + d
        sucesion = sucesion + str(x[i]) + ', '
        suma = suma + x[i]
    sucesion = sucesion[0:len(sucesion) - 2]
    print 'x1 =', x[1], '; d =', d, '; n =', n
    print ('Los ' + str(n) + ' primeros terminos de la sucesion:')
    print sucesion
    sn = (x[1] + x[n]) * n / 2
    print
    print ('S(' + str(n) + ') : (' + str(x[1]) + ' + ' + str(x[n]) + ')' +
        str(n) + '/ 2 = ' + str(sn))
    print 'S(', n, ') sumados uno a uno:', suma
    print
    print ('Comprobacion: xm + xn = ' + 'xk+ xl si m+n = k+l: ')
    m = 1
    ene = np.random.random_integers(2, n)
    k = np.random.random_integers(2, ene)
    l = m + ene - k
    print 'm + n = k + l:'
    print m, ' + ', ene, ' = ', k, ' + ', l, ' : '
    print (str(x[m]) + ' + ' + str(x[ene]) + ' = ' + str(x[k]) + ' + ' + str(x[l]))
    print x[m] + x[ene], ' = ', x[k] + x[l]

aritmetica(10, 100, -3)
```

y al ejecutar el programa obtenemos:

──────────────── ejecución del programa ────────────────
```
x1 = 10 ; d = -3 ; n = 100
Los 100 primeros términos de la sucesión:
10, 7, 4, 1, -2, -5, -8, -11, -14, -17, -20, -23, -26, -29, -32, -35, -38, -41, -44, -47, -50, -53,
-56, -59, -62, -65, -68, -71, -74, -77, -80, -83, -86, -89, -92, -95, -98, -101, -104, -107, -110,
-113, -116, -119, -122, -125, -128, -131, -134, -137, -140, -143, -146, -149, -152, -155, -158,
-161, -164, -167, -170, -173, -176, -179, -182, -185, -188, -191, -194, -197, -200, -203, -206,
-209, -212, -215, -218, -221, -224, -227, -230, -233, -236, -239, -242, -245, -248, -251, -254,
-257, -260, -263, -266, -269, -272, -275, -278, -281, -284, -287

S(100) : (10 + -287)100/ 2 = -13850
S( 100 ) sumados uno a uno: -13850
Comprobación: xm + xn = xk+ xl si m+n = k+l:
m + n = k + l:
1  +  86  =  32  +  55 :
10 + -245 = -83 + -152
-235  =  -235
1.20401382446  ms
```

- Progresión geométrica: su término general se define como

$$x_n = x_{n-1} \cdot r$$

donde r es un número constante, $r \neq 1$ que se denomina razón de la progresión geométrica. La fórmula anterior es equivalente a:

$$x_n = x_1 \cdot r^{n-1}$$

La suma de los n primeros términos es

$$S_n = \frac{x_1(1 - r^n)}{1 - r}$$

3.3. SUCESIONES

El siguiente programa de Python calcula los términos de una progresión geométrica.

```
# -*- coding: utf-8 -*-
'''
p3b.py
progresion geometrica
'''

import numpy as np


def geometrica(x1, n, r):
    x = np.zeros(n + 1, float)
    x[1] = x1
    suma = x[1]
    sucesion = str(x[1]) + ', '
    for i in range(2, n + 1):
        x[i] = x[i - 1] * r
        sucesion = sucesion + "%.8f" % x[i] + ', '
        suma = suma + x[i]
    sucesion = sucesion[0:len(sucesion) - 2]
    print ('x1 =' + str(x[1]) + ' ; r =' + "%.2f" % r + ' ; n =' + str(n))
    print ('Los ' + str(n) + ' primeros terminos de la sucesion:')
    print sucesion
    sn = x[1] * (1 - r ** n) / (1 - r)
    print
    strsuma = ('S(' + str(n) + ') : ' + str(x1) + '(1 - ' + "%.2f" % r)
    strsuma = strsuma + '^' + str(n) + ') / (1-' + "%.2f" % r + ') = ' + "%.8f" % sn
    print strsuma
    print ('S(' + str(n) + ') sumados uno a uno:' + "%.8f" % suma)

geometrica(100.0, 20, 0.5)   # geometrica(x1,n,r)
```

Lo ejecutamos para calcular 20 términos:

```
────────────────────────── ejecución del programa ──────────────────────────
x1 = 100.0 ; r = 0.50 ; n = 20
Los  20  primeros términos de la sucesión:
100.0, 50.00000000, 25.00000000, 12.50000000, 6.25000000, 3.12500000, 1.56250000,
0.78125000, 0.39062500, 0.19531250, 0.09765625, 0.04882812, 0.02441406, 0.01220703,
0.00610352, 0.00305176, 0.00152588, 0.00076294, 0.00038147, 0.00019073
S(20) : 100.0(1 -  0.50^20) / (1-0.50) = 199.99980927
S( 20 ) sumados uno a uno: 199.99980927
0.225067138672   ms
```

Si $r > 1$, los términos de la progresión crecen rápidamente (se muestran a continuación en columnas para mayor claridad):

```
────────────────────────── ejecución del programa ──────────────────────────
x1 = 2.0 ; r = 7.50 ; n = 20
Los  20  primeros términos de la sucesión:
 1                       2.0
 2                      15.0000
 3                     112.5000
 4                     843.7500
 5                    6328.1250
 6                   47460.9375
 7                  355957.0312
 8                 2669677.7344
 9                20022583.0078
10               150169372.5586
11              1126270294.1895
12              8447027206.4209
13             63352704048.1567
14            475145280361.1755
15           3563589602708.8164
16          26726922020316.1250
```

```
17            200451915152370.9375
18           1503389363642782.0000
19          11275420227320864.0000
20          84565651704906480.0000

S(20) : 2.0(1 -  7.50^20) / (1-7.50) = 97575751967199776.00000000
S( 20 ) sumados uno a uno: 97575751967199776.00000000
0.220060348511  ms
```

- Sucesión de Fibonacci: sus dos primeros términos son: $x_1 = 1$, $x_2 = 1$. Cada término a partir del tercero se obtiene sumando los dos términos anteriores, es decir: $x_n = x_{n-1}+x_{n-2}, \forall n \geq 3$. Los términos de esta progresión crecen muy rápidamente y se han formateado en el programa de Python con comas cada tres dígitos para facilitar su lectura; además, el resultado del programa se ha distribuido en columnas para ajustarlo a la página:

```
───────────────────────────────────────── ejecución del programa ─────────
100 términos de la sucesión de Fibonacci:
 1                   1       51                  20,365,011,074
 2                   1       52                  32,951,280,099
 3                   2       53                  53,316,291,173
 4                   3       54                  86,267,571,272
 5                   5       55                 139,583,862,445
 6                   8       56                 225,851,433,717
 7                  13       57                 365,435,296,162
 8                  21       58                 591,286,729,879
 9                  34       59                 956,722,026,041
10                  55       60               1,548,008,755,920
11                  89       61               2,504,730,781,961
12                 144       62               4,052,739,537,881
13                 233       63               6,557,470,319,842
14                 377       64              10,610,209,857,723
15                 610       65              17,167,680,177,565
16                 987       66              27,777,890,035,288
17               1,597       67              44,945,570,212,853
18               2,584       68              72,723,460,248,141
19               4,181       69             117,669,030,460,994
20               6,765       70             190,392,490,709,135
21              10,946       71             308,061,521,170,129
22              17,711       72             498,454,011,879,264
23              28,657       73             806,515,533,049,393
24              46,368       74           1,304,969,544,928,657
25              75,025       75           2,111,485,077,978,050
26             121,393       76           3,416,454,622,906,707
27             196,418       77           5,527,939,700,884,757
28             317,811       78           8,944,394,323,791,464
29             514,229       79          14,472,334,024,676,221
30             832,040       80          23,416,728,348,467,685
31           1,346,269       81          37,889,062,373,143,906
32           2,178,309       82          61,305,790,721,611,591
33           3,524,578       83          99,194,853,094,755,497
34           5,702,887       84         160,500,643,816,367,088
35           9,227,465       85         259,695,496,911,122,585
36          14,930,352       86         420,196,140,727,489,673
37          24,157,817       87         679,891,637,638,612,258
38          39,088,169       88       1,100,087,778,366,101,931
39          63,245,986       89       1,779,979,416,004,714,189
40         102,334,155       90       2,880,067,194,370,816,120
41         165,580,141       91       4,660,046,610,375,530,309
42         267,914,296       92       7,540,113,804,746,346,429
43         433,494,437       93      12,200,160,415,121,876,738
44         701,408,733       94      19,740,274,219,868,223,167
45       1,134,903,170       95      31,940,434,634,990,099,905
46       1,836,311,903       96      51,680,708,854,858,323,072
47       2,971,215,073       97      83,621,143,489,848,422,977
48       4,807,526,976       98     135,301,852,344,706,746,049
49       7,778,742,049       99     218,922,995,834,555,169,026
50      12,586,269,025      100     354,224,848,179,261,915,075
0.711917877197  ms
```

```python
# -*- coding: utf-8 -*-
'''
p3c.py
sucesion de Fibonacci
'''


diccionarioiter = {1: 1, 2: 1}


def fibiter(n):
    i = 3
    while i <= n:
        diccionarioiter[i] = (diccionarioiter[i - 1] + diccionarioiter[i - 2])
        i += 1


fibiter(100)
```

3.3. SUCESIONES

```
    def ponecoma(n):
        # Devuelve n como cadena con comas cada tres digitos.
        s = str(n)
        pos = len(s)
        while pos > 3:
            pos = pos - 3
            s = s[:pos] + ',' + s[pos:]
        return s

    for i, valor in diccionarioiter.iteritems():
        termino = ponecoma(valor)
        print '%3d %28s' % (i, termino)
```

Como curiosidad, podemos añadir que si escribimos los términos de la sucesión de Fibonacci en notación binaria, por ejemplo mediante el siguiente programa de Python:

```
# -*- coding: utf-8 -*-
'''
p3d.py
'''

import numpy as np

f = []
f.append(0)
f.append(1)
terminos = 10      # numero de terminos de Fibonacci, >0
i = 2
while i <= terminos:
    termino = f[i - 1] + f[i - 2]
    f.append(termino)
    i += 1
j = 1
while j <= terminos:
    print str(j) + ': ' + str(f[j]) + ' = ' + np.binary_repr(f[j])
    j += 1
```

──────────────── ejecución del programa ────────────────
```
 1: 1 = 1
 2: 1 = 1
 3: 2 = 10
 4: 3 = 11
 5: 5 = 101
 6: 8 = 1000
 7: 13 = 1101
 8: 21 = 10101
 9: 34 = 100010
10: 55 = 110111
```

Al representar la sucesión de Fibonacci en notación binaria, se obtienen imágenes como la siguiente, que representa los cien primeros términos. Puedes encontrar más ejemplos en nuestra web www.pysamples.com:

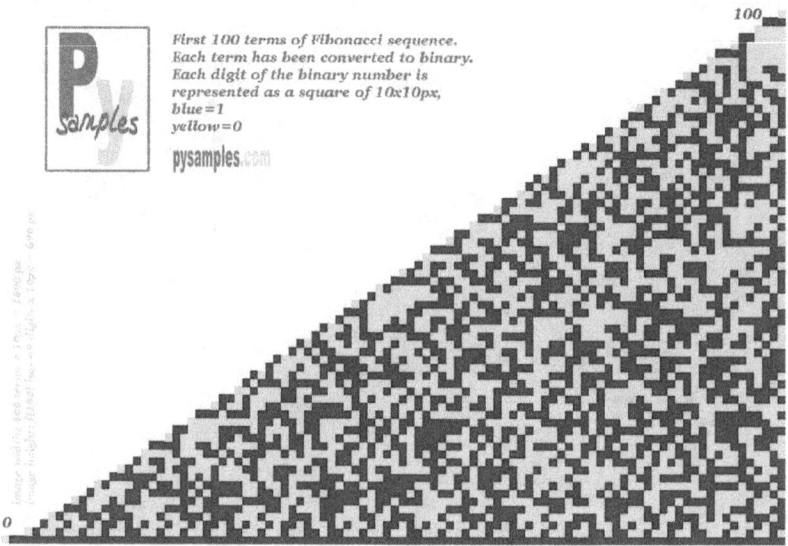

Como hemos visto en los ejemplos anteriores, algunas sucesiones crecen indefinidamente, mientras que otras decrecen. Si nos fijamos en los ejemplos de progresión geométrica, vemos que en el primer caso, con $r = 0,5$ los términos se van haciendo cada vez más pequeños, y la suma de los 20 primeros términos era un número muy cercano a 200, 199,999809. Podemos intuir que si calculamos más términos, éstos serán cada vez más pequeños y la suma de los mismos será un número muy cercano a 200. En cambio, en el segundo ejemplo teníamos $r = 7,5$ los términos crecían muy rápidamente, tanto que el décimo término ya era una cantidad del orden de cientos de millones: 150169372,558594.

Podemos definir dos tipos de sucesiones: las infinitamente grandes y las infinitamente pequeñas.

- Una sucesión $\{x_n\}$ se dice que es infinitamente grande si para todo número real positivo A, existe un número natural N tal que para $n > N$ se cumple que $|x_n| > A$.
  Sería por ejemplo, el caso de nuestra progresión geométrica de $r = 7,5$. Podemos elegir cualquier número real positivo A, por muy grande que sea, y nos bastará calcular un número suficientemente grande de términos para llegar a un término x_n que será mayor que A en valor absoluto.

- Una sucesión $\{\alpha_n\}$ se dice que es infinitamente pequeña si para todo número real positivo ε, por muy pequeño que sea, existe un número natural N tal que para $n > N$ se cumple que $|\alpha_n| < \varepsilon$. Sería por ejemplo, el caso de nuestra progresión geométrica de $r = 0,5$. Podemos elegir cualquier número real positivo ε, por muy pequeño que sea, y nos bastará calcular un número suficientemente grande de términos para llegar a un término x_n que será menor que ε en valor absoluto. Veremos a continuación un ejemplo numérico calculado con Python.

- Una sucesión $\{x_n\}$ se dice que está acotada superiormente (inferiormente) si existe un número M (un número m) tal que todo elemento x_n de esta sucesión satisfaga la desigualdad $x_n \leq M$, ($x_n \geq m$).

- Una sucesión x_n se dice que está acotada, si está acotada superior e inferiormente: existen M, y m tales que todo elemento de la sucesión satisface las desigualdades: $m \leq x_n \leq M$. Es decir, si existe K tal que $|x_n| \leq K$ para todo elemento x_n de la sucesión.

Veamos ahora el ejemplo de sucesión infinitamente pequeña, calculado mediante el programa que elaboramos antes para sucesiones geométricas, ahora ligeramente modificado para que aparezcan los términos en notación científica. Lo ejecutamos para calcular 50 términos:

3.3. SUCESIONES

```
──────────────────────────── 03p04.py - ejecución ────────────────────────────
x1 = 100.0 ; r = 0.5 ; n = 50
Los  50   primeros términos de la sucesión:
     1    100.0                26      2.9802e-06
     2    50                   27      1.4901e-06
     3    25                   28      7.4506e-07
     4    12.5                 29      3.7253e-07
     5     6.25                30      1.8626e-07
     6     3.125               31      9.3132e-08
     7     1.5625              32      4.6566e-08
     8     0.78125             33      2.3283e-08
     9     0.39062             34      1.1642e-08
    10     0.19531             35      5.8208e-09
    11     0.097656            36      2.9104e-09
    12     0.048828            37      1.4552e-09
    13     0.024414            38      7.276e-10
    14     0.012207            39      3.638e-10
    15     0.0061035           40      1.819e-10
    16     0.0030518           41      9.0949e-11
    17     0.0015259           42      4.5475e-11
    18     0.00076294          43      2.2737e-11
    19     0.00038147          44      1.1369e-11
    20     0.00019073          45      5.6843e-12
    21     9.5367e-05          46      2.8422e-12
    22     4.7684e-05          47      1.4211e-12
    23     2.3842e-05          48      7.1054e-13
    24     1.1921e-05          49      3.5527e-13
    25     5.9605e-06          50      1.7764e-13

S(50) : 100.0(1 -   0.5^50) / (1-0.5) = 200
S( 50 ) sumados uno a uno: 200
0.591039657593   ms
```

En efecto, vemos que los términos se hacen muy pequeños: si ejecutáramos el programa para calcular 100 términos, obtendríamos que para $n = 100$ los términos son del orden de 10^{-28}, y su suma es muy cercana a 200, como ya veíamos. En realidad más adelante demostraremos que la suma de los términos de una progresión geométrica de $|r| < 1$ es $S = \frac{x_1}{1-r}$. En nuestro ejemplo: $S = \frac{100}{1-0,5} = \frac{100}{0,5} = 200$.

Debemos hacer una observación: si una sucesión es infinitamente grande, no estará acotada. Pero la afirmación recíproca es falsa: una sucesión no acotada puede no ser infinitamente grande. Por ejemplo la sucesión no acotada $1, 0, 2, 0, 3, 0, 4, 0, 5, ...$ no es infinitamente grande.

¿Qué relación hay entre las sucesiones infinitamente grandes y las infinitamente pequeñas? La siguiente: si $\{x_n\}$ es una sucesión infinitamente grande, y $x_n \neq 0, \forall n \in \mathbf{N}$, entonces la sucesión $\{\alpha_n\} = \{\frac{1}{x_n}\}$ es una sucesión infinitamente pequeña. La afirmación inversa también es cierta: si $\{\alpha_n\}$ es una sucesión infinitamente pequeña y $\alpha_n \neq 0, \forall n \in \mathbf{N}$, entonces la sucesión $\{x_n\} = \{\frac{1}{\alpha_n}\}$ es una sucesión infinitamente grande.

Nos estamos acercando a un concepto fundamental como es el de límite de una sucesión, pero antes vamos a enumerar algunas propiedades de las sucesiones infinitamente pequeñas:

1. La diferencia de dos sucesiones infinitamente pequeñas es una sucesión infinitamente pequeña.

2. La suma de un número finito de sucesiones infinitamente pequeñas es una sucesión infinitamente pequeña.

3. El producto de un número finito de sucesiones infinitamente pequeñas es una sucesión infinitamente pequeña.

4. El producto de una sucesión acotada por otra sucesión infinitamente pequeña es una sucesión infinitamente pequeña.

5. El producto de un número por una sucesión infinitamente pequeña es una sucesión infinitamente pequeña.

Bibliografía para este capítulo: [9], [24], [32], [47], [50], [55], [59], [61]

4 | Convergencia

4.1 Sucesiones convergentes. Límite.

Comenzaremos por dar la definición de sucesión convergente para el caso de un espacio métrico E, y después la definiremos para el caso de que el espacio métrico sea $\mathbf{R}$.

1. Sea $p_1, p_2, p_3, \ldots$ una sucesión de puntos de un espacio métrico E. Se dice que la sucesión es convergente si existe un punto $p \in E$, tal que para cualquier número real $\varepsilon > 0$ existe un número natural N y a partir del término N-ésimo, los términos de la sucesión se encuentran a menos de una distancia ε de p. Es decir, si para todo p_n con $n > N$ se cumple que $d(p, p_n) < \varepsilon$. Al punto p se le denomina límite de la sucesión, y se dice que la sucesión de puntos converge a p.

$$\lim_{n \to \infty} d(p, p_n) = 0$$

2. El número l se llama límite de una sucesión $\{x_n\}$ de números reales si para todo número positivo ε existe un número de orden N tal que para $n > N$ se cumple la desigualdad

$$|x_n - l| < \varepsilon$$

y entonces decimos que la sucesión $\{x_n\}$ es convergente:

$$\{x_n\} \to l \text{ para } n \to \infty.$$

$$\lim_{n \to \infty} x_n = l$$

Dicho de otra manera: el número l se llama límite de la sucesión x_n si para todo ε-entorno del punto l existe un número de orden N tal que todos los elementos x_n, con $n > N$, se encuentren en este ε-entorno.

Veamos como ejemplo la sucesión $x_n = a^n$, $a \in \mathbf{R}$, con $|a| < 1$. Supongamos que la sucesión es convergente al límite l. Entonces existirá un N, a partir del cual $|a^n - l| < \varepsilon$ para todo $\varepsilon \in \mathbf{R}$. Este ejemplo es en realidad una progresión geométrica como la que vimos, con $x_1 = a = r$.

En el siguiente programa de Python calcularemos a partir de qué término de la sucesión de término general $x_n = a^n$, con $a = 0{,}15$, todos los términos a partir de ese número de orden calculado, se encuentran a una distancia del límite $l = 0$, menor que $\varepsilon = 10^{-10}$.

```
# -*- coding: utf-8 -*-
'''
p4a.py
sucesion a ** n, con |a|<1
'''

import numpy as np


def geometrica(epsilon, a):
```

4.1. SUCESIONES CONVERGENTES. LÍMITE.

```
print ('a = ' + str(a) + '; epsilon requerido =' + "%8.4g" % epsilon)
n = (int(round(np.log10(epsilon) / np.log10(abs(a)))) + 1)
x = np.zeros(n + 1, float)
x[1] = a * 1.0
print ('Es necesario calcular ' + str(n) + ' terminos de la sucesion:')
print "%3.0f" % 1.0, ': ', "%8.2g" % a
for i in range(2, n + 1):
    x[i] = x[i - 1] * a
    print "%3.0f" % i, ': ', "%8.4g" % x[i]

geometrica(1e−10, 0.15)   # geometrica(epsilon, a)
```

────────────────────────── ejecución del programa ──────────────────────────
```
a =   0.15 ; epsilon requerido =    1e-10
Es necesario calcular  13  términos de la sucesión:
  1 :     0.15
  2 :     0.0225
  3 :     0.003375
  4 :     0.0005062
  5 :     7.594e-05
  6 :     1.139e-05
  7 :     1.709e-06
  8 :     2.563e-07
  9 :     3.844e-08
 10 :     5.767e-09
 11 :     8.65e-10
 12 :     1.297e-10
 13 :     1.946e-11
0.248908996582  ms
```

Si en lugar de $a = 0{,}15$, tomamos un valor negativo, menor que 1, esta nueva sucesión también cumple que $|a| < 1$ y converge a cero. Por ejemplo, tomamos $a = -0{,}08$:

────────────────────────── ejecución del programa ──────────────────────────
```
a =  -0.08 ; epsilon requerido =    1e-10
Es necesario calcular  10  términos de la sucesión:
  1 :    -0.08
  2 :     0.0064
  3 :    -0.000512
  4 :     4.096e-05
  5 :    -3.277e-06
  6 :     2.621e-07
  7 :    -2.097e-08
  8 :     1.678e-09
  9 :    -1.342e-10
 10 :     1.074e-11
0.217914581299  ms
```

Podemos ver que esta sucesión se acerca cada vez más al valor límite $l = 0$. En efecto, si

$$\lim_{n \to \infty} a^n = 0$$

según la definición de sucesión convergente esto quiere decir que existe un número de orden N a partir del cual $|a^n - 0| = |a^n| < \varepsilon$

$$|a^n| < \varepsilon$$

$$\left|\frac{1}{a}\right|^n > \frac{1}{\varepsilon}$$

$$n \cdot \log \frac{1}{|a|} > \log \frac{1}{\varepsilon}$$

$$n > \frac{-\log \varepsilon}{-\log |a|}$$

$$n > \frac{\log \varepsilon}{\log |a|}$$

Por lo tanto, para cualquier ε positivo que elijamos, se cumplirá que a partir del término $N > \frac{\log \varepsilon}{\log |a|}$, los términos de la sucesión estarán a una distancia del límite $l = 0$ menor que ε. Por ejemplo, con $a = 0{,}15$, si elegimos $\varepsilon = 10^{-10}$, tendremos

$$N = \frac{\log 10^{-10}}{\log 0{,}15} = \frac{-10}{-0{,}8239} \simeq 12{,}13$$

─────────── Cálculo de N ───────────
```
>>> log10(1e-10)/log10(0.15)
12.137266547917129
```

y a partir del término número 13, todos los términos de la sucesión estarán a una distancia de $l = 0$ menor que $\varepsilon = 10^{-10}$, como puedes comprobar en el listado del programa anterior, y el límite de la sucesión $\{a^n\}$, con $|a| < 1$, es cero.

4.2 Propiedades de las sucesiones

Veamos a continuación algunas propiedades de las sucesiones.

1. Sea $\{x_n\}$ una sucesión convergente de límite l, entonces todo elemento x_n puede ser representado en la forma
$$x_n = l + \alpha_n$$
donde α_n es un elemento de la sucesión infinitamente pequeña $\{\alpha_n\}$.

2. Si todos los elementos de una sucesión infinitamente pequeña $\{\alpha_n\}$ son iguales al mismo número c, entonces $c = 0$.

3. El límite de una sucesión convergente es único. Supongamos que la sucesión x_n tiene dos límites, a y b. Entonces, por la primera propiedad:

$$x_n = a + \alpha_n$$

$$x_n = b + \beta_n$$

donde α_n y β_n son elementos de las sucesiones infinitamente pequeñas $\{\alpha_n\}$ y $\{\beta_n\}$. Restando ambas expresiones:
$$\{x_n\} - \{x_n\} = 0 = a - b + \{\alpha_n\} - \{\beta_n\}$$

obtenemos que $a - b = \{\alpha_n\} - \{\beta_n\}$, pero la diferencia de dos sucesiones infinitamente pequeñas es otra sucesión infinitamente pequeña $\{\alpha_n - \beta_n\}$, y $a - b$ es una constante c. Así pues, tenemos una sucesión infinitamente pequeña cuyos términos son todos igual a una constante. Por la propiedad anterior, esa constante debe ser cero y entonces: $a - b = 0$, y por tanto $a = b$, y el límite de la sucesión convergente es único.

4. Toda sucesión convergente está acotada, ya que a partir del número de orden N, tendremos que $|x_n| < |l| + \varepsilon$. Sin embargo, una sucesión acotada puede ser no convergente, por ejemplo la sucesión $1, -1, 1, -1, \ldots$.

5. La suma (diferencia) de dos sucesiones convergentes es otra sucesión convergente, cuyo límite es la suma (diferencia) de los límites de las dos sucesiones convergentes dadas. Podemos aplicar esta propiedad para calcular la suma de una progresión geométrica decreciente. Sabemos que la suma de los n primeros términos de una progresión geométrica de razón r, con $|r| < 1$ es

$$S_n = \frac{x_1(1 - r^n)}{1 - r}$$

$$\lim_{n \to \infty} S_n = \lim_{n \to \infty} \frac{x_1}{1 - r} - \lim_{n \to \infty} \frac{x_1 \cdot r^n}{1 - r}$$

$$\lim_{n \to \infty} S_n = \frac{x_1}{1 - r} - \frac{x_1}{1 - r} \cdot \lim_{n \to \infty} r^n$$

4.3. SUCESIONES MONÓTONAS

$$\lim_{n\to\infty} S_n = \frac{x_1}{1-r} - \frac{x_1}{1-r} \cdot 0$$

$$\lim_{n\to\infty} S_n = \frac{x_1}{1-r}$$

6. El producto de dos sucesiones convergentes es otra sucesión convergente, cuyo límite es igual al producto de los límites de las dos sucesiones convergentes dadas.

7. Si la sucesión $\{x_n\}$, es convergente a un límite distinto de cero, entonces la sucesión cociente $\{\frac{1}{x_n}\}$ está acotada.

8. El cociente de dos sucesiones convergentes $\{x_n\}$ e $\{y_n\}$, ésta última con límite distinto de cero, es otra sucesión convergente, cuyo límite es igual al cociente de los límites de las dos sucesiones dadas.

9. Un conjunto es cerrado si y solo si contiene el límite de toda sucesión convergente cuyos términos pertenecen a S.

10. Si a partir de cierto número de orden N, los elementos de dos sucesiones convergentes $\{x_n\}$ e $\{y_n\}$ satisfacen la desigualdad $x_n \leq y_n$, entonces sus límites verifican la misma desigualdad:

$$\lim_{n\to\infty} x_n \leq \lim_{n\to\infty} y_n$$

11. Si todos los elementos de una sucesión convergente $\{x_n\}$ se encuentran en un intervalo $[a, b]$, entonces el límite de esta sucesión también se encuentra en el mismo intervalo.

12. Sean dos sucesiones convergentes $\{x_n\}$ y $\{z_n\}$ que convergen al mismo límite l. Sea también una tercera sucesión $\{y_n\}$ que cumple a partir de un cierto término la desigualdad $x_n \leq y_n \leq z_n$, entonces la sucesión $\{y_n\}$ también converge al límite l.

13. Si l es el límite de la sucesión $\{x_n\}$, entonces de esta sucesión se puede extraer una subsucesión que converge hacia el número l.

14. Las sucesiones infinitamente grandes no tienen límite en el sentido en que lo hemos definido, y por eso se considera que las sucesiones infinitamente grandes tienen un límite igual a ∞, y se escribe:

$$\lim_{n\to\infty} x_n = \infty$$

4.3 Sucesiones monótonas

Sea la sucesión de números reales $\{x_n\} = x_1, x_2, x_3, \ldots$.

- Si $x_1 < x_2 < x_3 < \ldots$, la sucesión se dice que es creciente.
- Si $x_1 \leq x_2 \leq x_3 \leq \ldots$, la sucesión se dice que es no decreciente.
- Si $x_1 \geq x_2 \geq x_3 \geq \ldots$, la sucesión se dice que es no creciente.
- Si $x_1 > x_2 > x_3 > \ldots$, la sucesión se dice que es decreciente.

En cualquiera de estos cuatro casos, la sucesión se dice que es monótona. Recordemos que en la sección 3.3 definimos sucesión acotada como aquella para la cual existe K tal que $|x_n| \leq K$ para todo elemento x_n de la sucesión. Pues bien, una propiedad fundamental de los números reales es la siguiente:

Toda sucesión monótona acotada es convergente.

Vamos a demostrarlo. Tomemos una sucesión $x_1 \leq x_2 \leq x_3 \leq \ldots$ de números reales. Supongamos que está acotada. Entonces debe existir para este conjunto $\{x_n\}$ de números reales un número real $a = \text{lub}(\{x_n\})$. Puesto que a es cota superior, se cumplirá que

$$a \geq x_n \qquad \forall n$$

y al mismo tiempo, puesto que a es la menor cota superior tendremos que, para cualquier número real $\varepsilon > 0$ existirán elementos de $\{x_n\}$ mayores que $a - \varepsilon$, ya que en caso contrario a no sería la MENOR de las cotas superiores. Esto quiere decir para nuestra sucesión creciente que existirá un número de orden N a partir del cual

$$x_n > a - \varepsilon \quad \forall n > N$$

Unamos ambas desigualdades al hecho evidente de que $a < a + \varepsilon$:

$$a - \varepsilon < x_n \leq a < a + \varepsilon \quad \forall n > N$$

$$|x_n - a| < \varepsilon \quad \forall n > N$$

pero esta última expresión es precisamente la definición de límite, y por lo tanto la sucesión $\{x_n\}$ converge, y su límite es precisamente $a = \text{lub}(\{x_n\})$.

$$\lim_{n \to \infty} x_n = a$$

Análogamente se demuestra para el caso de una sucesión monótona decreciente, cambiando el sentido de las desigualdades y sustituyendo la menor cota superior por la mayor cota inferior. Veamos un ejemplo con Python. Sea la sucesión

$$x_n = \frac{1}{2}\left(x_{n-1} + \frac{A}{x_{n-1}}\right)$$

con $A > 0$, $x_1 > 0$ y $x_n > \sqrt{A}$. Vamos a demostrar que esta sucesión es monótona. Si restamos

$$x_n - x_{n+1} = x_n - \frac{1}{2}\left(x_n + \frac{A}{x_n}\right)$$

$$x_n - x_{n+1} = \frac{1}{2}\left(x_n - \frac{A}{x_n}\right) = \frac{x_n^2 - A}{2x_n} > 0$$

Luego la sucesión es decreciente, y está acotada, puesto que todos sus términos son positivos. Al ser monótona y acotada, será convergente. Sea $a \geq A$ su límite:

$$\lim_{n \to \infty} x_n = a$$

$$\lim_{n \to \infty} x_{n+1} = a$$

$$\lim_{n \to \infty} x_{n+1} = \lim_{n \to \infty} \frac{1}{2}\left(x_n + \frac{A}{x_n}\right)$$

$$\lim_{n \to \infty} x_{n+1} = \frac{1}{2}\left(a + \frac{A}{a}\right) = a$$

$$a = \frac{a}{2} + \frac{A}{2a}$$

$$2a^2 = a^2 + A$$

$$a = \sqrt{A}$$

Por lo tanto, queda demostrado que esta sucesión monótona acotada, y por ello convergente: su límite es la raíz de A. Esta sucesión proporciona un método para el cálculo de la raíz cuadrada de un número real $A > 0$. Veamos un ejemplo numérico de esta sucesión calculado con Python.

```
# -*- coding: utf-8 -*-
'''
p4b.py
raiz cuadrada
'''
```

```
import numpy as np


def raiz(n, A):
    print ('Calculo de raiz de ' + "%3.1f" % A + ' mediante ' + str(n) + ' terminos.')
    y = np.zeros(n + 1, float)
    y[1] = A / 2.0          # comenzamos por A/2:
    for i in range(2, n + 1):
        y[i] = 0.5 * (y[i - 1] + (A / y[i - 1]))
        s = ('y[' + "%.0f" % i + '] = 0.5(' + "%12.8f" % y[i - 1] + '+(' + "%3.1f" % A +
            '/' + "%12.8f" % y[i - 1] + ')) = ' + "%12.8f" % y[i])
        print s
    print ('Calculo directo: raiz(A) = raiz(' + "%3.1f" % A + ') = ' + "%.15f" % np.sqrt(A))
#n: numero de terminos que vamos a calcular
#A: numero cuya raiz queremos calcular
raiz(10, 3000)   # raiz(n, A)
```

```
─────────────────────────────── ejecución del programa ───────────────────────────────
Cálculo de raiz de 3000.0 mediante 10 términos.
y[2] = 0.5(1500.00000000+(3000.0/1500.00000000)) = 751.00000000
y[3] = 0.5(751.00000000+(3000.0/751.00000000)) = 377.49733688
y[4] = 0.5(377.49733688+(3000.0/377.49733688)) = 192.72220641
y[5] = 0.5(192.72220641+(3000.0/192.72220641)) = 104.14432667
y[6] = 0.5(104.14432667+(3000.0/104.14432667)) =  66.47525228
y[7] = 0.5( 66.47525228+(3000.0/ 66.47525228)) =  55.80241452
y[8] = 0.5( 55.80241452+(3000.0/ 55.80241452)) =  54.78176454
y[9] = 0.5( 54.78176454+(3000.0/ 54.78176454)) =  54.77225658
y[10] = 0.5( 54.77225658+(3000.0/ 54.77225658)) =  54.77225575
Cálculo directo: raiz(A) = raiz(3000.0) = 54.772255750516614
0.210046768188  ms
```

4.4 Sucesión de Cauchy

A menudo no estamos interesados en calcular el límite de una sucesión, sino solo en saber si ésta es convergente. En esta sección introducimos el importante concepto de sucesión de Cauchy. Como veremos a continuación, todas las sucesiones convergentes son sucesiones de Cauchy, y aunque la afirmación recíproca no es cierta en general, sí lo es para ciertos espacios métricos.

Una sucesión de puntos $p_1, p_2, p_3, \ldots$ en un espacio métrico es una sucesión de Cauchy si, dado cualquier número real $\varepsilon > 0$, existe un número entero positivo N tal que la distancia $d(p_n, p_m) < \varepsilon$ cuando $n, m > N$.

Esta condición de Cauchy es condición necesaria para la convergencia de una sucesión, ya que si $p_1, p_2, p_3, \ldots$ converge a p, entonces para cualquier $\varepsilon > 0$ existe un entero positivo N tal que $d(p, p_n) < \frac{\varepsilon}{2}$ cuando $n > N$. Por tanto, a partir de un número de orden $n, m > N$ tendremos:

$$d(p_n, p_m) \leq d(p_n, p) + d(p, p_m) < \frac{\varepsilon}{2} + \frac{\varepsilon}{2} = \varepsilon$$

De este modo hemos demostrado que la condición de Cauchy es una condición necesaria de convergencia. Hagamos algunas observaciones:

1. No toda sucesión de Cauchy en un espacio métrico cualquiera, es convergente. Por ejemplo sea la sucesión $x_n = 1, \frac{1}{2}, \frac{1}{3}, \frac{1}{4}, \ldots$, en el espacio $E = \mathbf{R} - \{0\}$. Esta sucesión no converge a ningún punto de E, a pesar de ser de Cauchy.

2. Cualquier subsucesión de una sucesión de Cauchy, es una sucesión de Cauchy.

3. Una sucesión de Cauchy que tiene una subsucesión convergente, es ella misma convergente.

4. Toda sucesión de Cauchy de números racionales converge a un número real (que puede ser racional o irracional).

5. Un espacio métrico E se dice que es completo si toda sucesión de Cauchy de puntos de E converge a un punto de E.

6. **R** es completo.

Esto quiere decir que en **R**, no solo cualquier sucesión convergente ha de ser una sucesión de Cauchy, sino que recíprocamente, cualquier sucesión de Cauchy será convergente. Ya hemos demostrado la primera parte, que cualquier sucesión convergente de números reales es una sucesión de Cauchy. Vamos a demostrar la afirmación recíproca, que cualquier sucesión de Cauchy de números reales será convergente. Sea $\{a_n\} = a_1, a_2, a_3, \ldots$ una sucesión de Cauchy de números reales. Debemos demostrar que esta sucesión converge a un número real. Consideremos también una sucesión cualquiera $\{\varepsilon_n\}$. A cada número real a_p de la sucesión $\{a_n\}$ le asignamos un número racional r_p tal que

$$|a_p - r_p| < \varepsilon_p$$

Tendremos que

$$|r_p - r_q| = |r_p - a_p + a_p - a_q + a_q - r_q|$$
$$|r_p - r_q| \leq |r_p - a_p| + |a_p - a_q| + |a_q - r_p|$$
$$|r_p - r_q| \leq \varepsilon_p + \varepsilon + \varepsilon_q$$

Esto nos asegura que la sucesión de números racionales r_n es de Cauchy y como hemos visto en la propiedad cuarta, toda sucesión de Cauchy de números racionales converge a un número real, y la sucesión r_n definirá un número real a, (como vimos en el capítulo primero (si a, $\epsilon \in \mathbf{R}$, $\epsilon > 0$, entonces existe un número racional r tal que $|a - r| < \epsilon$).
Puesto que

$$|a_n - a| \leq |a_n - r_n| + |r_n - a| \qquad n > N$$
$$|a_n - a| \leq \varepsilon_n + \varepsilon$$

se deduce que la sucesión $\{a_n\}$ también converge al punto a, como queríamos demostrar.

Veamos ahora un ejemplo numérico con Python. Consideremos la sucesión

$$x_n = \left(1 + \frac{1}{n}\right)^n$$

Vamos a calcular unos cuantos términos con un programa de Python:

```
# -*- coding: utf-8 -*-
'''
p4c.py
sucesion numero e
'''

import numpy as np

n = 5000
y = np.zeros(n + 1, float)
y[1] = np.power((1 + (1.0 / 1)), 1)


def esucesion(n):
    i = 2
    while i <= n:
        y[i] = np.power((1 + (1.0 / i)), i)
        i += 1


esucesion(n)
```

4.4. SUCESIÓN DE CAUCHY

```
print 'i          x[i]          x[i+1]-x[i]'
print '[   1]:', "%10.8f" % y[1], '      ;  '
for i in range(2, n + 1):
    if i > 99:
        print ('[' + str(i) + ']: ' + "%10.8f" % y[i] + '      ;  ' +
            "%10.4g" % (y[i] - y[i - 1]))
    elif i > 9:
        print ('[ ' + str(i) + ']: ' + "%10.8f" % y[i] + '      ;  ' +
            "%10.4g" % (y[i] - y[i - 1]))
    else:
        print ('[  ' + str(i) + ']: ' + "%10.8f" % y[i] + '      ;  ' +
            "%10.4g" % (y[i] - y[i - 1]))
```

En los siguientes resultados, se ha omitido gran parte de los términos:

```
─────────────────────── ejecución del programa ───────────────────────
   i       x[i]            x[i+1]-x[i]
[  1]: 2.00000000      ;
[  2]: 2.25000000      ;   0.25
[  3]: 2.37037037      ;   0.1204
[  4]: 2.44140625      ;   0.07104
[  5]: 2.48832000      ;   0.04691
[  6]: 2.52162637      ;   0.03331
[  7]: 2.54649970      ;   0.02487
[  8]: 2.56578451      ;   0.01928
[  9]: 2.58117479      ;   0.01539
[ 10]: 2.59374246      ;   0.01257
...
[ 99]: 2.70467904      ;   0.0001375
[100]: 2.70481383      ;   0.0001348
[101]: 2.70494598      ;   0.0001321
...
[999]:  2.71692257     ;   1.361e-06
[1000]: 2.71692393     ;   1.358e-06
...
[2999]: 2.71782877     ;   1.511e-07
[3000]: 2.71782892     ;   1.510e-07
...
[4999]: 2.71801000     ;   5.438e-08
[5000]: 2.71801005     ;   5.436e-08
64.7749900818 ms
```

Se puede demostrar que esta sucesión de números reales es creciente y acotada, y por lo tanto convergente en **R**. Como acabamos de ver, la diferencia entre dos términos consecutivos se puede hacer tan pequeña como queramos, sin más que calcular términos de un número de orden suficientemente avanzado. Pues bien, el límite de esta sucesión es un número denominado número e.

```
─────────────── cálculo del número e utilizando Python ───────────────
>>> print "%25.22f" % math.e
 2.7182818284590450907956
```

Es engorroso determinar algebráicamente el valor de la diferencia de dos términos cualesquiera de esta sucesión, sin embargo es fácil elaborar un programa en Python que calcula el número de orden N a partir del cual la diferencia entre dos términos sucesivos es menor que cualquier número real ε que elijamos:

```
# -*- coding: utf-8 -*-
'''
p4d.py
sucesion numero e
diferencia entre terminos consecutivos < epsilon
'''

import numpy as np


def sucesione2(epsilon):
```

```
    i = 1
    incremento = 1000
    while incremento > epsilon:
        y = np.power((1 + (1.0 / i)), i)
        y1 = np.power((1 + (1.0 / (i + 1))), (i + 1))
        incremento = abs(y1 - y)
        i += 1
    print 'epsilon requerido: ', epsilon
    print 'numero de terminos: N = ', i - 1
    y = np.power((1 + (1.0 / (i - 1))), (i - 1))
    y1 = np.power((1 + (1.0 / i)), i)
    print 'x[', i, '] - x[', i - 1, '] = '
    print "%30.27f" % y1, ' - ', "%30.27f" % y, ' = '
    print ' = ', y1 - y


sucesione2(1e-3)
```

Ejecutamos el programa para algunos valores de ε. Mostramos los tiempos cronometrados de ejecución del programa en cada caso:

───────────────────────────── ejecución del programa ─────────────────────────────
```
epsilon requerido:  0.001
número de terminos: N =  36
x[ 37 ] - x[ 36 ] =
  2.682435477308525495487856460  -  2.681464420300858630952234307  =
=  0.000971057007667
0.818967819214  ms

epsilon requerido:  1e-06
número de terminos: N =  1165
x[ 1166 ] - x[ 1165 ] =
  2.717117100087719006040742897  -  2.717116101106833880862723163  =
=  9.98980885125e-07
20.3380584717  ms

epsilon requerido:  1e-15
número de terminos: N =  223071
x[ 223072 ] - x[ 223071 ] =
  2.718275735651982660812109316  -  2.718275735651982216722899466  =
=  4.4408920985e-16
2770.68591118  ms
```

4.5 Intervalos encajados

Sea I_n una sucesión de intervalos cerrados de números reales, tal que los intervalos están anidados uno dentro de otro:
$$I_1 \supset I_2 \supset I_3 ... = [a_1, b_1] \supset [a_2, b_2] \supset [a_3, b_3], ...$$
de manera que las diferencias $d_n = b_n - a_n$ forman una sucesión nula.

La llamaremos sucesión de intervalos encajados. Utilizando este concepto, podemos demostrar un criterio para la completitud de un espacio métrico, en este caso de $\mathbf{R}$. Un espacio métrico es completo si y solo si toda sucesión de intervalos encajados del espacio métrico es tal que la intersección de todos los intervalos cuando $n \to \infty$ no es un conjunto vacío.

$$\bigcap_{1}^{\infty} I_n \neq \emptyset$$

El hecho de que estos intervalos estén anidados implica que

$$a_1 \leq a_2 \leq ... \leq a_k \leq a_{k+1} \leq b_{k+1} \leq b_k \leq ... \leq b_2 \leq b_1 \qquad \forall k$$

Así, $\{a_n\}$ es una sucesión creciente y acotada superiormente por b_1, y $\{b_n\}$ es una sucesión decreciente y acotada inferiormente por a_1. Por lo tanto, estas sucesiones serán ambas convergentes:

$$\lim_{n \to \infty} a_n = a$$

4.5. INTERVALOS ENCAJADOS

$$\lim_{n\to\infty} b_n = b$$

y a y b son tales que:

$$a_n \leq a \leq b \leq b_n \quad \forall n$$

Esto significa que el intervalo $[a, b]$ es un subconjunto que pertenece a cada uno de los intervalos I_n, y es precisamente la intersección de todos ellos. Puesto que las diferencias $d_n = b_n - a_n$ forman una sucesión nula, tendremos que

$$\lim_{n\to\infty} d_n = \lim_{n\to\infty} (b_n - a_n) = 0$$

$$\lim_{n\to\infty} (b_n - a_n) = \lim_{n\to\infty} b_n - \lim_{n\to\infty} a_n = b - a = 0$$

Luego, $a = b$, y la intersección de todos los intervalos es un único punto. Hagamos un par de observaciones:

- El teorema de los intervalos encajados no se cumple si tomamos intervalos abiertos en lugar de cerrados. Por ejemplo, en la sucesión de intervalos abiertos:

$$(0,1) \supset \left(0, \frac{1}{2}\right) \supset \left(0, \frac{1}{4}\right), \dots \supset \left(0, \frac{1}{2^n}\right) \supset \dots$$

no existe ningún punto que pertenezca a todos los intervalos.

- El número e se puede definir como la intersección de todos los intervalos de la forma:

$$[a, b] = \left[\left(1 + \frac{1}{n}\right)^n, \left(1 + \frac{1}{n}\right)^{n+1}\right]$$

El siguiente programa calcula términos de la sucesión de intervalos encajados cuyo límite es el número e. La instrucción print comentada muestra los intervalos como valores decimales, en lugar de en forma de fracción. Primero se ha ejecutado para mostrar los 10 primeros intervalos en forma de fracción, y después se ha ejecutado para mostrar los 100 primeros intervalos en formato decimal:

```
# -*- coding: utf-8 -*-
'''
p4e.py
intervalos encajados numero e
'''

import fractions


def encajados(n):
    i = 1
    while i <= n:
        anum = (i + 1) ** i
        bnum = anum * (i + 1)
        aden = i ** i
        bden = aden * i
        fraca = fractions.Fraction(anum, aden)
        fracb = fractions.Fraction(bnum, bden)
        print (str(i) + ': ' + '%s < e < %s' % (fraca, fracb))
#         print (str(i) + ': ' + "%15.12f" % (1.0 * anum / aden) +
#                ' < e < ' + "%15.12f" % (1.0 * bnum / bden))
        i += 1
encajados(10)   # ha de ser <=140 para el calculo con decimales
```

```
─────────────────────── ejecución del programa ───────────────────────
1: 2 < e < 4
2: 9/4 < e < 27/8
3: 64/27 < e < 256/81
4: 625/256 < e < 3125/1024
5: 7776/3125 < e < 46656/15625
6: 117649/46656 < e < 823543/279936
7: 2097152/823543 < e < 16777216/5764801
8: 43046721/16777216 < e < 387420489/134217728
9: 1000000000/387420489 < e < 10000000000/3486784401
10: 25937424601/10000000000 < e < 285311670611/100000000000
7.47680664062  ms
```

$$\left[\frac{2}{1}, \frac{4}{1}\right] \supset \left[\frac{9}{4}, \frac{27}{8}\right] \supset \left[\frac{64}{27}, \frac{256}{81}\right] \supset \left[\frac{625}{256}, \frac{3125}{1024}\right] \supset \left[\frac{7776}{3125}, \frac{46656}{15625}\right] \supset \left[\frac{117649}{46656}, \frac{823543}{279936}\right]$$

$$\supset \left[\frac{2097152}{823543}, \frac{16777216}{5764801}\right] \supset \left[\frac{43046721}{16777216}, \frac{387420489}{134217728}\right] \supset \left[\frac{1000000000}{387420489}, \frac{10000000000}{3486784401}\right]$$

$$\supset \left[\frac{25937424601}{10000000000}, \frac{285311670611}{100000000000}\right] \supset \ldots$$

Esta sucesión de intervalos encajados corresponde a los siguientes valores reales, representados en la figura:

```
─────────────────────── ejecución del programa ───────────────────────
1:    2.000000000000 < e <  4.000000000000
2:    2.250000000000 < e <  3.375000000000
3:    2.370370370370 < e <  3.160493827160
4:    2.441406250000 < e <  3.051757812500
5:    2.488320000000 < e <  2.985984000000
6:    2.521626371742 < e <  2.941897433699
7:    2.546499697041 < e <  2.910285368047
8:    2.565784513950 < e <  2.886507578194
9:    2.581174791713 < e <  2.867971990792
10:   2.593742460100 < e <  2.853116706110
...
97:   2.704401189890 < e <  2.732281614528
98:   2.704541517489 < e <  2.732138879912
99:   2.704679036165 < e <  2.731999026429
100:  2.704813829422 < e <  2.731861967716
9.09495353699  ms
```

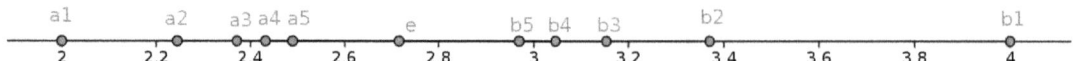

El siguiente programa representa los primeros 25 intervalos encajados. La recta horizontal representa el valor real del número e. La línea azul une los puntos medios de los intervalos. Esta línea se acerca a la línea roja que representa el número e.

```
"""
p4f.py
representa intervalos encajados
"""

import numpy as np
import matplotlib.pyplot as plt

terminos = 25
x = []
yerror = []
ycenter = []
ye = []


def nested(n):
```

```
        i = 1.0
        while i <= n:
            inicio = ((i + 1) ** i) / (i ** i)
            final = (i + 1) ** (i + 1) / (i ** (i + 1))
            print inicio, final
            x.append(i)
            yerror.append((final - inicio) / 2)
            ycenter.append(inicio + (final - inicio)/2)
            ye.append(np.e)
            i += 1


encajados(terminos)
print yerror
print ycenter
x0 = np.zeros(terms, float)
xerror = np.zeros(terms, float)
fig = plt.figure()
ax = fig.add_subplot(111)
ax.set_ylim(1.9, 4.1)
ax.errorbar(x, ycenter, xerr=xerror, yerr=yerror)
ax.plot(x,ye, lw=1.0, color='r')
plt.xlabel('n')
plt.ylabel('amplitud de los intervalo')
plt.show()
```

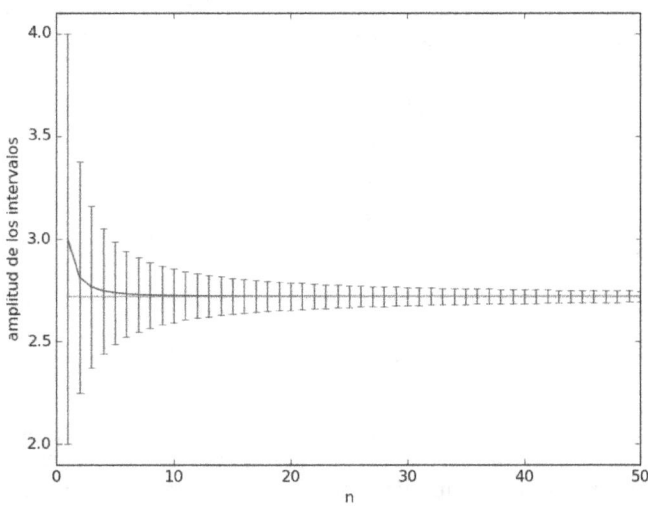

4.6 Series numéricas

Sea la sucesión de números reales $\{x_n\} = x_1, x_2, ..., x_n, ...$ Se denomina serie numérica a la suma de un número infinito de términos de la sucesión

$$x_1 + x_2 + x_3 + ... + x_k + ... = \sum_{i=1}^{\infty} x_i$$

Se denomina suma parcial S_n a la suma de n términos de la serie

$$S_n = x_1 + x_2 + x_3 + ... + x_n = \sum_{i=1}^{n} x_i$$

Si la sucesión $s_1, s_2, ..., s_n, ...$ es convergente, se dice que la serie es convergente, y su suma es igual al límite de la sucesión $\{s_n\}$. Se dice que una serie numérica satisface la condición de Cauchy si dado cualquier número real $\varepsilon > 0$, existe un número entero positivo N tal que se cumple la desigualdad

$$|x_{n+1} + x_{n+2} + ... + x_m| < \varepsilon \quad \forall \ m > n > N$$

En efecto, tenemos que

$$|s_m - s_n| = |x_{n+1} + x_{n+2} + ... + x_m| < \varepsilon$$

y la condición de convergencia de Cauchy para la serie es totalmente equivalente a la condición de convergencia para la sucesión.

Si tomamos las sumas de orden n y $n-1$ se cumple la desigualdad

$$|s_n - s_{n-1}| = |x_n| < \varepsilon$$

y por tanto tendremos que

$$\lim_{n \to \infty} x_n = 0$$

y esta es una condición necesaria para la convergencia de una serie. Vamos a estudiar el límite de una sucesión que nos será útil más adelante:

$$\lim_{n \to \infty} \frac{a^n}{n!} = 0$$

para toda constante $a > 0$. Para demostrarlo, sea $k \geq 0$ el menor entero para el que $a < k+1$. Vamos a llamar $\gamma = \frac{a}{k+1} < 1$. Supongamos que $n \geq k$, de modo que $n = k+l, \quad l \geq 0$.

$$\frac{a^n}{n!} = \frac{a^{k+l}}{(k+l)!} = \frac{a^k}{k!} \cdot \frac{a^l}{(k+1)...(k+l)} \leq \frac{a^k}{k!} \frac{a^l}{(k+1)^l}$$

$$\frac{a^n}{n!} \leq \frac{a^k}{k!} \gamma^l = \frac{a^k}{k!\gamma^k} \gamma^{k+l}$$

$$\frac{a^n}{n!} \leq \frac{a^k}{k!\gamma^k} \gamma^n = b\gamma^n$$

Así pues, tenemos que $\frac{a^n}{n!} \leq b\gamma^n$ para $n \geq k$. En el otro caso, de que $n < k$, tendremos que solamente existirá una cantidad finita de términos para los cuales la igualdad anterior no se cumpla, y a partir de cierto término, se cumplirá la desigualdad anterior y existirá una constante c tal que $\frac{a^n}{n!} \leq c\gamma^n$. Si tomamos el mayor de los dos números, $M = max_{b,c}$, se cumplirán las dos desigualdades a la vez y tendremos

$$\frac{a^n}{n!} \leq M\gamma^n$$

y puesto que

$$\lim_{n \to \infty} \gamma^n = 0$$

al tratarse de una progresión geométrica de razón $\gamma < 1$, la sucesión dada también cumple que

$$\lim_{n \to \infty} \frac{a^n}{n!} = 0$$

Veamos un ejemplo calculado con Python, con $a = 3,5$:

4.6. SERIES NUMÉRICAS

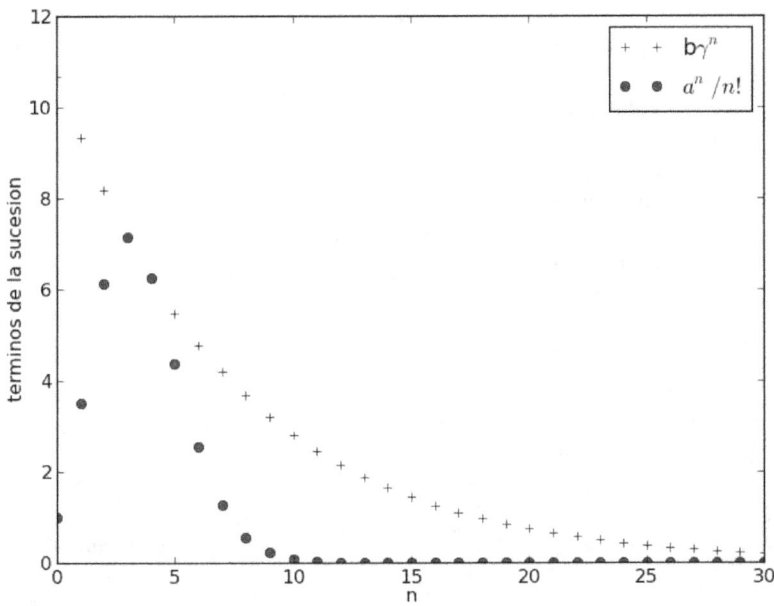

```
─────────────────────────────── ejecución del programa ───────────────────────────────
a = 3.5; k = 3
gamma = 0.875000
b = 10.666667; n = 30
 0:    1           10.666667        16: 2.424e-05   1.259382
 1:    3.5          9.333333        17: 4.99e-06    1.101959
 2:    6.125        8.166667        18: 9.703e-07   0.964215
 3:    7.146        7.145833        19: 1.787e-07   0.843688
 4:    6.253        6.252604        20: 3.128e-08   0.738227
 5:    4.377        5.471029        21: 5.213e-09   0.645948
 6:    2.553        4.787150        22: 8.293e-10   0.565205
 7:    1.277        4.188756        23: 1.262e-10   0.494554
 8:    0.5585       3.665162        24: 1.84e-11    0.432735
 9:    0.2172       3.207017        25: 2.577e-12   0.378643
10:    0.07602      2.806139        26: 3.469e-13   0.331313
11:    0.02419      2.455372        27: 4.496e-14   0.289899
12:    0.007055     2.148451        28: 5.62e-15    0.253661
13:    0.001899     1.879894        29: 6.783e-16   0.221954
14:    0.0004748    1.644907        30: 7.914e-17   0.194209
15:    0.0001108    1.439294
```

```python
# -*- coding: utf-8 -*-
'''
p4g.py
a^n/n!
'''

import numpy as np
import matplotlib.pyplot as plt


def fact(x):
    if x == 0:
        return 1
    else:
        return x * fact(x - 1)


a = 3.5
k = int(np.trunc(a))
gamma = a / (k + 1)
b = np.power(a, k) / (fact(k) * (np.power(gamma, k)))
```

```
n = 10 * k
sucesion = np.zeros(n + 1, float)
mayorante = np.zeros(n + 1, float)
puntos = np.zeros(n + 1, float)
for i in range(0, n + 1):
    sucesion[i] = np.power(a, i) / fact(i)
    mayorante[i] = b * np.power(gamma, i)
    puntos[i] = i
p1, = plt.plot(puntos, mayorante, 'k+')
p2, = plt.plot(puntos, sucesion, 'bo')
plt.ylabel('terminos de la sucesion')
plt.xlabel('n')
plt.legend(('b$\gamma ^{n}$', '$ a^n /n!$'), loc='best')
print 'a = ' + str(a) + '; k = ' + str(k)
print 'gamma = ' + "%8.6f" % gamma
print 'b = ' + "%8.6f" % b + '; n = ' + str(n)
for i in range(0, n + 1):
    print (str(i) + ': ' + "%9.4g" % sucesion[i] + "%12.6f" % mayorante[i])
plt.show()
```

Veamos algunos tipos de series importantes:

1. Sean $x_1 + x_2 + x_3 + ... + x_n + ...$ y $y_1 + y_2 + y_3 + ... + y_n + ...$ dos series convergentes, cuyas sumas son s y t respectivamente, las series se pueden sumar término a término y la serie suma de ambas converge al número $s + t$.

2. Sean $x_1 + x_2 + x_3 + ... + x_n + ...$ y $y_1 + y_2 + y_3 + ... + y_n + ...$ dos series convergentes, cuyas sumas son s y t respectivamente, las series se pueden restar término a término y la serie diferencia de ambas converge al número $s - t$.

3. Una serie $x_1 + x_2 + x_3 + ... + x_n + ...$ se dice que es absolutamente convergente si la serie $|x_1| + |x_2| + |x_3| + ... + |x_n| + ...$ es convergente. Si una serie es absolutamente convergente, es convergente ya que
$$|x_{n+1}| + |x_{n+2}| + ... + |x_m| < \varepsilon$$
$$|x_{n+1} + x_{n+2} + ... + x_m| \leq |x_{n+1}| + |x_{n+2}| + ... + |x_m| < \varepsilon$$

La suma de una serie absolutamente convergente no depende del orden de sus términos.

4. Dada una serie $x_1 + x_2 + x_3 + ... + x_n + ...$ con términos no negativos, y la serie $\nu_1 + \nu_2 + \nu_3 + ... + \nu_n + ...$ que se obtiene reordenando arbitrariamente los términos de la serie original, entonces si la serie original era convergente, la nueva serie también converge y tiene la misma suma que la original.

5. Sea una serie $x_1 + x_2 + x_3 + ... + x_n + ...$, y c un número arbitrario distinto de cero. Entonces la serie
$$cx_1 + cx_2 + cx_3 + ... + cx_n + ...$$
convergerá si y solo si la serie original era convergente, y si la suma de ésta era s, la suma de la serie multiplicada por c será cs.

6. Si de una serie se elimina un número finito de sus términos, su convergencia no cambia: si la serie inicial era convergente, la suma de la serie obtenida será menor que la de la serie inicial en una cantidad igual a la suma de los términos eliminados.

Volveremos más adelante al tema de las series. Hasta ahora no se ha utilizado en el texto el concepto de función: ha llegado el momento de hacerlo.

Bibliografía para este capítulo: [9], [24], [32], [29], [44], [47], [50], [55], [60]

5 | Función. Continuidad

5.1 Función

Comencemos por definir el concepto de función. Para intentar comprender con mayor claridad el concepto de función, exponemos a continuación tres definiciones de distintos autores que se pueden consultar en la bibliografía que figura al final del capítulo:

Definición 1: Podemos definir una función ϕ de un conjunto X en un conjunto Y como una regla que asigna a cada elemento $x \in X$ exactamente un elemento $y \in Y$, y entonces se dice que ϕ transforma x en y, y que ϕ transforma X en Y, y se denota:

$$\phi : X \to Y$$

$$\phi(x) = y$$

o también

$$x\phi = y$$

y se dice que el elemento y es la imagen de x bajo ϕ.

Definición 2: Sea X un conjunto arbitrario de puntos $x \in X$; se denomina a x variable, y se dice que X es el dominio de variación de x. Si existe una regla por medio de la cual se hace corresponder un número definido y a cada punto x de X, se dice que y es función de la variable x, y se denota:

$$y = f(x)$$

donde f representa la regla prescrita. A X se le llama dominio de definición, y a x se le llama argumento de la función. La totalidad de valores de y que corresponden a puntos $x \in X$ se denomina dominio de valores de la función sobre X.

Junto con el término «función», se emplea también el término equivalente «aplicación», y se escribe $f : x \to y$, y se dice que la aplicación f transforma el número x en el número y, o lo que es lo mismo, que el número y es la imagen del número x bajo la aplicación f.

Definición 3: Sean E y E' dos espacios métricos con distancias d y d' respectivamente. La función f de el espacio métrico E en el espacio métrico E' asocia a cada punto $p \in E$ un punto $f(p) \in E'$.

$$f : E \to E'$$

Una función $f(x)$ se dice que es acotada sobre un intervalo $[a, b]$ si existe un número $M > 0$ tal que para todos los puntos $x \in [a, b]$, se cumple que $|f(x)| \leq M$.

No es necesario que la función sea dada de forma explícita, sino que solo se precisa que un valor y se haga corresponder de manera no ambigua a cada valor x. El concepto de función así expuesto resulta tan amplio que difícilmente lo podríamos abarcar con unos pocos teoremas. Afortunadamente, las funciones que resultan tener más utilidad en ciencias y matemáticas son de un tipo al cual nos podemos limitar exigiendo simplemente que nuestras funciones sean diferenciables. Esta propiedad de diferenciabilidad de una función, que trataremos más adelante, tiene consecuencias importantes para la naturaleza de la función. La diferenciabilidad presupone otro requisito: la continuidad de la función.

5.2 Límite de una función

El número l se dice que es el límite de una función $f(x)$ cuando x tiende al valor x_0, si para toda sucesión de valores de x
$$x_1, x_2, x_3, ..., x_n, ...$$
convergente a x_0, la sucesión correspondiente de los valores de $f(x)$
$$f(x_1), f(x_2), f(x_3), ..., f(x_n), ...$$
converge al número l, y se escribe
$$\lim_{x \to x_0} f(x) = l$$
Puesto que el límite de una sucesión es único, una función puede tener un solo límite en un punto x_0.

Definimos a continuación el concepto de límite lateral de una función: el número l se denomina límite derecho (izquierdo) de la función $f(x)$ en el punto x_0 si para toda sucesión de valores del argumento x que converge a x_0 y cuyos elementos son mayores (menores) que x_0, la sucesión correspondiente de valores de $f(x)$ converge al número l. El límite por la derecha se denota como
$$\lim_{x \to x_0^+} f(x)$$
y el límite izquierdo se denota como
$$\lim_{x \to x_0^-} f(x)$$
Para que la función $f(x)$ tenga límite en el punto x_0, es necesario y suficiente que ambos límites laterales existan y sean iguales.

La función $f(x)$ se denomina infinitamente pequeña (o infinitésimo) en el punto x_0 si
$$\lim_{x \to x_0} f(x) = 0$$
Otra definición equivalente es la siguiente: la función $\alpha(x) = f(x) - l$ se dice que es un infinitésimo cuando x tiende a x_0 si el límite
$$\lim_{x \to x_0} f(x) = l$$

La función $f(x)$ se denomina infinitamente grande (o infinita) en el punto x_0 si
$$\lim_{x \to x_0} f(x) = \infty$$

Sean $\alpha(x)$ y $\beta(x)$ dos funciones infinitésimas:

1. Si $\lim_{x \to x_0} \frac{\alpha(x)}{\beta(x)} = 0$, se dice que $\alpha(x)$ es un infinitésimo de orden superior a $\beta(x)$, y se denota $\alpha(x) = o(\beta(x))$.

2. Si $\lim_{x \to x_0} \frac{\alpha(x)}{\beta(x)} = A \neq 0$, se dice que $\alpha(x)$ y $\beta(x)$ son infinitésimos del mismo orden.

3. Si $\lim_{x \to x_0} \frac{\alpha(x)}{\beta(x)} = 1$, se dice que $\alpha(x)$ y $\beta(x)$ son infinitésimos equivalentes. Si en la expresión de una función se sustituye un factor o un divisor infinitésimo, por otro equivalente, el límite de la función no varía. Por ejemplo, $\lim_{x \to 0} \frac{sen x}{x} = 1$.

4. Si $\lim_{x \to x_0} \frac{\alpha(x)}{\beta^n(x)} = A \neq 0$, se dice que $\alpha(x)$ es un infinitésimo de orden n respecto a $\beta(x)$. Por ejemplo, $\lim_{x \to 0} \frac{1-\cos x}{x^2} = \frac{1}{2}$, y se dice que la función $\alpha(x) = 1 - \cos x$ es un infinitésimo de segundo orden respecto a $\beta(x) = x$.

5.3 Continuidad

Definición 1: Una función $f(x)$ se dice que es continua en el punto a si, para cualquier sucesión $x_1, x_2, ..., x_n, ...$ de valores de su argumento, convergente a a, la sucesión correspondiente $f(x_1), f(x_2), ..., f(x_n), ...$ de valores de la función converge al número $f(a)$.

Definición 2: Una función $y = f(x)$ definida en X se dice que es continua si el límite $\lim_{x \to x_0} f(x)$ existe y es igual a $f(x_0)$. Es decir, que si elegimos cualquier número real $\varepsilon > 0$, siempre es posible asignar un número $\delta = \delta(\varepsilon) > 0$, tal que $|f(x) - f(x_0)| < \varepsilon$ para todos los puntos x que cumplen $|x - x_0| < \delta$.

Definición 3: Sean E y E' dos espacios métricos con distancias d y d' respectivamente. Sea $f : E \to E'$ una función, y sea $p_0 \in E$. Se dice que f es continua en p_0 si, dado cualquier número real $\varepsilon > 0$, existe un número real $\delta > 0$ tal que si $p \in E$ y $d(p, p_0) < \delta$, entonces $d'(f(p), f(p_0)) < \varepsilon$.

$$f : E \to E'$$

Podemos resumir las definiciones diciendo que una función es continua si sus valores $f(x)$ difieren de $f(x_0)$ en cantidades arbitrariamente pequeñas cuando x está a una distancia suficientemente pequeña de x_0.

La función $f(x)$ se denomina continua por la derecha (por la izquierda) en el punto a si el límite derecho (izquierdo) de esta función existe y es igual al valor particular $f(a)$. Se denota así: Función continua por la derecha:
$$\lim_{x \to a^+} f(x) = f(a)$$
Función continua por la izquierda:
$$\lim_{x \to a^-} f(x) = f(a)$$
Si la función es continua por la izquierda y por la derecha del punto a, entonces es continua en ese punto. Entre los tipos de funciones continuas en $\mathbf{R}$ están las funciones potenciales $f(x) = x^n$, con $n \in N$, así como los polinomios.

Veamos como ejemplo la función $f : \mathbf{R} \to \mathbf{R}$ dada por
$$f(x) = x^2$$
Su gráfica se ha elaborado con el programa de Python p5i.py, que se muestra al final del capítulo.

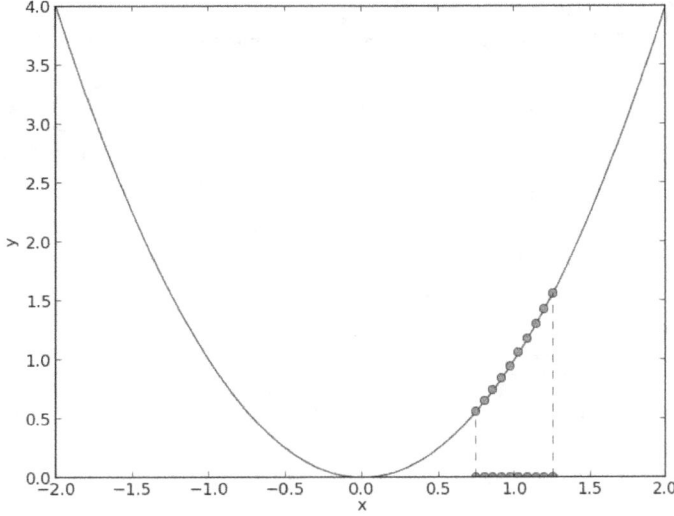

Esta función es continua, como vamos a demostrar.

$$|f(x) - f(x_0)| = |x^2 - x_0^2| < \varepsilon$$

$$|x^2 - x_0^2| = |(x + x_0)(x - x_0)| < \varepsilon$$

$$|x^2 - x_0^2| = |(x - x_0 + 2x_0)(x - x_0)| < \varepsilon$$

$$|x^2 - x_0^2| \leq (|x - x_0| + 2|x_0|)|x - x_0| < \varepsilon$$

hacemos $|x - x_0| = \delta$:

$$|x^2 - x_0^2| \leq (\delta + 2|x_0|)\delta$$

si elegimos un número real $\varepsilon > 0$ tal que $|x^2 - x_0^2| = \varepsilon$, tendremos que

$$\varepsilon \leq (\delta + 2|x_0|)\delta = \delta^2 + 2\delta|x_0| < 2\delta|x_0|$$

$$\varepsilon < 2\delta|x_0|$$

$$\delta > \frac{\varepsilon}{|2x_0|}$$

Así pues, para cada $\varepsilon > 0$ que elijamos, podemos encontrar un valor de $\delta > \frac{\varepsilon}{|2x_0|}$. Por ejemplo, tomamos el punto $x_0 = 1$ y queremos que la distancia entre dos puntos de la función $f(x) = x^2$ sea $\varepsilon = 0{,}01$, tendríamos que tomar una distancia δ entre x y x_0 mayor que $\frac{0{,}01}{|2 \cdot 1|} = 0{,}005$. Es decir, que para valores de x que se encuentren a menos de 0,005 de distancia de x_0, la diferencia $|f(x) - f(x_0)|$ será menor de 0,01. Comprobémoslo con un programa de Python.

```
# -*- coding: utf-8 -*-
'''
p5a.py
continuidad
'''

import numpy as np

x0 = 1
epsilon = 1e-3   # valor deseado de |f(x)-f(x0)|
delta = abs(epsilon / 2 * x0)
print 'x0 = ', x0, '; epsilon deseado: ', epsilon, ' delta = ', delta
print 'Los puntos x que estan a una distancia de x0 menor que ', delta
print 'cumplen que |f(x)-f(x0)|<', epsilon, ' y aparecen marcados con #'
print
numpuntos = 20
x = np.linspace(x0 - 1.5 * delta, x0 + 1.5 * delta, numpuntos + 1)

print ('     x' + '         ' + '|x - x0|' + '   ' + ' |f(x) - f(x0)|')
print '_____'

for i in range(0, numpuntos + 1):
    difX = abs(x[i] - x0)
    difY = abs(x[i] ** 2 - x0 ** 2)
    if difY < epsilon:
        marca = '#'
    else:
        marca = ''
    print ("%8.5f" % x[i] + '    ' + "%8.5f" % difX + '    ' + "%8.5f" % difY + marca)
```

—————————————— ejecución del programa ——————————————

```
x0 =  1 ; epsilon deseado:  0.001  delta =   0.0005
Los puntos x que están a una distancia de x0 menor que  0.0005
cumplen que |f(x)-f(x0)|< 0.001   y aparecen marcados con #
```

5.3. CONTINUIDAD

```
    x        |x - x0|    |f(x) - f(x0)|
0.99925      0.00075      0.00150
0.99933      0.00067      0.00135
0.99940      0.00060      0.00120
0.99948      0.00052      0.00105
0.99955      0.00045      0.00090#
0.99962      0.00038      0.00075#
0.99970      0.00030      0.00060#
0.99977      0.00023      0.00045#
0.99985      0.00015      0.00030#
0.99992      0.00008      0.00015#
1.00000      0.00000      0.00000#
1.00008      0.00008      0.00015#
1.00015      0.00015      0.00030#
1.00022      0.00022      0.00045#
1.00030      0.00030      0.00060#
1.00038      0.00038      0.00075#
1.00045      0.00045      0.00090#
1.00053      0.00053      0.00105
1.00060      0.00060      0.00120
1.00067      0.00067      0.00135
1.00075      0.00075      0.00150
0.404119491577  ms
```

Veamos un ejemplo de función discontinua tomado de las ciencias físicas: la cantidad de calor que es necesario suministrar a un gramo de agua para elevar su temperatura un grado. La función $y = f(x)$ en este caso es $q = f(t)$, con q medido en $J/(g°C)$ y t en grados centígrados. Experimentalmente se encuentra la siguiente representación (previamente se han ajustado los datos experimentales de los calores específicos a tres rectas):

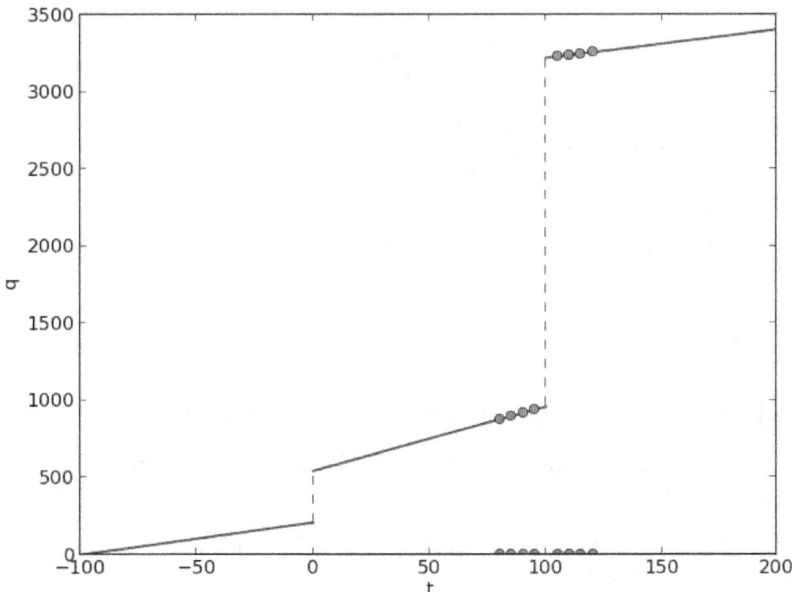

La gráfica se ha elaborado con el siguiente programa de Python:

```
# -*- coding: utf-8 -*-
'''
p5b.py
funcion discontinua
'''

import matplotlib.pyplot as plt
import numpy as np
```

```
cphielo = 2.072773
cpliquida = 4.187409
cpvapor = 1.836533
print 'cphielo = ' + "%6.4f" % cphielo
print 'cpliquida = ' + "%6.4f" % cpliquida
print 'cpvapor = ' + "%6.4f" % cpvapor
qfusion = 334
qvaporizacion = 2260
x = [-100, 0, 0, 100, 100, 200]
q = np.zeros(6, float)
q[0] = 0
q[1] = cphielo * 100
q[2] = q[1] + qfusion
q[3] = q[2] + cpliquida * 100
q[4] = q[3] + qvaporizacion
q[5] = q[4] + cpvapor * 100
for i in range(0, 6):
    print str(x[i]) + "%6.0f" % q[i]
plt.plot([-100, 0], [0, q[1]], 'b', lw=1.5)
plt.plot([0, 100], [q[2], q[3]], 'b', lw=1.5)
plt.plot([100, 200], [q[4], q[5]], 'b', lw=1.5)
plt.ylabel('q')
plt.xlabel('t')
puntosX = [80, 85, 90, 95, 105, 110, 115, 120]
ceros = np.zeros(8, float)
puntosY = [
    q[2] + cpliquida * 80, q[2] + cpliquida * 85,
    q[2] + cpliquida * 90, q[2] + cpliquida * 95,
    q[4] + cpvapor * 5, q[4] + cpvapor * 10,
    q[4] + cpvapor * 15, q[4] + cpvapor * 20]
plt.plot([0, 0], [q[1], q[2]], 'k--', lw=0.5)
plt.plot([100, 100], [q[3], q[4]], 'k--', lw=0.5)
plt.plot(puntosX, ceros, 'ro')
plt.plot(puntosX, puntosY, 'ro')
plt.show()
```

Se puede considerar que la gráfica se compone de tres segmentos:

- el primero corresponde al calentamiento del hielo desde $-150°C$ hasta $0°C$ y sigue la ecuación de una recta: $q = 2{,}073t$

- el segundo segmento corresponde al calentamiento del agua líquida desde $0°C$ hasta $100°C$ y sigue la ecuación de la recta: $q = 4{,}187t$

- el tercer segmento corresponde al calentamiento del vapor de agua desde $100°C$ hasta $150°C$ y sigue la ecuación de la recta: $q = 1{,}836t$

Los dos saltos corresponden a los calores latentes de fusión y de evaporación, que tienen unos valores de $334\frac{J}{g}$ y de $2260\frac{J}{g}$ respectivamente.

Examinemos la función en un entorno del punto $t = 100°C$ tomando una sucesión de valores del argumento t convergente por la izquierda del punto $t = 100$:

t	q
99	955.813
99.9	959.581
99.99	959.958
99.999	959.996
99.9999	959.999

5.3. CONTINUIDAD

hemos calculamos los valores correspondientes de la función haciendo

$$2{,}073 * 100 + 334 = 541{,}3$$

$$q = f(t) = 541{,}3 + 4{,}187t$$

la sucesión de valores de $f(t)$ converge a

$$q = 541{,}3 + 4{,}187 \cdot 100 = 960{,}0$$

Si hacemos lo mismo por la derecha del punto $t = 100$ y calculamos los valores correspondientes de $960 + 2260 = 3220$.

$$q = f(t) = 3220 + 1{,}836t$$

obtenemos la siguiente sucesión de valores que converge a

$$q = 3220 + 1{,}836 \cdot 0 = 3220$$

t	q
101	3221.836
100.1	3220.1836
100.01	3220.0184
100.001	3220.0018
100.0001	3220.0002

Los límites por la izquierda y por la derecha no coinciden, y por tanto, la función no es continua en el punto $t = 100$. Lo mismo podríamos comprobar en el punto $t = 0$, donde la función también es discontinua.

- Si f y g son funciones reales sobre un espacio métrico E. Si f y g son continuas en un punto $p_0 \in E$, también lo serán las funciones $f+g$, $f-g$, fg y f/g, ésta última si además $g(p_0) \neq 0$.

- Sean g una función continua sobre un conjunto X, y f una función continua sobre un conjunto Y. Sea $p \in X$, tal que $g(p) \in Y$. Entonces la función compuesta $f(g(p))$ es continua en el punto p.

- Los puntos donde una función no es continua, se denominan puntos de discontinuidad.

- Sea x_0 un punto de discontinuidad. Ese punto x_0 de discontinuidad se denomina punto de discontinuidad evitable si existe el límite de la función en ese punto, pero o bien $f(x_0)$ no está definida, o bien el valor de la función en ese punto no coincide con el límite de la función en ese punto.

- Si en ese punto de discontinuidad x_0 la función tiene límites izquierdo y derecho finitos pero distintos el uno del otro:

$$\lim_{x \to x_0^+} f(x) \neq \lim_{x \to x_0^-} f(x)$$

se dice que ese punto x_0 es un punto de discontinuidad de primera especie.

- Una función se dice que es continua por la izquierda en un punto a si

$$\lim_{x \to a^-} f(x) = f(a)$$

Una función se dice que es continua por la derecha en un punto a si

$$\lim_{x \to a^+} f(x) = f(a)$$

- Las funciones $f(x) = sen x$ y $g(x) = cos x$ son continuas[1]:

$$\lim_{x \to 0} sen x = sen 0 = 0$$

$$\lim_{x \to 0} cos x = cos 0 = 1$$

---

[1] Código de Python al final del capítulo, programa p5e.py

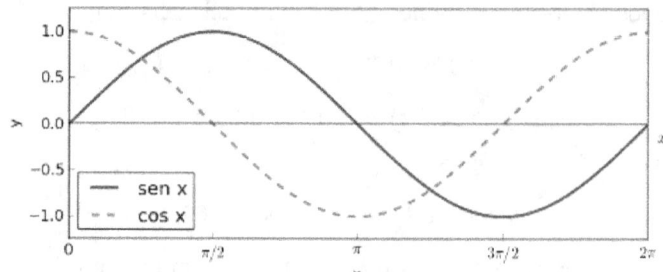

- Si en un punto de discontinuidad x_0 la función no tiene al menos uno de los límites laterales, o al menos uno de los límites laterales es infinito, se dice que ese punto x_0 es un punto de discontinuidad de segunda especie[2].

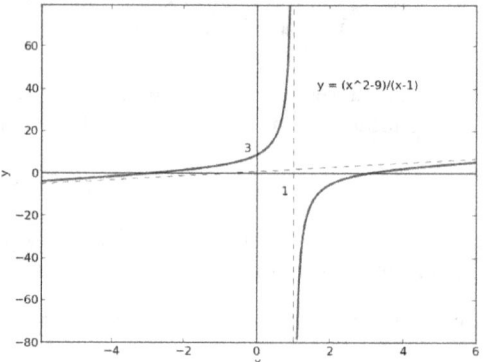

- Una función se dice que es continua a trozos en el intervalo $[a, b]$ si es continua en todos los puntos del abierto (a, b), quizá con las excepciones de un número finito de puntos de discontinuidad de primera especie, y la función tiene límites unilaterales en los puntos a y b.

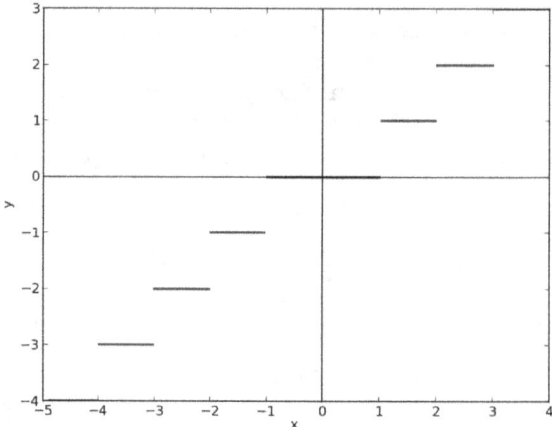

Por ejemplo, la función $f(x) = [x]$ (parte entera de x) es continua a trozos en toda la recta real [3].

---

[2]Código de Python al final del capítulo, programa p5d.py
[3]Código de Python al final del capítulo, programa p5f.py

5.4 Funciones continuas

En esta sección veremos algunas propiedades de las funciones continuas, así como algunas funciones continuas importantes.

1. Teorema de la función intermedia.

    Sean tres funciones f, g, h. Sea un número real $\delta > 0$. Sea un punto x_0. Si para todos los puntos x tales que

    $$|x - x_0| < \delta$$

    se verifica que

    $$h(x) \leq f(x) \leq g(x)$$

    Entonces si

    $$\lim_{x \to x_0} h(x) = \lim_{x \to x_0} g(x) = l$$

    la función f converge al mismo límite l:

    $$\lim_{x \to x_0} f(x) = l$$

    La demostración consiste en que puesto que h y g convergen a l, se cumplirá que

    $$|h(x) - l| < \varepsilon$$

    $$|g(x) - l| < \varepsilon$$

    cuando las distancias al punto x_0 son respectivamente menores de δ_h y δ_g. Si tomamos la menor de las tres distancias: $\delta_{min} = min(\delta, \delta_h, \delta_g)$, tendremos que cuando

    $$|x - x_0| < \delta_{min}$$

    se cumplirá que

    $$l - \varepsilon < h(x) \leq f(x) \leq g(x) < l + \varepsilon$$

    y por tanto $|f(x) - l| < \varepsilon$, es decir, que $f(x)$ converge al límite l.

2. Para ángulos pequeños, la función $sen\, x$ se puede aproximar mediante x, es decir:

    $$\lim_{x \to 0} \frac{sen\, x}{x} = 1$$

    Vamos a demostrarlo para $0 < x < \frac{\pi}{2}$. De manera análoga se demuestra para $x \to 0^-$.

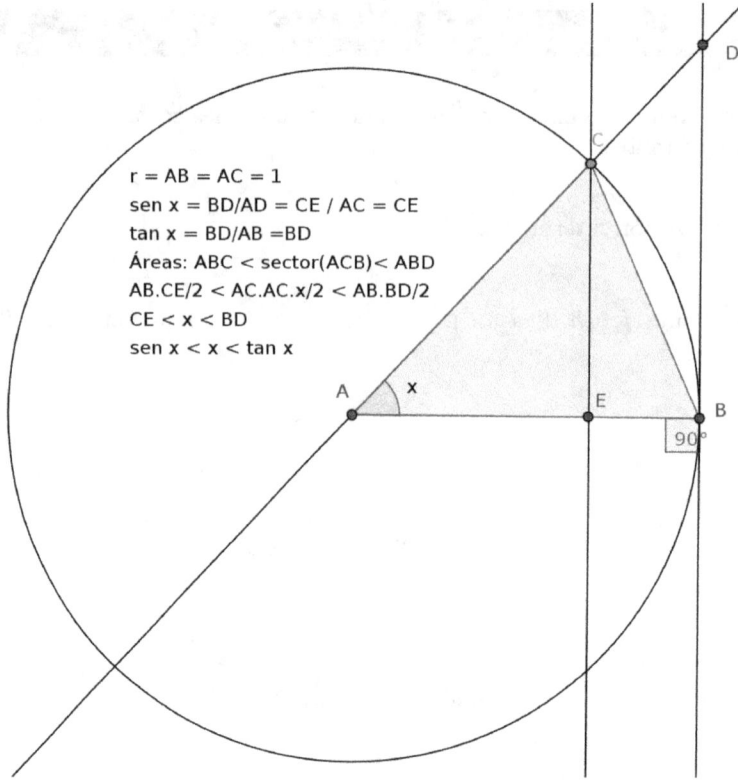

Por lo tanto, tenemos que

$$sen\,x < x < tan\,x$$

Dividimos por $sen\,x$:

$$1 < \frac{x}{sen\,x} < \frac{1}{cos\,x}$$

$$1 > \frac{sen\,x}{x} > cos\,x$$

Tenemos tres funciones: $g(x) = 1$; $f(x) = \frac{sen\,x}{x}$; $h(x) = cos\,x$, y

$$\lim_{x \to x_0} g(x) = \lim_{x \to x_0} h(x) = l$$

$$\lim_{x \to 0} 1 = \lim_{x \to x_0} cos\,x = 1$$

Por lo tanto, en virtud del teorema de la función intermedia:

$$\lim_{x \to 0} f(x) = \lim_{x \to 0} \frac{sen\,x}{x} = 1$$

La representación gráfica se ha elaborado con el programa p5g.py, que figura al final del capítulo:

5.4. FUNCIONES CONTINUAS

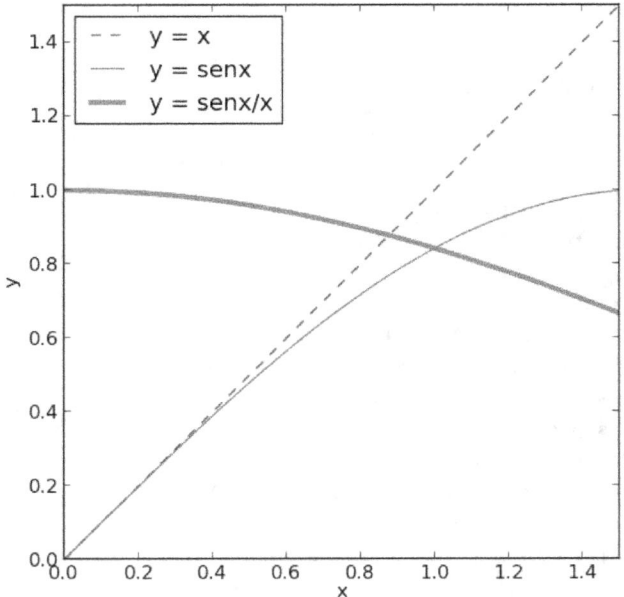

3. Teorema sobre el signo de una función continua.
   Sea la función $f(x)$ continua en el punto x_0 y tal que $f(x_0) \neq 0$. Entonces existe un número real δ tal que si $|x - x_0| < \delta$, la función $f(x)$ tiene el mismo signo que x_0.

4. Primer teorema de Bolzano-Cauchy.
   Sea la función $f(x)$ continua en el intervalo $[a, b]$, y tal que en los extremos del intervalo la función tiene signos opuestos. Entonces existe un punto $c \in (a, b)$ en el cual $f(c) = 0$.

5. Segundo teorema de Bolzano-Cauchy.
   Sea la función $f(x)$ continua en el intervalo $[a, b]$, y tal que en los extremos del intervalo los valores de la función son $f(a) = A$, y $f(b) = B$. Entonces, para cualquier número C comprendido entre A y B existe un punto $c \in [a, b]$ tal que $f(c) = C$.

Veamos, por ejemplo, la función $y = \frac{x \cdot sen x}{5}$. Esta función es continua en el intervalo representado $x \in [0, 10]$.

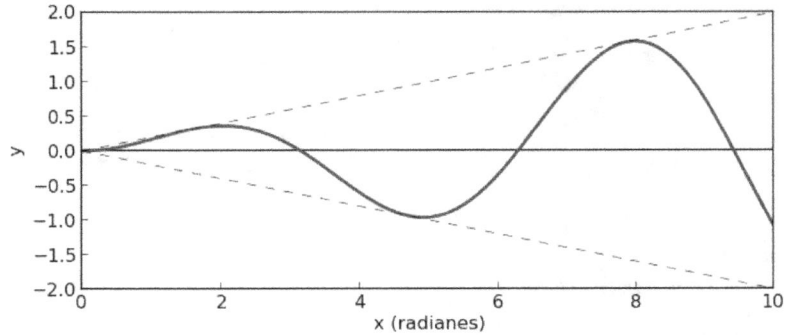

```
# -*- coding: utf-8 -*-
'''
p5h.py
x * sen(x)/ 5
```

```python
'''

import numpy as np
import matplotlib.pyplot as plt

numpuntos = 360
b = 10      # radianes
x = np.linspace(0, b, numpuntos)
y = np.zeros(numpuntos, float)
for i in range(0, numpuntos):
    y[i] = x[i] * np.sin(x[i]) / 5
fig = plt.figure(facecolor='white')
ax = fig.add_subplot(1, 1, 1, aspect='equal')
ax.xaxis.set_ticks_position('bottom')
ax.yaxis.set_ticks_position('left')
plt.axhline(color='black', lw=1)
plt.plot(x, y, 'b', lw=2, label='y = (x senx)/5')
plt.plot([0, b], [0, b / 5], 'k--', lw=0.5)
plt.plot([0, b], [0, -b / 5], 'k--', lw=0.5)
plt.ylabel('y')
plt.xlabel('x (radianes)')
plt.show()
```

Si tomamos $a = 5$ y $b = 8$, vemos que la función toma en algún punto del intervalo $[a, b]$ el valor $f(x) = 1 = C$. El teorema afirma que ese punto existe, pero no dice cómo lo podemos hallar. Podemos hacerlo fácilmente con Python. Si elegimos a y b convenientemente, el siguiente programa halla el punto c tal que $f(c) = C$:

```
# -*- coding: utf-8 -*-
'''
p5c.py
segundo teorema de Bolzano-Cauchy
para un C dado halla c tal que f(c) = C
f(a) y f(b) deben tener signos diferentes
'''

import scipy.optimize as optimize
import numpy as np

C = 1.0
#C = 0.0
a = 5
b = 8
print 'f(x) = x * sin(x) / 5'
print 'halla el punto c en el intervalo [', a, ',', b, ']'
print 'tal que f(c) = ', C


def funcion(x):
    return (x * np.sin(x) / 5) - C
    #return x ** 2 - 25    # a=0 b=15
    #return np.cos(x) ** 2 + 6 - x

signo = np.sign(funcion(a)) * np.sign(funcion(b))
if signo < 0:
    c = optimize.bisect(funcion, a, b, xtol=1e-6)
    print 'c = ' + "%7.5f" % c
    print 'f(c) = ' + "%7.5f" % (funcion(c) + C)
```

5.5. PROGRAMAS DE GRÁFICAS DE ESTE CAPÍTULO

```
    else:
        print 'f(a) y f(b) deben tener signos diferentes'
```

---------- ejecución del programa ----------
```
f(x) = x * sin(x) / 5
halla el punto c en el intervalo [ 5 , 8 ]
tal que f(c) = 1.0
c = 7.06889
f(c) = 1.00000
```

Debemos observar que la función que utiliza el programa es $y = \frac{x \cdot senx}{5} - C$. Para comprobar un ejemplo del primer teorema, basta con hacer $C = 0$ en el programa anterior:

---------- ejecución del programa ----------
```
f(x) = x * sin(x) / 5
halla el punto c en el intervalo [ 5 , 8 ]
tal que f(c) = 0.0
c = 6.28319
f(c) = -0.00000
```
---

6. Una función $f(x)$ continua en un punto x_0, está acotada en un entorno de ese punto.

7. Primer teorema de Weierstrass: Si la función $f(x)$ está definida y es continua sobre un intervalo $[a, b]$, está acotada sobre ese intervalo. Observemos que si reemplazamos el intervalo cerrado por el abierto, el teorema no es cierto. Por ejemplo, la función $f(x) = \frac{1}{x}$ es continua sobre el intervalo $(0, 1)$, pero no está acotada ya que $\lim_{x \to 0^+} \frac{1}{x} = +\infty$.

8. Segundo teorema de Weierstrass: Si la función $f(x)$ está definida y es continua sobre un intervalo $[a, b]$, entonces existen puntos x_1, x_2 pertenecientes a ese intervalo tales que

$$f(x_1) = M = sup_{[a.b]}(f(x))$$

$$f(x_2) = m = inf_{[a.b]}(f(x))$$

Se denomina a M y a m, el valor máximo y mínimo, respectivamente, de la función $f(x)$ en ese intervalo.

9. Si la función $x = x(t)$ es continua en el punto t_0, y la función $y = f(x)$ es continua en el punto correspondiente $x_0 = x(t_0)$, entonces la función compuesta $y = f(x(t))$ es continua en el punto t_0.

5.5 Programas de gráficas de este capítulo

$$y = \frac{x^2-9}{x-1}$$

```python
# -*- coding: utf-8 -*-
'''
p5d.py
y = (x^2-9)/(x-1)
'''

import numpy as np
import matplotlib.pyplot as plt

numpuntos = 100
asintota = 1
epsilon = 0.1
x1 = np.linspace(-6, asintota - epsilon, numpuntos)
y1 = np.zeros(numpuntos, float)
x2 = np.linspace(asintota + epsilon, 6, numpuntos)
```

```
y2 = np.zeros(numpuntos, float)
#f(x) = (x^2-9)/(x-1)
# asintotas: y=1; y=x+1
y1[0] = (x1[0] ** 2 - 9) / (x1[0] - 1)
y2[0] = (x2[0] ** 2 - 9) / (x2[0] - 1)
for i in range(1, numpuntos):
    y1[i] = (x1[i] ** 2 - 9) / (x1[i] - 1)
    y2[i] = (x2[i] ** 2 - 9) / (x2[i] - 1)
plt.plot(x1, y1, 'b', lw=2)
plt.plot(x2, y2, 'b', lw=2)
plt.plot([1, 1], [-80, 80], 'k--', lw=0.5)
plt.plot([-6, 6], [-5, 7], 'k--', lw=0.5)
plt.text(3, 40, 'y = (x^2-9)/(x-1)', horizontalalignment='center')
plt.text(-0.25, 10, '3', horizontalalignment='center')
plt.text(0.75, -10, '1', horizontalalignment='center')
plt.ylabel('y')
plt.xlabel('x')
plt.axhline(color='black', lw=1)
plt.axvline(color='black', lw=1)
#plt.savefig('plot05p06.png')
plt.show()
```

$$\boxed{f(x) = sen\,x \quad g(x) = cos\,x}$$

```
# -*- coding: utf-8 -*-
'''
p5e.py
y = sen x; y = cos x
'''

import numpy as np
import matplotlib.pyplot as plt

numpuntos = 100
pi = np.pi
fig = plt.figure(facecolor='white')
x = np.linspace(0, 2 * pi, numpuntos)
ysen = np.zeros(numpuntos, float)
ycos = np.zeros(numpuntos, float)
for i in range(0, numpuntos):
    ysen[i] = np.sin(x[i])
    ycos[i] = np.cos(x[i])
ax = fig.add_subplot(1, 1, 1, aspect='equal')
p1, = plt.plot(x, ysen, 'b', lw=2, label='sen x')
p2, = plt.plot(x, ycos, 'r--', lw=2, label='cos x')
plt.legend(('sen x', 'cos x'), loc='best')
ax.xaxis.set_ticks_position('bottom')
ax.yaxis.set_ticks_position('left')
ax.autoscale_view(tight=True)
ax.set_ylim(-1.25, 1.25)
ax.set_xlim((0, 2 * pi))
ax.set_xticks([0, pi / 2, pi, 3 * pi / 2, 2 * pi])
ax.set_xticklabels(['0', r'$\pi / 2$', r'$\pi$', r'$3 \pi / 2$', r'$2\pi$'])
ax.text(2 * np.pi + .1, -.2, r'$x$')
plt.ylabel('y')
plt.xlabel('x')
```

5.5. PROGRAMAS DE GRÁFICAS DE ESTE CAPÍTULO

```
plt.axhline(color='black', lw=1)
plt.show()
```

$$y = [x]$$

```
# -*- coding: utf-8 -*-
'''
p5f.py
funcion continua a trozos y = [x]
'''

import numpy as np
import matplotlib.pyplot as plt

numpuntos = 300
x = np.linspace(-4.9, 4.9, numpuntos)
y = np.zeros(numpuntos, int)
#ceros = np.zeros(numpuntos, int)
discontinuidades = []
y[0] = np.trunc(x[0])
for i in range(1, numpuntos):
    y[i] = np.trunc(x[i])
    if y[i] != y[i - 1]:
        discontinuidades.append(i)
print y
print ('discontinuidades:' + str(discontinuidades))
j = 0
inicial = 0
final = 0
while (j < (numpuntos - 1)):
    if (y[j + 1] != y[j]):
        final = j
        print ('de ' + str(inicial) + ' a ' + str(final) + ': y = ' + str(y[j]))
        plt.plot([x[inicial], x[final]], [y[j], y[j]], 'b', lw=2)
        inicial = j + 1
    j += 1
plt.ylabel('y')
plt.xlabel('x')
plt.axhline(color='black', lw=1)
plt.axvline(color='black', lw=1)
plt.show()
```

$$y = \frac{sen x}{x}$$

```
# -*- coding: utf-8 -*-
'''
p5g.py
sen(x)/x
'''

import numpy as np
import matplotlib.pyplot as plt

numpuntos = 100
```

```python
x = np.linspace(0.001, 1.5, numpuntos)
y = np.zeros(numpuntos, float)
sen = np.zeros(numpuntos, float)
for i in range(0, numpuntos):
    sen[i] = np.sin(x[i])
    y[i] = sen[i] / x[i]
    #print x[i], y[i]
fig = plt.figure(facecolor='white')
ax = fig.add_subplot(1, 1, 1, aspect='equal')
ax.autoscale_view(tight=True)
ax.set_ylim(0, 1.5)
ax.set_xlim((0, 1.5))
p1, = plt.plot(x, x, 'b--', lw=1, label='y = x')
p2, = plt.plot(x, sen, 'g', lw=1, label='y = senx')
p3, = plt.plot(x, y, 'r', lw=3, label='y = senx/x')
plt.legend(('y = x', 'y = senx', 'y = senx/x'), loc='best')
plt.ylabel('y')
plt.xlabel('x')
plt.show()
```

$$y = x^2$$

```python
# -*- coding: utf-8 -*-
'''
p5i.py
y = x^2
'''

import numpy as np
import matplotlib.pyplot as plt

numpuntos = 50
x = np.linspace(-2.0, 2.0, numpuntos)
y = np.zeros(numpuntos, float)
for i in range(0, numpuntos):
    y[i] = x[i] ** 2
plt.plot(x, y)
plt.ylabel('y')
plt.xlabel('x')
plt.savefig('plot05p01_1.png')
x = np.linspace(0.75, 1.25, 10)
y = np.zeros(10, float)
ceros = np.zeros(10, float)
for i in range(0, 10):
    y[i] = x[i] ** 2
plt.plot(x, y, 'ro')
plt.plot(x, ceros, 'ro')
plt.ylabel('y')
plt.xlabel('x')
# vertical line
plt.plot([x[0], x[0]], [ceros[0], y[0]], 'k--', lw=0.5)
plt.plot([x[9], x[9]], [ceros[9], y[9]], 'k--', lw=0.5)
plt.show()
```

Bibliografía para este capítulo: [9], [17], [24], [31], [42], [47], [50], [53], [55], [56]

6 | Cónicas

La cónicas son las curvas que se obtienen como intersección de un plano con un un cono. Algebráicamente, la ecuación de una cónica es de la forma:

$$a_{20}x^2 + a_{11}xy + a_{02}y^2 + a_{10}x + a_{01}y + a_{00} = 0$$

Se llaman invariantes de la cónica a las siguientes expresiones, que no cambian al referir la ecuación de la cónica a unos nuevos ejes, es decir que no varían al rotar los ejes o trasladarlos paralelamente. Son tres:

- $I = a_{20} + a_{02}$

- $A_{33} = \begin{vmatrix} a_{20} & a_{11}/2 \\ a_{11}/2 & a_{02} \end{vmatrix} = \frac{1}{4}\begin{vmatrix} 2a_{20} & a_{11} \\ a_{11} & 2a_{02} \end{vmatrix} = a_{20}a_{02} - \frac{a_{11}^2}{4}$

- $\Delta = \begin{vmatrix} a_{20} & a_{11}/2 & a_{10}/2 \\ a_{11}/2 & a_{02} & a_{01}/2 \\ a_{10}/2 & a_{01}/2 & a_{00} \end{vmatrix} = \frac{1}{8}\begin{vmatrix} 2a_{20} & a_{11} & a_{10} \\ a_{11} & 2a_{02} & a_{01} \\ a_{10} & a_{01} & 2a_{00} \end{vmatrix}$

6.1 Cónicas degeneradas

Comenzaremos por el caso de que el discriminante $\Delta = 0$. En este caso la cónica se compone de rectas, y se denomina cónica degenerada. El siguiente esquema muestra las diferentes posibilidades:

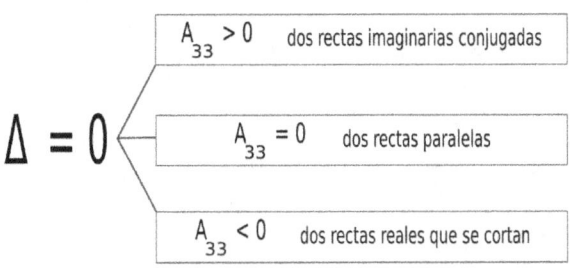

El siguiente programa de Python determina el tipo de cónica si su discriminante $\Delta = 0$:

```
# -*- coding: utf-8 -*-
'''
p6a.py
determina el tipo de cónica si el discriminante = 0
'''

import numpy as np

c20 = 0
c11 = 2
c02 = 1
```

```
c10 = -6
c01 = -8
c00 = 15

print c20, 'x^2 + ', c11, 'xy + ', c02, 'y^2 + ', c10, 'x + ', c01, ' y + ', c00, ' = 0'
A = 0.5 * np.array([[2 * c20, c11, c10], [c11, 2 * c02, c01], [c10, c01, 2 * c00]])
print A
disc = np.linalg.det(A)
print '|A| = ', "%.4f" % disc
rangoA = np.linalg.matrix_rank(A)
print 'rango(A) = ', rangoA
A33 = 0.5 * np.array([[2 * c20, c11], [c11, 2 * c02]])
print 'A33 = ', A33
det33 = np.linalg.det(A33)
print '|A33| = ', det33
rango33 = np.linalg.matrix_rank(A33)

if rangoA != 3:    # disc = 0
    if rango33 == 2:    # det33 != 0
        if det33 > 0:   # 4 -2 1 -14 2 13
            print 'la ecuacion representa dos rectas imaginarias conjugadas'
        if det33 < 0:   # -3 -2 1 7 -1 -2
            print 'la ecuacion representa dos rectas que se cortan'
    if rango33 != 2:    # det33 = 0
        print 'la ecuacion representa dos rectas paralelas o superpuestas,'
        print 'que pueden ser reales o imaginarias'
        #m1m2 = a20;  m1+m2=-a11
        #m1=-m2-a11;  -m2 ** 2 - m2 * a11 = a20; m2 ** 2 + m2 * a11 + a20 = 0
    m = np.roots([1, c11, c20])
        #m1n2 + m2n1 = c10;  n1+n2=-c01;  n1=-n2-c01
        #m1n2 - m2n2 -m2c01=c10;  (m1-m2)n2-(c10+ m2 * c01)=0
    if (m[0] - m[1]) != 0:
        print 'pendientes de las rectas: ', m
        n2 = (c10 + m[1] * c01) / (m[0] - m[1])
        n1 = -(n2 + c01)
        print 'n1, n2 = ', n1, ', ', n2
        print 'las dos rectas son:'
        print 'y = ', m[0], 'x + ', n1
        print 'y = ', m[1], 'x + ', n2
else:
    print 'El discriminante no es nulo'
```

─────────────────────────── varias ejecuciones del programa ───────────────────────────
```
4 x^2 +  -2 xy +  1 y^2 +  -14 x +  2  y +  13  = 0
[[  4.  -1.  -7.]
 [ -1.   1.   1.]
 [ -7.   1.  13.]]
|A| =  -0.0000
rango(A) =  2
A33 =  [[ 4. -1.]
 [-1.  1.]]
|A33| =  3.0
la ecuación representa dos rectas imaginarias conjugadas
pendientes de las rectas:  [ 1.+1.73205081j  1.-1.73205081j]
n1, n2 =  (-1-3.46410161514j) ,  (-1+3.46410161514j)
las dos rectas son:
y =  (1+1.73205080757j) x +  (-1-3.46410161514j)
y =  (1-1.73205080757j) x +  (-1+3.46410161514j)


0.25 x^2 +  1 xy +  1 y^2 +  -0.5 x +  -1  y +  -0.75  = 0
[[ 0.25  0.5  -0.25]
 [ 0.5   1.   -0.5 ]
 [-0.25 -0.5  -0.75]]
```

```
|A| =  0.0000
rango(A) =  2
A33 = [[ 0.25  0.5 ]
 [ 0.5   1.  ]]
|A33| =  0.0
la ecuación representa dos rectas paralelas o superpuestas,
que pueden ser reales o imaginarias


 0 x^2 +  2 xy +  1 y^2 +  -6 x +  -8 y +  15  = 0
[[  0.   1.  -3.]
 [  1.   1.  -4.]
 [ -3.  -4.  15.]]
|A| =  -0.0000
rango(A) =  2
A33 = [[ 0.  1.]
 [ 1.  1.]]
|A33| =  -1.0
la ecuación representa dos rectas que se cortan
pendientes de las rectas:  [-2.  0.]
n1, n2 =  5.0 ,  3.0
las dos rectas son:
y =  -2.0 x +  5.0
y =   0.0 x +  3.0
```

6.2 Elipses e Hipérbolas

Pasamos ahora a las cónicas cuyo discriminante no es nulo. El tipo de cónica entonces viene determinado por el valor del invariante

$$A_{33} = \begin{vmatrix} a_{20} & a_{11}/2 \\ a_{11}/2 & a_{02} \end{vmatrix} = \frac{1}{4} \begin{vmatrix} 2a_{20} & a_{11} \\ a_{11} & 2a_{02} \end{vmatrix} = a_{20}a_{02} - \frac{a_{11}^2}{4}$$

La ecuación general

$$a_{20}x^2 + a_{11}xy + a_{02}y^2 + a_{10}x + a_{01}y + a_{00} = 0$$

tendrá el coeficiente $a_{11} \neq 0$ si los ejes de la cónica no coinciden con los ejes coordenados, pero se puede transformar en otra más sencilla, rotando los ejes de la cónica de manera que coincidan con los ejes coordenados. Para ello es necesario rotar los ejes un ángulo

$$tan2\theta = \frac{a_{11}}{a_{20} - a_{02}}$$

y sustituyendo x e y por:

$$x = x'cos\theta - y'sen\theta \qquad y = x'sen\theta + y'cos\theta$$

de manera que ahora representaremos la cónica de manera que sus ejes sean paralelos a los ejes coordenados, y su ecuación será de la forma:

$$\lambda_1 x'^2 + \lambda_2 y'^2 + c_{10}x' + c_{01}y' + c_{00} = 0$$

los coeficientes λ_1 y λ_2 se pueden obtener mediante la ecuación:

$$(a_{20} - \lambda)(a_{02} - \lambda) - \frac{a_{11}^2}{4} = 0$$

$$a_{20}a_{02} - \lambda(a_{20} + a_{02}) + \lambda^2 - \frac{a_{11}^2}{4} = 0$$

$$\lambda^2 - I\lambda + A_{33} = 0$$

$$\lambda = \frac{I \pm \sqrt{I^2 - 4A_{33}}}{2}$$

de donde se deduce que el producto $\lambda_1 \lambda_2 = A_{33}$. Pueden darse varios casos: si $A_{33} \neq 0$, podemos sustituir los valores de λ_1 y λ_2 en la ecuación y esta se reduce a la forma

$$\lambda_1 x^2 + \lambda_2 y^2 + k = 0$$

donde $k = a_{00} - \frac{a_{10}^2}{2\lambda_1^2} - \frac{a_{01}^2}{2\lambda_2^2}$, los valores de x e y están referidos a los ejes coordenados y la curva tiene centro en el origen de coordenadas. Como veremos, la ecuación representará una elipse si $A_{33} > 0$, o una hipérbola si $A_{33} < 0$. El caso de que $A_{33} = 0$ corresponde a una parábola, y será tratado en la siguiente sección. En esta, veremos por lo tanto los casos en que $\Delta \neq 0$ y $A_{33} \neq 0$:

1. $A_{33} > 0$, es decir, que λ_1 y λ_2 tienen el mismo signo.

    a) $k < 0$.
    En este caso la ecuación representa una elipse de ecuación

    $$\frac{x^2}{a^2} + \frac{y^2}{b^2} = 1$$

    donde los coeficientes a y b corresponden al eje mayor y al eje menor, y equivalen a:

    $$a = \sqrt{\frac{-k}{\lambda_1}} \qquad b = \sqrt{\frac{-k}{\lambda_2}}$$

    Si $a = b$ la elipse es en realidad una circunferencia de radio a. El parámetro $c^2 = a^2 - b^2$ es la distancia entre cada foco y el centro de la elipse. Se define la excentricidad e de la elipse como $e = \frac{c}{a}$, y ha de ser $0 < e < 1$, y en el caso de una circunferencia, $e = 0$. Cuando la excentricidad es muy pequeña, los focos están muy cerca uno del otro, en comparación con la dimensión del eje mayor.

    Por ejemplo, la Luna describe una elipse en uno de cuyos focos está el centro de masas del sistema Tierra-Luna, que se encuentra a unos 4800 Km del centro de la Tierra. El siguiente programa representa la elipse que describe la Luna alrededor de la Tierra: es casi circular ya que su excentricidad es de $e = 0,0549$:

---------- ejecución del programa ----------
```
a =   384.748
b =   384.746
c =   1.160
e =   0.0549
```

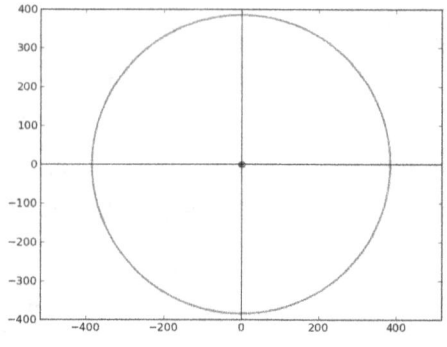

```
# -*- coding: utf-8 -*-
"""
p6b.py
orbita eliptica de la luna
"""
import numpy as np
import matplotlib.pyplot as plt
from matplotlib.patches import Ellipse

fig = plt.figure()
ax = plt.gca()
#orbita lunar
#(distancias en miles de kilometros)
a = 384.748
e = 0.0549
# e2 = (a2 - b2) / a; b= sqrt(a2 -ae2)
b = np.sqrt(a ** 2 - a * e ** 2)
c = a ** 2 - b ** 2
f = [[-c, 0], [c, 0]]
print 'a = ', "%.3f" % a
print 'b = ', "%.3f" % b
print 'c = ', "%.3f" % c
print 'e = ', "%.4f" % e
#grafica
elipse = Ellipse(xy=(0, 0), width=2 * a, height=2 * b, edgecolor='r', fc='None', lw=2)
```

6.2. ELIPSES E HIPÉRBOLAS

```
ax.add_patch(elipse)
plt.plot(f[0][0], f[0][1], 'ro')
plt.plot(f[1][0], f[1][1], 'ro')
plt.axhline(color='black', lw=1)
plt.axvline(color='black', lw=1)
plt.axis('equal')
plt.show()
```

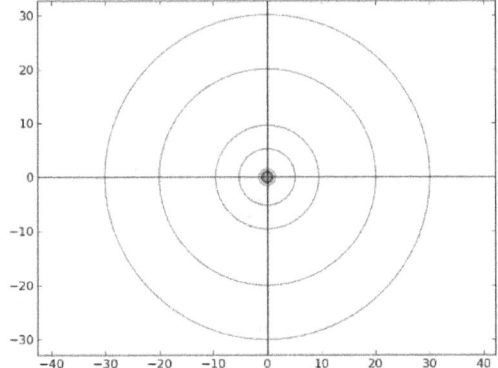
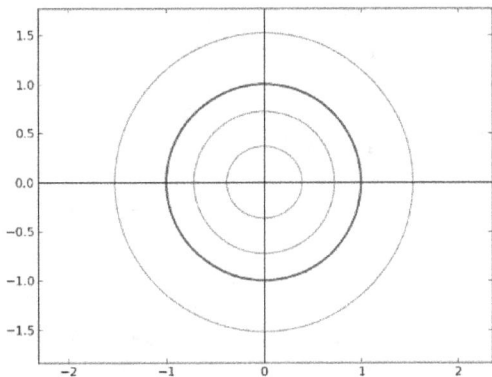

Todos los planetas del sistema solar tienen excentricidades pequeñas, entre 0,007 para Venus, y 0,206 para Mercurio. Si se modifica ligeramente el programa anterior y se introducen los datos de las órbitas de los planetas se obtienen las gráficas que se muestran arriba. La gráfica derecha es una ampliación para mostrar los cuatro planetas más cercanos al Sol. La órbita de la Tierra está en trazo más grueso y azul. Las distancias están en U.A. (Unidades Astronómicas, 1 UA es igual a la distancia media entre la Tierra y el Sol).

Sommerfeld modificó el modelo atómico de Bohr introduciendo la hipótesis de que las órbitas de los electrones fueran elípticas en lugar de circulares. Cada órbita viene dada por dos números cuánticos: n, que determina el valor del semieje mayor a; y el número cuántico $l = 0, 1, ..., n-1$, que determina el valor del semieje menor b. El siguiente programa de Python representa las órbitas del modelo de Sommerfeld para $n = 4$:

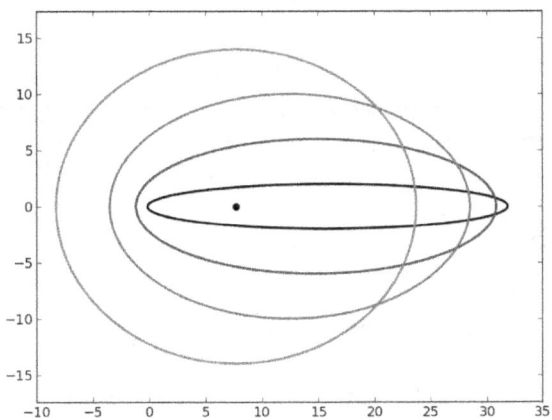

```
# -*- coding: utf-8 -*-
"""
p6c.py
orbitas del modelo atomico de Sommerfeld para n=4
"""
```

```python
import numpy as np
import matplotlib.pyplot as plt
from matplotlib.patches import Ellipse

fig = plt.figure()
ax = plt.gca()

#orbitas para el nivel n=4, en multiplos de a0
a4 = [16, 16, 16, 16]
b4 = [2, 6, 10, 14]
colores = ['k', 'b', 'g', 'r']

for i in range(0, 4):
    a = a4[i]
    b = b4[i]
    c = np.sqrt(a ** 2 - b ** 2)
    e = c / a
    f = [[-c, 0], [c, 0]]
    color = colores[i]
    elipse = Ellipse(xy=(c, 0), width=2 * a, height=2 * b,
                     edgecolor=color, fc='None', lw=2)
    ax.add_patch(elipse)

plt.plot(c, 0, 'ko')
plt.axis('equal')
plt.show()
```

b) $k > 0$.
En este caso la ecuación representa una elipse imaginaria de ecuación

$$\frac{x^2}{a^2} + \frac{y^2}{b^2} = -1$$

ya que no existe ningún número real que satisfaga esta ecuación. Donde los coeficientes a y b corresponden al eje mayor y al eje menor, y equivalen a:

$$a = \sqrt{\frac{k}{\lambda_1}} \qquad b = \sqrt{\frac{k}{\lambda_2}}$$

c) $k = 0$.
En este caso la ecuación representa una elipse degenerada, que se reduce a un solo punto: el origen de coordenadas, ya que

$$\frac{x^2}{a^2} + \frac{y^2}{b^2} = 0$$

donde los coeficientes a y b equivalen a:

$$a = \sqrt{\frac{1}{|\lambda_1|}} \qquad b = \sqrt{\frac{1}{|\lambda_2|}}$$

El siguiente programa de Python resuelve los tres casos en que $A_{33} > 0$:

```
# -*- coding: utf-8 -*-
"""
p6d.py
Representa y determina el tipo de elipse si la conica tiene A33>0
"""

import numpy as np
```

6.2. ELIPSES E HIPÉRBOLAS

```python
import matplotlib.pyplot as plt
from matplotlib.patches import Ellipse

fig = plt.figure()
ax = plt.gca()
print 'A x   + B y   + C = 0'
print 'escribe A, B y C separados por un espacio:'
strdatos = raw_input()
datos = map(float, strdatos.split())
print datos
signos = np.sign(datos)
if signos[0] == -1 and signos[1] == -1:
    datos = np.multiply(-1.0, datos)
    print datos
t1 = datos[0]
t2 = datos[1]
k = datos[2]
D = t1 * t2
print 'A33 = ', D
if D > 0:
    if np.sign([k]) == -1:
        a = np.sqrt(-k / t1)
        b = np.sqrt(-k / t2)
        c = np.sqrt(abs(a ** 2 - b ** 2))
        e = c / max(a, b)
        print 'a = ', "%.3f" % a, '; b = ', "%.3f" % b, '; c = ', "%.3f" % c
        print 'excentricidad: e = ', "%.4f" % e
        J = np.pi * (3 * (a + b)) - np.sqrt((3 * a + b) * (a + 3 * b))   # Ramanujan
        area = np.pi * a * b
        if a > b:
            f = [[-c, 0], [c, 0]]
            curva = 'elipse horizontal'
            perimetro = J
        if a == b:
            f = [[0, 0], [0, 0]]
            curva = 'circunferencia de radio R = ' + "%.3f" % a
            perimetro = 2 * np.pi * a
        if a < b:
            f = [[0, -c], [0, c]]
            curva = 'elipse vertical'
            perimetro = J
        print curva
        print 'perimetro: ', "%.3f" % perimetro
        print 'area interior: ', "%.3f" % area
        print 'x ** / ', "%.3f" % a ** 2, ') + (y ** 2 / ', "%.3f" % b ** 2, ') = 1'
        ellipse = Ellipse(xy=(0, 0), width=2 * a, height=2 * b,
                          edgecolor='r', fc='None', lw=2)
        ax.add_patch(ellipse)
        plt.plot(f[0][0], f[0][1], 'ro')
        plt.plot(f[1][0], f[1][1], 'ro')
        plt.axhline(color='black', lw=1)
        plt.axvline(color='black', lw=1)
        plt.axis('equal')
        plt.show()
    if np.sign([k]) == 1:
        a = np.sqrt(k / t1)
```

```
            b = np.sqrt(k / t2)
            c = np.sqrt(abs(a ** 2 - b ** 2))
            print 'a, b, c: ', "%.3f" % a, "%.3f" % b, "%.3f" % c
            print 'elipse imaginaria'
        if np.sign([k]) == 0:
            print 'elipse degenerada: un punto'
    else:
        print 'A33 <= 0'
```

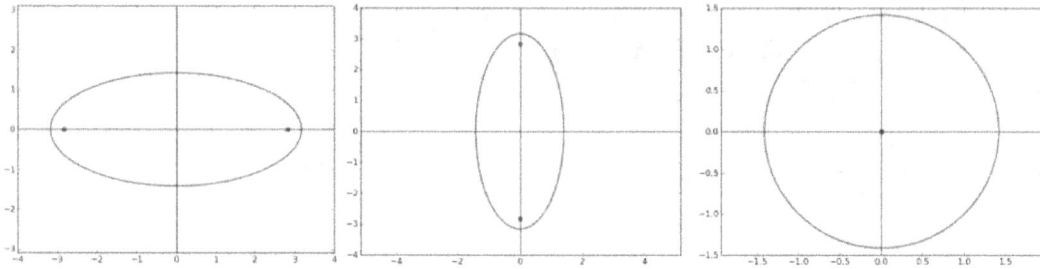

---------- varias ejecuciones del programa ----------

```
A x² + By² + C = 0
escribe A, B y C separados por un espacio:
1 5 -10
[1.0, 5.0, -10.0]
A33 =   5.0
a =   3.162 ; b =   1.414 ; c =   2.828
excentricidad: e =  0.8944
elipse horizontal
perímetro:  34.148
área interior:  14.050
x ** /  10.000 ) + (y ** 2 /  2.000 ) = 1

A x² + By² + C = 0
escribe A, B y C separados por un espacio:
-1 -5 10
[-1.0, -5.0, 10.0]
[  1.   5. -10.]
A33 =   5.0
a =   3.162 ; b =   1.414 ; c =   2.828
excentricidad: e =  0.8944
elipse horizontal
perímetro:  34.148
área interior:  14.050
x ** /  10.000 ) + (y ** 2 /  2.000 ) = 1

A x² + By² + C = 0
escribe A, B y C separados por un espacio:
5 5 -10
[5.0, 5.0, -10.0]
A33 =  25.0
a =   1.414 ; b =   1.414 ; c =   0.000
excentricidad: e =  0.0000
circunferencia de radio R =  1.414
perímetro:   8.886
área interior:   6.283
x ** /   2.000 ) + (y ** 2 /  2.000 ) = 1

A x² + By² + C = 0
escribe A, B y C separados por un espacio:
1 5 10
[1.0, 5.0, 10.0]
A33 =   5.0
a, b, c:  3.162 1.414 2.828
elipse imaginaria

A x² + By² + C = 0
escribe A, B y C separados por un espacio:
5 10 0
[5.0, 10.0, 0.0]
A33 =  50.0
elipse degenerada: un punto
```

6.2. ELIPSES E HIPÉRBOLAS

2. $A_{33} < 0$ y $k \neq 0$. En este caso la ecuación representa una hipérbola de ecuación

$$\frac{x^2}{a^2} - \frac{y^2}{b^2} = 1$$

Como sucedía con la elipse, los ejes de simetría coinciden con los ejes de coordenadas, y el centro de simetría es el origen de coordenadas. El eje OX corta a la hipérbola en dos puntos que se denominan vértices, y a este eje se le denomina eje real. Al eje OY se le denomina eje imaginario. Si llamamos ahora: $c^2 = a^2 + b^2$, los puntos situados en el eje real a una distancia $\pm c$ del origen se denominan focos de la hipérbola. Si k fuera nulo, el discriminante sería $\Delta = 0$ y estaríamos en el caso ya visto de dos rectas que se cortan. La excentricidad se define como $e = \frac{c}{a} > 1$; si la excentricidad es grande, las ramas de la hipérbola son casi planas; si la excentricidad es próxima a 1, las ramas son más puntiagudas.

Para el primer cuadrante, la ecuación de la hipérbola se puede reescribir como

$$y = \frac{b}{a}\sqrt{x^2 - a^2} = \frac{b}{a}x - \frac{ab}{x + \sqrt{x^2 - a^2}}$$

y cuando $x \to \infty$ el segundo término tiende a cero, y la hipérbola se acerca asintóticamente a la recta $y = \frac{b}{a}x$. Sucede de manera análoga en los otros cuadrantes, de manera que las rectas

$$y = \frac{b}{a}x \qquad y = \frac{-b}{a}x$$

son las asíntotas de la hipérbola. Frecuentemente se utiliza la ecuación de la hipérbola referida a sus asíntotas. Si hacemos el siguiente cambio de coordenadas:

$$x' = \frac{x}{a} - \frac{y}{b}, \qquad y' = \frac{x}{a} + \frac{y}{b}$$

tendremos que

$$\frac{x^2}{a^2} - \frac{y^2}{b^2} = 1$$
$$\left(\frac{x}{a} + \frac{y}{b}\right)\left(\frac{x}{a} + \frac{y}{b}\right) = 1$$
$$y'x' = 1 \qquad y' = \frac{1}{x'}$$

donde las coordenadas x' e y' están referidas a las asíntotas de la parábola, es decir, que los ejes coordenados son las asíntotas. El siguiente programa de Python representa la hipérbola a partir de su expresión como $\lambda_1 x^2 + \lambda_2 y^2 + k = 0$, situada de manera que su eje coincide con el eje OX.

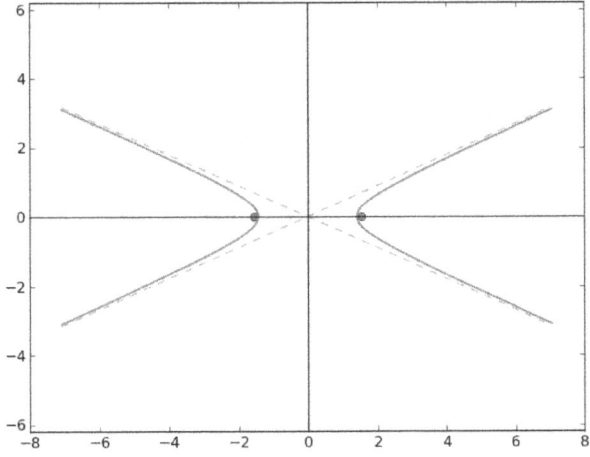

―――――――――――――――――――――――― ejecución del programa ――――――――――――――――――
```
A x² + By² + C = 0
escribe A, B y C separados por un espacio:
-1 5 2
[-1.0, 5.0, 2.0]
[ 1. -5. -2.]
A33 =  -5.0
[ 1. -5. -2.]
a =   1.414 ; b =   0.632 ; c =  1.549
asíntotas:
y =   0.447 x; y =  -0.447 x
vertices: ( -1.414 , 0), ( 1.414 , 0)
excentricidad:  1.095
```

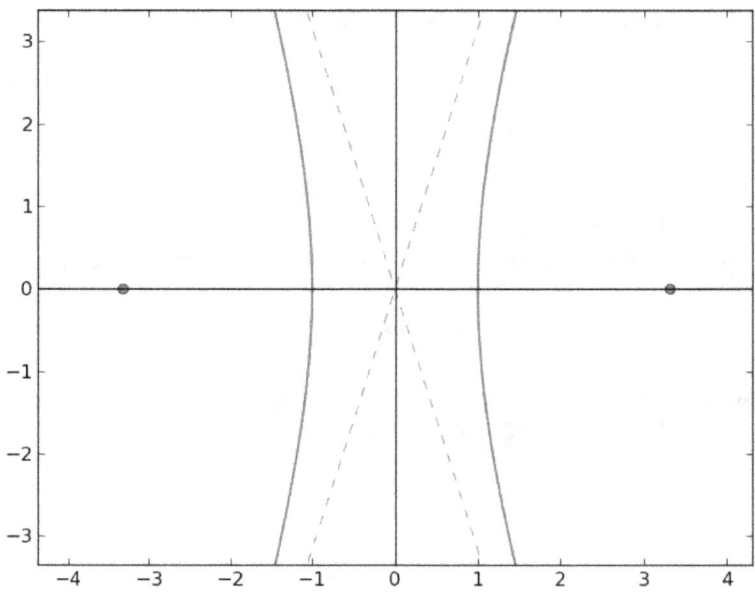

―――――――――――――――――――――――― ejecución del programa ――――――――――――――――――
```
A x² + By² + C = 0
escribe A, B y C separados por un espacio:
5 -0.5 5
[5.0, -0.5, 5.0]
A33 =  -2.5
[5.0, -0.5, 5.0]
a =   1.000 ; b =   3.162 ; c =  3.317
asíntotas:
y =   3.162 x; y =  -3.162 x
vertices: ( -1.000 , 0), ( 1.000 , 0)
excentricidad:  3.317
```

```python
# -*- coding: utf-8 -*-
"""
p6e.py
Representa y determina el tipo de hiperbola si la conica tiene A33<0
"""

import numpy as np
import matplotlib.pyplot as plt

fig = plt.figure()
ax = plt.gca()

print 'A x  + By  + C = 0'
print 'escribe A, B y C separados por un espacio:'
strdatos = raw_input()
```

6.2. ELIPSES E HIPÉRBOLAS

```python
    datos = map(float, strdatos.split())
    print datos
    signos = np.sign(datos)

    if signos[0] == -1:
        datos = np.multiply(-1.0, datos)
        print datos
    t1 = datos[0]
    t2 = datos[1]
    k = datos[2]
    D = t1 * t2
    print 'A33 = ', D
    if D < 0 and k != 0:
        t1 = datos[0]
        t2 = datos[1]
        k = datos[2]
        print datos
        a = np.sqrt(abs(k / t1))
        b = np.sqrt(abs(k / t2))
        c = np.sqrt(a ** 2 + b ** 2)
        print 'a = ', "%.3f" % a, '; b = ', "%.3f" % b, '; c = ', "%.3f" % c
        asintota = b / a
        print 'asintotas: '
        print 'y = ', "%.3f" % asintota, 'x; y = ', "%.3f" %-asintota, 'x'
        vertice = a
        print 'vertices: (', "%.3f" % (-1 * vertice), ', 0), (', "%.3f" % vertice, ', 0)'
        e = c / a
        print 'excentricidad: ', "%.3f" % e
        y = np.zeros(200, float)
        vertice = a
        if e < 2:
            rango = 5 * vertice
        else:
            rango = 1.5 * vertice
        x = np.linspace(vertice, rango, 200)
        for i in range(0, 200):
            y[i] = asintota * np.sqrt(x[i] ** 2 - a ** 2)
        plt.plot(-c, 0, 'ro')
        plt.plot(c, 0, 'ro')
        #grafica
        plt.plot(x, y, 'r-', lw=1.5)
        plt.plot(x, -y, 'r-', lw=1.5)
        plt.plot(-x, y, 'r-', lw=1.5)
        plt.plot(-x, -y, 'r-', lw=1.5)
        plt.plot([-rango, rango], [-rango * asintota, rango * asintota],
                color='grey', ls='--', lw=0.8)
        plt.plot([-rango, rango], [rango * asintota, -rango * asintota],
                color='grey', ls='--', lw=0.8)
        plt.axhline(color='black', lw=1)
        plt.axvline(color='black', lw=1)
        plt.axis('equal')
        plt.show()
    else:
        print 'A33 >= 0 o k=0'
```

6.3 Parábolas

Si $\Delta \neq 0$ y $A_{33} = 0$, se trata de una parábola real. En este caso no se puede seguir el camino seguido para la elipse y la hipérbola, pero si se efectúa un giro de los ejes de manera que el eje de la parábola sea paralelo al eje X, y después se toma como centro de coordenadas el vértice de la parábola, la ecuación queda reducida a:

$$Iy^2 \pm 2\sqrt{\frac{-\Delta}{I}} x = 0$$

$$y^2 = \pm 2\sqrt{\frac{-\Delta}{I^3}} x = 2px$$

siendo

$$p = \pm\sqrt{\frac{-\Delta}{I^3}} = \pm\sqrt{\frac{-\Delta}{(a_{20} + a_{02})^3}}$$

las coordenadas del foco de la parábola $\left(\frac{p}{2}, 0\right)$. El siguiente programa de Python representa la cónica en el caso de que ésta sea una parábola:

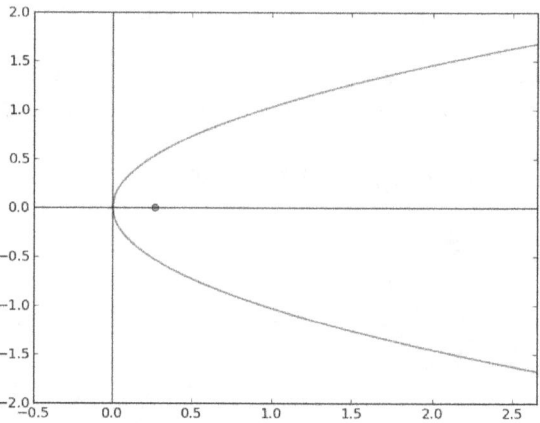

---------- ejecución del programa ----------
```
1 x^2 +  2 xy +  1 y^2 +  1 x +  -2 y +  1  = 0
[[ 1.   1.   0.5]
 [ 1.   1.  -1. ]
 [ 0.5 -1.   1. ]]
|A| =  -2.2500
rango(A) =  3
A33 =  [[ 1.  1.]
 [ 1.  1.]]
|A33| =  0.0
la ecuación representa una parábola real
y ** 2 = 2 *  0.530 x
foco: ( 0.265 , 0)
```

```
# -*- coding: utf-8 -*-
'''
p6f.py
calcula y representa parabola: discriminante != 0 y A33=0
'''

import numpy as np
import matplotlib.pyplot as plt

c20 = 1     # ejemplo
c11 = 2
```

6.3. PARÁBOLAS

```python
c02 = 1
c10 = 1
c01 = -2
c00 = 1
print c20, 'x^2 + ', c11, 'xy + ', c02, 'y^2 + ', c10, 'x + ', c01, ' y + ', c00, ' = 0'
A = 0.5 * np.array([[2 * c20, c11, c10], [c11, 2 * c02, c01], [c10, c01, 2 * c00]])
print A
disc = np.linalg.det(A)
print '|A| = ', "%.4f" % disc
rangoA = np.linalg.matrix_rank(A)
print 'rango(A) = ', rangoA
A33 = 0.5 * np.array([[2 * c20, c11], [c11, 2 * c02]])
print 'A33 = ', A33
det33 = np.linalg.det(A33)
print '|A33| = ', det33
rango33 = np.linalg.matrix_rank(A33)
if rangoA == 3:  # disc != 0
    if rango33 != 2:  # det33 = 0
        print 'la ecuacion representa una parabola real'
        I = c20 + c02
        p = np.sqrt(-disc / I ** 3)
        print 'y ** 2 = 2 * ', "%.3f" % p, 'x'
        print 'foco: (', "%.3f" % (p / 2), ', 0)'
        y = np.zeros(200, float)
        x = np.linspace(0, 5 * p, 200)
        for i in range(0, 200):
            y[i] = np.sqrt(2 * p *x[i])
        plt.plot(x, y, 'r-', lw=1.5)
        plt.plot(x, -y, 'r-', lw=1.5)
        plt.plot(p / 2, 0, 'ro')
        plt.axhline(color='black', lw=1)
        plt.axvline(color='black', lw=1)
        plt.xlim(-0.5, max(x))
        #plt.axis('equal')
        plt.show()
    else:
        print 'A33 no es nulo'
else:
    print 'El discriminante es nulo'
```

Los espejos parabólicos tienen la propiedad de reflejar en el foco de la parábola todos los rayos de luz que reciben paralelos a su eje. Por ejemplo, si se enfoca un espejo parabólico hacia el sol, los rayos de luz se pueden considerar paralelos, y son reflejados a un único punto: el foco de la parábola. Inversamente, si desde el foco de la parábola se emite luz, ésta se refleja en la parábola y los rayos reflejados son paralelos al eje de la misma.

Por ejemplo, con el programa anterior podemos obtener la ecuación de un espejo parabólico de algo más de dos metros de longitud, que concentra la luz en su foco, situado a algo menos de tres metros del espejo si tomamos en el programa:

```python
c20 = 0.1
c02 = 0.5
c11 = np.sqrt(c20 * c02)
rango33 = 1
c10 = 5
c01 = 20
c00 = 30
```

En la figura solamente se ha representado la parábola hasta una anchura $x = 0{,}15m$.

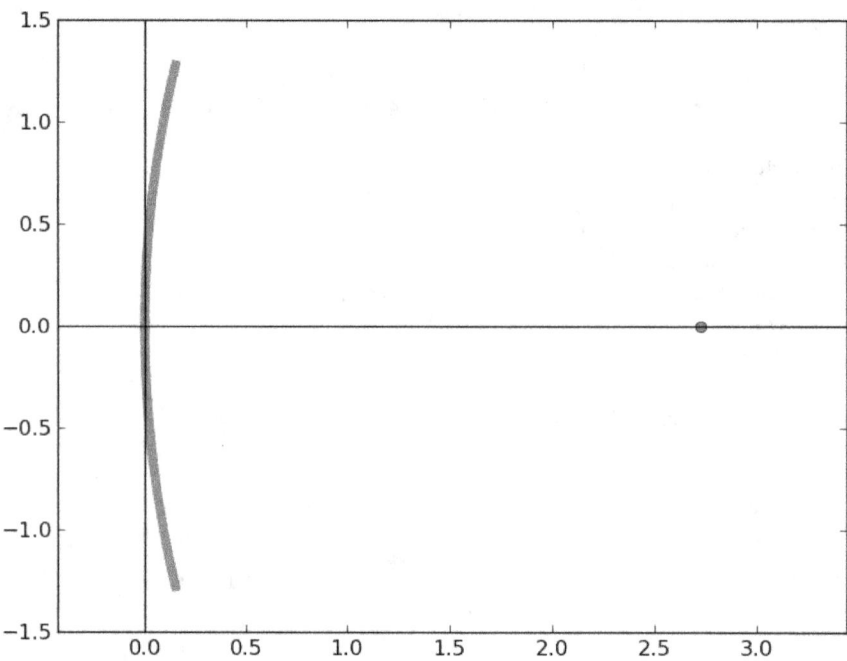

```
─────────────────────────────────── ejecución del programa ───────────────────────────────────
0.1 x^2 +   sqrt(0.05) xy +   0.5 y^2 +   5 x +   20  y +   30  = 0
[[   0.1           0.1118034    2.5        ]
 [   0.1118034     0.5          10.        ]
 [   2.5           10.          30.        ]]
|A| =  -6.4098
rango(A) =   3
la ecuación representa una parábola real
y ** 2 = 2 *   5.447 x
foco:  ( 2.724 , 0)
```

Bibliografía para este capítulo: [4], [21], [23], [35], [39], [42], [53], [61]

7 | Exponencial

7.1 Series de potencias

En el cuarto capítulo vimos la definición de serie numérica como la suma de un número infinito de términos de la sucesión

$$x_1 + x_2 + x_3 + ... + x_k + ... = \sum_{i=1}^{\infty} x_i$$

La suma de un número infinito de términos de la sucesión

$$u_1(x) + u_2(x) + u_3(x) + ... + u_n(x) + ...$$

se denomina serie de funciones con relación a la variable x. Si los valores de la variable x, así como los parámetros de las funciones $u_i(x)$ son reales, la serie se denomina serie real. Si los valores y los parámetros pueden ser números complejos, la serie se denomina serie compleja:

$$u_1(z) + u_2(z) + u_3(z) + ... + u_n(z) + ...$$

Si asignamos un valor $x = x_0$ a la variable x, obtenemos una serie numérica:

$$u_1(x_0) + u_2(x_0) + u_3(x_0) + ... + u_n(x_0) + ...$$

El conjunto de valores de la variable x para los cuales la serie converge se denomina campo de convergencia de la serie. El valor de la suma $S(x_0)$ de la serie dependerá del valor x_0 de la variable x tomado.

Las funciones u_i pueden ser de diferentes formas, pero en este momento nos interesa estudiar las series de funciones de la forma

$$a_0 + a_1 z + a_2 z^2 + a_3 z^3 + ... + a_n z^n + ... = \sum_{n=0}^{\infty} a_n z^n$$

donde los números a_j no dependen de la variable z, y se denominan coeficientes de la serie. Al igual que con las series de funciones, se puede hablar de series de potencias reales, y de series de potencias complejas. Al igual que en el caso de las series de funciones, al dar un valor concreto a la variable z, la serie de potencias se convierte en una serie numérica:

$$a_0 + a_1 z_0 + a_2 z_0^2 + a_3 z_0^3 + ... + a_n z_0^n + ... = \sum_{n=0}^{\infty} a_n z_0^n$$

La serie $\sum_{n=0}^{\infty} a_n z_0^n$ se dice que es absolutamente convergente si la serie

$$|a_0| + |a_1 z_0| + |a_2 z_0^2| + |a_3 z_0^3| + ... + |a_n z_0^n| + ... = \sum_{n=0}^{\infty} |a_n z_0^n|$$

es convergente.

Algunos ejemplos de series de potencias son $\sum z^n$, $\sum \frac{z^n}{n!}$, , $\sum \frac{z^n}{n}$, , $\sum n^n z^n$, etc. En el capítulo siguiente demostraremos que

$$cos x = 1 - x^2 + \frac{x^4}{4!} - \frac{x^6}{6!} + ... + (-1)^n \frac{x^{2n}}{(2n)!} + ...$$

$$sen x = x - \frac{x^3}{3!} + \frac{x^5}{5!} - ... + (-1)^n \frac{x^{2n+1}}{(2n+1)!} + ...$$

Los siguientes teoremas de Abel describen los campos de convergencia de la serie de potencias:

1. Si la serie de potencias $\sum a_n z^n$ converge para cierta $z = z_0$, será también absolutamente convergente $\forall z$ tal que $|z| < |z_0|$

2. Si la serie de potencias $\sum a_n z^n$ diverge para cierta $z = z_0$, será también divergente $\forall z$ tal que $|z| > |z_0|$

y permiten llegar al siguiente teorema fundamental: Si $\sum a_n z^n$ es una serie de potencias que no es meramente siempre convergente o siempre divergente para cualquier valor de z, entonces existe un número r tal que $\sum a_n z^n$ converge para todo valor $|z| < r$, y diverge para todo $|z| > r$. El número r se denomina radio de convergencia de la serie.

El conjunto de todos los números complejos para los cuales $|z| < r$, forma un círculo de radio r en el plano de los números complejos, con centro en el punto $z = 0$. Este círculo se denomina círculo de convergencia de la serie dada. La serie será convergente para todos los puntos del interior del círculo; y será divergente para todos los puntos situados fuera del círculo. La convergencia o divergencia para los puntos z situados en la misma circunferencia $|z| = r$ depende de las propiedades concretas de cada serie. En el caso de variable real x, se habla de intervalo de convergencia.

El teorema anterior establece la existencia del radio de convergencia, pero no dice cómo calcularlo. El siguiente teorema de Cauchy, publicado en 1821, y redescubierto en 1892 por Hadamard, proporciona la magnitud del radio de convergencia: Sea la serie de potencias $\sum a_n z^n$, y sea μ el límite superior $\mu = \overline{\lim} \sqrt[n]{|a_n|}$. Entonces:

1. Si $\mu = 0$, la serie es convergente para todos los valores de z.

2. Si $\mu = +\infty$, la serie es divergente para todos los valores de z.

3. Si $0 < \mu < +\infty$, la serie de potencias converge absolutamente para todo $|z| < \frac{1}{\mu}$ y diverge para todo $|z| > \frac{1}{\mu}$.

De manera que podemos tomar como radio de convergencia r:

$$r = \frac{1}{\mu} = \frac{1}{\overline{\lim} \sqrt[n]{|a_n|}}$$

7.2 La función exponencial $exp(z)$

Consideremos la función que denominaremos $exp(z)$, y que está definida por la serie:

$$exp(z) = \frac{1}{0!} + \frac{z}{1!} + \frac{z^2}{2!} + \frac{z^3}{3!} + ... + + \frac{z^n}{n!} + ... = \sum \frac{z^n}{n!}$$

Apliquemos el teorema de Cauchy-Hadamard que acabamos de ver:

$$\mu = \overline{\lim} \sqrt[n]{|a_n|} = \overline{\lim} \sqrt[n]{\left|\frac{z^n}{n!}\right|}$$

7.2. LA FUNCIÓN EXPONENCIAL $EXP(Z)$

En la sección 4.6 demostramos que

$$\lim_{n\to\infty} \frac{a^n}{n!} = 0$$

y por lo tanto ahora tendremos que

$$\mu = \overline{\lim} \sqrt[n]{\left|\frac{z^n}{n!}\right|} = 0$$

y la serie es convergente para todos los valores de z.

```
# -*- coding: utf-8 -*-
'''
p7a.py
funcion exp(x)
'''

from numpy import e


def fact(x):
    if x == 0:
        return 1
    else:
        return x * fact(x - 1)


def u(i):
    termino = 1.0 / fact(i)
    return termino

x = 1.0
n = 12    # numero de terminos a calcular
suma = 0
for i in range(0, n + 1):
    suma += u(i)
    print 'S(' + str(i) + ') = ' + "%20.18f" % suma

print 'valor real de e: ' + "%20.18f" % e
print 'error: ' + "%10.8g" % (e - suma)
```

──────────────── ejecución del programa ────────────────

```
S(0)  = 1.000000000000000000
S(1)  = 2.000000000000000000
S(2)  = 2.500000000000000000
S(3)  = 2.666666666666666519
S(4)  = 2.708333333333333037
S(5)  = 2.716666666666666341
S(6)  = 2.718055555555555447
S(7)  = 2.718253968253968367
S(8)  = 2.718278769841270037
S(9)  = 2.718281525573192248
S(10) = 2.718281801146384513
S(11) = 2.718281826198492901
S(12) = 2.718281828286168711
valor real de e: 2.718281828459045091
error: 1.7287638e-10
0.141859054565  ms
```

Esta función

$$exp(z) = \frac{1}{0!} + \frac{z}{1!} + \frac{z^2}{2!} + \frac{z^3}{3!} + ... + \frac{z^n}{n!} + ... = \sum \frac{z^n}{n!}$$

tiene importantes propiedades:

1. $exp(0) = 1$.

2. $exp(z) \neq 0$, para todo complejo z.

3. $exp(z + w) = exp(z) \cdot exp(w)$
   donde z y w son dos números complejos cualesquiera, ya que
   $$\sum_{k=0}^{\infty} \frac{z^k}{k!} \cdot \sum_{n=0}^{\infty} \frac{w^n}{n!} = \sum_{n=0}^{\infty} \frac{1}{n!} \sum_{k=0}^{n} \frac{n!}{k!(n-k)!} z^k w^{n-k} = \sum_{n=0}^{\infty} \frac{(z+w)^n}{n!}$$

4. $exp(-z) = \frac{1}{exp(z)}$
   ya que $1 = exp(0) = exp(z + (-z)) = exp(z) \cdot exp(-z)$.

5. $exp(z - w) = \frac{exp(z)}{exp(w)}$
   como se deduce de las propiedades 2. y 3.

6. $exp(k \cdot z) = (exp(z))^k$
   siendo $k \in \mathbf{Z}$, ya que si aplicamos repetidamente la propiedad 2. para $z = w$ tenemos que $exp(2z) = exp(z + z) = exp(z) \cdot exp(z) = (exp(z))^2$.

7. Definimos el número e como $e = exp(1)$. Aplicando la propiedad anterior tendremos que $exp(z \cdot 1) = e^z$.

Representamos mediante el programa de Python p7d.py, que figura al final del capítulo, las funciones e^x y e^{-x}:

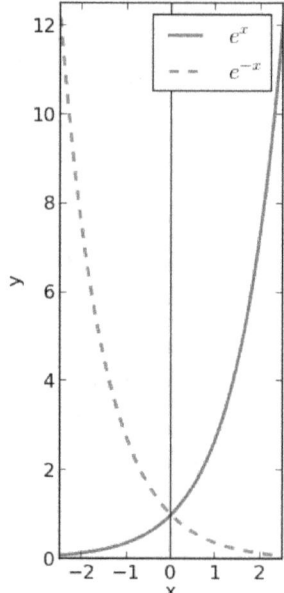

Si modificamos ligeramente el mismo programa p7d.py del final del capítulo, podemos obtener la gráfica de $y = e^{-x^2}$:

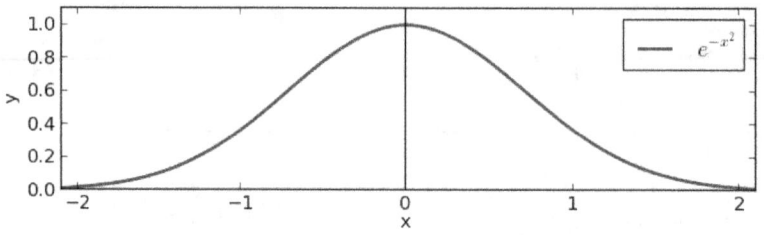

7.2. LA FUNCIÓN EXPONENCIAL $EXP(Z)$

La función exponencial aparece en numerosos fenómenos de crecimiento de poblaciones. Por ejemplo, el siguiente programa representa los datos históricos de población de España, y los ajusta a una función exponencial:

```python
# -*- coding: utf-8 -*-
'''
p7b.py
'''

import numpy as np
import matplotlib.pyplot as plt
from scipy import stats

#fuente: INE: http://www.ine.es/inebaseweb/libros.do?tntp=71807
#poblacion de derecho entre 1900 -1960; poblacion total desde 1970
pob = {1900: 18855668, 1910: 20898687, 1920: 22125480, 1930: 24027237, 1940: 26388311,
       1950: 28420922, 1960: 31071747, 1970: 34037849, 1981: 37683362, 1991: 38872268,
       2001: 40847371, 2011: 46815916}
xdata = np.sort(pob.keys())
print xdata
ydata = np.sort(pob.values())
print ydata
incpob = max(ydata) - min(ydata)
inctiempo = max(xdata) - min(xdata)
print incpob
print inctiempo
incmedioanual = incpob / inctiempo
print incmedioanual
fig = plt.figure(facecolor='white')
ax = fig.add_subplot(1, 1, 1)
ax.set_xlim(1890, 2020)
ax.set_ylim(10e6, 50e6)
plt.ylabel('y = millones de personas')
ax.set_yticks([15e6, 20e6, 25e6, 30e6, 35e6, 40e6, 45e6, 50e6])
ax.set_yticklabels(['15', '20', '25', '30', '35', '40', '45', '50'])
p1, = plt.plot(xdata, ydata, 'ko')
#ajuste por minimos cuadrados
print 'ajuste por minimos cuadrados:'
lny = np.zeros(12, float)
for i in range(0, 12):
    lny = np.log(ydata)
#p2, = plt.plot(xdata, lny, 'ro') #ajuste a una recta
slope, intercept, r_value, p_value, std_err = stats.linregress(xdata, lny)
print 'r^2: ', "%8.6f" % (r_value ** 2)
print ('recta: y = ' + "%6.4f" % slope + 'x + ' + "%6.4f" % intercept)
print 'exponencial y=Ae^bx:'
print ('y = ' + "%6.4f" % (np.exp(intercept)) + ' e^(' + "%6.4f" % (slope) + 'x)')
ymc = np.zeros(12, float)
for i in range(0, 12):
    ymc[i] = np.exp(intercept) * np.exp(slope * xdata[i])
p3, = plt.plot(xdata, ymc, 'r', lw=2)
plt.show()
```

CAPÍTULO 7. EXPONENCIAL

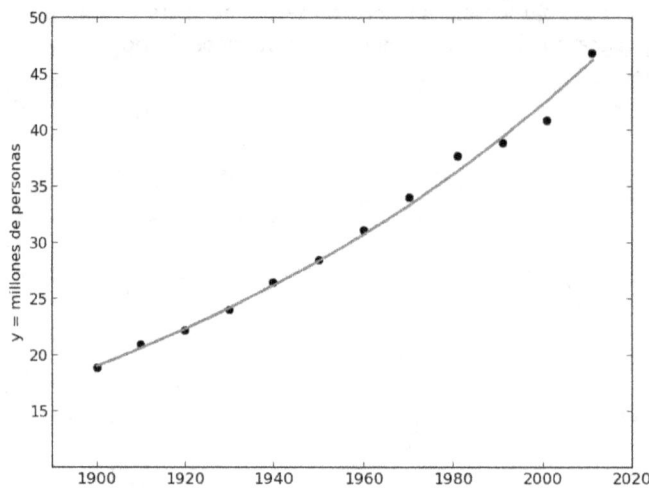

```
―――――――――――――――――――――― ejecución del programa ――――――――――――――――――――――
[1900 1910 1920 1930 1940 1950 1960 1970 1981 1991 2001 2011]
[18855668 20898687 22125480 24027237 26388311 28420922 31071747 34037849 37683362 38872268 40847371 46815916]
27960248
111
251894
ajuste por mínimos cuadrados:
r^2:  0.995174
recta: y =  0.0080x + 1.6008
exponencial y=Ae^bx:
y = 4.9569 e^(0.0080x)
```

Tomemos ahora $z = j\theta$, siendo θ un número real:

$$exp(j\theta) = \frac{1}{0!} + \frac{(j\theta)}{1!} + \frac{(j\theta)^2}{2!} + \frac{(j\theta)^3}{3!} + ... + \frac{(j\theta)^n}{n!} + ... = \sum \frac{(j\theta)^n}{n!}$$

$$exp(j\theta) = 1 + j\theta - \theta^2 + \frac{(j\theta)^3}{3!} + \frac{\theta^4}{4!} + ... + \frac{(j\theta)^n}{n!} + ...$$

puesto que la serie es absolutamente convergente, podemos agrupar los términos reales y los imaginarios:

$$exp(j\theta) = e^{j\theta} = C(\theta) + jS(\theta)$$

siendo

$$C(\theta) = 1 - \theta^2 + \frac{\theta^4}{4!} - \frac{\theta^6}{6!} + ... = cos\theta$$

$$S(\theta) = \theta - \frac{\theta^3}{3!} + \frac{\theta^5}{5!} - ... = sen\theta$$

de manera que llegamos a la fórmula de Euler:

$$e^{j\theta} = cos\theta + jsen\theta$$

Si representamos un número complejo z:

7.2. LA FUNCIÓN EXPONENCIAL $EXP(Z)$

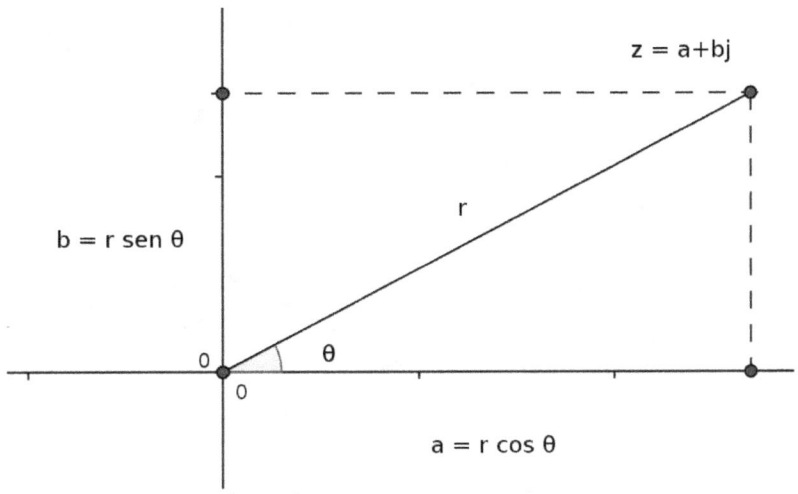

$$z = a + bj = r \cdot cos\theta + j \cdot r \cdot sen\theta$$

$$z = a + bj = r(cos\theta + jsen\theta) = r \cdot e^{j\theta}$$

y hemos llegado a otra forma de representar los números complejos como $z = re^{j\theta}$, que se denomina forma polar del número complejo. Aquí $r = |z|$ es el módulo de z; y el ángulo θ es el argumento: $arg(z) = \theta = arctan\frac{b}{a}$.

Esta forma de representar los números complejos ofrece varias ventajas:

- El complejo conjugado de $e^{j\theta}$ es $e^{-j\theta}$, ya que

$$e^{j\theta} \cdot e^{-j\theta} = e^0 = 1$$

- La función exponencial es una función periódica, de período igual a 2π. Tenemos que

$$e^{j\theta} = cos\theta + jsen\theta$$

$$e^{j2\pi} = cos2\pi + jsen2\pi = 1$$

$$e^{j2\pi n} = cos2\pi n + jsen2\pi n = 1 = e^{j2\pi}$$

Esto también implica que:

$$e^{j\theta} \cdot e^{j2\pi} = e^{j(\theta + 2\pi)} = e^{j\theta}$$

- producto de números complejos:

$$z_1 \cdot z_2 = r_1 e^{j\theta_1} \cdot r_2 e^{j\theta_2} = r_1 r_2 e^{j(\theta_1 + \theta_2)}$$

Al multiplicar un número complejo z por $e^{j\theta}$, el complejo z rota un ángulo θ.

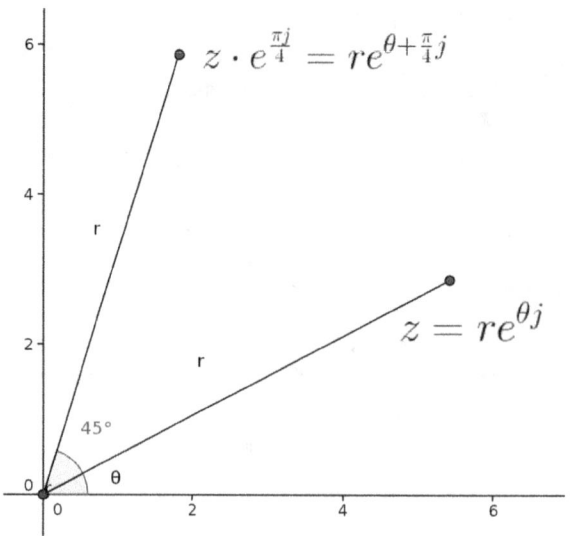

- cociente de números complejos:

$$\frac{z_1}{z_2} = r_1 e^{j\theta_1} \div r_2 e^{j\theta_2} = \frac{r_1}{r_2} e^{j(\theta_1-\theta_2)}$$

- potencia de un número complejo z:

$$z^n = (re^{j\theta})^n = r^n e^{jn\theta}$$

Ejemplo 1: la figura representa[2] las potencias de $z = 1 \cdot e^{j\frac{\pi}{6}}$. Al multiplicar cada vez por $e^{j\frac{\pi}{6}}$, el complejo rota un ángulo igual a $\frac{\pi}{6}$ en sentido contrario a las agujas del reloj. Cuando se llega a $z^{12} = e^{j\frac{12\pi}{6}} = e^{j2\pi} = 1$. En la figura se han unido todos los puntos que representan las potencias z^1, z^2,...$z^{12} = 1$ y $z^{13} = 1 \cdot z = z$. Si calculamos las potencias de $e^{j\theta}$, siendo θ un ángulo pequeño, obtendríamos un círculo de radio unidad.

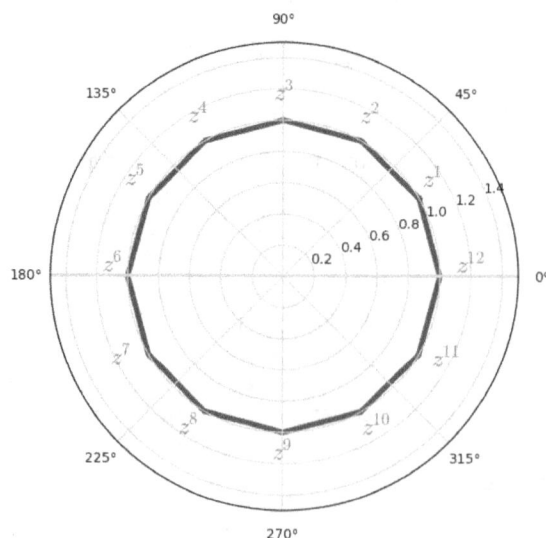

Ejemplo 2: la figura representa[3] las potencias de $z = 1,02 \cdot e^{j\frac{\pi}{10}}$. En este caso en que $r > 1$, el radio de cada potencia va aumentando al tiempo que el complejo rota con cada producto, de manera que obtenemos una espiral.

---

[2]Programa de Python p7e.py al final del capítulo
[3]Programa de Python p7f.py al final del capítulo

7.2. LA FUNCIÓN EXPONENCIAL $EXP(Z)$

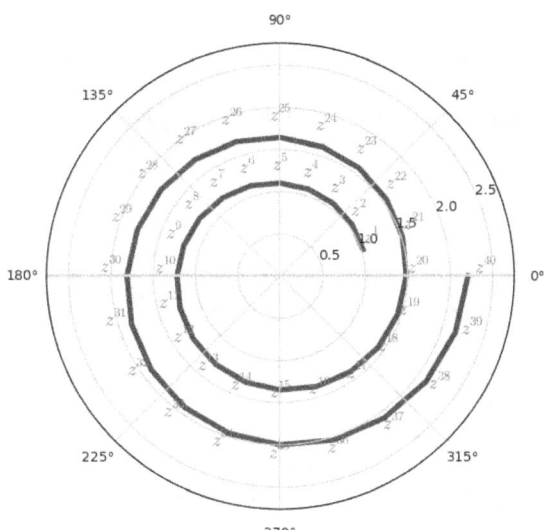

- raíz enésima de un número complejo z:

$$\sqrt[n]{z} = \sqrt[n]{re^{j\theta}} = r^{\frac{1}{n}} e^{j\frac{\theta}{n}}$$

Ejemplo 3: la figura representa las raíces de $z = 1,05 \cdot e^{j\pi}$. Con cada raíz, el ángulo $\theta = \pi$ se divide por el índice de la raíz, y pasa sucesivamente a valer $\frac{\pi}{2}$, $\frac{\pi}{3}$, etc.

```
# -*- coding: utf-8 -*-
'''
p7c.py
representa z^(1/n)
'''

from matplotlib import rc
import matplotlib.pyplot as plt
import numpy as np

j = complex(0, 1)
pi = np.pi
z1 = [1.05, pi]
n = 5

rc('font', **{'family': 'serif', 'serif': ['Times']})
rc('text', usetex=True)
plt.figure()
plt.ylabel('Im')
plt.xlabel('Re')
plt.axhline(color='black', lw=1)
plt.axvline(color='black', lw=1)
plt.grid(b=None, which='major')
plt.ylim(-1, 2)
plt.xlim(-1.25, 1.25)


def flecha(z, texto):
    dx = z.real
    dy = z.imag
    plt.arrow(0, 0, dx, dy, width=0.01, fc='b', ec='none', length_includes_head=True)
```

124   CAPÍTULO 7. EXPONENCIAL

```
        if dx == 0:
            xtexto = dx + 0.03
        else:
            xtexto = np.sign(dx) * (abs(dx) * 1.05)
        if dy == 0:
            ytexto = dy + 0.01
        else:
            ytexto = np.sign(dy) * (abs(dy) * 1.05)
        plt.text(xtexto, ytexto, texto, horizontalalignment='center',
                size='large', color='#EF0808', weight='bold')

for i in range(1, n + 2):
    r = np.power(z1[0], (1.0 / i))
    theta = z1[1] / i
    print (str(i) + ': ' + "%12.6f" % r + "%12.3f" % (theta / pi) + 'pi = ' +
            'pi/' + "%1.0f" % (pi / theta))
    a = r * np.cos(theta)
    b = r * np.sin(theta)
    z = complex(a, b)
    if i > 1:
        etiqueta = '$z^{1/' + str(i) + '}$'
    else:
        etiqueta = '$z$'
    flecha(z, etiqueta)

plt.show()
```

```
_____ ejecución del programa _____
1:      1.050000      1.000pi = pi/1        4:      1.012272      0.250pi = pi/4
2:      1.024695      0.500pi = pi/2        5:      1.009806      0.200pi = pi/5
3:      1.016396      0.333pi = pi/3        6:      1.008165      0.167pi = pi/6
_____
```

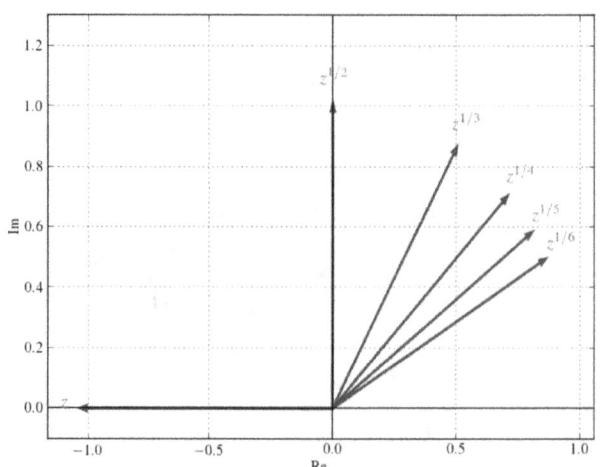

7.3 Programas de gráficas de este capítulo

$$\boxed{y_1 = e^x \qquad y_2 = e^{-x}}$$

```python
# -*- coding: utf-8 -*-
'''
p7d.py
representa y = e^x; y = e^-x; y=e^-(x^2)
'''

import numpy as np
import matplotlib.pyplot as plt

numpuntos = 100
fig = plt.figure(facecolor='white')
x = np.linspace(-2.5, 2.5, numpuntos)
y1 = np.zeros(numpuntos, float)
y2 = np.zeros(numpuntos, float)
y3 = np.zeros(numpuntos, float)
for i in range(0, numpuntos):
    y1[i] = np.exp(x[i])
    y2[i] = np.exp(-x[i])
    y3[i] = np.exp(-(x[i] ** 2))
ax = fig.add_subplot(1, 1, 1, aspect='equal')
p1, = plt.plot(x, y1, 'g', lw=2, label='$e^{x}$')
p2, = plt.plot(x, y2, 'r--', lw=2, label='$e^{-x}$')
#p3, = plt.plot(x, y3, 'b-', lw=2, label='$e^{-x^2}$')
plt.legend(('$e^{x}$', '$e^{-x}$',), loc='best')
#plt.legend(('$e^{-x^2}$',), loc='best')
ax.autoscale_view(tight=True)
plt.ylabel('y')
plt.xlabel('x')
ax.set_xlim(-2.1, 2.1)
ax.set_ylim(0, 12.5)
#ax.set_ylim(0, 1.1)
plt.axhline(color='black', lw=1)
plt.axvline(color='black', lw=1)
plt.show()
```

$$\boxed{\text{potencias de } z = e^{\frac{\pi}{6}j}}$$

```python
# -*- coding: utf-8 -*-
'''
p7e.py
representa z^n en forma polar
'''

import matplotlib
import numpy as np
from matplotlib.pyplot import figure, show, rc, grid

pi = np.pi
z1 = [1.0, pi / 6]
fraccionpi = int(pi / z1[1])
r = []
```

```
theta = []
r.append(z1[0])
theta.append(z1[1])

rc('grid', color='#CACBD3', linewidth=1, linestyle='-')
rc('xtick', labelsize=10)
rc('ytick', labelsize=10)

# figura
width, height = matplotlib.rcParams['figure.figsize']
size = min(width, height)
# hace un cuadrado
fig = figure(figsize=(size, size))
ax = fig.add_axes([0.1, 0.1, 0.8, 0.8], polar=True, axisbg='#ffffff')

#potencias de z
for i in range(2, 2 * fraccionpi + 2):
    radio = np.power(r[0], i)
    r.append(radio)
    angulo = theta[0] * i
    theta.append(angulo)
    if i < 2 * fraccionpi + 1:
        etiqueta = '$z^{' + str(i) + '}$'
    else:
        etiqueta = '$z^{' + str(1) + '}$'
    if i <= fraccionpi:
        radioetiqueta = 1.1 * radio
        hetiqueta = 'center'
        vetiqueta = 'middle'
    elif i <= 2 * fraccionpi:
        radioetiqueta = 1.2 * radio
        hetiqueta = 'center'
        vetiqueta = 'bottom'
    else:
        radioetiqueta = 1.1 * radio
        hetiqueta = 'center'
        vetiqueta = 'middle'
    ax.annotate(etiqueta, xy=(angulo, radioetiqueta),   # theta, radio
                horizontalalignment=hetiqueta, verticalalignment=vetiqueta,
                fontsize=18, color='#EE182E')

ax.plot(theta, r, color='#1821EE', lw=4)
ax.set_rmax(max(r) * 1.5)
grid(True)
show()
```

potencias de $z = 1{,}02 e^{\frac{\pi}{10} j}$

```
# -*- coding: utf-8 -*-
'''
p7f.py
representa z^n en forma polar
'''

import matplotlib
import numpy as np
```

7.3. PROGRAMAS DE GRÁFICAS DE ESTE CAPÍTULO

```python
from matplotlib.pyplot import figure, show, rc, grid

pi = np.pi
z1 = [1.02, pi / 10]

fraccionpi = int(pi / z1[1])
r = []
theta = []
r.append(z1[0])
theta.append(z1[1])

rc('grid', color='#CACBD3', linewidth=1, linestyle='-')
rc('xtick', labelsize=10)
rc('ytick', labelsize=10)

# figura
width, height = matplotlib.rcParams['figure.figsize']
size = min(width, height)
# hace un cuadrado
fig = figure(figsize=(size, size))
ax = fig.add_axes([0.1, 0.1, 0.8, 0.8], polar=True, axisbg='#ffffff')

#potencias de z
for i in range(1, 4 * fraccionpi + 1):
    radio = np.power(r[0], i)
    r.append(radio)
    angulo = theta[0] * i
    theta.append(angulo)
    etiqueta = '$z^{' + str(i) + '}$'
    ax.annotate(etiqueta, xy=(angulo, 1.1 * radio),    # theta, radio
                horizontalalignment='center', verticalalignment='middle',
                fontsize=14, color='#EE182E')

ax.plot(theta, r, color='#1821EE', lw=4)
ax.set_rmax(max(r) * 1.25)
grid(True)
show()
```

Bibliografía para este capítulo: [21], [29], [30], [36], [43], [45], [47], [51], [52], [54], [60], [61]

8 | Diferenciación

8.1 Derivada de una función

Sea $f(z)$ una función de variable real o compleja. Fijemos un valor de la variable $z = z_0$. Al incremento Δz de la variable independiente le corresponde un incremento de la función dado por:

$$\Delta f(z) = f(z_0 + \Delta z) - f(z_0)$$

Escribamos el cociente entre el incremento de la función y el incremento de su argumento:

$$\frac{\Delta f(z)}{\Delta z} = \frac{f(z_0 + \Delta z) - f(z_0)}{\Delta z}$$

Este cociente está definido para todo $\Delta z \neq 0$. Si este cociente tiende a un límite determinado cuando $\Delta z \to 0$, entonces a ese límite se le denomina derivada de la función $f(z)$, y se denota como $f'(z)$.

$$f'(z) = \lim_{\Delta z \to 0} \frac{\Delta f(z)}{\Delta z}$$

$$f'(z) = \lim_{\Delta z \to 0} \frac{f(z_0 + \Delta z) - f(z_0)}{\Delta z}$$

El siguiente programa calcula el valor de la derivada de una función polinómica en un punto x_0 que podemos elegir, haciendo que el Δx tienda a cero. El programa termina cuando $\Delta x < 10^{-6}$. Además de calcular el valor de la derivada de la función en un punto dado a partir de la definición de derivada, la compara con su valor exacto calculado con Numpy:

```
# -*- coding: utf-8 -*-
'''
p8a.py
'''

import numpy as np

#f = 3 * x ** 2 - 5 * x + 1
f = np.poly1d([3, -5, 1])

x0 = -2.0
if abs(x0) > 0:
    deltax = abs(x0 / 2.0)
else:
    deltax = 0.1

print "       x            y / x "
while deltax >= 1e-6:
    deltay = np.polyval(f, (x0 + deltax)) - np.polyval(f, x0)
    cociente = deltay / deltax
    print "%10.6f" % deltax + "%12.6f" % cociente
```

8.1. DERIVADA DE UNA FUNCIÓN

```
      deltax = 0.1 * deltax
print
print 'x0 = ', x0
print 'f(x) = '
print f
Df = np.polyder(f, 1)
print 'Df(x): '
print Df
print 'Df(', x0, ') = ', np.polyval(Df, x0)
```

La función se introduce en el programa, en este caso

$$f(x) = 3x^2 - 5x + 1$$

y tomamos $x_0 = -2,0$. La función polinómica se escribe en Numpy como una matriz de los coeficientes de x ordenados por orden decreciente del exponente de x:

```
f = np.poly1d([3, -5, 1])
```

─────────────── ejecución del programa ───────────────

```
  Δx        Δy/Δx
1.000000   -14.000000
0.100000   -16.700000
0.010000   -16.970000
0.001000   -16.997000
0.000100   -16.999700
0.000010   -16.999970
0.000001   -16.999997

x0 =  -2.0
f(x) =
   2
3 x - 5 x + 1
Df(x):

6 x - 5
Df( -2.0 ) =  -17.0
1.28197669983  ms
```

Al definir la derivada $f'(z)$ consideraremos que la función $f(z)$ está definida para todos los valores de su argumento que pertenecen a cierto entorno del punto z_0, y de este modo, para calcular el límite es posible tomar cualquier valor ζ del argumento que satisfaga:

$$0 < |\zeta - z_0| < \varepsilon$$

Es decir, que $\Delta z = \zeta - z_0$ y podemos definir la derivada de $f(z)$ como:

$$f'(z) = \lim_{\zeta \to z_0} \frac{f(\zeta) - f(z_0)}{\zeta - z_0}$$

En la sección 5.2. vimos que la función $\alpha(x) = f(x) - l$ se dice que es un infinitésimo cuando x tiende a x_0 si el límite $\lim_{x \to x_0} f(x) = l$. Ahora si tomamos

$$\alpha(\zeta, z_0) = \frac{f(\zeta) - f(z_0)}{\zeta - z_0} - f'(z_0)$$

En esta expresión, α y $(\zeta - z_0)$ son infinitésimos cuando $\zeta \to z_0$. Si llamamos $\beta = \alpha \cdot (\zeta - z_0)$, tendremos que $\beta = o(\zeta - z_0)$. Ahora podemos reescribir la expresión anterior como:

$$f(\zeta) - f(z_0) = f'(z_0)(\zeta - z_0) + \beta$$

$$\Delta f(z) = f'(z_0)(\zeta - z_0) + \beta$$

y si $f'(z_0) \neq 0$, β tiende a cero más rápidamente que el primer término, por lo que se denomina parte principal del incremento de la función $f(z)$ al término $f'(z_0)(\zeta - z_0)$. Ahora llamamos diferencial de la variable independiente z:

$$\Delta z = dz$$

$$\Delta f(z) = f'(z)dz + \beta$$

y denominamos diferencial de la función $f(z)$, denotado como $df(z)$ a la parte principal del incremento de la función:

$$df(z) = f'(z)dz$$

o también, en el caso de que el argumento sea real, x:

$$dy = f'(x)dx$$

$$f'(z) = \frac{df(z)}{dz} = \frac{d}{dz}f(z)$$

Ejemplos:

- Sea la función $f(x) = 1 + x^2$. Vamos a calcular su derivada utilizando la definición.

$$f'(x) = \lim_{\Delta x \to 0} \frac{\Delta f(x)}{\Delta x} = \lim_{\Delta x \to 0} \frac{1 + (x + \Delta x)^2 - (1 + x^2)}{\Delta x}$$

$$f'(x) = \lim_{\Delta x \to 0} \frac{2x\Delta x + (\Delta x)^2}{\Delta x} = \lim_{\Delta x \to 0} 2x + \Delta x = 2x$$

- La definición de diferencial también se puede utilizar para calcular de manera aproximada un cambio pequeño Δy. Hemos visto que

$$\Delta f(z) = f'(z_0)(\zeta - z_0) + \beta$$

Sea ahora una función $y = f(x)$. Su incremento será:

$$\Delta y = f'(x)dx + \beta = dy + \beta$$

Y ya que β es un infinitésimo para pequeños incrementos de la variable, vamos a tomar la aproximación:

$$\Delta y \simeq dy = f'(x)dx$$

Veamos un ejemplo práctico: el volumen de una esfera viene dado por $y = \frac{4}{3}\pi r^3$. ¿Cuánto aumentará, aproximadamente, el volumen, si el radio aumenta de 1 metro a 1,05 metros?. Aquí tenemos

$$y' = 4\pi r^2$$

$$dx = 1,05 - 1 = 0,05$$

$$\Delta y \simeq f'(x)dx = (4\pi \cdot 1) \cdot 0,05 = 0,2\pi \simeq 0,628$$

De modo que el cálculo rápido aproximado, que es posible realizar sin ayuda de la calculadora, nos da un aumento del volumen de unos $0,63 m^3$. El cálculo exacto realizado con Python sería:

```
──────────── cálculo con python ────────────
>>> (4*pi/3) * (1.05 ** 3 - 1)
0.6602580560294553
```

Es decir, un aumento de $0,66 m^3$. El error que se comete al realizar la aproximación ha sido de solo $0,03 m^3$. Este procedimiento puede resultar útil para hacer estimaciones rápidas cuando no se dispone de ordenador.

Otro ejemplo: ¿Cuál será la diferencia de altura alcanzada cuando se lanza un proyectil verticalmente a una velocidad de $v = 20 m/s$ en lugar de $19 m/s$? (para el cálculo mental rápido tomamos $g = 10 ms^{-2}$).

$$mgy = \frac{1}{2}mv^2$$

$$y = \frac{v^2}{2g}; \qquad y' = \frac{v}{g}$$

$$\Delta y \simeq dy = f'(v)dv \simeq \frac{19}{10} \cdot (20 - 19) = 1,9$$

8.2. SIGNIFICADO GEOMÉTRICO

```
─────────────────────────────── cálculo con python ───────────────────────────
>>> (1 / (2 * 9.81)) * (20 ** 2 - 19 ** 2)
1.9877675840978593
```

El error absoluto que se comete con el cálculo aproximado es de menos de $9cm$: $1,9m$ frente a los $1,99m$ reales, y esto para una altura final de más de $20m$: el error relativo que hemos cometido con el cálculo aproximado es menor del $0,05\%$.

- Supongamos que una cierta magnitud y se determina mediante la ecuación $y = f(x)$, de manera que un error Δx al medir x produce un error Δy en la magnitud y. Para valores pequeños de Δx podemos tomar $dy \simeq \Delta y$ y el error relativo al medir la magnitud y será

$$\left|\frac{dy}{y}\right|$$

Por ejemplo, supongamos que la magnitud y se determina midiendo el ángulo que marca una aguja de un indicador: $y = ctan\alpha$. El error $d\alpha$ en la determinación del ángulo que marca la aguja producirá un error en la determinación de la magnitud y,

$$dy = \frac{d\alpha}{cos^2\alpha}$$

y el error relativo será:

$$\frac{dy}{y} = \frac{d\alpha}{cos^2\alpha \cdot ctan\alpha} = \frac{2}{sen2\alpha}d\alpha$$

por lo tanto, el error relativo dependerá del ángulo, y será menor cuando $\alpha = \frac{\pi}{4}$, es decir: $\frac{dy}{y} = 2d\alpha$

8.2 Significado geométrico

La siguiente imagen representa una función, así como la tangente en un punto D de la curva. Se han trazado en líneas discontinuas las rectas que pasan por el punto D y otro punto de la curva cada vez más cercano a él. Cada una de estas rectas secantes a la curva pasa por un punto de la curva cada vez más cercano al punto D, con lo que la recta secante se acerca cada vez más a la recta tangente en el punto D:

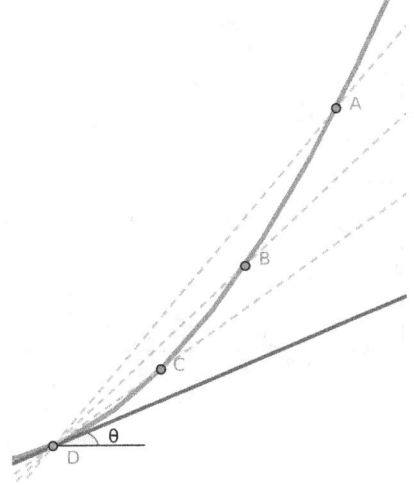

Sea ϕ el ángulo que forma cada una de estas rectas con la horizontal:

$$\Delta y = y_A - y_D$$

$$\Delta x = x_A - x_D$$

La tangente del ángulo será

$$tan\phi = \frac{\Delta y}{\Delta x}$$

y conforme disminuye Δx, los dos puntos de la curva están más cercanos, y el ángulo ϕ se va acercando al ángulo θ que forma la tangente en ese punto D. De manera que en el límite:

$$tan\theta = \lim_{\Delta x \to 0} tan\phi = \lim_{\Delta x \to 0} \frac{\Delta y}{\Delta x}$$

por definición hemos visto que este límite es justamente $f'(x)$:

$$f'(x) = \lim_{\Delta x \to 0} \frac{\Delta y}{\Delta x}$$

De manera que el valor de la derivada en un punto es igual a la pendiente de la recta tangente en ese punto:

$$f'(x) = tan\theta$$

La siguiente figura muestra el significado geométrico de el diferencial dy. En la figura se ha representado la función $y = 1 + x^2$, y su derivada; $y = 2x$, y se ha realizado mediante el programa de Python p8k.py que se muestra al final de esta sección

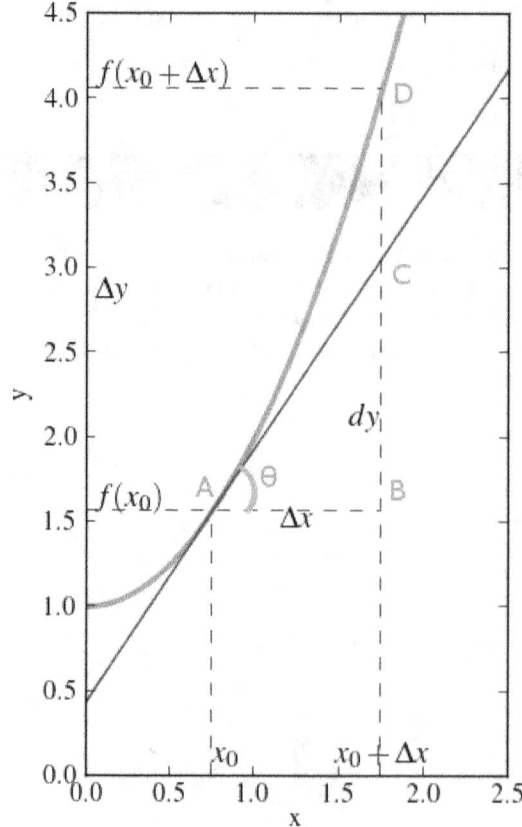

Con la notación de la figura tenemos que

$$\Delta y = BD$$

$$\Delta x = dx = AB$$

$$tan\theta = \frac{BC}{AB} = \frac{BC}{\Delta x} = f'(x)$$

8.2. SIGNIFICADO GEOMÉTRICO

y anteriormente hemos definido el diferencial como

$$dy = f'(x)dx$$

Luego

$$f'(x) = \frac{dy}{dx} = \frac{BC}{\Delta x}$$

y por lo tanto, geométricamente, el diferencial dy equivale a la longitud del segmento BC:

$$dy = BC$$

```
# -*- coding: utf-8 -*-
'''
p8k.py
y = 1+x^2; y' = 2x
'''

import numpy as np
import matplotlib.pyplot as plt
from matplotlib import rc

rc('font', **{'family': 'serif', 'serif': ['Times']})
rc('text', usetex=True)


def f(equis):
    fx = 1 + equis ** 2
    return fx


def df(equis):
    dfx = 2 * equis
    return dfx

x0 = 0.75
dx = 1
numpuntos = 50
x = np.linspace(0, 2.0, numpuntos)
y = np.zeros(numpuntos, float)
m = df(x0)
y0 = f(x0)
for i in range(0, numpuntos):
    y[i] = f(x[i])
fig = plt.figure(facecolor='white')
ax = fig.add_subplot(1, 1, 1, aspect='equal')
p1, = plt.plot(x, y, color='#F76429', lw=2.5,)
plt.ylabel('y')
plt.xlabel('x')
x = np.linspace(0.75, 1.25, 10)
y = np.zeros(10, float)
ceros = np.zeros(10, float)
plt.ylabel('y')
plt.xlabel('x')
ax.set_ylim(0, 4.5)
ax.set_xlim(0, 2.5)
#derivadas: y'(x0) = 1.75; y'(0.5)=1; y'(2)=4
```

```
#recta tangente: y-y0 = m(x-x0) = 2x0*x - 2x0^2
#recta tangente: y = y0 + mx - mx0
#lineas verticales
plt.plot([0, 2.5], [y0 - m * x0, y0 + m * (2.5 - x0)], 'b', lw=1)
plt.plot([x0, x0], [0, m], 'k--', lw=0.5)
plt.plot([x0 + dx, x0 + dx], [0, f(x0 + dx)], 'k--', lw=0.5)
plt.plot([0, x0 + dx], [y0, y0], 'k--', lw=0.5)
plt.plot([0, x0 + dx], [f(x0 + dx), f(x0 + dx)], 'k--', lw=0.5)
plt.text(0.05, y0, '$f(x_0)$', horizontalalignment='left',
        size='large', color='black', weight='bold')
plt.text(0.05, f(x0 + dx), '$f(x_0 + \Delta x)$', horizontalalignment='left',
        size='large', color='black', weight='bold')
plt.text(0.05, 0.5 * (y0 + f(x0 + dx)), '$\Delta y$', horizontalalignment='left',
        size='large', color='black', weight='bold')
plt.text(x0, 0.05, '$x_0$', horizontalalignment='left',
        size='large', color='black', weight='bold')
plt.text(x0 + dx, 0.05, '$x_0 + \Delta x$', horizontalalignment='center',
        size='large', color='black', weight='bold')
plt.text(x0 + 0.5 * dx, y0 - 0.1, '$\Delta x$', horizontalalignment='center',
        size='large', color='black', weight='bold')
plt.text(x0 + dx - 0.1, y0 + 0.5, '$dy$', horizontalalignment='center',
        size='large', color='black', weight='bold')
plt.show()
```

8.3 Cálculo de derivadas

- Vemos que la derivada y la pendiente de la tangente a la curva en un punto están relacionadas. Si la tangente toma un valor infinito, la función no tiene derivada en ese punto; si $f(x) = k$, siendo k una constante, su gráfica es una recta horizontal $y = k$ y la pendiente es 0, por tanto, tenemos que $f'(k) = 0$.

- La derivada se ha definido como un límite. Si el límite cuando $\zeta \to z_0^+$ no coincide con el límite cuando $\zeta \to z_0^-$, la curva no tiene tangente en ese punto, y la función se dice que tiene un punto angular en x_0. Por ejemplo, la función $f(x) = |x|$.

- A partir de la definición de derivada teníamos la siguiente expresión:

$$f(\zeta) - f(z_0) = f'(z_0)(\zeta - z_0) + \beta$$

Si ahora tomamos límites cuando $\zeta \to z_0$:

$$\lim_{\zeta \to z_0} (f(\zeta) - f(z_0)) = \lim_{\zeta \to z_0} (f'(z_0)(\zeta - z_0) + o(\zeta - z_0)) = 0$$

Por lo tanto, si una función $f(z)$ es derivable en el punto z_0, entonces también es continua en ese punto.

- Sean $u(x)$ y $v(x)$ dos funciones diferenciables en un punto x_0, y k una constante. Entonces las funciones ku, $u + v$, $u - v$, uv y (si $v(x_0) \neq 0$), $\frac{u}{v}$ son derivables y sus derivadas están dadas por:

$$(ku)' = ku'$$
$$(u \pm v)' = u' \pm v'$$
$$(uv)' = u'v + uv'$$
$$\left(\frac{u}{v}\right)' = \frac{u'v - uv'}{v^2}$$

- Si $f(x) = x^n$, entonces su derivada es $f'(x) = nx^{n-1}$. Ya que si aplicamos las reglas anteriores:

8.3. CÁLCULO DE DERIVADAS

1. si $n = 1$: $f(x) = x$, y $f'(x) = 1 = nx^{n-1}$
2. si $n = 2$: $f(x) = x^2 = x \cdot x$, y $f'(x) = 1x + x1 = 2x = nx^{n-1}$
3. si $n = 3$: $f(x) = x^3 = x \cdot x^2$, y $f'(x) = f'(x^2)x + x^2 f'(x) = 2x^2 + x^2 = 3x^2 = nx^{n-1}$, etc.

- Derivada de la función compuesta: sean las funciones $x = x(t)$ y $y = y(x)$. Si x es diferenciable en el punto t_0 y la función y es diferenciable en el punto correspondiente $x_0 = x(t_0)$, entonces la función compuesta $y[x(t)]$ es diferenciable en dicho punto t_0, y es válida la fórmula:

$$y[x(t)]' = y'(x_0)x'(t_0)$$

es decir:

$$\frac{dy}{dt} = \frac{dy}{dx} \cdot \frac{dx}{dt}$$

resultado que se conoce como «regla de la cadena». La demostración es como sigue:

$$\frac{\Delta y}{\Delta t} = \frac{y[x] - y[x(t_0)]}{t - t_0} = \frac{y[x] - y[x(t_0)]}{x(t) - x(t_0)} \cdot \frac{x(t) - x(t_0)}{t - t_0}$$

- Derivada de una serie de potencias: Sea la función $f(z)$ dada por la siguiente serie de potencias de radio de convergencia $r > 0$

$$f(z) = a_0 + a_1 z + a_2 z^2 + a_3 z^3 + ... + a_n z^n + ...$$

Su derivada viene dada por:

$$f'(z) = a_1 + 2a_2 z + 3a_3 z^2 + ... + na_n z^{n-1} + ...$$

- Derivada de la función exponencial:

$$e^z = \frac{1}{0!} + \frac{z}{1!} + \frac{z^2}{2!} + \frac{z^3}{3!} + ... + \frac{z^n}{n!} + ... = \sum \frac{z^n}{n!}$$

aplicando la fórmula anterior para la derivada de una serie de potencias obtenemos:

$$(e^z)' = 0 + 1 + z + \frac{z^2}{2!} + ... + \frac{z^{n-1}}{(n-1)!} + ... = \sum \frac{z^n}{n!} = e^z$$

$$(e^x)' = e^x$$

Veamos la función $y = e^{x^2}$. La podemos considerar como una función compuesta:

$$y = e^u, \qquad u = x^2$$

La derivada será:

$$\frac{dy}{dx} = \frac{dy}{du} \cdot \frac{du}{dx} = e^u \cdot 2x = 2xe^{x^2}$$

Por lo tanto

$$(e^u)' = u'e^u$$

- Derivada de funciones trigonométricas: Ahora consideramos la función $y = e^{jx}$. Como acabamos de ver, su derivada será:

$$(e^{jx})' = (jx)'e^{jx} = je^{jx}$$

Si ahora utilizamos la fórmula de Euler $e^{j\theta} = cos\theta + jsen\theta$ tendremos:

$$(e^{j\theta})' = je^{j\theta} = j[cos\theta + jsen\theta] = jcos\theta - sen\theta$$

Pero si en la fórmula de Euler derivamos considerando la derivada de una suma:

$$(e^{j\theta})' = (cos\theta + jsen\theta)' = (cos\theta)' + j(sen\theta)'$$

igualando los términos reales e imaginarios llegamos al conocido resultado siguiente:

$$(sen\theta)' = cos\theta$$

$$(cos\theta)' = -sen\theta$$

8.4 Teoremas del cálculo diferencial

A continuación enunciamos varios teoremas fundamentales para el cálculo diferencial. Las demostraciones de los teoremas se pueden consultar en la bibliografía citada al final del capítulo. En este texto preferimos reunir los teoremas uno a continuación del otro para facilitar que el estudiante establezca relaciones entre los teoremas y no se pierda en los detalles de las demostraciones.

1. Sea $f(x)$ definida en un entorno del punto c. Si la función es diferenciable en el punto c, y $f'(c) > 0$ ($f'(c) < 0$), la función es creciente (decreciente) en el punto c.

2. Sea $f(x)$ definida en un entorno del punto c. Se dice que la función tiene un máximo local (mínimo local) en el punto c, si existe un entorno del punto c en el cual $f(c) > f(x)$ ($f(c) < f(x)$), $\forall x \in$ entorno(c).

3. Teorema de Fermat: Sea $f(x)$ definida sobre un intervalo abierto (a,b), y tal que la función alcanza un máximo o un mínimo en un punto $c \in (a,b)$. Entonces, si f es diferenciable en el punto c, su derivada es $f'(c) = 0$. Este teorema podemos ver que es consecuencia de los dos anteriores: puesto que la pendiente de la tangente a la gráfica coincide con la derivada de la función, si la función es creciente en c, tendremos que $f'(c) > 0$; si la función es decreciente en c, su derivada será $f'(c) < 0$. Si la función tiene un máximo o un mínimo en c, su tangente en ese punto será una recta horizontal, de pendiente $f'(c) = 0$.

4. Teorema de Rolle: Sea $f(x)$ definida sobre un intervalo cerrado $[a,b]$, y tal que cumple las siguientes tres condiciones:

    a) $f(x)$ es continua en $[a,b]$.
    b) $f(x)$ es derivable en (a,b).
    c) $f(a) = f(b)$

    Entonces existe un punto $c \in (a,b)$ para el cual $f'(c) = 0$.

    Este teorema es consecuencia del segundo teorema de Weierstrass, que vimos en la sección 5.4. Al ser f continua en $[a,b]$, alcanza en este intervalo sus valores M máximo, y m, mínimo. Si ambos son iguales, la función es constante en el intervalo y $f'(x) = 0$ para todos los puntos del intervalo; si son distintos, $M \neq m$, y como $f(a) = f(b)$, al menos uno de los dos valores M, o m corresponderá a un punto del intervalo abierto $c \in (a,b)$ y para ese punto c, según el teorema de Fermat, la derivada se anula: $f'(c) = 0$. Geométricamente, el teorema de Rolle implica que en las condiciones dadas, existe un punto $c \in (a,b)$ para el cual la recta tangente a la curva de la función es horizontal.

5. Teorema de Lagrange: Sea $f(x)$ continua sobre un intervalo cerrado $[a,b]$, y diferenciable en (a,b). Entonces existe un punto $c \in (a,b)$ para el cual es válida la fórmula de Lagrange, también llamada de los incrementos finitos:

$$f(b) - f(a) = f'(c)(b-a)$$

Nótese que el teorema de Rolle es un caso particular del de Lagrange para el cual $f(a) = f(b)$.

La interpretación geométrica es la siguiente: puesto que $\frac{f(b)-f(a)}{b-a}$ es la pendiente de la recta que pasa por los puntos A y B, y $f'(c)$ es la pendiente de la tangente a la curva en el punto c, el teorema establece que entre los extremos del intervalo existe un punto en que la tangente a la curva es paralela a la recta secante que une los extremos A y B.

El siguiente programa de Python proporciona una representación gráfica para los teoremas de Lagrange y de Rolle. Para el teorema de Lagrange se ha utilizado la función polinómica: $f(x) = 6x^3 + x^2 + 5$:

8.4. TEOREMAS DEL CÁLCULO DIFERENCIAL

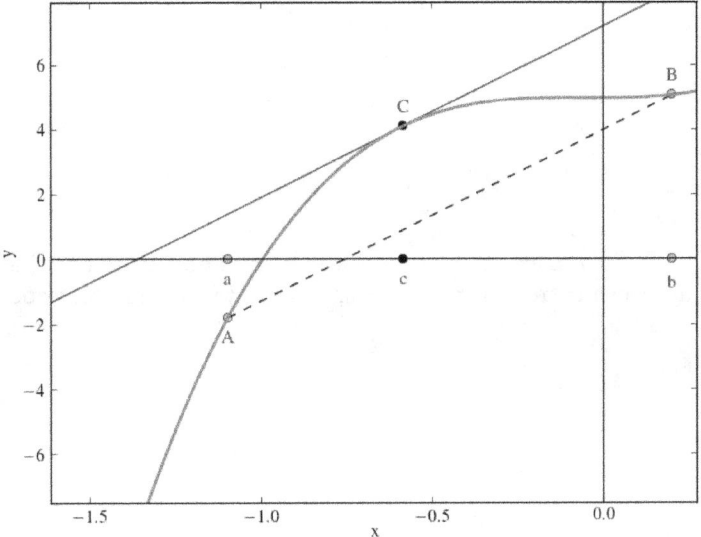

```
------------------ ejecución del programa ------------------
f(x)=
    3     2
 6 x + 1 x + 5
a =  -1.1 ; A = f(a) =  -1.776
b =   0.2 ; B = f(b) =   5.088
f ' (c) =   5.280  = pendiente de la secante AB
P':     2
18 x + 2 x
para hallar c hay que encontrar las raices de:
      2
18 x + 2 x - 5
c = -0.59; C=f(c)=  4.14
la recta tangente por f(c) = (-0.59,  4.14)
tiene la misma pendiente que la secante AB
```

Para el teorema de Rolle se representa la función $f(x) = -x^2 + x + 1$:

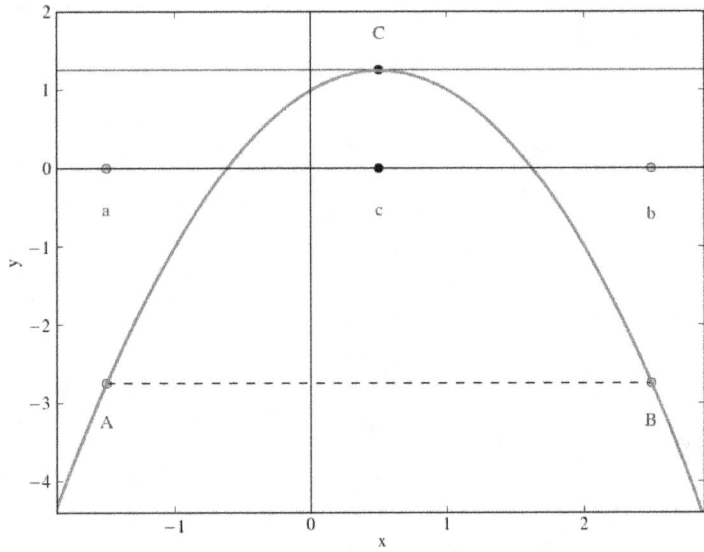

```
------------------ ejecución del programa ------------------
posibles b [ 2.5 -1.5]
f(x)=
    2
-1 x + 1 x + 1
a =  -1.5 ; A = f(a) =  -2.75
```

```
b =   2.5 ; B = f(b) =   -2.75
f ' (c) =   -0.000  = pendiente de la secante AB
P':
-2 x + 1
para hallar c hay que encontrar las raices de:

-2 x + 1
c =   0.50; C=f(c)=  1.25
la recta tangente por f(c) = ( 0.50,  1.25)
tiene la misma pendiente que la secante AB
```

El código del programa es el siguiente. Para el ejemplo de Lagrange, hay que descomentar las líneas que aparecen entre triples comillas, y comentar las que corresponden al ejemplo de Rolle.

```python
# -*- coding: utf-8 -*-
"""
p8b.py
representa el teorema de Lagrange
"""
import numpy as np
import matplotlib.pyplot as plt
from matplotlib import rc

rc('font', **{'family': 'serif', 'serif': ['Times']})
rc('text', usetex=True)
numpuntos = 300


def muestradatos(poli, a, b, A, B):
    print 'f(x)='
    print poli
    print 'a = ', a, '; A = f(a) = ', A
    print 'b = ', b, '; B = f(b) = ', B

'''
#--------------- ejemplo de Lagrange ---------
#coeficientes an, an-1,... a0
#para el ejemplo de Lagrange
fpoli = np.poly1d([6, 1, 0, 5])
a = -1.1
b = 0.2
A = np.polyval(fpoli, a)
B = np.polyval(fpoli, b)
#-------------------------------------------
'''

#--------------- ejemplo de Rolle ---------
#coeficientes an, an-1,... a0
#para el ejemplo de Rolle
fpoli = np.poly1d([-1, 1, 1])
a = -1.5
A = np.polyval(fpoli, a)
fpoliA = 0 * fpoli
fpoliA[0] = A
#hay que hallar b tal que f(b) = A
#para hallar b: -x^2 +x +1 = A, resuelve la ec: -x^2 + x+ (1-A)=0
ec = np.poly1d(fpoli - fpoliA)
listab = np.roots(ec)
print 'posibles b', listab
```

8.4. TEOREMAS DEL CÁLCULO DIFERENCIAL

```python
    b = listab[0]
    if b == a:
        b = listab[1]
    B = np.polyval(fpoli, b)


muestradatos(fpoli, a, b, A, B)
caracteristicosx = [0]
caracteristicosy = [0]
caracteristicosx.append(a)
caracteristicosx.append(b)


def escribex(m, texto):
    plt.text(m, -0.5, texto, horizontalalignment='center',
            verticalalignment='top', fontsize=13, color='blue', weight='bold')


def escribefx(m, M, texto):
    if M >= 0:
        posicion = 0.4 + M
        vertical = 'bottom'
    else:
        posicion = M - 0.4
        vertical = 'top'
    plt.text(m, posicion, texto, horizontalalignment='center',
            verticalalignment=vertical, fontsize=13, color='blue', weight='bold')

escribefx(a, A, 'A')
escribefx(b, B, 'B')
plt.plot(a, 0, 'yo')
plt.plot(b, 0, 'yo')
escribex(a, 'a')
escribex(b, 'b')
plt.plot(a, A, 'yo')
plt.plot(b, B, 'yo')
plt.plot([a, b], [A, B], 'k--', lw=1)
pendiente = (B - A) / (b - a)
print ('f' + "'" + '(c) = ' + "%5.3f" % pendiente + ' = pendiente de la secante AB')

#derivada
d1 = np.polyder(fpoli)
print 'P' + "'" + ': ' + str(d1)
print 'para hallar c hay que encontrar las raices de:'
d1[0] = d1[0] - pendiente
print d1

#raices de ec
raices1 = np.roots(d1)
for i in range(0, len(raices1)):
    if np.iscomplex(raices1[i]) is True:
        np.delete(raices1, i)
    else:
        if (raices1[i] < b) and (raices1[i] > a):
            c = raices1[i]
            C = np.polyval(fpoli, c)
```

```
            plt.plot(c, C, 'ko')
            plt.plot(c, 0, 'ko')
            escribex(c, 'c')
            escribefx(c, C, 'C')
            print ('c = ' + "%5.2f" % c + '; C=f(c)= ' + "%5.2f" % C)
            caracteristicosx.append(c)
            i = len(raices1) + 2

xmax = 1.5 * np.max(caracteristicosx)
xmin = 1.5 * np.min(caracteristicosx)
if xmin == 0:
    xmin = -1
if xmax == 0:
    xmax = 1
ymax = 2 * max([0.5, A, B, C])
ymin = 2 * min([-0.5, A, B, C])
#y-y0 = m(x-x0) = pendiente(x-x0)
#y = C + pendiente(x-c)
print ('la recta tangente por f(c) = (' + "%5.2f" % c + ', ' + "%5.2f" % C + ')')
print 'tiene la misma pendiente que la secante AB'
plt.plot([xmin, xmax], [C + pendiente * (xmin - c),
        C + pendiente * (xmax - c)], 'b-', lw=1)
x = np.linspace(xmin, xmax, numpuntos)
y = np.zeros(numpuntos, float)
for i in range(0, numpuntos):
    y[i] = np.polyval(fpoli, x[i])
plt.plot(x, y, 'r-', lw=2)
plt.axhline(color='black', lw=1)
plt.axvline(color='black', lw=1)
plt.ylim(ymin, ymax)
plt.ylabel('y')
plt.xlabel('x')
plt.show()
```

También podemos utilizar el teorema de Lagrange para demostrar algunas desigualdades. Por ejemplo, si lo aplicamos a la función $f(x) = senx$ en el intervalo $[a,b]$, tendremos que

$$f(b) - f(a) = f'(c)(b - a)$$

$$senb - sena = f'(c)(b - a)$$

y puesto que $|f'(x)| = |cosx| \leq 1 \quad \forall x$ llegamos a

$$|senb - sena| \leq |b - a|$$

6. Teorema de Cauchy: este teorema generaliza el anterior teorema de Lagrange: Sean dos funciones $f(x)$ y $g(x)$ continuas en $[a,b]$ y diferenciables en (a,b), y la función $g(x)$ además es tal que su derivada es diferente de cero en todos los puntos de (a,b). Entonces en el interior del este intervalo existe un punto c para el cual es válida la siguiente fórmula:

$$\frac{f(b) - f(a)}{g(b) - g(a)} = \frac{f'(c)}{g'(c)}$$

Esta fórmula se denomina fórmula generalizada de los incrementos finitos, o fórmula de Cauchy. El teorema de Lagrange es el caso particular del teorema de Cauchy si tomamos en éste $g(x) = x$.

8.4. TEOREMAS DEL CÁLCULO DIFERENCIAL

La interpretación geométrica de este teorema es la siguiente: sean las funciones
$f(t) = 2sen^3 t$ y $g(t) = 2cos^3 t$. Representamos los puntos $A(x,y) = (g(t_1), f(t_1))$ y $B(x,y) = (g(t_2), f(t_2))$. La fracción

$$\frac{f(b) - f(a)}{g(b) - g(a)} = \frac{f(t_2) - f(t_1)}{g(t_2) - g(t_1)} = \frac{y_B - y_A}{x_B - x_A}$$

es decir, la pendiente de la recta secante AB.

Mientras que el miembro derecho puede reescribirse como

$$\frac{f'(c)}{g'(c)} = \frac{\frac{dy}{dt}}{\frac{dx}{dt}}$$

es decir, la pendiente de la curva en un punto $C(x,y) = (g(t_c), f(t_c))$. Por lo tanto, el teorema afirma que existe un punto C comprendido entre A y B en el cual la tangente a la curva tiene la misma pendiente que la recta secante AB.

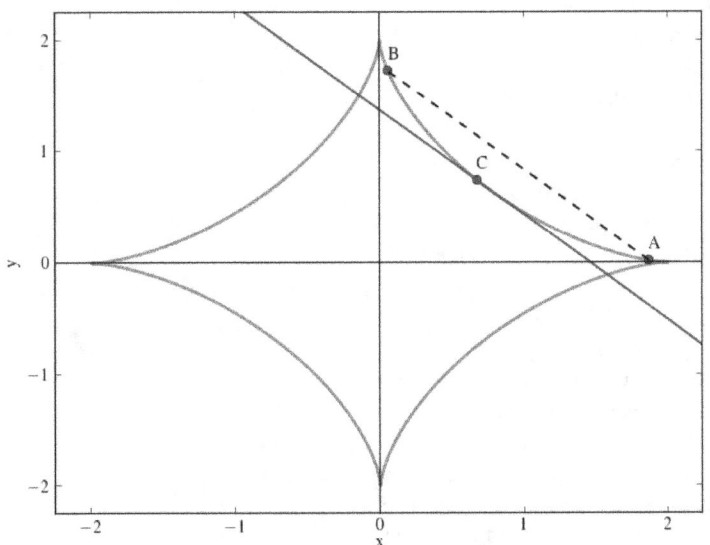

---------- ejecución del programa ----------
```
t1 = pi / 15 = 0.209
t2 = pi / 2.5 = 1.257
A(1.87, 0.02)
B(0.06, 1.72)
pendiente = -0.94
tc = 0.801
C(0.67, 0.74)
```

```
# -*- coding: utf-8 -*-
"""
p8c.py
representa el teorema de Cauchy
"""

import numpy as np
import matplotlib.pyplot as plt
from matplotlib import rc

rc('font', **{'family': 'serif', 'serif': ['Times']})
rc('text', usetex=True)
```

```
pi = np.pi
t1 = pi / 15
t2 = pi / 2.5
print 't1 = pi / 15 = ' + "%5.3f" % t1
print 't2 = pi / 2.5 = ' + "%5.3f" % t2


def f(t):
    fv = 2 * ((np.sin(t)) ** 3)
    return fv


def g(t):
    gv = 2 * ((np.cos(t)) ** 3)
    return gv

numpuntos = 360
tinicial = 0
tfinal = numpuntos
x = np.zeros(numpuntos, float)
y = np.zeros(numpuntos, float)
t = tinicial
while t < tfinal:
    radianes = np.deg2rad(t)
    x[t] = 2 * (np.cos(radianes) ** 3)
    y[t] = 2 * (np.sin(radianes) ** 3)
    t += 1
plt.plot(x, y, 'r-', lw=2)
plt.plot(g(t1), f(t1), 'bo')
plt.text(g(t1), f(t1) + 0.1, 'A', horizontalalignment='left',
        fontsize=12, color='black', weight='bold')
plt.plot(g(t2), f(t2), 'bo')
plt.text(g(t2), f(t2) + 0.1, 'B', horizontalalignment='left',
        fontsize=12, color='black', weight='bold')
plt.plot([g(t1), g(t2)], [f(t1), f(t2)], 'k--', lw=1.5)


def punto(t, letra):
    print (letra + '(' + "%4.2f" % g(t) + ', ' + "%4.2f" % f(t) + ')')
punto(t1, 'A')
punto(t2, 'B')
pendiente = (f(t2) - f(t1)) / (g(t2) - g(t1))
print 'pendiente = ' + "%4.2f" % pendiente
''' df = 6 * (np.cos(t)) ** 2; dg = -6 * (np.sin(t)) ** 2
df/dg = -1 / (np.tan(t)) ** 2 = pendiente
t = np.arctan(np.sqrt(-1 / pendiente)) '''
tc = np.arctan(np.sqrt(-1 / pendiente))
print 'tc = ' + "%5.3f" % tc
punto(tc, 'C')
plt.plot(g(tc), f(tc), 'bo')
plt.text(g(tc), f(tc) + 0.1, 'C', horizontalalignment='left',
        fontsize=12, color='black', weight='bold')
''' recta tangente: y-f(tc)=pendiente * (x - g(tc))
ytangente = f(tc) + pendiente * (x - g(tc));
ytangente(-1) = f(tc) - pendiente * (1 + g(tc))
```

```
ytangente(2.5) = f(tc) + pendiente * (2.5 - g(tc)) '''
plt.plot([-1.5, 2.5], [f(tc) - pendiente * (1.5 + g(tc)),
         f(tc) + pendiente * (2.5 - g(tc))], 'b--', lw=1.5)
plt.xlim(-2.25, 2.25)
plt.ylim(-2.25, 2.25)
plt.axhline(color='black', lw=1)
plt.axvline(color='black', lw=1)
plt.ylabel('y')
plt.xlabel('x')
plt.show()
```

7. Regla de L'Hospital: sean f y g funciones diferenciables en el intervalo (a,b), en el cual g tiene derivada no nula. Sea $c \in (a,b)$. Si

$$\lim_{x \to c} f(x) = 0 \qquad \lim_{x \to c} g(x) = 0$$

o si

$$\lim_{x \to c} f(x) = \infty \qquad \lim_{x \to c} g(x) = \infty$$

y además se cumple que el límite del cociente

$$\lim_{x \to c} \frac{f'(x)}{g'(x)} = l$$

entonces

$$\lim_{x \to c} \frac{f(x)}{g(x)} = l$$

8.5 Serie de Taylor

Sea una función $f(x)$ definida en un intervalo, en el cual existen las derivadas hasta de orden n de la función. Sea a un punto de ese intervalo. El polinomio

$$p_1(x) = f(a) + f'(a)(x-a)$$

tiene el mismo valor y la misma derivada que $f(x)$ en el punto a. Si buscamos otro polinomio, esta vez de segundo grado, que cumpla las mismas condiciones, es decir que $p_2(a) = f(a)$, y $p'_2(a) = f'(a)$, el polinomio que buscamos será:

$$p_2(x) = f(a) + f'(a)(x-a) + \frac{f''(a)}{2}(x-a)^2$$

además este polinomio cumple que $p''_2(a) = f''(a)$. De manera que si representamos estos polinomios, su gráfica se acerca cada vez más a la de la función, cuanto mayor es el grado del polinomio. Si utilizáramos un polinomio de grado n, éste sería $p_n(x)$:

$$f(a) + f'(a)(x-a) + \frac{f''(a)}{2!}(x-a)^2 + \frac{f^{(3)}(a)}{3!}(x-a)^3 + ... + \frac{f^{(n)}(a)}{n!}(x-a)^n$$

El siguiente programa de Python representa la función $f(x) = 3sen2x$ y los polinomios de Taylor $p1, p2, p3$ y $p4$ en un entorno del punto $a = 60°$:

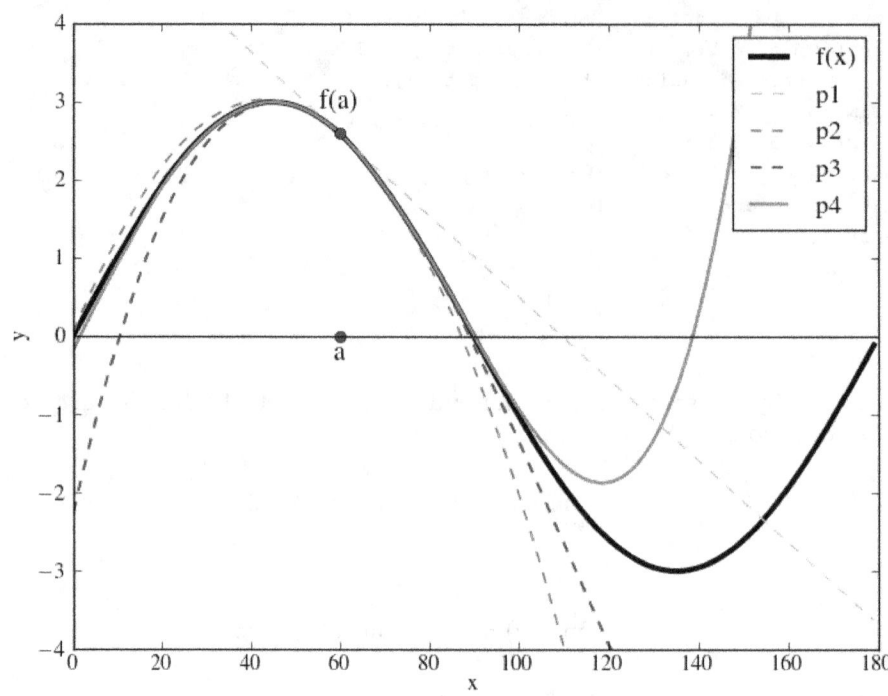

```
────────────────── ejecución del programa ──────────────────
f = 3*sin(2*x)
f(a) = 2.59808
D1 = 6*cos(2*x)
p1 =   2.60 + (-3.0/1.0)(x-a)^1
D2 = -12*sin(2*x)
p2 =   2.60 + (-3.0/1.0)(x-a)^1 + (-10./2.0)(x-a)^2
D3 = -24*cos(2*x)
p3 =   2.60 + (-3.0/1.0)(x-a)^1 + (-10./2.0)(x-a)^2 + (12./6.0)(x-a)^3
D4 = 48*sin(2*x)
p4 =   2.60 + (-3.0/1.0)(x-a)^1 + (-10./2.0)(x-a)^2 + (12./6.0)(x-a)^3 + (42./24.0)(x-a)^4
```

```python
# -*- coding: utf-8 -*-
"""
p8d.py
serie de Taylor hasta la cuarta derivada
"""

import numpy as np
import matplotlib.pyplot as plt
from matplotlib import rc
import sympy as sy
from scipy.misc import factorial

x, y, z = sy.symbols('x y z')
sy.init_printing(use_unicode=True)

rc('font', **{'family': 'serif', 'serif': ['Times']})
rc('text', usetex=True)

a = 60.0    # grados
aradianes = np.deg2rad(a)
fx = 3 * sy.sin(2 * x)
print 'f = ' + str(fx)
fa = fx.subs(x, aradianes).evalf(6)
print 'f(a) = ' + str(fa)
```

8.5. SERIE DE TAYLOR

```python
    derivada = [0, 0, 0, 0, 0]
    derivada[0] = fx
    p = [0, 0, 0, 0, 0]
    p[0] = "%6.2f" % fa
    strp = p[0]
    for d in range(1, 5):
        derivada[d] = sy.diff(fx, x, d)
        print 'D' + str(d) + ' = ' + str(derivada[d])
        p[d] = str(derivada[d].subs(x, aradianes).evalf(2))
        strp = strp + ' + (' + p[d] + '/' + str(factorial(d)) + ')(x-a)^' + str(d)
        print 'p' + str(d) + ' = ' + strp


def f(x):
    fv = 3 * np.sin(2 * x)
    return fv


def D1(x):
    D1v = 6 * np.cos(2 * x)
    return D1v


def D2(x):
    D2v = -12 * np.sin(2 * x)
    return D2v


def D3(x):
    D3v = -24 * np.cos(2 * x)
    return D3v


def D4(x):
    D4v = 48 * np.sin(2 * x)
    return D4v

numpuntos = 180
x = np.zeros(numpuntos, float)
y = np.zeros(numpuntos, float)
p1 = np.zeros(numpuntos, float)
p2 = np.zeros(numpuntos, float)
p3 = np.zeros(numpuntos, float)
p4 = np.zeros(numpuntos, float)
i = 0
while i < numpuntos:
    x[i] = i
    radianes = np.deg2rad(x[i])
    incremento = np.deg2rad(i - a)
    y[i] = f(radianes)
    p1[i] = f(aradianes) + D1(aradianes) * incremento
    p2[i] = p1[i] + (D2(aradianes) / 2) * (incremento ** 2)
    p3[i] = p2[i] + (D3(aradianes) / 6) * (incremento ** 3)
    p4[i] = p3[i] + (D4(aradianes) / 24) * (incremento ** 4)
    #print x[i], y[i], p1[i]
```

```
        i += 1
plt.plot(x, y, 'k-', lw=3)
plt.plot(x, p1, 'y-', lw=1)
plt.plot(x, p2, 'g-', lw=1.25)
plt.plot(x, p3, 'b-', lw=1.5)
plt.plot(x, p4, 'r-', lw=1.75)
plt.ylim(-4, 4)
plt.plot(a, f(aradianes), 'bo')
plt.text(a, f(aradianes) + 0.3, 'f(a)', horizontalalignment='center',
        fontsize=15, color='black', weight='bold')
plt.plot(a, 0, 'bo')
plt.text(a, -0.3, 'a', horizontalalignment='center',
        fontsize=15, color='black', weight='bold')
plt.legend(('f(x)', 'p1', 'p2', 'p3', 'p4'), loc='best')
plt.axhline(color='black', lw=1)
plt.axvline(color='black', lw=1)
plt.ylabel('y')
plt.xlabel('x')
plt.show()
```

¿Qué error cometemos al tomar $p_n(x)$ como aproximación de $f(x)$ en un entorno de un punto a?. El error se denomina término residual $R_n(x)$ y es igual a (forma de Lagrange):

$$R_n(x) = (x-a)^{n+1} \frac{f^{(n+1)}(\xi)}{(n+1)!}$$

donde ξ es un número situado entre a y x.

Si tomamos $a = 0$, el desarrollo se denomina fórmula de MacLaurin:

$$f(0) + f'(0)x + \frac{f''(0)}{2!}x^2 + \frac{f^{(3)}(0)}{3!}x^3 + \ldots + \frac{f^{(n)}(0)}{n!}x^n$$

y a menudo se puede operar de manera que la fórmula que obtenemos es considerablemente más sencilla. En Python podemos obtener la fórmula de Maclaurin para una función directamente. Veamos un ejemplo para $f(x) = sen x$:

```
# -*- coding: utf-8 -*-
"""
p8e.py
serie de Mc Laurin
"""

import sympy as sy

x, y, z = sy.symbols('x y z')
sy.init_printing(use_unicode=True)
j = complex(0, 1)


#fx = sy.sin(x)
#fx = sy.cos(x)
#fx = sy.exp(x)
#fx = sy.cos(j * x)
fx = sy.sin(j * x) / j
f0 = fx.subs(x, 0).evalf(3)
maclaurin = str(f0) + ' + '
print 'f(x) = ' + str(fx)
for d in range(1, 8):
```

8.5. SERIE DE TAYLOR

```
    #print maclaurin
    derivada = sy.diff(fx, x, d)
    derivada0 = derivada.subs(x, 0).evalf(3)
    sd = str(derivada0)
    print ('D' + str(d) + ' = ' + sd + '; D' + str(d) + '(0) = ' + sd)
    if sd != '0':
        maclaurin += '[' + sd + ' * (x**' + str(d) + ') / ' + str(d) + '!] + '
print
print maclaurin + '...'
serie = fx.series(x, 0, 8)   # desarrollo en serie con sympy
print serie
```

---
ejecución del programa

```
f(x) = sin(x)
D1 = 1.00; D1(0) = 1.00
D2 = 0; D2(0) = 0
D3 = -1.00; D3(0) = -1.00
D4 = 0; D4(0) = 0
D5 = 1.00; D5(0) = 1.00
D6 = 0; D6(0) = 0
D7 = -1.00; D7(0) = -1.00

0 + [1.00 * (x**1) / 1!] + [-1.00 * (x**3) / 3!] + [1.00 * (x**5) / 5!] + [-1.00 * (x**7) / 7!] + ...
x - x**3/6 + x**5/120 - x**7/5040 + O(x**8)
```

Podemos obtener una cota superior para el error que cometemos al aproximar

$$sen\, x = x - \frac{x^3}{3!} + \frac{x^5}{5!} + \frac{x^7}{7!}$$

$$|R_9| = \left|\frac{x^9}{9!}cos\xi\right| = \left|\frac{x^9}{362880}cos\xi\right|$$

y puesto que $|cos\xi| \leq 1$ tendremos:

$$|R_9| \leq \left|\frac{x^9}{362880}\right|$$

y por ejemplo, para todos los valores de x comprendidos entre 0 y $\frac{\pi}{3}$:

$$|R_9| \leq \frac{1}{362880}\left(\frac{\pi}{3}\right)^9 \simeq 4,1734e - 06 < \frac{1}{230000}$$

Aprovechamos el programa anterior, para modificarlo y obtener el desarrollo en serie de $f(x) = cos\,x$:

---
ejecución del programa

```
f(x) = cos(x)
D1 = 0; D1(0) = 0
D2 = -1.00; D2(0) = -1.00
D3 = 0; D3(0) = 0
D4 = 1.00; D4(0) = 1.00
D5 = 0; D5(0) = 0
D6 = -1.00; D6(0) = -1.00
D7 = 0; D7(0) = 0

1.00 + [-1.00 * (x**2) / 2!] + [1.00 * (x**4) / 4!] + [-1.00 * (x**6) / 6!] + ...
1 - x**2/2 + x**4/24 - x**6/720 + O(x**8)
```

$$cos\,x = 1 - \frac{x^2}{2!} + \frac{x^4}{4!} - \frac{x^6}{6!} + ...$$

Calculamos con el mismo programa los desarrollos en serie de e^x, $Ch\,x$ y $Sh\,x$:

---
ejecución del programa

```
f(x) = exp(x)
D1 = 1.00; D1(0) = 1.00
D2 = 1.00; D2(0) = 1.00
D3 = 1.00; D3(0) = 1.00
D4 = 1.00; D4(0) = 1.00
D5 = 1.00; D5(0) = 1.00
D6 = 1.00; D6(0) = 1.00
```

```
D7 = 1.00; D7(0) = 1.00

1.00 + [1.00 * (x**1) / 1!] + [1.00 * (x**2) / 2!]
     + [1.00 * (x**3) / 3!] + [1.00 * (x**4) / 4!]
     + [1.00 * (x**5) / 5!] + [1.00 * (x**6) / 6!]
     + [1.00 * (x**7) / 7!] + ...
1 + x + x**2/2 + x**3/6 + x**4/24 + x**5/120 + x**6/720 + x**7/5040 + O(x**8)


f(x) = cosh(1.0*x)
D1 = 0; D1(0) = 0
D2 = 1.00; D2(0) = 1.00
D3 = 0; D3(0) = 0
D4 = 1.00; D4(0) = 1.00
D5 = 0; D5(0) = 0
D6 = 1.00; D6(0) = 1.00
D7 = 0; D7(0) = 0

1.00 + [1.00 * (x**2) / 2!] + [1.00 * (x**4) / 4!]
     + [1.00 * (x**6) / 6!] + ...
1 + 0.5*x**2 + 0.0416666666666667*x**4 + 0.00138888888888889*x**6 + O(x**8)


f(x) = 1.0*sinh(1.0*x)
D1 = 1.00; D1(0) = 1.00
D2 = 0; D2(0) = 0
D3 = 1.00; D3(0) = 1.00
D4 = 0; D4(0) = 0
D5 = 1.00; D5(0) = 1.00
D6 = 0; D6(0) = 0
D7 = 1.00; D7(0) = 1.00

0 + [1.00 * (x**1) / 1!] + [1.00 * (x**3) / 3!]↵
  + [1.00 * (x**5) / 5!] + [1.00 * (x**7) / 7!] + ...
1.0*x + 0.166666666666667*x**3 + 0.00833333*x**5 + 0.000198413*x**7 + O(x**8)
```

Observemos que

$$e^x = Chx + Shx \qquad e^{-x} = Chx - Shx$$

lo que nos permite llegar a la expresión de las funciones seno hiperbólico, coseno hiperbólico y tangente hiperbólica, que representamos a continuación con siguiente programa de Python:

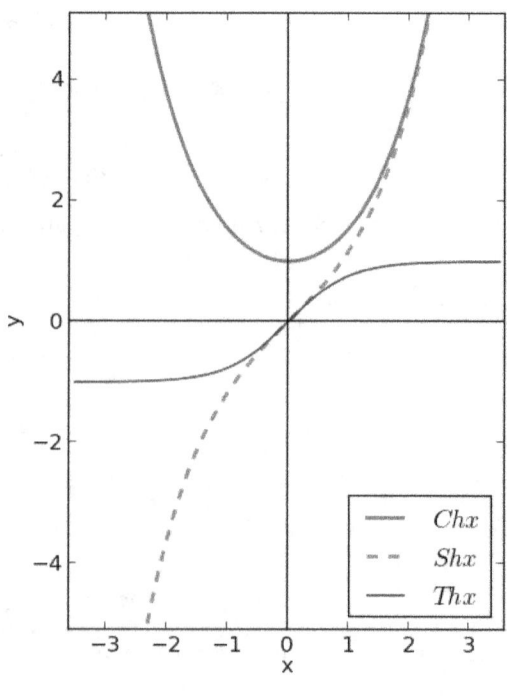

```
# -*- coding: utf-8 -*-
'''
p81.py
representa Chx, Shx, Thx
'''

import numpy as np
import matplotlib.pyplot as plt

numpuntos = 100
fig = plt.figure(facecolor='white')
x = np.linspace(-3.5, 3.5, numpuntos)
y1 = np.zeros(numpuntos, float)
y2 = np.zeros(numpuntos, float)
y3 = np.zeros(numpuntos, float)
for i in range(0, numpuntos):
    y1[i] = (np.exp(x[i]) + np.exp(-x[i])) / 2
    y2[i] = (np.exp(x[i]) - np.exp(-x[i])) / 2
    y3[i] = y2[i] / y1[i]
ax = fig.add_subplot(1, 1, 1, aspect='equal')
p1, = plt.plot(x, y1, 'g', lw=2, label='$Chx$')
p2, = plt.plot(x, y2, 'r--', lw=2, label='$Shx$')
p3, = plt.plot(x, y3, 'b', lw=1.2, label='$Thx$')
plt.legend(('$Chx$', '$Shx$', '$Thx$'), loc='best')
```

8.5. SERIE DE TAYLOR

```
plt.ylabel('y')
plt.xlabel('x')
ax.set_xlim(-3.6, 3.6)
ax.set_ylim(-5.1, 5.1)
plt.axhline(color='black', lw=1)
plt.axvline(color='black', lw=1)
plt.show()
```

$$Chx = \frac{e^x + e^{-x}}{2} \qquad Shx = \frac{e^x - e^{-x}}{2} \qquad Thx = \frac{e^x + e^{-x}}{e^x - e^{-x}}$$

y sus derivadas:

$$(Chx)' = \frac{e^x - e^{-x}}{2} = Shx \qquad (Shx)' = \frac{e^x + e^{-x}}{2} = Chx$$

$$(Thx)' = \left(\frac{Shx}{Chx}\right)' = \frac{Chx \cdot Chx - Shx \cdot Shx}{(Chx)^2} = \frac{1}{Ch^2x}$$

ya que

$$e^x \cdot e^{-x} = 1 = (Chx + Shx) \cdot (Chx - Shx) = Ch^2x - Sh^2x$$

Si utilizamos un parámetro t como variable, y representamos mediante el programa de Python p8m.py la función paramétrica dada por

$$x = Ch(t) \qquad y = Sh(t)$$

obtenemos una hipérbola equilátera de semieje unidad:

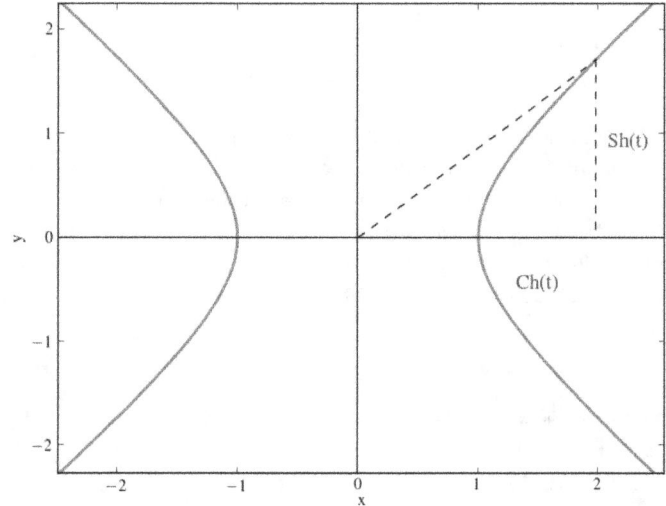

```
# -*- coding: utf-8 -*-
"""
p8m.py
representa hiperbola equilatera
"""

import numpy as np
import matplotlib.pyplot as plt
```

```
from matplotlib import rc

rc('font', **{'family': 'serif', 'serif': ['Times']})
rc('text', usetex=True)

t1 = np.deg2rad(75)
print 't1 = 75     = ' + "%5.3f" % t1 + ' rad'


def f(t):
    fv = np.sinh(t)
    return fv


def g(t):
    gv = np.cosh(t)
    return gv

numpuntos = 90
tinicial = 0
tfinal = numpuntos
x = np.zeros(numpuntos, float)
y = np.zeros(numpuntos, float)
t = tinicial
while t < tfinal:
    radianes = np.deg2rad(t)
    x[t] = np.cosh(radianes)
    y[t] = np.sinh(radianes)
    t += 1
plt.plot(x, y, 'r-', lw=2)
plt.plot(-x, y, 'r-', lw=2)
plt.plot(-x, -y, 'r-', lw=2)
plt.plot(x, -y, 'r-', lw=2)

plt.text(g(t1) + 0.1, f(t1) / 2, 'Sh(t)', horizontalalignment='left',
        fontsize=15, color='blue', weight='bold')
plt.text((1 + g(t1)) / 2, -0.5, 'Ch(t)', horizontalalignment='center',
        fontsize=15, color='blue', weight='bold')
plt.plot([g(t1), g(t1)], [f(t1), 0], 'k--', lw=1)
plt.plot([0, g(t1)], [0, f(t1)], 'k--', lw=1)
xmax = np.max(x)
ymax = np.max(y)
print xmax
plt.xlim(-xmax - 0.25, xmax + 0.25)
plt.ylim(-ymax - 0.25, ymax + 0.25)
plt.axhline(color='black', lw=1)
plt.axvline(color='black', lw=1)
plt.ylabel('y')
plt.xlabel('x')
plt.show()
```

Un desarrollo en serie importante es el de $atan x$, que obtenemos con el mismo programa, esta vez hasta la décima derivada. Esta serie fue descubierta en 1670 por un matemático inglés para $|x| \leq 1$:

─────────── ejecución del programa ───────────
```
f(x) = atan(x)
D1 = 1.00; D1(0) = 1.00
D2 = 0; D2(0) = 0
```

8.5. SERIE DE TAYLOR

```
D3 = -2.00; D3(0) = -2.00
D4 = 0; D4(0) = 0
D5 = 24.0; D5(0) = 24.0
D6 = 0; D6(0) = 0
D7 = -720.; D7(0) = -720.
D8 = 0; D8(0) = 0
D9 = 4.03e+4; D9(0) = 4.03e+4
D10 = 0; D10(0) = 0

0 + [1.00 * (x**1) / 1!] + [-2.00 * (x**3) / 3!] + [24.0 * (x**5) / 5!] +
  + [-720. * (x**7) / 7!] + [4.03e+4 * (x**9) / 9!] + ...
x - x**3/3 + x**5/5 - x**7/7 + x**9/9 + O(x**11)
```

$$atanx = x - \frac{x^3}{3} + \frac{x^5}{5} - \frac{x^7}{7} + \frac{x^9}{9} - ...$$

Pero este matemático no se percató de que si tomamos $x = 1$, el el arcotangente de 1 es justamente $\frac{\pi}{4}$, con lo que llegamos a la serie que descubrió Leibniz en 1673:

$$\frac{\pi}{4} = 1 - \frac{1}{3} + \frac{1}{5} - \frac{1}{7} + \frac{1}{9} - ...$$

Esta serie converge, si bien lentamente, al valor de $\frac{\pi}{4}$, y permite obtener un valor aproximado de π. El siguiente programa de Python calcula el valor de π mediante los 5000 primeros términos de la serie y representa uno de cada cien. El valor exacto de π se representa como una recta roja:

```
                              ejecución del programa
1       1.00000000       4.00000000      995     -0.00100503      3.13958462
3      -0.33333333       2.66666667      997      0.00100301      3.14359666
5       0.20000000       3.46666667      999     -0.00100100      3.13959266
7      -0.14285714       2.89523810     1001      0.00099900      3.14358866
9       0.11111111       3.33968254     1003     -0.00099701      3.13960062
11     -0.09090909       2.97604618     1005      0.00099502      3.14358072
13      0.07692308       3.28373848      ...
15     -0.06666667       3.01707182     4993      0.00020028      3.14199313
17      0.05882353       3.25236593     4995     -0.00020020      3.14119233
19     -0.05263158       3.04183962     4997      0.00020012      3.14199281
21      0.04761905       3.23231581     4999     -0.00020004      3.14119265
...
```

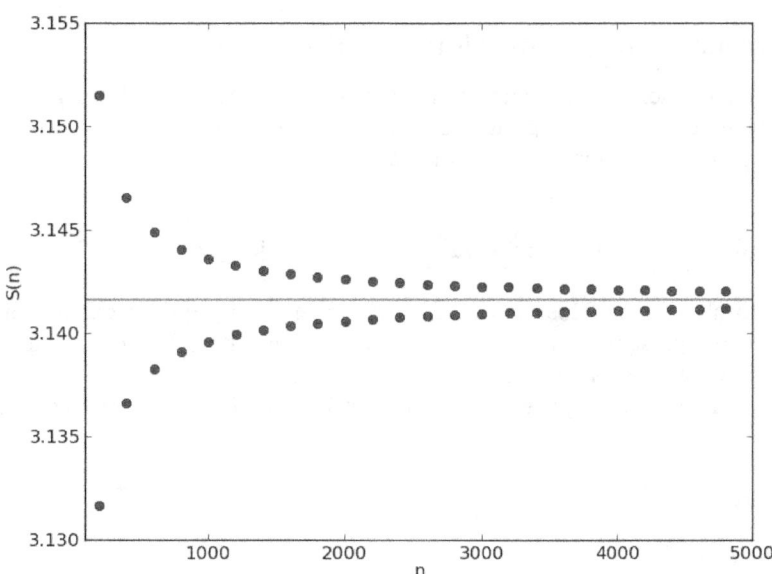

```
# -*- coding: utf-8 -*-
"""
p8j.py
Calcula el numero pi mediante la serie de Leibniz
"""
```

```
import matplotlib.pyplot as plt
import numpy as np

signo = 1.0
piaprox = 0
seriepi = []
x = []
paso = 0
for i in range(1, 5000, 2):
    piaprox += 4 * signo / i
    if paso == 100:
        seriepi.append(piaprox)
        x.append(i)
        seriepi.append(piaprox - 4.0 / (i + 1))
        x.append(i + 1)
        paso = 0
    print str(i) + "%15.8f" % (signo / i) + "%15.8f" % piaprox
    signo *= -1
    paso += 1
#print seriepi
plt.plot(x, seriepi, 'bo', lw=1.0)
plt.plot([99, 5000], [np.pi, np.pi], 'r-', lw=1.5)
plt.xlim(99, 5000)
plt.xlabel('n')
plt.ylabel('S(n)')
plt.show()
```

8.6 Aplicaciones de la derivada

8.6.1. Representación de funciones polinómicas

El programa de Python que se muestra al final de esta sección elabora gráficas de funciones polinómicas, indicando además los puntos de corte, máximos, mínimos y puntos de inflexión. El polinomio se introduce como una lista en la línea

a = [1, -1, -7, 1, 6]

que corresponde al polinomio $1x^4 - x^3 - 7x^2 + x + 6$, por ejemplo.

El programa también decide los valores máximos de x y de y que se van a representar, y en la ventana que aparece representada la función, Matplotlib permite seleccionar con el ratón aún más la zona que nos interesa mostrar. Se ha representado la función
$y = 2x^5 - 4x^3 - 1$. El máximo aparece marcado con la letra M; el mínimo con m, y el punto de inflexión con In:

```
———————————————————— ejecución del programa ————————————————————
polinomio P: [-1, 0, 0, -4, 0, 2] =    2x^{5}    -4x^{3} -1
Corte con el eje Y: (0, -1 )
Corte con el eje X: ( 1.469, 0)
Corte con el eje X: (-1.338, 0)
Corte con el eje X: (-0.690, 0)
P': [  0.   0. -12.   0.  10.   0.] =   10.0x^{4}    -12.0x^{2}
P'': [  0. -24.   0.  40.   0.   0.] =   40.0x^{3}    -24.0x^{1}
derivada se anula para x= -1.10
derivada se anula para x=  1.10
derivada se anula para x=  0.00
derivada se anula para x=  0.00
d2(-1.09544511501) = [-26.29068276]: Máximo:  (-1.1,  1.1)
d2(1.09544511501) = [ 26.29068276]: mínimo:  ( 1.1,  -3.1)
d2(0.0) = [ 0.]: punto de inflexión: ( 0.0, -1.0)
d2(0.0) = [ 0.]: punto de inflexión: ( 0.0, -1.0)
```

8.6. APLICACIONES DE LA DERIVADA

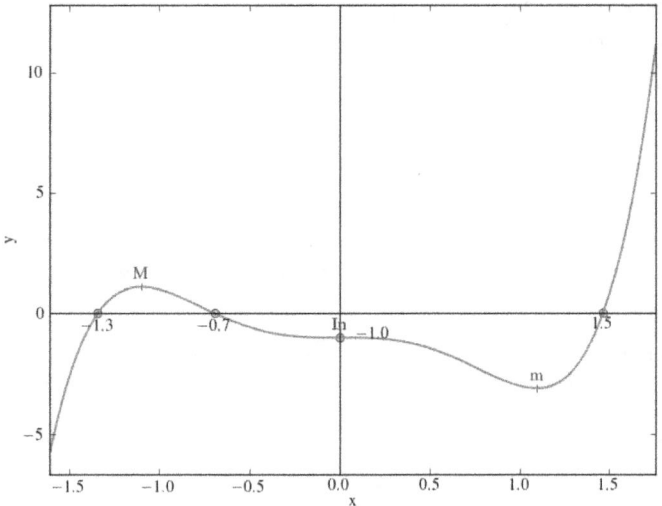

Representación de la función $y = x^4 - 2x^3 - x^2 + 2x - 3$:

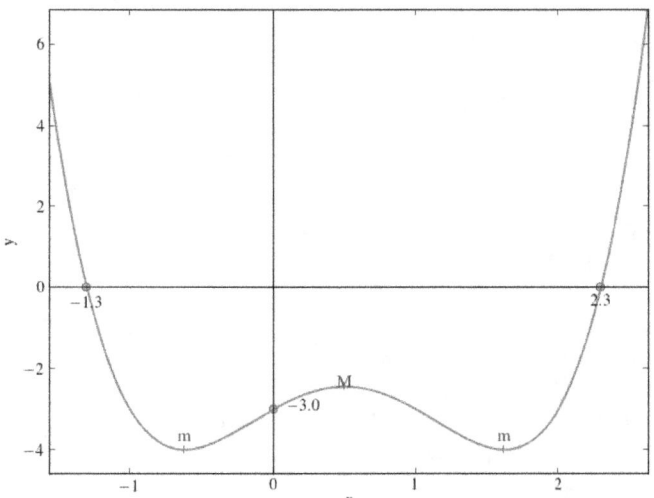

```
_____ ejecución del programa _____
polinomio P: [-3, 2, -1, -2, 1] =   1x^{4}   -2x^{3}   -1x^{2} + 2x^{1} -3
Corte con el eje Y: (0, -3 )
Corte con el eje X: ( 2.303, 0)
Corte con el eje X: (-1.303, 0)
P': [ 2. -2. -6.  4.  0.] =   4.0x^{3}   -6.0x^{2}   -2.0x^{1} +2.0
P'': [ -2. -12.  12.   0.   0.] =  12.0x^{2}   -12.0x^{1} -2.0
derivada se anula para x=  1.62
derivada se anula para x= -0.62
derivada se anula para x=  0.50
d2(1.61803398875) = [ 10.]: mínimo: ( 1.6, -4.0)
d2(-0.61803398875) = [10.]: mínimo: (-0.6, -4.0)
d2(0.5) = [-5.]: Máximo: ( 0.5, -2.4)
```

p8f.py

representa polinomios, con M, m, cortes y P.I.

```
import numpy as np
```

```python
import matplotlib.pyplot as plt
from matplotlib import rc

rc('font', **{'family': 'serif', 'serif': ['Times']})
rc('text', usetex=True)

#coeficientes a0, a1,... an
a = [-1, 0, 0, -0.33, 0, 0.2]
#a = [-3, 2, -1, -2, 1]

caracteristicosx = [0]
caracteristicosy = [0]


def latexpolinomio(p):
    if p[0] > 0:
        polinomio = '+' + str(p[0])
    elif p[0] < 0:
        polinomio = str(p[0])
    else:
        polinomio = ''
    n = 1
    while n <= (len(p) - 1):
        if p[n] == 0:
            n += 1
        else:
            signo = ''
            if p[n] < 0:
                signo = ' '
            elif p[n] > 0:
                signo = '+'
            if n > 0:
                polinomio = ' ' + str(p[n]) + 'x^{' + str(n) + '} ' + polinomio
            else:
                polinomio = ' ' + str(p[n]) + polinomio
            polinomio = signo + polinomio
            n += 1
    if (polinomio[0]) == '+':
        polinomio = polinomio[1:len(polinomio)]
    return polinomio


def derivada(p):
    d = np.zeros(len(p), float)
    i = len(p) - 1
    while i > 0:
        d[i - 1] = p[i] * i
        i -= 1
    return d


def f(x):
    y = a[0]
    i = 1
    while i < len(a):
        y = y + a[i] * x ** i
```

8.6. APLICACIONES DE LA DERIVADA

```
            i += 1
        return y


print 'polinomio P: ' + str(a) + ' = ' + latexpolinomio(a)
#corte con el eje Y
print 'Corte con el eje Y: (0,', f(0), ')'
plt.plot(0, f(0), 'yo')
cadena = '$' + "%3.1f" % f(0) + '$'
plt.text(0.1, f(0), cadena, horizontalalignment='left', fontsize=12, color='black', weight='bold')

#cortes con el eje X
corteX = np.roots(a[::-1])
cortaalejeX = False
corteXreal = []
for corte in corteX:
    if np.iscomplex(corte) == False:
        corte = float(np.real(corte))
        print 'Corte con el eje X: (' + "%6.3f" % corte + ', 0)'
        corteXreal.append(corte)
        cortaalejeX = True
        plt.plot(corte, f(corte), 'yo')
        cadena = '$' + "%3.1f" % corte + '$'
        plt.text(corte, -0.2, cadena, horizontalalignment='center',
                verticalalignment='top', fontsize=12, color='black', weight='bold')
        caracteristicosx.append(corte)
        caracteristicosy.append(corte)
if cortaalejeX == False:
    print 'la funci n no corta al eje X'

#derivadas
d1 = np.zeros(len(a), float)
d2 = np.zeros(len(a), float)
d1 = derivada(a)
d2 = derivada(d1)
print 'P' + "'" + ': ' + str(d1) + ' = ' + latexpolinomio(d1)
print 'P' + "''" + ': ' + str(d2) + ' = ' + latexpolinomio(d2)

#raices de la derivada d1
lista1 = d1[::-1]
raices1 = np.roots(lista1)
#print raices1
for i in range(0, len(raices1)):
    if np.iscomplex(raices1[i]) is True:
        np.delete(raices1, i)
    else:
        plt.plot(raices1[i], f(raices1[i]), 'k+')
        print 'derivada se anula para x= ' + "%5.2f" % raices1[i]
        caracteristicosx.append(raices1[i])
        caracteristicosy.append(f(raices1[i]))

for r in raices1:
    if np.iscomplex(r) == False:
        valor = d2[0]
        for i in range(1, len(d2)):
            valor = valor + d2[i] * r ** [i]
```

```
                    posicion = '(' + "%4.1f" % r + ', ' + "%4.1f" % f(r) + ')'
                    if valor < 0:
                        extremo = 'Máximo: ' + posicion
                        letra = 'M'
                    elif valor > 0:
                        extremo = 'mínimo: ' + posicion
                        letra = 'm'
                    else:
                        extremo = 'punto de inflexión: ' + posicion
                        letra = 'In'
                print 'd2(' + str(r) + ') = ' + str(valor) + ': ' + extremo
                plt.text(r, 0.3 + f(r), letra, horizontalalignment='center',
                         verticalalignment='bottom', fontsize=13, color='blue', weight='bold')

numpuntos = 300
#print 'caracteristicos x: ', caracteristicosx
if len(a) < 3:
    xmax = 2 * np.max(caracteristicosx)
    xmin = 2 * np.min(caracteristicosx)
else:
    xmax = 1.2 * np.max(caracteristicosx)
    xmin = 1.2 * np.min(caracteristicosx)
if xmin == 0:
    xmin = -1
if xmax == 0:
    xmax = 1
caracteristicosy.append(f(xmax))
caracteristicosy.append(f(xmin))
#print 'caracteristicos y: ', caracteristicosy
ymax = 1.15 * np.max(caracteristicosy)
ymin = 1.15 * np.min(caracteristicosy)
if ymin == 0:
    ymin = -1
if ymax == 0:
    ymax = 1

x = np.linspace(xmin, xmax, numpuntos)
y = np.zeros(numpuntos, float)
for i in range(0, numpuntos):
    y[i] = f(x[i])
plt.xlim(xmin, xmax)
plt.ylim(ymin, ymax)
plt.plot(x, y, 'r-', lw=1.5)
plt.axhline(color='black', lw=1)
plt.axvline(color='black', lw=1)
plt.ylabel('y')
plt.xlabel('x')
plt.show()
```

8.6.2. Física: tiro parabólico

Utilizando las conocidas ecuaciones de cinemática, que no vamos a demostrar aquí, podemos calcular el alcance, la altura máxima y el tiempo que tarda un móvil en llegar a su objetivo tras ser lanzado con una velocidad v_0 y un ángulo α. El siguiente programa representa estas ecuaciones para varios ángulos, así como la parábola de seguridad, que aparece sombreada en la gráfica, y es la región cuyos puntos puede alcanzar el móvil si se lanza con cualquier ángulo a una velocidad inicial

8.6. APLICACIONES DE LA DERIVADA

fija.

Como es conocido, la altura máxima se alcanza con un ángulo de 90 grados, y es igual a $H = \frac{v_0^2}{2g}$; el alcance máximo a se consigue con un ángulo de 45 grados, y es igual a $\frac{v_0^2}{g} = 2H$. La parábola de seguridad es la parábola que pasa por los tres puntos siguientes: $(-a, 0)$, $(0, H)$ y $(a, 0)$. Tomemos por ejemplo el récord mundial de lanzamiento de jabalina, que posee Jan Zelezný desde el año 1996 con una distancia de 98.48 metros. Supongamos que lanzó la jabalina con el ángulo óptimo de 45 grados, y por tanto su velocidad inicial fue de

$$v_0 = \sqrt{98{,}48g} \sim 31{,}08 ms^{-1}$$

El siguiente programa de Python calcula las distancias que habría alcanzado con otros ángulos, y la parábola de seguridad.

```python
# -*- coding: utf-8 -*-
"""
p8g.py
representa tiro parabolico y parabola de seguridad
"""

import numpy as np
import matplotlib.pyplot as plt
from matplotlib import rc

rc('font', **{'family': 'serif', 'serif': ['Times']})
rc('text', usetex=True)

y0 = 0.0
v0 = 31.08
print 'v0 = ' + "%.2f" % v0 + ' m/s'
g = -9.81
H = (v0 ** 2) / (-2 * g)    # altura m xima alcanzable
print 'altura m xima = ', "%.1f" % H, ' m'
alcancemaximo = 2 * H
print 'alcance m ximo = ', "%.1f" % alcancemaximo, ' m'
lista_angulos = [15.0, 30.0, 45.0, 60.0, 85.0]

print 'angulo      ymax      alcance     tiempo'
for j in range(0, 5):
    alfa = np.deg2rad(lista_angulos[j])
    v0y = v0 * np.sin(alfa)
    tsuelo = - 2 * v0y / g
    v0x = v0 * np.cos(alfa)
    alcance = - (v0 ** 2) * np.sin(2 * alfa) / g
    ymax = y0 + (v0y * tsuelo / 2) + (0.5 * g * (tsuelo / 2) ** 2)
    print (str(lista_angulos[j]) + "%11.1f" % ymax + "%11.1f" % alcance + "%11.2f" % tsuelo)


def f(x, beta):
    v0x = v0 * np.cos(np.deg2rad(beta))
    #coeficientes a0, a1,... an
    a = [y0, (np.tan(np.deg2rad(beta))), ((0.5 * g) / (v0x ** 2))]
    y = a[0]
    i = 1
    while i < len(a):
        y = y + a[i] * x ** i
        i += 1
```

```
    return y


numpuntos = 300
x = np.linspace(0, np.ceil(alcancemaximo), numpuntos)

y15 = np.zeros(numpuntos, float)
y30 = np.zeros(numpuntos, float)
y45 = np.zeros(numpuntos, float)
y60 = np.zeros(numpuntos, float)
y85 = np.zeros(numpuntos, float)
for i in range(0, numpuntos):
    y15[i] = f(x[i], 15.0)
    y30[i] = f(x[i], 30.0)
    y45[i] = f(x[i], 45.0)
    y60[i] = f(x[i], 60.0)
    y85[i] = f(x[i], 85.0)

plt.plot(x, y15, 'k:', lw=2, label='$15$')
plt.plot(x, y30, 'k-.', lw=2, label='$30$')
plt.plot(x, y45, 'r--', lw=2.5, label='$45$')
plt.plot(x, y60, 'k--', lw=2, label='$60$')
plt.plot(x, y85, 'k:', lw=2, label='$85$')
plt.plot(-x, y15, 'k:', lw=2, label='$15$')
plt.plot(-x, y30, 'k-.', lw=2, label='$30$')
plt.plot(-x, y45, 'r--', lw=2.5, label='$45$')
plt.plot(-x, y60, 'k--', lw=2, label='$60$')
plt.plot(-x, y85, 'k:', lw=2, label='$85$'
plt.axhline(color='grey', lw=1)
plt.axvline(color='grey', lw=1)
plt.legend(('$15\,^{\circ}$', '$30\,^{\circ}$', '$45\,^{\circ}$', '$60\,^{\circ}$',
            '$85\,^{\circ}$'), loc='best')
plt.ylabel('y')
plt.xlabel('x')
#parabola de seguridad
print 'par bola de seguridad: Ax^2 + Bx + C = 0'
A = -H / (alcancemaximo ** 2)
print 'A = -H / v0^2 = ', A
print 'B = 0'
print 'C = H = ', H
print ('y = ' + "%.6f" % A + 'x^2 + ' + "%.6f" % H)
#calcula 100 puntos de la parabola
xrango = np.linspace(-alcancemaximo, alcancemaximo, 100)
yrango = np.zeros(100, float)
for k in range(0, 100):
    yrango[k] = A * xrango[k] ** 2 + H
plt.plot(xrango, yrango, 'k--', lw=1.0)
plt.fill_between(xrango, yrango, 0, alpha=0.2, color='#BDD0D7')
plt.ylim(0, 1.1 * (v0 ** 2) / (-2 * g))
plt.show()
```

8.6. APLICACIONES DE LA DERIVADA

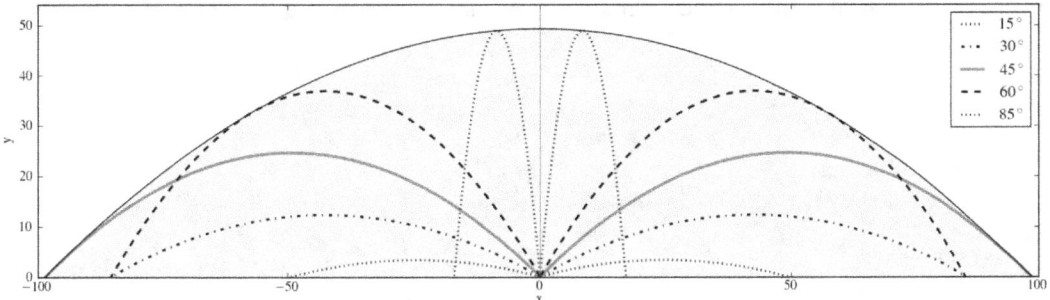

```
 ─────────────────────────── ejecución del programa ───────────────────────────
v0 = 31.08 m/s
altura máxima =   49.2  m
alcance máximo =  98.5  m
angulo    ymax     alcance    tiempo
15.0       3.3       49.2      1.64
30.0      12.3       85.3      3.17
45.0      24.6       98.5      4.48
60.0      36.9       85.3      5.49
85.0      48.9       17.1      6.31
parábola de seguridad: Ax^2 + Bx + C = 0
A = -H / v0^2 =   -0.00507781637125
B = 0
C = H =   49.2337614679
y = -0.005078x^2 + 49.233761
```

8.6.3. Física: Teoría de Planck del cuerpo negro

Según la teoría clásica, la energía emitida por una cavidad radiante debe seguir la fórmula de Raleigh-Jeans:

$$\rho_T(\nu)d\nu = \frac{8\pi\nu^2 kT}{c^3}d\nu$$

Para nuestros objetivos, en este momento solo nos interesa la forma de esta función y no sus valores exactos. Llamemos $y = \rho$, la densidad de energía en J/m^3, $y > 0$; $x = \nu$, la frecuencia de la radiación, en s^{-1}, $x > 0$. Si agrupamos las constantes de la fórmula en una constante que llamamos $C > 0$, obtenemos:

$$y = CTx^2$$

que corresponde a una rama de una parábola para valores de la temperatura $T >= 0$.

Según esta ecuación, la energía emitida a altas frecuencias por una cavidad radiante debería tender a infinito, sin embargo los resultados experimentales muestran que la energía emitida es finita. Esta discrepancia se conoce como la «catástrofe ultravioleta», y señala la imposibilidad de la teoría clásica para explicarlo.

Tratando de resolver la discrepancia entre la teoría clásica y los resultados experimentales, Max Planck desarrolló una teoría, según la cual, la radiación emitida sería:

$$\rho_T(\nu)d\nu = \frac{8\pi\nu^2 kT}{c^3}\frac{h\nu}{e^{h\nu/kT} - 1}d\nu$$

para un amplio intervalo de temperaturas, podemos tomar

$$e^{h\nu/kT} \gg 1$$

y agrupando como en el caso clásico las constantes, obtenemos una ecuación de la forma:

$$y = C_1 x^2 \frac{x}{e^{C_2 x/T}}$$

y por simplicidad, tomamos las constantes igual a la unidad, ya que solo nos interesa aquí la forma de la curva, y no sus valores físicos exactos:

$$y = x^3 e^{-x/T}$$

Podemos calcular fácilmente sus dos primeras derivadas con Python:

```
# -*- coding: utf-8 -*-
"""
p8h.py
cuerpo negro
"""

import sympy as sy

x, T = sy.symbols('x T')
sy.init_printing(use_unicode=True)

fx = x ** 3 * sy.exp(-x / T)
print 'f = ' + str(fx)
for d in range(1, 3):
    derivada = sy.diff(fx, x, d)
    print ('D' + str(d) + ' = ' + str(derivada))
```

———————————————— ejecución del programa ————————————————
```
f = x**3*exp(-x/T)
D1 = 3*x**2*exp(-x/T) - x**3*exp(-x/T)/T
D2 = 6*x*exp(-x/T) - 6*x**2*exp(-x/T)/T + x**3*exp(-x/T)/T**2
```

Podemos reescribir la primera derivada como

$$f'(x) = \left(3x^2 - \frac{x^3}{T}\right) e^{-x/T}$$

y para que se anule, se ha de anular el paréntesis

$$3x^2 - \frac{x^3}{T} = x^2\left(3 - \frac{x}{T}\right) = 0$$

$$x = 3T$$

Podemos calcular rápidamente el valor de la segunda derivada para $x = 3T$ añadiendo al programa un par de líneas de código:

```
print 'D2(3T) = '
print sy.simplify(6 * 3 * T * sy.exp(-3 * T / T) -
                  6 * (3 * T) ** 2 * sy.exp(-3 * T / T) / T +
                  (3 * T) ** 3 * sy.exp(-3 * T / T) / T ** 2)
```

———————————————— ejecución del programa ————————————————
```
D2(3T) =
-9*T*exp(-3)
```

Por lo tanto, tenemos que para $x = 3T$, $f'(x) = 0$; $f''(x) = -9Te^{-3} < 0$, lo que nos indica que la función tiene un máximo para $x = 3T$.

Representemos la función

$$y = x^3 e^{-x/T}$$

para varios valores de T:

8.6. APLICACIONES DE LA DERIVADA

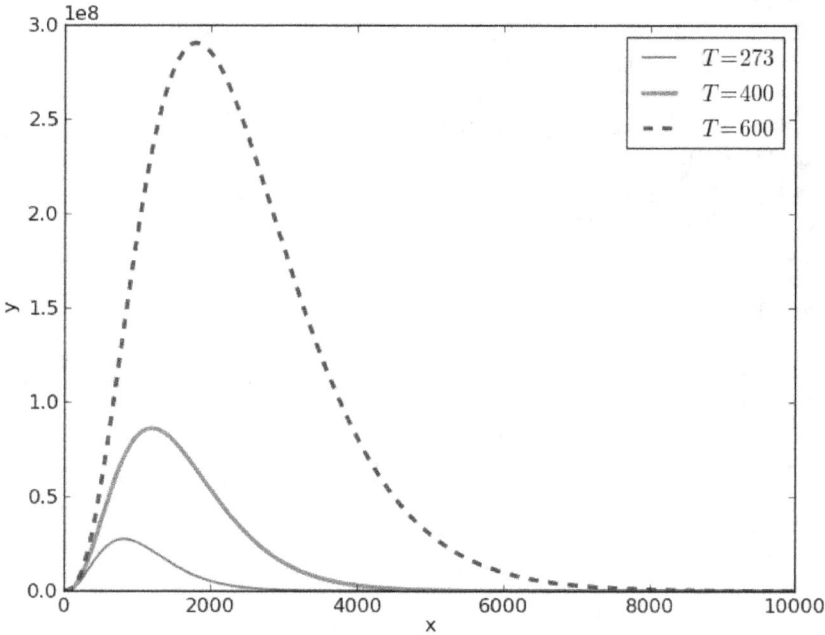

Por lo tanto, según la teoría de Planck, la energía emitida a cada temperatura presenta un máximo, y la frecuencia a la que se da ese máximo aumenta con la temperatura.

```
# -*- coding: utf-8 -*-
'''
p8i.py
representa radiacion del cuerpo negro aproximando como f = x**3*exp(-x/T)
'''

import numpy as np
import matplotlib.pyplot as plt

numpuntos = 500
fig = plt.figure(facecolor='white')
x = np.linspace(0, 1e4, numpuntos)
y1 = np.zeros(numpuntos, float)
y2 = np.zeros(numpuntos, float)
y3 = np.zeros(numpuntos, float)
for i in range(0, numpuntos):
    y1[i] = x[i] ** 3 * np.exp(-x[i] / 273.0)
    y2[i] = x[i] ** 3 * np.exp(-x[i] / 400.0)
    y3[i] = x[i] ** 3 * np.exp(-x[i] / 600.0)
p1, = plt.plot(x, y1, 'g--', lw=1.5, label='$T=273$')
p2, = plt.plot(x, y2, 'r-', lw=2.5, label='$T=400$')
p3, = plt.plot(x, y3, 'b--', lw=2.5, label='$T=600$')
plt.legend(('$T=273$', '$T=400$', '$T=600$'), loc='best')
plt.ylabel('y')
plt.xlabel('x')
plt.axhline(color='black', lw=1)
plt.axvline(color='black', lw=1)
plt.show()
```

8.6.4. Economía: función de producción

En un cultivo de arroz la cantidad de arroz producido en una zona determinada varía con la cantidad de fertilizante utilizado. Supongamos que en un estudio agronómico se han empleado cantidades de fertilizante comprendidas entre los 50 y los 250 kg/ha, y se ha encontrado la siguiente relación, siendo y la producción de arroz en kg/ha y x la cantidad de fertilizante utilizado en kg:

$$y = 16{,}4x - 0{,}06x^2$$

Es una función polinómica que podemos representar como hemos visto en la sección anterior utilizando el programa p8f.py tomando en él a = [0, 16.4, -0.06]:

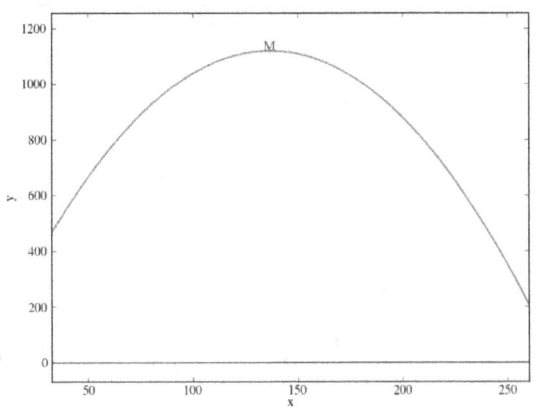

```
─────────────────────────────── ejecución del programa ───────────────────────────────
polinomio P: [0, 16.4, -0.06] =   -0.06x^{2} + 16.4x^{1}
Corte con el eje Y: (0, 0.0 )
Corte con el eje X: (273.333, 0)
Corte con el eje X: ( 0.000, 0)
P': [ 16.4   -0.12    0.  ] =   -0.12x^{1} +16.4
P'': [-0.12  0.    0.  ] = -0.12
derivada se anula para x= 136.67
d2(136.666666667) = [-0.12]: Máximo: (136.7, 1120.7)
```

Por tanto, la cantidad óptima de fertilizante resulta ser de $136{,}7 kg/ha$. Si se utiliza más, se está desperdiciando fertilizante. Si se utiliza menos, no se alcanza el máximo de producción, que es de $1120 Kg/ha$.

8.6.5. Física: Ley de enfriamiento de Newton

La ley de enfriamiento de Newton determina la velocidad a la que se enfría un cuerpo:

$$\frac{dT}{dt} = -k(T - T_a)$$

siendo T la temperatura del cuerpo en el tiempo t, T_0 la temperatura inicial del cuerpo, y T_a la temperatura ambiente. Esta ecuación se puede resolver, y así despejar la temperatura T para cada instante t:

$$T = T_a + (T_0 - T_a) \cdot e^{-kt}$$

Veamos un ejemplo de su aplicación: se ha horneado una pizza a 210 grados centígrados. Transcurridos 5 minutos tras sacar la pizza del horno y ponerla en la mesa, a una temperatura ambiente de 22 grados centígrados, la temperatura de la pizza es de 60 grados centígrados, por lo que podemos sustituir y calcular la constante k:

$$60 = 22 + (210 - 22) \cdot e^{-k*5}$$

$$-5k = \ln\left(\frac{60-22}{210-22}\right) = \ln\left(\frac{38}{188}\right)$$

$$k = 0{,}319771160621$$

¿A qué temperatura estará la pizza un cuarto de hora después de sacarla del horno?

$$T = 22 + (210 - 22) \cdot e^{-k*15} = 23{,}5$$

Bibliografía para este capítulo: [1], [2], [5], [7], [9], [13], [19], [24], [45], [47], [50], [55], [56], [60], [63]

9 | Integral

9.1 Integral de Riemann

Sea una función $f(x)$ continua en un intervalo $[a,b]$. Dividimos arbitrariamente el intervalo $[a,b]$ en n partes, tomando como puntos de división:

$$a = x_0 < x_1 < x_2 < ... < x_{n-1} < x_n = b$$

En cada intervalo $[x_{i-1}, x_i]$ elegimos un punto cualquiera ξ_i y formamos la suma

$$I_n = \sum_{i=1}^{i=n} (x_i - x_{i-1})f(\xi_i)$$

A esta suma se la denomina suma de Riemann para $f(x)$ correspondiente a la partición dada del intervalo. Llevamos esto a cabo para diferentes particiones, con $n = 1, 2, 3, ...$, cada vez con una división arbitraria del intervalo, pero tal que la amplitud de todos los intervalos $[x_{i-1}, x_i]$ tiende a cero al aumentar n. Entonces el límite

$$\lim_{n \to \infty} I_n = I$$

siempre existe y es independiente de los puntos de división y de los puntos ξ_i elegidos. Es decir, que para cualquier número ε podemos encontrar un número $\delta(\varepsilon) > 0$ tal que si

$$|x_i - x_{i-1}| < \delta$$

existe un número I tal que

$$|I_n - I| < \varepsilon$$

y a este número I se le denomina integral definida de la función $f(x)$ entre a y b:

$$I = \int_a^b f(x)dx$$

El siguiente programa calcula la suma de Riemann para una función. Se fija una amplitud máxima δ, y la amplitud de cada intervalo es un número aleatorio menor que δ. Dentro de cada intervalo se elige también un número ξ al azar. También muestra el valor exacto de la integral, utilizando el teorema fundamental del cálculo integral que demostraremos en la sección 9.4. Ahora se incluye simplemente para mostrar cuánto se acerca la suma de Riemann al valor exacto del área bajo la función, a medida que tomamos un intervalo δ más pequeño.

```
# -*- coding: utf-8 -*-
"""
p9a.py
suma de Riemann
"""

import numpy as np
import sympy as sy
import matplotlib.pyplot as plt
```

```python
x = sy.symbols('x')
sy.init_printing(use_unicode=True)

a = 2.0
b = 10.0
delta = 2.5
z = [a]
print 'f(x) = 3 * x ** 2 + 1'
print 'Integral: '
integral = sy.integrate(3 * x ** 2 + 1)
Fb = float(integral.subs(x, b).evalf(6))
Fa = float(integral.subs(x, a).evalf(6))
print integral
print ('I = ' + "%6.4f" % Fb + ' - ' + "%6.4f" % Fa + ' = ' + str(Fb - Fa))
j = 1
i = a
ancho = []
while i < b:
    amplitud = np.random.rand() * delta
    z.append(z[j - 1] + amplitud)
    if z[j] > b:
        z[j] = b
    ancho.append(z[j] - z[j - 1])
    i = z[j]
    j += 1
z = np.around(z, 6)
n = len(z) - 1
print '[a, b] = [', a, ', ', b, ']'
print 'delta = ', delta
print 'numero de intervalos: ', n
ancho.append(0)
ancho = np.around(ancho, 6)
norma = np.max(ancho)
print 'norma de la particion = ', norma


def f(t):
    fx = (3 * t ** 2 + 1)
    return fx

print 'Suma de Riemann:'
xi = np.zeros(n + 1, float)
y = np.zeros(n + 1, float)
suma = 0
for i in range(1, n + 1):
    xi[i] = z[i - 1] + np.random.rand() * (z[i] - z[i - 1])
    y[i] = f(xi[i])
    suma += (z[i] - z[i - 1]) * y[i]
print 'extremos de los intervalos:'
print z
print 'amplitud de los intervalos:'
print ancho[0: -1]
print 'amplitud total: ', ancho.sum()
print 'valores de xi dentro de cada intervalo:'
print xi[1: len(xi)]
```

9.1. INTEGRAL DE RIEMANN

```
print 'I = ', suma
#grafica
alturas = np.zeros(n, float)
alturas = np.delete(y, 0)
alturas = np.append(alturas, 0)
fig = plt.figure()
ax = plt.subplot(111)
ax.bar(z, alturas, width=ancho, alpha=0.4, color='#3E9ECB')
for k in range(1, len(xi)):
    ax.plot(xi[k], 0, 'yo')
#dibuja la funcion
puntosgrafica = 200
funcion = np.zeros(puntosgrafica + 1, float)
equis = np.zeros(puntosgrafica + 1, float)
incremento = (b - a) / puntosgrafica
for i in range(0, puntosgrafica + 1):
    equis[i] = a + i * incremento
    funcion[i] = f(equis[i])
plt.plot(equis, funcion, 'r-', lw=3)
plt.ylabel('y')
plt.xlabel('x')
plt.show()
```

Los siguientes gráficos representan la función y la suma de Riemann para los valores de $\delta = 2{,}5, 1{,}0$ y $0{,}25$. Los valores de $x = \xi_i$ se representan como puntos en amarillo sobre el eje X:

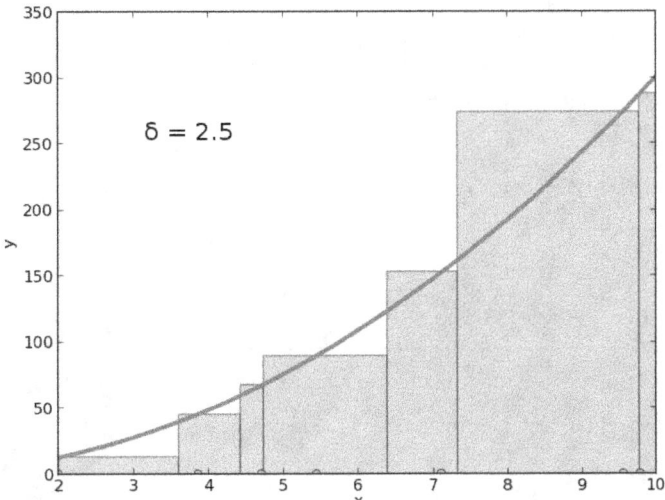

----- ejecución del programa -----

```
f(x) = 3 * x ** 2 + 1
Integral:
x**3 + x
I = 1010.0000 - 10.0000 = 1000.0
[a, b] = [ 2.0 , 10.0 ]
delta = 2.5
numero de intervalos: 7
norma de la partición =  2.439395
Suma de Riemann:
extremos de los intervalos:
[  2.        3.601538    4.432247    4.735722    6.389128    7.333767    9.773162   10.]
amplitud de los intervalos:
[ 1.601538   0.830709   0.303475   1.653405   0.944639   2.439395   0.226838]
amplitud total:  7.999999
valores de xi dentro de cada intervalo:
[ 2.00034735   3.85167607   4.7075039   5.44779322   7.11435243   9.54236249   9.78302267]
I =   1106.51986245
```

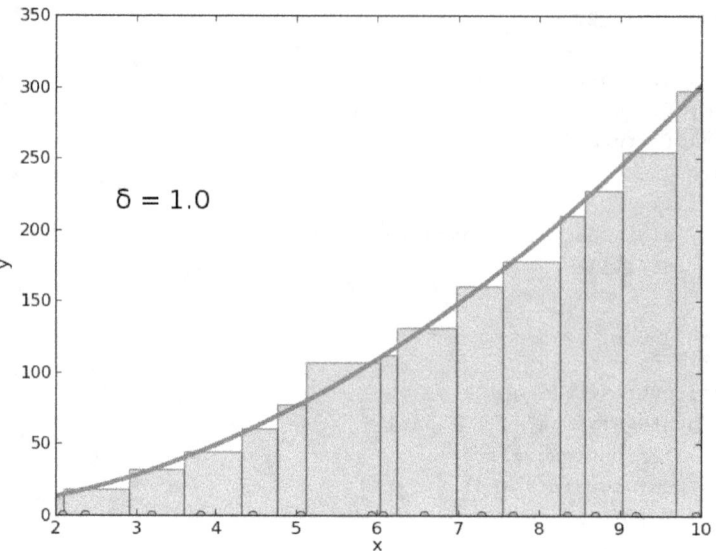

-- ejecución del programa --
```
f(x) = 3 * x ** 2 + 1
Integral:
x**3 + x
I = 1010.0000 - 10.0000 = 1000.0
[a, b] = [ 2.0 ,  10.0 ]
delta =  1.0
numero de intervalos:  15
norma de la partición =  0.912919
Suma de Riemann:
extremos de los intervalos:
[ 2.        2.102812    2.916805    3.611286    4.324224    4.770668    5.121727    6.034647
  6.246615  6.983055    7.553192    8.256003    8.564931    9.029536    9.688369   10.      ]
amplitud de los intervalos:
[ 0.102812  0.813993    0.694481    0.712938    0.446444    0.351059    0.912919    0.211969
  0.736439  0.570138    0.70281     0.308928    0.464605    0.658833    0.311631]
amplitud total:  7.999999
valores de xi dentro de cada intervalo:
[ 2.09493555  2.37200072  3.20069441  3.81526692  4.46616876  5.05451924
  5.94030017  6.08136339  6.58219484  7.28602608  7.67271085  8.34500137
  8.69308617  9.19668583  9.93856481]
I =   989.380858446
```

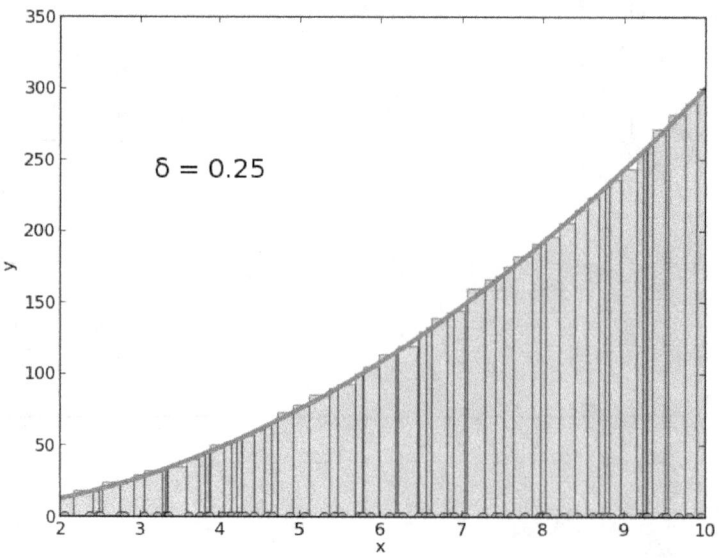

9.2. INTEGRAL INDEFINIDA

─────────────── ejecución del programa ───────────────
```
 f(x) = 3 * x ** 2 + 1
Integral:
x**3 + x
I =  1010.0000 -  10.0000 =  1000.0
[a, b] = [ 2.0 ,   10.0 ]
delta =  0.25
numero de intervalos:  67
norma de la partición =  0.24928
Suma de Riemann:
extremos de los intervalos:
[ 2.         2.174407   2.423687  ...   9.758952   9.896344  10. ]
amplitud de los intervalos:
[ 0.174407  0.24928   0.08318  ...  0.214383  0.137392  0.103656]
amplitud total:  8.000004
valores de xi dentro de cada intervalo:
[ 2.05893415  2.38708876  2.49601634 ...  9.81097521  9.95009989]
I =   1000.49729438
```

9.2 Integral Indefinida

En el programa del capítulo anterior hemos hecho uso de una característica de Python que nos permite obtener la que se denomina función primitiva. Veamos lo que es. Hemos visto ya que la derivada de una función $f(x)$ es

$$f'(x) = \frac{df(x)}{dx}$$

La operación inversa de la derivación consiste en buscar una función $F(x)$ tal que $F'(x) = f(x)$ y se expresa como:

$$F(x) = \int f(x)dx$$

A toda función $F(x)$ que satisfaga esta condición de que su derivada sea $F'(x) = f(x)$, se la denomina función primitiva de la función $f(x)$. De modo que la integración de una función $f(x)$ consiste en la búsqueda de una función primitiva.

Si $F(x)$ es una función primitiva de $f(x)$, también lo será la función $F(x) + C$, siendo C una constante, ya que $(F(x) + C)' = f(x)$. La constante C de integración debe añadirse si queremos obtener la expresión de todas las funciones primitivas, que diferirán entre sí, por lo tanto, en el valor de una constante. Si tomamos $C = 0$ obtenemos la expresión solamente de una de las funciones primitivas de $f(x)$.

Aunque toda función $f(x)$ continua en un intervalo admite una función primitiva en ese intervalo, con frecuencia es imposible obtener la expresión de la función primitiva $F(x)$, y en esos casos hemos de recurrir a métodos aproximados. Para otra serie de casos, sí se conoce algún método para llegar a la expresión de la primitiva $F(x)$.

No es este el lugar, ni tampoco es el objetivo de este libro el detallar todos los posibles métodos de integración. Lo que nos interesa en este momento es señalar cómo Python dispone de herramientas para obtener la expresión de la primitiva de una función en ciertos casos, y ver algunos ejemplos de ello:

```python
# -*- coding: utf-8 -*-
"""
p9b.py
Calculo de primitivas
"""

import sympy as sy

x = sy.symbols('x')
sy.init_printing(use_unicode=True)
```

```
print 'f(x) = x ** 4 - 3 * x ** 2 + 0.5 *x + 10'
integral = sy.integrate(x ** 4 - 3 * x ** 2 + 0.5 * x + 10)
print 'F(x) = ', integral
```

──────────────── ejecuciones del programa ────────────────
```
f(x) = x ** 4 - 3 * x ** 2 + 0.5 *x + 10
F(x) =   0.2*x**5 - 1.0*x**3 + 0.25*x**2 + 10.0*x

f(x) = cos x
F(x) =   sin(x)

f(x) = sen 5x cos 5x
F(x) =   sin(5*x)**2/10

f(x) = x exp(x ** 2)
F(x) =   exp(x**2)/2

f(x) = sqrt(x**3)
F(x) =   2*x*(x**3)**(1/2)/5

f(x) = (sen x) ** 2
F(x) =   x/2 - sin(x)*cos(x)/2

f(x) = cos x (senx)3
F(x) =   sin(x)**4/4

f(x) = 1 / (3x+1) ** 4
F(x) =   -1/(9*(3*x + 1)**3)

f(x) = cos3x exp(sen3x)
F(x) =   exp(sin(3*x))/3

f(x) = x cos x
F(x) =   x*sin(x) + cos(x)

f(x) = (x + 2) * sin(x ** 2 + 4 * x + 6)
F(x) =   -cos(x**2 + 4*x + 6)/2

f(x) = 1 / (x * (log(x)) ** 3)
F(x) =   -1/(2*log(x)**2)

f(x) = (6 - x) / ((x - 3) * (2 * x + 5))
F(x) =   3*log(x - 3)/11 - 17*log(x + 5/2)/22
```

9.3 Integral definida

Sea $f(x)$ una función definida en el intervalo cerrado $[a, b]$, la siguiente expresión se denomina integral definida de la función f entre a y b:

$$\int_a^b f(x)dx = \lim_{n\to\infty} \sum_{i=1}^n f(\xi_i)\Delta x_i$$

El número a se denomina límite inferior de integración, b es el superior. El símbolo $\int$ proviene de la letra S, indicando que la integral es el límite de una suma. A continuación enumeraremos algunas propiedades de la integral definida:

- Si una función $f(x)$ es continua en un intervalo $[a, b]$, entonces es integrable en ese intervalo.

- $\int_a^b f(x)dx = -\int_b^a f(x)dx$

- $\int_a^a f(x)dx = 0$

- Si $f(x) \geq 0 \quad \forall x \in [a, b]$, la integral definida se puede interpretar geométricamente como el área A comprendida entre la curva de la función $f(x)$ y el eje X. El siguiente programa de Python representa la función circunferencia de radio igual a 1 centrada en el origen $f(x) = \sqrt{1-x^2}$ en el intervalo $x \in [0, 1]$ y el área entre la curva y el eje X:

$$A = \int_0^1 \sqrt{1-x^2}$$

9.3. INTEGRAL DEFINIDA

──────────── ejecución del programa ────────────
```
f(z) = (1.0 - z ** 2) ** (1 / 2)
F(z) =   pi/4
```

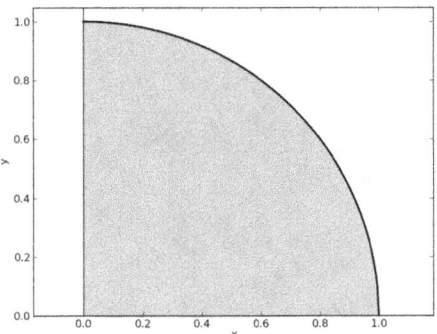

```
# -*- coding: utf-8 -*-
'''
p9c.py
representa funcion y area
'''

import numpy as np
import matplotlib.pyplot as plt
import sympy as sy

z = sy.symbols('z')
sy.init_printing(use_unicode=True)

print 'f(z) = (1.0 - z ** 2) ** (1 / 2)'
integral = sy.integrate(sy.sqrt(1 - z ** 2), (z, 0, 1))
print 'F(z) = ', integral

numpuntos = 200
x = np.linspace(0.0, 1.0, numpuntos)
y = np.sqrt(1 - x ** 2)
plt.plot(x, y, color='k', lw=2.0)
plt.fill_between(x, y, 0, alpha=1.0, color='#BDD0D7')
plt.ylabel('y')
plt.xlabel('x')
plt.axis('equal')
plt.axhline(color='black', lw=1)
plt.axvline(color='black', lw=1)
plt.xlim(0, 1.05)
plt.ylim(0, 1.05)
plt.show()
```

Si $f(x) < 0$ en el intervalo $[c, d]$, tendremos que el área entre la curva de la función y el eje X es $A = -\int_c^d f(x)$.

Por ejemplo la función

$$f(x) = (x + 4)(x - 1)(x - 3) = x^3 - 13x + 12$$

tiene la siguiente representación y área, que se ha obtenido con el programa de Python que se muestra tras los resultados.

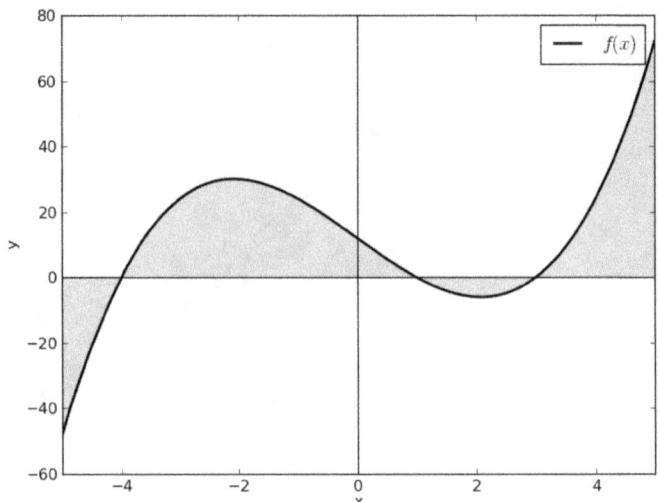

El área comprendida entre la curva de la función $f(x)$ y el eje X es:

$$A = -\int_{-5}^{-4} f(x) + \int_{-4}^{-1} f(x) - \int_{1}^{3} f(x) + \int_{3}^{5} f(x)$$

——————————————— ejecución del programa ———————————————
```
f(x) =
x**3 - 13*x + 12
F(x) =
x**4/4 - 13*x**2/2 + 12*x
puntos de corte con el eje X:  [-4.  1.  3.]
extremos de los intervalos de integracion:  [-5. -4.  1.  3.  5.]
areas de los intervalos:
[-21.75  93.75  -8.   56. ]
areas de los intervalos en valor absoluto:
[ 21.75  93.75   8.   56. ]
Area total =   179.5
```

Otro ejemplo: $f(x) = x^5 + 2x^4 + \frac{x^3}{4} - \frac{3x^2}{4}$

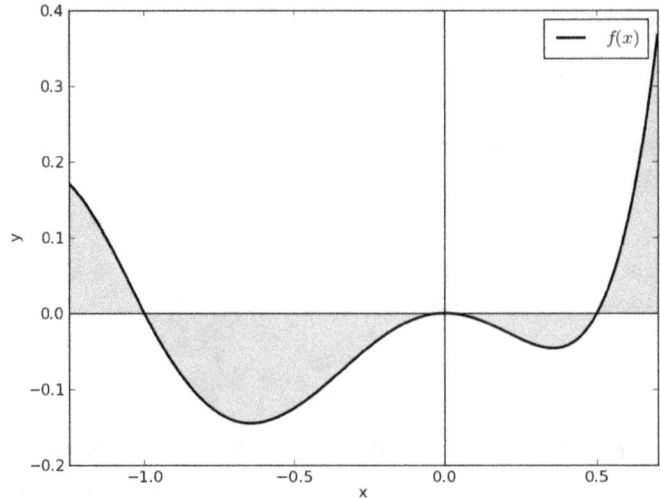

——————————————— ejecución del programa ———————————————
```
f(x) =
x**2*(4*x**3 + 8*x**2 + x - 3)/4
F(x) =
x**6/6 + 2*x**5/5 + x**4/16 - x**3/4
puntos de corte con el eje X:  [-1.5 -1.   0.   0.   0.5]
extremos de los intervalos de integracion:  [-1.25 -1.   0.   0.5  0.7 ]
```

9.3. INTEGRAL DEFINIDA

```
areas de los intervalos:
[ 0.02321777 -0.07916667 -0.01223958  0.028332  ]
areas de los intervalos en valor absoluto:
[ 0.02321777  0.07916667  0.01223958  0.028332  ]
Area total =   0.142956023437
```

```python
# -*- coding: utf-8 -*-
'''
p9d.py
representa funcion y area
'''

import numpy as np
import matplotlib.pyplot as plt
import sympy as sy

x = sy.symbols('x')
sy.init_printing(use_unicode=True)

'''
a = -5.0
b = 5.0
funcion = sy.simplify(x ** 3 - 13 * x + 12)
npfuncion = [1, 0, -13, 12]  # coeficientes del polinomio
'''

a = -1.25
b = 0.7
funcion = sy.simplify(x ** 5 + 2 * x ** 4 + (x ** 3) / 4 - (3 * x ** 2) / 4)
npfuncion = [1, 2, 0.25, -0.75, 0, 0]

#sympy
print 'f(x) = '
print funcion
I = sy.integrate(funcion)
print 'F(x) = '
print I

#numpy
raices = np.round(np.sort(np.roots(npfuncion)), 2)
print 'puntos de corte con el eje X: ', raices
extremos = [a]
i = 0
while i < len(raices):
    if (raices[i] > extremos[i] and raices[i] < b):
        extremos.append(raices[i])
    else:
        extremos.append(extremos[i])
    i += 1
extremos.append(b)
#print 'extremos de los intervalos de integracion: ', extremos
extremos = np.unique(extremos)
print 'extremos de los intervalos de integracion: ', extremos
areas = np.zeros(len(extremos) - 1, float)
for i in range(0, len(extremos) - 1):
    areas[i] = sy.integrate(funcion, (x, extremos[i], extremos[i + 1]))
print 'areas de los intervalos: '
print areas
```

```
areas = np.absolute(areas)
print 'areas de los intervalos en valor absoluto: '
print areas
print 'Area total = ', np.sum(areas)

#grafica
numpuntos = 200
x = np.linspace(a, b, numpuntos)
f = np.zeros(numpuntos, float)
for i in range(0, numpuntos):
    f[i] = np.polyval(npfuncion, x[i])
plt.plot(x, f, 'k-', lw=2)
plt.fill_between(x, f, 0, alpha=0.8, color='#BDD0D7')
plt.ylabel('y')
plt.xlabel('x')
plt.axhline(color='black', lw=1)
plt.axvline(color='black', lw=1)
plt.xlim(a, b)
plt.legend(('$f(x)$',), loc='best')
plt.show()
```

- Para cualquier partición en el intervalo $[a, b]$ se cumple que

$$\lim_{n \to \infty} \sum_{i=1}^{n} \Delta_i x = b - a$$

- $\int_a^b k \cdot f(x)dx = k \int_a^b f(x)dx$ ya que

$$\lim_{n \to \infty} \sum_{i=1}^{n} k f(\xi_i) \Delta x_i = k \cdot \lim_{n \to \infty} \sum_{i=1}^{n} f(\xi_i) \Delta x_i$$

- Si f y g dos funciones integrables en $[a, b]$ se cumple:

$$\int_a^b [f(x) + g(x)]dx = \int_a^b f(x)dx + \int_a^b g(x)dx$$

$$\int_a^b [f(x) - g(x)]dx = \int_a^b f(x)dx - \int_a^b g(x)dx$$

El área delimitada por las dos funciones es $\int_a^b [f(x) - g(x)]dx$.

Por ejemplo, si $f(x) = 2senx$ y $g(x) = cosx$, ambas curvas se cortan cuando

$$2tanx = 1$$

$$x = \arctan(\frac{1}{2})$$

$$\int_a^b [f(x) - g(x)]dx = \int_a^b [2senx - cosx]dx = [-2cosx - senx]_a^b$$

El siguiente programa de Python calcula el área comprendida entre ambas curvas, en el intervalo $[a, b]$:

9.3. INTEGRAL DEFINIDA 173

```python
# -*- coding: utf-8 -*-
'''
p9e.py
area entre dos curvas
'''

import numpy as np
import matplotlib.pyplot as plt
import sympy as sy
from matplotlib import rc

rc('font', **{'family': 'serif', 'serif': ['Times']})
rc('text', usetex=True)

z = sy.symbols('z')
sy.init_printing(use_unicode=True)
a = sy.atan(0.5)
b = sy.pi + a
#sympy
funcion = 2 * sy.sin(z) - sy.cos(z)
print 'f(x) = '
print funcion
I = sy.integrate(funcion)
print 'F(x) = '
print I

Area = sy.integrate(funcion, (z, a, b))
print 'Area entre las dos curvas:'
print 'A = ', "%6.3f" % Area
#grafica
numpuntos = 500
a = (180 * np.arctan(0.5) / np.pi)
b = a + 180
fa = 2 * np.sin(np.arctan(0.5))
fb = 2 * np.sin(np.pi + np.arctan(0.5))
print 'a = arctan(1/2) = ', "%6.3f" % np.arctan(0.5), ' rad = ', "%6.2f" % a
print 'b = a + 180 = ', "%6.2f" % b
Fb = -np.sin(np.deg2rad(b)) - 2 * np.cos(np.deg2rad(b))
Fa = -np.sin(np.deg2rad(a)) - 2 * np.cos(np.deg2rad(a))
print 'F(b) = ', "%6.3f" % Fb
print 'F(a) = ', "%6.3f" % Fa
print 'F(b) - F(a) = ', "%6.3f" % (Fb - Fa)
x = np.linspace(0, 270, numpuntos)
f = np.zeros(numpuntos, float)
g = np.zeros(numpuntos, float)
for i in range(0, numpuntos):
    f[i] = 2 * np.sin(np.deg2rad(x[i]))
    g[i] = np.cos(np.deg2rad(x[i]))
#grafica 1
plt.fill_between(x, f, g, where=(x >= a), color='#BDD0D7', alpha=0.5)
plt.fill_between(x, f, g, where=(x > b), color='#FFFFFF')
plt.plot(x, f, 'b-', lw=2)
plt.plot(x, g, 'r-', lw=2)
'''
#grafica 2
plt.fill_between(x, f, 0, where=(x >= a), color='blue', alpha=1.0)
```

```
plt.fill_between(x, f, 0, where=(x > b), color='#FFFFFF')
plt.fill_between(x, g, 0, where=(x >= a), color='#F8EF01', alpha=0.6)
plt.fill_between(x, g, 0, where=(x > b), color='#FFFFFF')
plt.plot(x, f, 'k-', lw=2)
plt.plot(x, g, 'k--', lw=2)
'''
plt.plot([a, a], [0, fa], 'k--', lw=1)
plt.plot([b, b], [0, fb], 'k--', lw=1)
plt.text(a, -0.2, 'a', horizontalalignment='center', fontsize=15,
        color='black', weight='bold')
plt.text(b, 0.1, 'b', horizontalalignment='center', fontsize=15,
        color='black', weight='bold')
plt.legend(('f(x)=2senx', 'g(x)=cosx',), loc='best')
plt.ylabel('y')
plt.xlabel('x')
plt.axhline(color='black', lw=1)
plt.axvline(color='black', lw=1)
plt.xlim(0, 270)
plt.ylim(-2, 2.5)
plt.show()
```

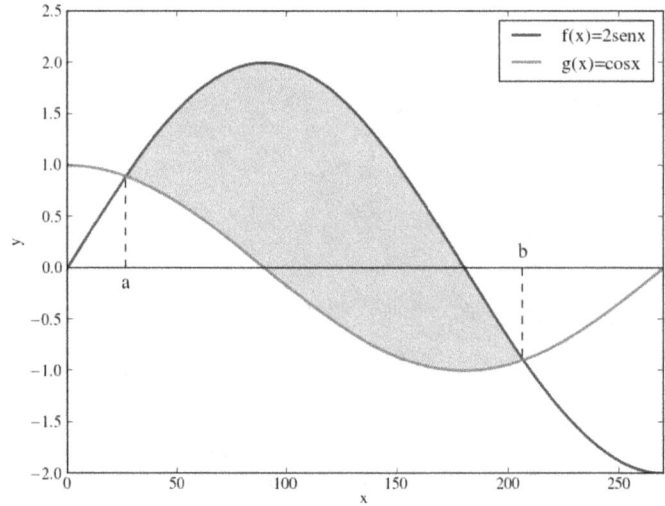

```
_____ ejecución del programa _____
f(x) =
2*sin(z) - cos(z)
F(x) =
-sin(z) - 2*cos(z)
Area entre las dos curvas:
A =    4.472
a = arctan(1/2) =    0.464   rad =    26.57
b = a + 180 =   206.57
F(b) =    2.236
F(a) =   -2.236
F(b) - F(a) =    4.472
```

El área comprendida entre las dos curvas se muestra en la siguiente imagen, en la que aparece en azul el área bajo la curva de la función f, en amarillo el área bajo la curva de la función g, y en pardo las superficies que se anulan al restar ambas. Esta segunda gráfica se obtiene con las líneas comentadas con triples comillas en el anterior programa de Python.

9.3. INTEGRAL DEFINIDA

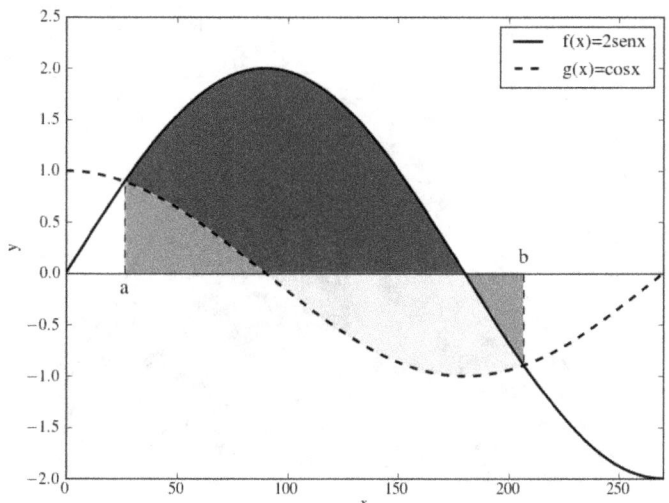

- Si la función f es integrable en varios intervalos $[a,c],[c,b],[a,b]$, siendo $a<c<b$, entonces

$$\int_a^b f(x)dx = \int_a^c f(x)dx + \int_c^b f(x)dx$$

Esta fórmula también es válida si f es integrable en un intervalo cerrado que contiene los tres números a,b,c en cualquier orden.

- Si $f(x)=k \quad \forall x \in [a,b]$, tendremos que

$$\int_a^b f(x)dx = \int_a^b k\,dx = k \cdot \int_a^b dx = k \cdot (b-a)$$

ya que en una propiedad anterior vimos que

$$\lim_{n \to \infty} \sum_{i=1}^n \Delta_i x = b - a$$

- Si las funciones $f(x)$ y $g(x)$ son integrables en el intervalo $[a,b]$ y si $f(x) \geq g(x) \quad \forall x \in [a,b]$ entonces:

$$\int_a^b f(x)dx \geq \int_a^b g(x)dx$$

Por ejemplo, representamos a continuación las funciones $f(x) = 1$ y $g(x) = senx$ en el intervalo $[0, \pi]$:

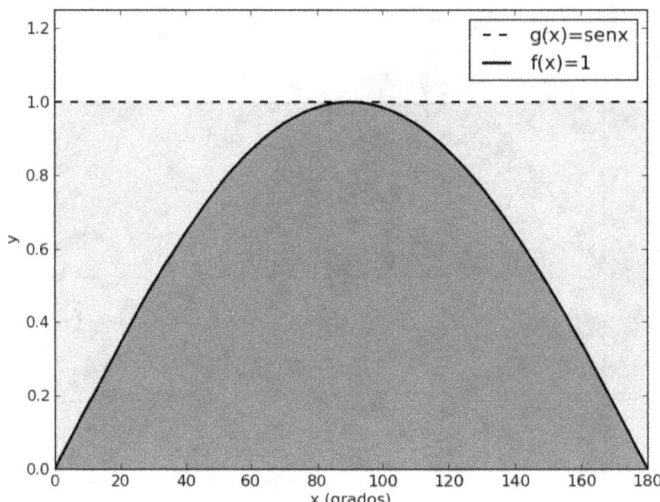

```
# -*- coding: utf-8 -*-
'''
p9f.py
representa funcion y area
'''

import numpy as np
import matplotlib.pyplot as plt

numpuntos = 180
x = np.linspace(0, 180, numpuntos)
f = np.zeros(numpuntos, float)
g = np.zeros(numpuntos, float)
for i in range(0, numpuntos):
    f[i] = 1.0
    g[i] = np.sin(np.deg2rad(x[i]))
plt.plot(x, f, 'k--', lw=1.5)
plt.fill_between(x, f, 0, alpha=0.5, color='#BDD0D7')
plt.plot(x, g, 'k-', lw=2)
plt.fill_between(x, g, 0, alpha=1, color='#F5591E')
plt.ylabel('y')
plt.xlabel('x (grados)')
plt.axhline(color='black', lw=1)
plt.axvline(color='black', lw=1)
plt.ylim(0, 1.25)
plt.legend(('g(x)=senx', 'f(x)=1',), loc='best')
plt.show()
```

- Sea $f(x)$ una función continua en un intervalo $[a, b]$, en el cual alcanza su máximo absoluto M y su mínimo absoluto m:

$$m \leq f(x) \leq M, \quad \forall x \in [a, b]$$

entonces se cumple que

$$m(b-a) \leq \int_a^b f(x)dx \leq M(b-a)$$

9.3. INTEGRAL DEFINIDA

- Teorema del valor medio para integrales: sea $f(x)$ una función continua en un intervalo $[a, b]$. Entonces existe un número $c \in [a, b]$ tal que

$$\int_a^b f(x)dx = f(c)(b-a)$$

El valor $f(c)$ se denomina valor promedio de la función $f(x)$ en el intervalo $[a, b]$.

El siguiente programa de Python muestra un ejemplo para $f(x) = x^2$, y $[a, b] = [-3, 5]$. El rectángulo de altura $f(c)$ tiene un área igual a A. Los puntos c y $f(c)$ aparecen en amarillo.

```python
# -*- coding: utf-8 -*-
'''
p9g.py
teorema del valor medio para integrales
'''

import numpy as np
import matplotlib.pyplot as plt
import sympy as sy

z = sy.symbols('z')
sy.init_printing(use_unicode=True)
a = -3
b = 5
#sympy
funcion = z ** 2
print 'f(x) = '
print funcion
I = sy.integrate(z ** 2)
print 'F(x) = '
print I
Area = sy.integrate(z ** 2, (z, a, b))
print 'Area total calculada directamente con Sympy:'
print 'A = ', Area, ' = ', "%6.3f" % Area
c = np.sqrt(float(Area) / (b - a))
print 'c = A/(b-a) = ', "%6.3f" % c
fc = float(funcion.subs(z, c).evalf(9))
print 'f(c) = ', "%6.3f" % fc
print 'f(c)(b-a)= ', "%6.3f" % (fc * (b - a))
#grafica
numpuntos = 200
x = np.linspace(a, b, numpuntos)
f = np.zeros(numpuntos, float)
g = np.zeros(numpuntos, float)
for i in range(0, numpuntos):
    f[i] = x[i] ** 2
    g[i] = fc
plt.plot(x, f, 'k-', lw=2)
plt.fill_between(x, f, 0, alpha=1, color='#F5591E')
plt.plot(x, g, 'k--', lw=1.5)
plt.fill_between(x, g, 0, alpha=0.6, color='#5A7FAE')
plt.plot(c, 0, 'yo')
plt.plot(c, fc, 'yo')
plt.ylabel('y')
plt.xlabel('x')
plt.axhline(color='black', lw=1)
```

```
plt.axvline(color='black', lw=1)
plt.ylim(0, b ** 2)
plt.show()
```

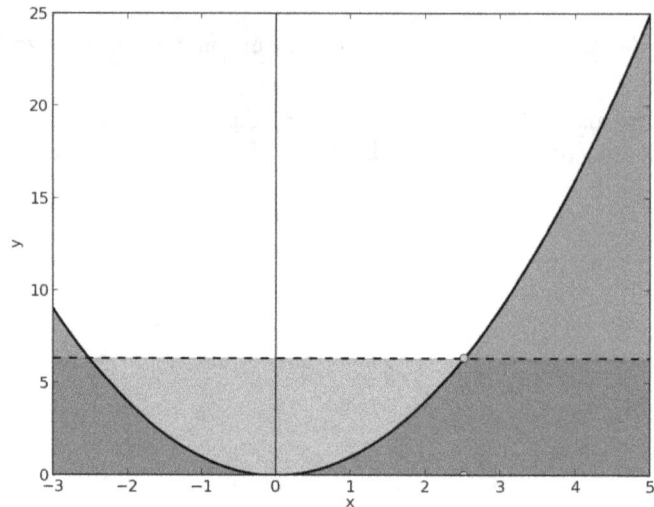

```
────────────────────────── ejecución del programa ──────────────────────────
 f(x) =
z**2
F(x) =
z**3/3
Area total calculada directamente con Sympy:
A  =   152/3   =   50.667
c = A/(b-a) =    2.517
f(c) =    6.333
f(c)(b-a)=   50.667
```

9.4 Teorema fundamental del cálculo integral

Para demostrar este teorema, vamos a estudiar antes el concepto de integral definida con límite superior variable. Sea una función $f(x)$ definida en el intervalo $[a, b]$. Denominemos $\Phi(\zeta)$ a la integral calculada no entre a y b, sino entre a y un número variable ζ tal que $a \leq \zeta \leq b$:

$$\Phi(\zeta) = \int_a^\zeta f(x)dx$$

Geométricamente, esta función $\Phi(\zeta)$ representa el área bajo la función $f(x)$ entre a y ζ. Pues bien, la función $\Phi(\zeta)$ cumple que

$$\Phi'(\zeta) = \left[\int_a^\zeta f(x)dx\right]' = f(\zeta)$$

ya que

$$\Phi'(\zeta) = \lim_{\Delta\zeta \to 0} \frac{\Phi(\zeta + \Delta\zeta) - \Phi(\zeta)}{\Delta\zeta}$$

$$\Phi'(\zeta) = \lim_{\Delta\zeta \to 0} \frac{\int_\zeta^{\zeta+\Delta\zeta} f(\zeta)d\zeta}{\Delta\zeta}$$

y si aplicamos el teorema integral del valor medio, existe un número c comprendido entre ζ y $\zeta + \Delta\zeta$ tal que

$$f(c)\Delta\zeta = \int_\zeta^{\zeta+\Delta\zeta} f(\zeta)d\zeta$$

9.4. TEOREMA FUNDAMENTAL DEL CÁLCULO INTEGRAL

por lo tanto:
$$\Phi'(\zeta) = \lim_{\Delta\zeta \to 0} f(c)$$

y cuando $\Delta\zeta \to 0$, $c \to \zeta$ y llegamos a lo que queríamos demostrar:
$$\Phi'(\zeta) = f(\zeta)$$

Así pues, $\Phi(\zeta)$ es una primitiva para la función $f(\zeta)$. Si $F(\zeta)$ es otra primitiva, ambas diferirán solamente en una constante C:
$$\Phi(\zeta) = F(\zeta) + C, \qquad a \leq \zeta \leq b$$

Si en esta igualdad tomamos $\zeta = a$:
$$\Phi(a) = \int_a^a f(x)dx = F(a) + C = 0$$

y por tanto:
$$C = -F(a)$$

Es decir, que para cualquier $\zeta \in [a, b]$, $\Phi(\zeta) = F(\zeta) - F(a)$. Si ahora tomamos $\zeta = b$ llegamos al teorema fundamental del cálculo:
$$\int_a^b f(x)dx = F(b) - F(a)$$

y se suele denotar:
$$\int_a^b f(x)dx = F(x)]_a^b = F(b) - F(a)$$

Tomemos por ejemplo la elipse
$$\frac{x^2}{a^2} + \frac{y^2}{b^2} = 1$$
$$y = \frac{b}{a}\sqrt{1 - \frac{x^2}{a^2}} = \frac{b}{a^2}\sqrt{a^2 - x^2}$$

si ponemos x en función del ángulo: $x = a \cdot cost$, $dx = -a \cdot sent\, dt$:
$$y = \frac{b}{a^2}\sqrt{a^2 - a^2 cos^2 t} = \frac{b}{a}\sqrt{1 - cos^2 t} = \frac{b}{a} sent$$

por simplicidad, vamos a tomar $a = 1$, y $b = \frac{1}{2}$, y vamos a calcular el área de la elipse en el primer cuadrante.

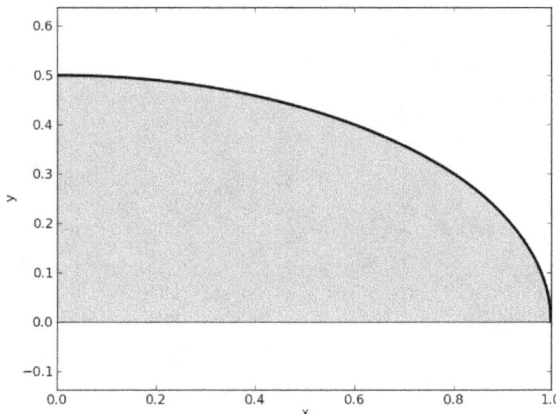

Entonces la función a integrar será:
$$y = \frac{1}{2} sent$$

$$\int_a^b f(x)dx = \frac{-1}{2}\int_0^{\pi/2} sen^2 t\, dt$$

La integral la podemos resolver utilizando el programa que vimos en la sección 9.2:

─────────────── ejecución del programa ───────────────
```
f(x) = sin(x) ** 2
F(x) =   x/2 - sin(x)*cos(x)/2
```
───

y por lo tanto:

$$\int_a^b f(x)dx = \frac{-1}{2}\left[\frac{t}{2} - \frac{sen(2t)}{4}\right]$$

en el intervalo $t \in [\frac{\pi}{2}, 0]$, que corresponde al intervalo de $x \in [0, a]$:

$$\int_a^b f(x)dx = \frac{-1}{2}\left[\frac{0}{2} - \frac{sen(0)}{4}\right] + \frac{1}{2}\left[\frac{\pi}{4} - \frac{sen(\pi)}{4}\right]$$

$$\int_a^b f(x)dx = \frac{1}{2}\left[\frac{\pi}{4}\right] = \frac{\pi}{8}$$

El área de una elipse se sabe por razonamientos geométricos que es igual a πab, en nuestro caso, el área de la elipse completa sería $\frac{\pi}{2}$, y el área del primer cuadrante: $A = \frac{\pi}{8}$, con lo cual vemos que el área calculada mediante la integral coincide con el área real. Veamos otro ejemplo con Python:

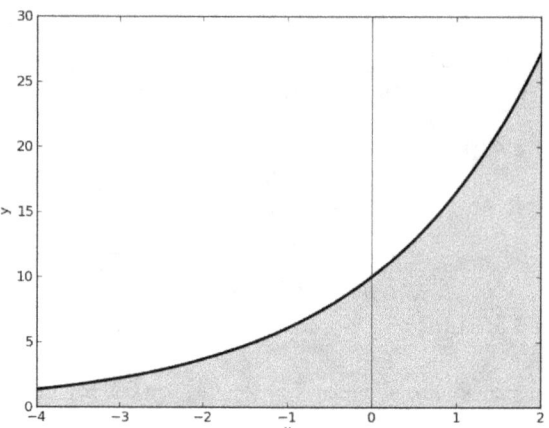

─────────────── ejecución del programa ───────────────
```
f(x) =
10*exp(x/2)
F(x) =
20*exp(x/2)
F(b) = F( 2.0 ) =  54.3671875
F(a) = F( -4.0 ) =  2.70654296875
F(b) - F(a) =  51.6606445312
```
───

```python
# -*- coding: utf-8 -*-
'''
p9h.py
teorema fundamental del calculo integral
'''

import numpy as np
import matplotlib.pyplot as plt
import sympy as sy

x = sy.symbols('x')
sy.init_printing(use_unicode=True)
```

9.5. LONGITUDES, ÁREAS, VOLÚMENES

```
a = -4.0
b = 2.0
#sympy
funcion = 10 * sy.exp(x / 2)
print 'f(x) = '
print funcion
I = sy.integrate(funcion)
print 'F(x) = '
print I
Fb = float(I.subs(x, b).evalf(3))
Fa = float(I.subs(x, a).evalf(3))
print 'F(b) = F(', b, ') = ', Fb
print 'F(a) = F(', a, ') = ', Fa
print 'F(b) - F(a) = ', Fb - Fa

#grafica
numpuntos = 100
x = np.linspace(a, b, numpuntos)
f = np.zeros(numpuntos, float)
for i in range(0, numpuntos):
    f[i] = 10 * np.exp(x[i] / 2)
plt.plot(x, f, 'k-', lw=2.5)
plt.fill_between(x, f, 0, alpha=1, color='#BDD0D7')
plt.ylabel('y')
plt.xlabel('x')
plt.axhline(color='black', lw=0.6)
plt.axvline(color='black', lw=0.6)
plt.xlim(a, b)
plt.show()
```

Si utilizamos el programa de Python de la sección 9.1 para calcular la suma de Riemann, obtenemos, con un valor de $\delta = 0{,}01$ y dividiendo el intervalo $[a,b]$ en 600 intervalos, un valor para el área de $I = 51{,}6666$.

9.5 Longitudes, áreas, volúmenes

9.5.1. Área de un sector curvilíneo

Llamamos sector curvilíneo a la figura plana limitada por una curva expresada en coordenadas polares, y dos radios polares. Sea una curva dada en coordenadas polares: $\rho = \rho(\varphi)$. El área limitada por dos radios polares de ángulos α y β es:

$$A = \frac{1}{2} \int_\alpha^\beta \rho^2(\varphi) d\varphi$$

Por ejemplo, el área comprendida entre la primera y la segunda espira de la espiral de Arquímedes $\rho = k\varphi$ es:

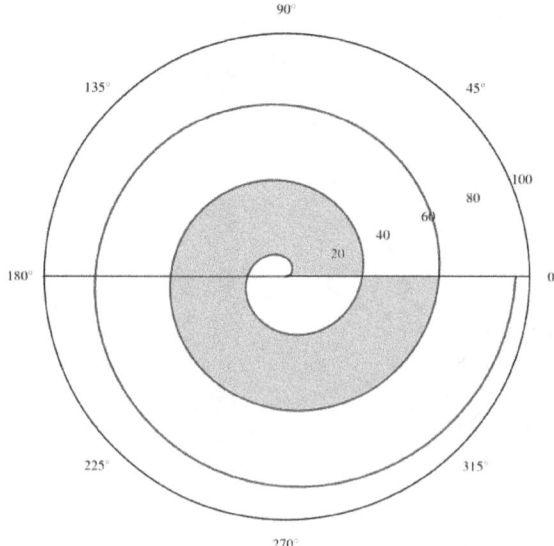

---------- ejecución del programa ----------
```
f(x) =
k*z
F(x) =
k**2*z**3/6
Area[ 2*pi ,  4*pi ] =  28*pi**3*k**2/3
```

$$A = \frac{28}{3}\pi^3 k^2$$

Los límites de integración que ha empleado el programa son $\alpha = 2\pi$ y $\beta = 4\pi$. Para el trazado de la curva se ha tomado $k = 5$. El área deseada se ha sombreado con un programa de fotografía.

```
# -*- coding: utf-8 -*-
'''
p9i.py
area de una curva en coordenadas polares
'''
import matplotlib
import numpy as np
import sympy as sy
from matplotlib.pyplot import figure, show, rc, grid

rc('font', **{'family': 'serif', 'serif': ['Times']})
rc('text', usetex=True)

z, k = sy.symbols('z, k')
sy.init_printing(use_unicode=True)
a = 2 * sy.pi
b = 4 * sy.pi
#sympy
funcion = k * z
print 'f(x) = '
print funcion
integrando = sy.Pow(funcion, 2)
print 'F(x) = '
print sy.simplify((sy.integrate(integrando, (z))) / 2)
Area = (sy.integrate(integrando, (z, a, b))) / 2
print 'Area[', a, ', ', b, '] = ', Area
#grafica
```

9.5. LONGITUDES, ÁREAS, VOLÚMENES

```
r = []
theta = []
x = []
y = []
r.append(0.0)
theta.append(0.0)
# radar
rc('grid', color='#CACBD3', linewidth=1, linestyle='-')
rc('xtick', labelsize=10)
rc('ytick', labelsize=10)
# figura
width, height = matplotlib.rcParams['figure.figsize']
size = min(width, height)
# hace un cuadrado
fig = figure(figsize=(size, size))
ax = fig.add_axes([0.1, 0.1, 0.8, 0.8], polar=True, axisbg='#ffffff')
angulo = 0
grid(False)
while angulo <= 6 * np.pi:
    angulo += np.pi / 36
    theta.append(angulo)
    radio = 5.0 * angulo
    r.append(radio)
    x.append(radio * np.cos(angulo))
    y.append(radio * np.sin(angulo))
ax.plot(theta, r, color='#1821EE', lw=1.5)
show()
```

9.5.2. Longitud de un arco

Sea $f(x)$ una función continua en $[a, b]$. La longitud del arco de curva entre a y b es:

$$L = \int_a^b \sqrt{1 + [f'(x)]^2}\,dx$$

En el caso de que la curva venga dada en forma paramétrica como $x = x(t)$, $y = y(t)$, con $a = x(\alpha)$, $b = x(\beta)$ y $t \in [\alpha, \beta]$ es necesario efectuar el siguiente cambio de variable:

$$x = x(t) \qquad dx = x'(t)dt$$

$$f'(x) = \frac{dy}{dx} = \frac{dy}{dt}\frac{dt}{dx} = \frac{dy/dt}{dx/dt} = \frac{y'(t)}{x'(t)}$$

$$L = \int_a^b \sqrt{1 + [f'(x)]^2}\,dx = \int_\alpha^\beta \sqrt{1 + \left[\frac{y'(t)}{x'(t)}\right]^2}\,x'(t)\,dt$$

$$L = \int_\alpha^\beta \sqrt{[x'(t)]^2 + [y'(t)]^2}\,dt$$

Como ejemplo, el siguiente programa representa y calcula la longitud del arco de la cicloide $x = k(t - sen\,t)$, $y = k(1 - cos\,t)$ para $t \in [0, 2\pi]$:

―――――――――― ejecución del programa ――――――――――
```
t1 =    0.000
t2 =    6.283 = 2 pi
k  =    1.5
radicando = c^2 (1-cosz)^2 + (senz)^2 = c**2*(-2*cos(z) + 2)
  = 2 * c**2 * (1-cos(z) = 4 * c**2 * [sen(z/2)] ** 2
L =    8*c
Si c =    1.5  entonces L =   12.0
a =    0.000
b =    9.425
```

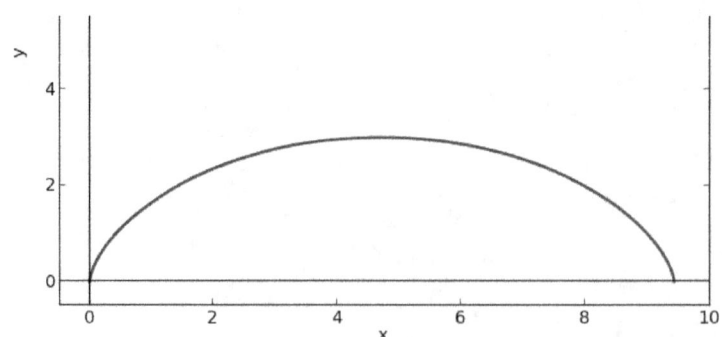

```
# -*- coding: utf-8 -*-
"""
p9j.py
longitud del arco de la cicloide
"""

import numpy as np
import matplotlib.pyplot as plt
import sympy as sy

t1 = 0.0
t2 = 2 * np.pi
print 't1 = ' + "%5.3f" % t1
print 't2 = ' + "%5.3f" % t2 + ' = 2 pi'

k = 1.5   # la constante es k para numpy y c para sympy
print 'k = ', k

z, c = sy.symbols('z, c')
sy.init_printing(use_unicode=True)

print 'radicando = c^2 (1-cosz)^2 + (senz)^2 = '
radicando = sy.simplify((c ** 2) * ((1 - sy.cos(z)) ** 2 + (sy.sin(z) ** 2)))
print ' = ', radicando
print ' = 2 * c**2 * (1-cos(z) = 4 * c**2 * [sen(z/2)] ** 2'
integral = sy.integrate(2 * c * sy.sin(z / 2), (z, 0, 2 * sy.pi))
print 'L = ', integral
print 'Si c = ', k, ' entonces L = ', 8 * k


def f(t):
    fv = k * (t - np.sin(t))
    return fv


def g(t):
    gv = k * (1 - np.cos(t))
    return gv

print 'a = ' + "%5.3f" % f(t1)
print 'b = ' + "%5.3f" % f(t2)
numpuntos = 360
tinicial = 0
tfinal = numpuntos
```

```
x = np.zeros(numpuntos, float)
y = np.zeros(numpuntos, float)
t = tinicial
while t < tfinal:
    radianes = np.deg2rad(t)
    x[t] = f(radianes)
    y[t] = g(radianes)
    t += 1
plt.plot(x, y, 'b-', lw=2)
plt.axhline(color='black', lw=1)
plt.axvline(color='black', lw=1)
plt.axis([-0.5, 10, -0.5, 10])
plt.ylabel('y')
plt.xlabel('x')
plt.show()
```

9.5.3. Área de una superficie de revolución

Si el arco de curva de la sección anterior lo hacemos girar alrededor del eje X, obtenemos una superficie de revolución, cuya área viene dada por

$$S = 2\pi \int_a^b f(x)\sqrt{1 + [f'(x)]^2}\,dx$$

y si la curva viene dada en forma paramétrica $x = x(t);\ y = y(t) \geq 0 \quad \forall t \in [\alpha, \beta]$:

$$S = 2\pi \int_a^b y(t)\sqrt{[x'(t)]^2 + [y'(t)]^2}\,dt$$

o bien, si la curva viene dada en coordenadas polares $\rho = \rho(\varphi)$:

$$S = 2\pi \int_a^b \rho sen\varphi \sqrt{\rho^2 + [\rho']^2}\,d\varphi$$

En el ejemplo de la cicloide: $x = k(t - sent),\ y = k(1 - cost)$ para $t \in [0, 2\pi]$

$$S = 2\pi \int_\alpha^\beta k(1-cost)\sqrt{[k(t-sent)']^2 + [k(1-cost)']^2}\,dt$$

$$S = 2\pi \int_0^{2\pi} k(1-cost)\sqrt{[k(1-cost)]^2 + [ksent]^2}\,dt$$

$$S = 2\pi k^2 \int_0^{2\pi} (1-cost)\sqrt{(1 + cos^2 t - 2cost) + (sen^2 t)}\,dt$$

$$S = 2\pi k^2 \sqrt{2} \int_0^{2\pi} (1-cost)\sqrt{1-cost}\,dx$$

$$S = 2\pi k^2 \sqrt{2} \int_0^{2\pi} (1-cost)^{3/2}\,dt$$

y puesto que $1 - cost = 2sen^2 \frac{t}{2}$, la integral queda:

$$S = 2\pi k^2 \sqrt{2} \int_0^{2\pi} 2\sqrt{2}\left(sen\frac{t}{2}\right)^3 dt$$

$$S = 8\pi k^2 \int_0^{2\pi} \left(sen\frac{t}{2}\right)^3 dt$$

La integral definida la podemos calcular fácilmente con unas lineas de código de Python:

```
import sympy as sy
t = sy.symbols('t')
print sy.integrate((sy.sin(t/2))**3, (t, 0, 2*sy.pi))
```

——————————————— ejecución del programa ———————————————

8/3

y por lo tanto la superficie de revolución creada al girar el arco es:

$$S = \frac{64}{3}\pi k^2$$

Si como en el ejemplo de la longitud tomamos la constante $k = 1,5 = \frac{3}{2}$ la superficie queda: $S = 48\pi$. Se muestran dos vistas en 3D elaboradas con un programa de Python que utiliza la aplicación Mayavi (http://mayavi.sourceforge.net/install.html):

 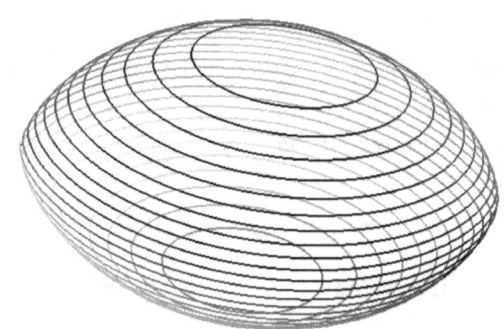

```
# -*- coding: utf-8 -*-
'''
p9k.py
representa superficie de revolucion usando mayavi
'''
# crea los datos
import numpy as np

dt, dv = np.pi / 180.0, np.pi / 180.0
k = 1.5
[t, v] = np.mgrid[0:2 * np.pi + dt * 1.5:dt, 0:2 * np.pi + dv * 1.5:dv]
x = k * (t - np.sin(t))
y = k * (1 - np.cos(t)) * np.cos(v)
z = k * (1 - np.cos(t)) * np.sin(v)
# representa con mayavi
from mayavi import mlab
s = mlab.mesh(x, y, z)
mlab.show()
```

9.5.4. Volumen de un sólido de revolución

Sea $f(x)$ una función continua en el intervalo $[a,b]$ y tal que $f(x) \geq 0$ $\forall x \in [a,b]$. La función $y = f(x)$ delimita un superficie entre su curva, el eje X y las rectas $x = a$ y $x = b$. Si giramos esta superficie alrededor del eje X obtenemos un sólido de revolución, cuyo volumen es:

$$V = \pi \int_a^b [f(x)]^2 dx$$

9.5. LONGITUDES, ÁREAS, VOLÚMENES

Si en lugar de la superficie entre la curva de $f(x)$ y el eje X, nos interesa la superficie comprendida entre las curvas de dos funciones $f(x)$ y $g(x)$, el volumen de revolución es:

$$V = \pi \int_a^b [f^2(x) - g^2(x)]dx$$

Los siguientes dos programas de Python representan las funciones $f(x) = x^2$ y $g(x) = x^5$ en el intervalo $x \in [0,1]$ y calculan el área entre ambas curvas, además representan en 3D el volumen de revolución al girar alrededor del eje X. En la gráfica en dos dimensiones se ha llamado z al eje vertical, para que coincida con su nombre en 3D.

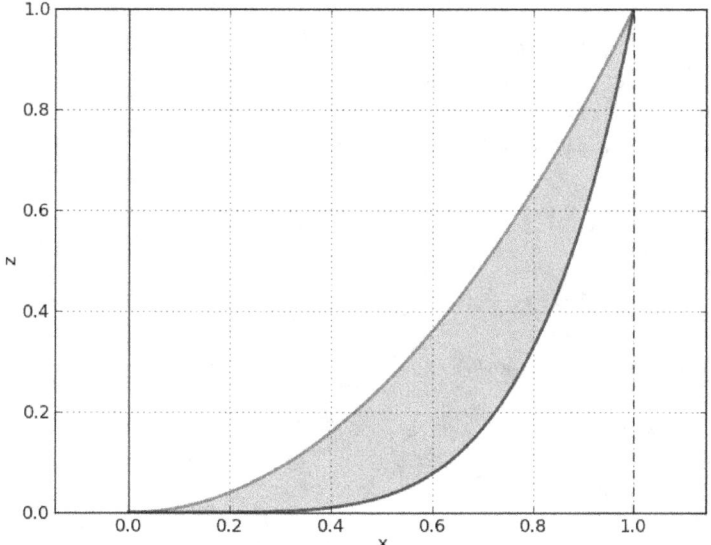

---
ejecución del programa

```
f(x) = x ** 2
g(x) = x ** 5
A = Area(f) - Area(g) = 1/3 - 1/6 = 1/6
V = [ -pi*x**11/11 + pi*x**5/5 ] entre a y b
V = 6*pi/55 - 0
V =  6*pi/55
```

```python
# -*- coding: utf-8 -*-
'''
p91.py
representa area entre dos funciones
calcula el area y el calcula volumen de revolucion alrededor del eje X
'''

import numpy as np
import matplotlib.pyplot as plt
import sympy as sy
x = sy.symbols('x')
sy.init_printing(use_unicode=True)

a = 0
b = 1
f = x ** 2
g = x ** 5
print 'f(x) = x ** 2'
area1 = sy.integrate(f, (x, a, b))
print 'g(x) = x ** 5'
```

```
area2 = sy.integrate(g, (x, a, b))
print 'A = Area(f) - Area(g) = ', area1, ' - ', area2, ' = ', area1 - area2
volumenindefinido = sy.integrate(sy.pi * (f ** 2 - g ** 2))
print 'V = [', volumenindefinido, '] entre a y b'
print ('V = ' + str(sy.integrate(sy.pi * (f ** 2 - g ** 2), (x, b))) +
       ' - ' + str(sy.integrate(sy.pi * (f ** 2), (x, a))))
volumen = sy.integrate(sy.pi * (f ** 2 - g ** 2), (x, a, b))
print 'V = ', volumen
numpuntos = 200
x = np.linspace(a, b, numpuntos)
yf = x ** 2
yg = x ** 5
plt.plot(x, yf, color='r', lw=2.0)
plt.fill_between(x, yf, 0, alpha=1.0, color='#F8C31C')
plt.plot(x, yg, color='b', lw=2.0)
plt.fill_between(x, yg, 0, alpha=1.0, color='white')
plt.grid(True)
plt.axis('equal')
plt.ylabel('z')
plt.xlabel('x')
plt.axhline(color='black', lw=1)
plt.axvline(color='black', lw=1)
plt.plot([b, b], [0, b], 'k--', lw=1.0)
plt.show()
```

A continuación se representan en 3D las dos superficies de revolución utilizando la aplicación Mayavi desde Python. El volumen es el comprendido entre ambas. La superficie generada por $f(x) = x^2$ se representa en tonos oscuros, y la generada por $g(x) = x^5$, en tonos claros. El gráfico generado con el programa de Python se puede editar y ejecutar en Mayavi.

```
# -*- coding: utf-8 -*-
'''
p9m.py
representa volumen de revolucion usando mayavi
El volumen esta comprendido entre las dos superficies
'''
# crea los datos
import numpy as np
dr, dtheta = 0.01, np.pi / 360
[r, theta] = np.mgrid[0:1 + dr:dr, 0:2 * np.pi + dtheta * 1.5:dtheta]
x = r * np.cos(theta)
y = r * np.sin(theta)
z2 = np.sqrt(r)
z5 = np.power(r, 0.2)
# representa con mayavi
from mayavi import mlab
s2 = mlab.mesh(x, y, z2)
s5 = mlab.mesh(x, y, z5)
mlab.show()
```

9.5. LONGITUDES, ÁREAS, VOLÚMENES

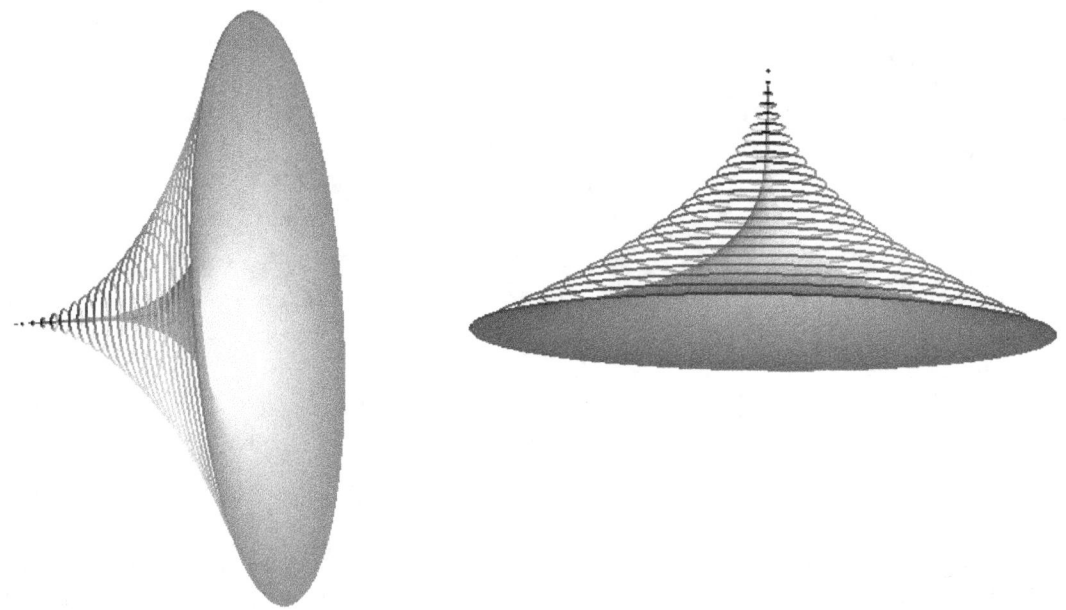

La imagen en 3D se puede manipular fácilmente en, y hemos elegido mostrar la superficie exterior como curvas de nivel, y la superficie interior mediante una gradación de colores, para mayor claridad en la impresión en blanco y negro.

Si en cambio, hiciéramos girar la curva alrededor del eje Y, el volumen del sólido de revolución sería:

$$V = 2\pi \int_a^b x f(x) dx$$

En el caso de cuerpos en los que se conoce su área transversal $A(h)$ para cada altura h, se puede obtener el volumen del cuerpo mediante la integral:

$$V = \int_a^b A(h) dh$$

Por ejemplo, un cilindro de radio R y altura H, tiene una sección $A(h) = \pi R^2$ que no varía con la altura, y su volumen será:

$$V = \int_0^H \pi R^2 dh = \pi R^2 H$$

Un cono del mismo radio R y altura H, tiene una sección circular πr^2, donde el radio r varía con la altura. Consideremos el cono invertido de la figura:

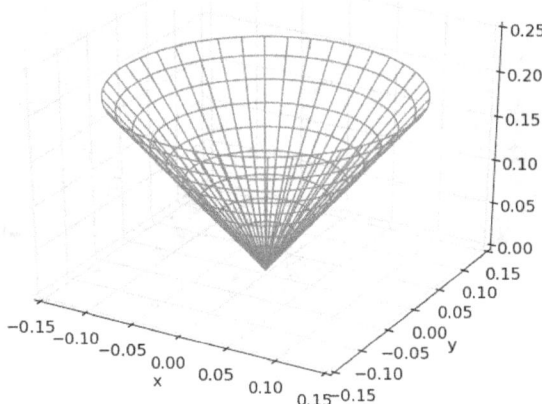

La pendiente de una arista del cono es igual a $\frac{H}{R}$, y por tanto podemos relacionar la altura con el radio mediante la ecuación de la recta: $h = \frac{H}{R}r$, despejamos el radio y obtenemos la siguiente expresión para el área de una sección en función de la altura: $A(h) = \pi\frac{R^2}{H^2}h^2$. Ya estamos listos para calcular el volumen del cono:

$$V = \int_0^H \pi\frac{R^2}{H^2}h^2 dh = \frac{\pi R^2 H}{3}$$

Las dos fórmulas anteriores, que hemos obtenido mediante integración, son conocidas en geometría ya desde la enseñanza primaria. A continuación veremos un ejemplo más complicado: la clepsidra.

La clepsidra es un reloj de agua que se utilizaba en la antigüedad. Consiste en un recipiente lleno de agua, con una forma tal que el nivel del agua desciende a velocidad constante $a = \frac{dy}{dt}$, al salir por un pequeño orificio practicado en su fondo. Por medio de razonamientos físicos que no trataremos aquí, se sabe que la clepsidra tiene la forma generada al rotar la curva $y = cx^4$ alrededor del eje vertical Y. La constante c es

$$c = \frac{\pi^2 a^2}{2gks^2}$$

donde a es la velocidad de descenso del nivel de agua, g la aceleración de la gravedad, $k = 0{,}6$ para el agua, y s es la superficie del orificio por donde sale el agua.

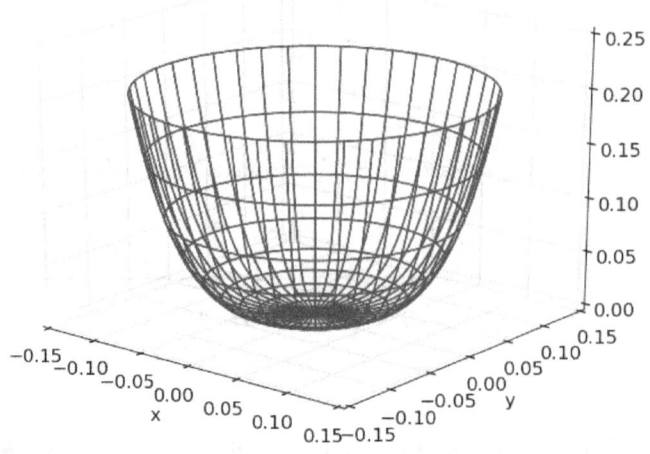

9.5. LONGITUDES, ÁREAS, VOLÚMENES

En primer lugar, vamos a calcular el volumen de la clepsidra mediante la integración del área de su sección, como hemos hecho en el caso del cono y el cilindro. La clepsidra también tiene una sección circular y su radio y altura están relacionados mediante la ecuación

$$h = cr^4$$

$$r = \left(\frac{h}{c}\right)^{1/4}$$

luego el área se puede relacionar con la altura:

$$A(h) = \pi r^2 = \pi \left(\frac{h}{c}\right)^{2/4} = \frac{\pi}{\sqrt{c}}\sqrt{h}$$

$$V = \int_a^b A(h)dh = \frac{\pi}{\sqrt{c}} \int_0^H h^{1/2} dh$$

$$V = \frac{2\pi}{3\sqrt{c}} H^{3/2}$$

$$V = \frac{2\pi}{3\sqrt{c}} c^{3/2} R^{12/2} = \frac{2}{3}\pi c R^6 = \frac{2}{3}\pi c R^4 R^2$$

$$V = \frac{2}{3}\pi R^2 H$$

Por lo tanto, el volumen de la clepsidra es el doble que el volumen de un cono con el mismo radio y altura, y dos terceras partes del volumen de un cilindro que también tenga el mismo radio y altura.

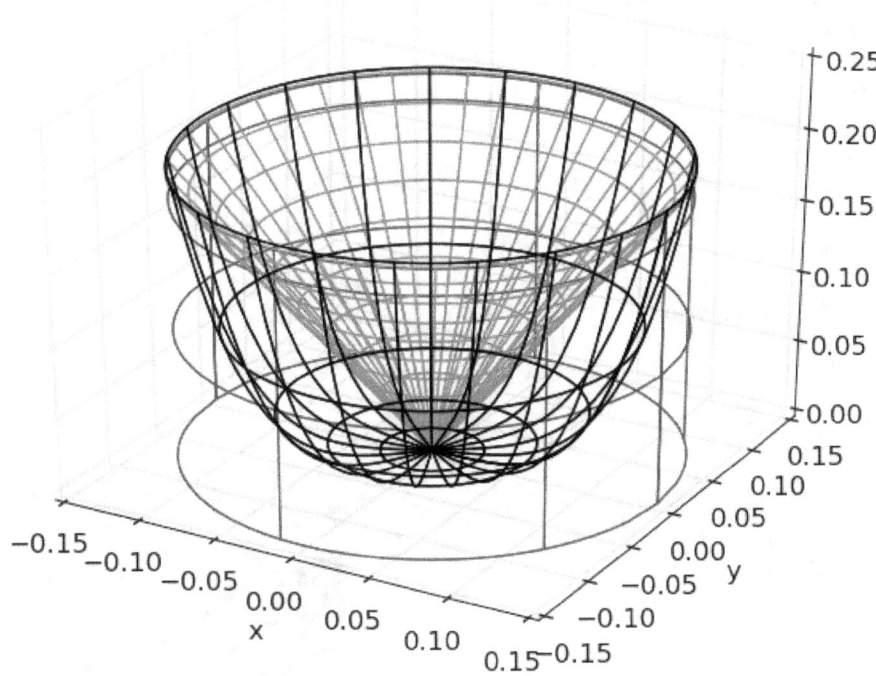

Podemos también calcular fácilmente con Python el volumen de la clepsidra al rotar la curva $y = cx^4$ alrededor del eje Y, mediante la fórmula que ya hemos mencionado: $V = 2\pi \int_a^b x f(x) dx$. La imagen muestra la superficie que genera la misma clepsidra que en las figuras anteriores al rotar alrededor del eje Y:

```
# -*- coding: utf-8 -*-
'''
p9n.py
representa el area entre la curva de la clepsidra y del eje Y
y calcula el volumen de revolucion alrededor del eje Y
'''

import numpy as np
import matplotlib.pyplot as plt
import sympy as sy

sy.init_printing(use_unicode=True)
c, x, H = sy.symbols('c, x, H')

integrando1 = 2 * sy.pi * ( x * H)
V1 = sy.integrate(integrando1, x)
integrando = 2 * sy.pi * ( x * c * x ** 4)
V2 = sy.integrate(integrando, x)
V = V1 - V2
print 'V = ', V
S = sy.integrate(H - c * x ** 4, x)
print 'Area entre la curva y el eje Y = ', S
numpuntos = 200
a = 0
b = 14.6266250136    # el radio maximo R de la clepsidra en cm
cte = 436.971875791 * (1.0 / 1e6)    # en cm-3
x = np.linspace(a, b, numpuntos)
y = cte * x ** 4
plt.plot(x, y, color='k', lw=2)
ymax = np.max(y)
plt.fill_between(x, ymax, 0, alpha=1.0, color='#F8C31C')
plt.fill_between(x, y, 0, alpha=1.0, color='white')
plt.axis('equal')
plt.ylabel('y')
plt.xlabel('x')
plt.grid(True)
plt.axhline(color='black', lw=1)
plt.axvline(color='black', lw=1)
plt.plot([a, b], [ymax, ymax], 'k--', lw=1.0)
plt.ylim(0, 1.1 * ymax)
plt.show()
```

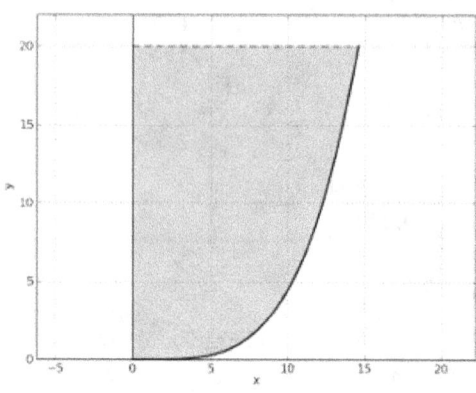

9.5. LONGITUDES, ÁREAS, VOLÚMENES

---------- ejecución del programa ----------
```
V = pi*H*x**2 - pi*c*x**6/3
Area entre la curva y el eje Y =  H*x - c*x**5/5
```

El volumen obtenido resulta ser:

$$V = \pi H R^2 - \frac{\pi c R^6}{3} = \pi H R^2 - \frac{\pi H R^2}{3} = \frac{2}{3}\pi R^2 H$$

el cual coincide con el calculado antes mediante la integración de las áreas transversales.

El siguiente programa realiza las representaciones en 3D que hemos visto, así como una representación en 3D de la clepsidra utilizando Mayavi. Además calcula, a partir de los datos de altura H deseada, tiempo que debe tardar en vaciarse y radio del orificio de salida del agua, las dimensiones de la clepsidra. Se ha calculado una clepsidra de 20 cm de altura, que tarde una hora en vaciarse a través de un orificio de 1mm de radio:

---------- ejecución del programa ----------
```
tiempo en vaciarse:  3600  segundos
altura de la clepsidra:  200.0  mm
diámetro del orificio de salida:  2.0 mm
el nivel del agua desciende a velocidad constante de 3.0 mm / minuto
c =  436.971875791
radio de la clepsidra:  146.266250136  mm
Volumen de la clepsidra:   0.008961 m3 =   8.961 litros
Volumen calculado por secciones:   0.008961 m3 =   8.961 litros


Volumen de un cono del mismo radio y altura:   4.481 litros
Volumen del cilindro del mismo radio y altura: 13.442 litros
Area entre la curva y el eje Y =    234.0 cm2
Relación entre el cono, la clepsidra y el cilindro:
V clepsidra=  2.0 Vcono
V cilindro =  3.0 Vcono
```

```python
# -*- coding: utf-8 -*-
'''
p9o.py
representa superficie de revolucion de la clepsidra, el cono y el cilindro
'''

import numpy as np

#constantes:
k = 0.6    # constante que depende del fluido, para el agua, 0.6
g = 9.81   # aceleracion de la gravedad

#datos:
segundos = 3600    # tiempo que debe tardar en vaciarse, en segundos
print 'tiempo en vaciarse: ', segundos, ' segundos'
H = 0.2    # altura en metros
print 'altura de la clepsidra: ', H * 1000, ' mm'
rs = 1.0   # radio del orificio de salida, en mm

#calculos:
s = np.pi * (rs * 1e-3) ** 2    # area del orificio circular
print 'diametro del orificio de salida: ', 2 * rs, 'mm'
a = H / segundos    # velocidad de descenso del nivel en m/s
print ('el nivel del agua desciende a velocidad constante de ' +
       str(np.round(a * 60 * 1000, 0)) + ' mm / minuto')
c = (np.pi ** 2 * a ** 2) / (2 * g * k ** 2 * s ** 2)
print 'c = ', c
#h = c y ** 4
```

```python
R = np.power(H / c, 0.25)
print 'radio de la clepsidra: ', 1000 * R, ' mm'
V = np.pi * H * R ** 2 - (np.pi * c * R ** 6) / 3
print ('Volumen de la clepsidra: ' + "%10.6f" % V + ' m3 = ' +
       "%6.3f" % (V * 1000) + ' litros')
Vsec = (np.pi / c ** 0.5) * (2.0 / 3) * H ** (1.5)
print ('Volumen calculado por secciones: ' + "%10.6f" % Vsec + ' m3 = ' +
       "%6.3f" % (Vsec * 1000) + ' litros')
print
print ('Volumen de un cono del mismo radio y altura: ' +
       "%6.3f" % ((1000 * H * np.pi / 3.0) * R ** 2) + ' litros')
print ('Volumen del cilindro del mismo radio y altura: ' +
       "%6.3f" % (1000 * H * np.pi * R ** 2) + ' litros')
print ('Area entre la curva y el eje Y = ' +
       "%7.1f" % ((H * R - ((c * R ** 5) / 5)) * 1e4) + ' cm2')
print 'Relacion entre el cono, la clepsidra y el cilindro:'
print 'V clepsidra= ', Vsec / ((H * np.pi / 3.0) * R ** 2), 'Vcono'
print 'V cilindro = ', 3.0, 'Vcono'

#trazado con matplotlib
from mpl_toolkits.mplot3d import Axes3D
import matplotlib.pyplot as plt
import numpy as np
fig = plt.figure()
ax = fig.add_subplot(111, projection='3d')
ax.w_xaxis.set_pane_color((1.0, 1.0, 1.0, 1.0))
ax.w_yaxis.set_pane_color((1.0, 1.0, 1.0, 1.0))
ax.w_zaxis.set_pane_color((1.0, 1.0, 1.0, 1.0))
dr = 1e-3
dtheta = 0.01
[r, theta] = np.mgrid[0:R + dr:dr, 0:2 * np.pi + dtheta * 1.5:dtheta]
x = r * np.cos(theta)
y = r * np.sin(theta)
#clepsidra
z = c * ((x ** 2 + y ** 2)) ** 2
ax.plot_wireframe(x, y, z, rstride=30, cstride=30, color='black')
ax.plot_wireframe(x, y, z, rstride=30, cstride=30, color='black')
#cono
zcono = (H / R) * np.sqrt(x ** 2 + y ** 2)
ax.plot_wireframe(x, y, zcono, rstride=15, cstride=15, color='red')
#cilindro: x**2 + y**2 = R ** 2
xcil = np.linspace(-R, R, 100)
zcil = np.linspace(0, H, 100)
X, Z = np.meshgrid(xcil, zcil)
Y = np.sqrt(R ** 2 - X ** 2)
ax.plot_wireframe(X, Y, Z, rstride=45, cstride=45, color='blue')
ax.plot_wireframe(X, -Y, Z, rstride=45, cstride=45, color='blue')
plt.xlabel('x')
plt.ylabel('y')
plt.show()
#trazado de la clepsidra con mayavi
z = c * r ** 4
from mayavi import mlab
s = mlab.mesh(x, y, z)
mlab.show()
```

9.6 Aplicaciones de la integral a la física

El trabajo realizado por una fuerza $f(x)$ a lo largo de un desplazamiento $\Delta x = x_2 - x_1$ es igual al área encerrada bajo la curva $f(x)$ en ese intervalo x_1, x_2:

$$W = \int_{x_1}^{x_2} f(x)dx$$

Para la realización de las gráficas de las siguientes secciones se ha utilizado el siguiente programa de Python:

```python
# -*- coding: utf-8 -*-
'''
p9q.py
representa funcion y area = trabajo
'''

import numpy as np
import matplotlib.pyplot as plt
import sympy as sy

x, k = sy.symbols('x, k')
sy.init_printing(use_unicode=True)

# unidades en SI
'''
# fuerza constante f=k
a = 1
b = 2
k = 10
f = k
# muelle F=-kx
a = 15e-2   # 10 cm
b = 2e-2    # 2 cm
k = 400
f = -k * x
# expansion isoterma
a = 1.0e-3  # 1 litro
b = 5.0e-3  # 5 litros
n = 0.01    # 0.01 mol
R = 8.314   # J/K.mol
T = 298.0
f = n * R * T / x   # aqui x= V
'''
# expansion adiabatica
a = 1.0e-3  # 1 litro = V1
b = 5.0e-3  # 5 litros
P1 = 0.25 * 1.013 * 1e5  # 0.25 atmosferas
gamma = 1.66
K = P1 * (a ** gamma)
f = K * (x ** (-1 * gamma))

print 'f(x) =', f
integral = sy.integrate(f, x)
print 'W = ', integral, ' entre ', a, ' y ', b
#print 'W = (', sy.N(integral, b), ') - (', sy.N(integral, a), ')'
area = sy.integrate(f, (x, a, b))
```

```
print 'W = ', "%7.3f" % area


numpuntos = 200   # grafica
equis = np.linspace(a, b, numpuntos)
y = np.zeros(numpuntos, float)


def f(z):
    # fuerza constante f=k; fx = k; muelle F=-kx; fx = -k * z
    # expansion isoterma: fx = n * R * T / z
    #expansion adiabatica
    fx = K * (z ** (-1 * gamma))
    return fx
for i in range(0, numpuntos):
    y[i] = f(equis[i])

plt.plot(equis, y, color='k', lw=2)
plt.fill_between(equis, y, 0, alpha=1.0, color='#A1BCC3')
#plt.axis('equal')
plt.ylabel('$P \quad (Nm^-2)$')
plt.xlabel('$V \quad (m^3)$')
plt.axhline(color='black', lw=1)
plt.axvline(color='black', lw=1)
plt.plot([a, a], [0, f(a)], 'k--', lw=1)
plt.plot([b, b], [0, f(b)], 'k--', lw=1)
#plt.xlim(0.9 * np.min(equis), 1.1 * np.max(equis))
plt.xlim(0, 1.1 * np.max(equis))
plt.ylim(0, np.max(y))
plt.show()
```

9.6.1. W realizado por una fuerza constante

$F = 10N$, $x_1 = 1m$, $x_2 = 2m$

$$W = \int_{x_1}^{x_2} 10 dx$$

---------- W de una fuerza constante ----------
```
f(x) = 10
W =  10*x  entre 1 y 2
W =   10.000
```

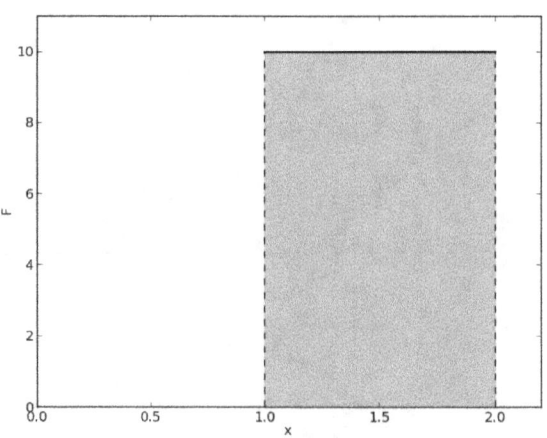

9.6. APLICACIONES DE LA INTEGRAL A LA FÍSICA

9.6.2. W realizado al comprimir un muelle

$F = -kx$, $x_1 = 0{,}15m$, $x_2 = 0{,}02m$, $k = 400Nm^{-1}$

$$W = \int_{x_1}^{x_2} -kx\,dx$$

─────────────── W al comprimir un muelle ───────────────
```
f(x) =  -400*x
W   =  -200*x**2  entre  0.15  y  0.02
W   =     4.420
```

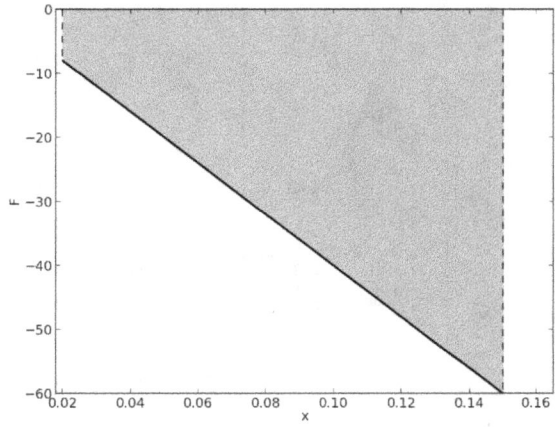

9.6.3. W durante una expansión isoterma

En el ejemplo, se calcula el trabajo durante la expansión de 0,01 moles de gas ideal a una temperatura $T = 298K$; $R = 8{,}314JK^{-1}mol^{-1}$:

$$W = \int_{V_1}^{V_2} P\,dV = nRT \int_{V_1}^{V_2} \frac{dV}{V}$$

─────────────── W expansión isoterma ───────────────
```
f(x) =  24.77572/x
W   =  24.77572*log(x)  entre  0.001  y  0.005
W   =    39.875
```

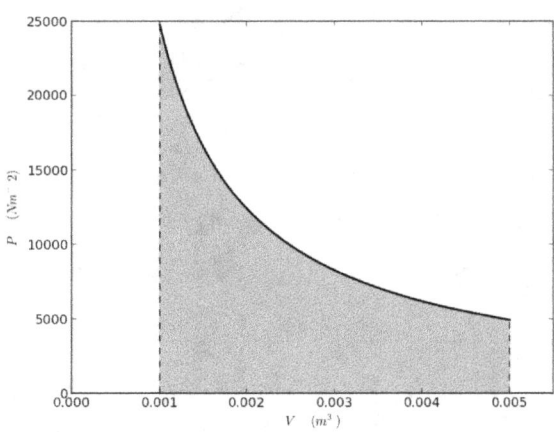

9.6.4. W durante una expansión adiabática

En una expansión adiabática, $PV^\gamma = K = $ constante. Por lo tanto, $P = KV^{-\gamma}$. En el ejemplo, se calcula el trabajo durante la expansión de 0,001 moles de Helio a una temperatura $T = 298K$;

$\gamma = 1{,}66$:

$$W = \int_{V_1}^{V_2} PdV = \int_{V_1}^{V_2} KV^{-\gamma} dV$$

---------- W expansón adiabática ----------
```
f(x) = 0.26518530479389*x**-1.66
W =  -0.40179591635438*x**-0.66  entre  0.001  y  0.005
W =    25.107
```

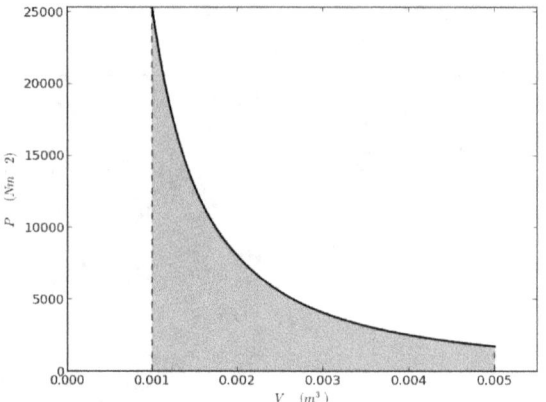

9.6.5. Ciclo de Carnot

El siguiente programa representa el ciclo de Carnot de 0,5 moles de gas Helio trabajando entre las temperaturas de $273K$ y $373K$, a una presión inicial de 1 atm (101325 Pa). El programa permite elegir otras condiciones diferentes de las que se muestran.

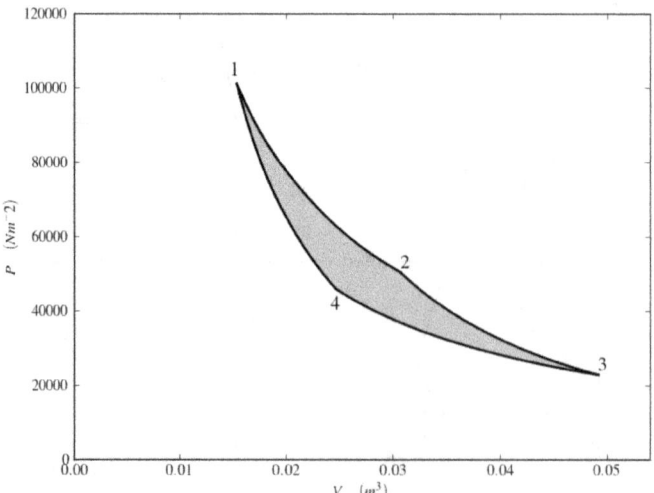

---------- ciclo de Carnot ----------
```
Th, Tc, rendimiento :    373.0 273.0   0.27
P1, V1, TH =  101325.0;  15.30litros;  373.0
f1(x) = 1550.647163/x
W1 =  1550.647163*log(x)  entre       0.0  y   0.0306
W1 =  1074.827
P2, V2, Th =  50662.5;  30.61litros;  373.0
-------------------------------------------
gamma =  1.66
K =    155.295329505
f2(x) = 155.295329504909*x**(-1.66)
W2 =  -235.295953795316*x**(-0.66)  entre   0.0306  y   0.0491
W2 =    629.883
P3, V3, Tc =  23108.3;  49.11litros;  273.0
```

9.6. APLICACIONES DE LA INTEGRAL A LA FÍSICA

```
----------------------------------------
f3(x) = 1134.924063/x
W3 =   1134.924063*log(x)   entre    0.0491   y    0.0246
W3 =   -786.669
P4, V4, Tc = 46216.5; 24.56litros; 273.0
----------------------------------------
gamma =  1.66
K =  98.2830436668
f4(x) = 98.2830436668127*x**(-1.66)
W4 =  -148.913702525474*x**(-0.66)   entre    0.0246   y    0.0153
W4 =   -629.883
----------------------------------------
W = W1 + W2 + W3 + W4 =   288.157
comprobaciones:
W = rendimiento * Q12 =  288.157
Q12 absorbido del foco caliente en la expansion isotermica = 1074.827 = 1074.827
Q34 cedido al foco frio en la expansion isotermica = -786.669 = -786.669
|Q34| / Q12 = Tc / Th :
0.73190  =  0.73190
```

```python
# -*- coding: utf-8 -*-
'''
p9q.py
representa ciclo de Carnot
'''

import numpy as np
import matplotlib.pyplot as plt
import sympy as sy
from matplotlib import rc

rc('font', **{'family': 'serif', 'serif': ['Times']})
rc('text', usetex=True)

x, k = sy.symbols('x, k')
sy.init_printing(use_unicode=True)

# unidades en SI
Th = 373.0
Tc = 273.0
rendimiento = 1 - (Tc / Th)
print 'Th, Tc, rendimiento : ', Th, Tc, "%5.2f" % rendimiento
P1 = 101325.0   # 1 atmosferas
n = 0.5   # 0.5 moles
R = 8.314462   # J/K.mol

# expansion isoterma
# PV=nRT luego V1 = nRT1/P1
V1 = n * R * Th / P1
print ('P1, V1, TH = ' + "%7.1f" % P1 + '; ' "%5.2f" % (1000 * V1) + 'litros; ' + str(Th))
V2 = 2.0 * V1
f1 = n * R * Th / x   # aqui x= V
print 'f1(x) =', f1
integral1 = sy.integrate(f1, x)
print 'W1 = ', integral1, ' entre ', "%7.1f" % V1, ' y ', "%7.4f" % V2
area1 = sy.integrate(f1, (x, V1, V2))
print 'W1 = ', "%7.3f" % area1
P2 = P1 * V1 / V2
print ('P2, V2, Th = ' + "%7.1f" % P2 + '; ' "%5.2f" % (1000 * V2) + 'litros; ' + str(Th))
print '----------------------------------------'
```

```
# expansion adiabatica
#a = V2
#b = V3
gamma = 1.66
print 'gamma = ', gamma
K = P2 * (V2 ** gamma)
print 'K = ', K
V3 = V2 * (Th / Tc) ** (1 / (gamma - 1))
P3 = K / (V3 ** gamma)
f2 = K * (x ** (-1 * gamma))
print 'f2(x) =', f2
integral2 = sy.integrate(f2, x)
print 'W2 = ', integral2, ' entre ', "%7.4f" % V2, ' y ', "%7.4f" % V3
area2 = sy.integrate(f2, (x, V2, V3))
print 'W2 = ', "%7.3f" % area2
print ('P3, V3, Tc = ' + "%7.1f" % P3 + '; ' "%5.2f" % (1000 * V3) + 'litros; ' + str(Tc))
print '_____'


# compresion isoterma
#P3 * V3 = P4 * V4 luego P4 = P3 * V3 / V4
#P4 V4 ** gamma = P1 V1 ** gamma = K1
K1 = P1 * V1 ** gamma
#P4 = K1 * V4 ** (-1 * gamma)
#V4 ** (1-gamma) = P3 * V3 / K1
V4 = (P3 * V3 / K1) ** (1 / (1 - gamma))
P4 = K1 * V4 ** (-1 * gamma)
f3 = n * R * Tc / x    # aqui x= V
print 'f3(x) =', f3
integral3 = sy.integrate(f3, x)
print 'W3 = ', integral3, ' entre ', "%7.4f" % V3, ' y ', "%7.4f" % V4
area3 = sy.integrate(f3, (x, V3, V4))
print 'W3 = ', "%7.3f" % area3
print ('P4, V4, Tc = ' + "%7.1f" % P4 + '; ' "%5.2f" % (1000 * V4) + 'litros; ' + str(Tc))
print '_____'


# compresion adiabatica
#a = V4
#b = V1
#gamma = 1.66
print 'gamma = ', gamma
print 'K = ', K1
f4 = K1 * (x ** (-1 * gamma))
print 'f4(x) =', f4
integral4 = sy.integrate(f4, x)
print 'W4 = ', integral4, ' entre ', "%7.4f" % V4, ' y ', "%7.4f" % V1
area4 = sy.integrate(f4, (x, V4, V1))
print 'W4 = ', "%7.3f" % area4
print '_____'
print 'W = W1 + W2 + W3 + W4 = ', "%7.3f" % (area1 + area2 + area3 + area4)
print 'comprobaciones: '
print ('W = rendimiento * Q12 = ' + "%7.3f" % (rendimiento * area1))
print ('Q12 absorbido del foco caliente en la expansion isotermica = ' +
       "%7.3f" % area1 + ' = ' "%7.3f" % (n * R * Th * np.log(V2 / V1)))
print ('Q34 cedido al foco frio en la expansion isotermica = ' +
       "%7.3f" % area3 + ' = ' "%7.3f" % (n * R * Tc * np.log(V4 / V3)))
```

9.6. APLICACIONES DE LA INTEGRAL A LA FÍSICA

```python
print '|Q34| / Q12 = Tc / Th :'
print "%7.5f" % (np.abs(area3) / area1), ' = ', "%7.5f" % (Tc / Th)

#grafica
numpuntos = 100
equis1 = np.linspace(V1, V2, numpuntos)
y1 = np.zeros(numpuntos, float)
equis2 = np.linspace(V2, V3, numpuntos)
y2 = np.zeros(numpuntos, float)
equis3 = np.linspace(V3, V4, numpuntos)
y3 = np.zeros(numpuntos, float)
equis4 = np.linspace(V4, V1, numpuntos)
y4 = np.zeros(numpuntos, float)


def f1(z):    # expansion isoterma
    f1x = n * R * Th / z
    return f1x


def f2(z):    # expansion adiabatica
    f2x = K * (z ** (-1 * gamma))
    return f2x


def f3(z):    # compresion isoterma
    f3x = n * R * Tc / z
    return f3x


def f4(z):    # expansion adiabatica
    f4x = K1 * (z ** (-1 * gamma))
    return f4x

for i in range(0, numpuntos):
    y1[i] = f1(equis1[i])
    y2[i] = f2(equis2[i])
    y3[i] = f3(equis3[i])
    y4[i] = f4(equis4[i])

plt.plot(equis1, y1, color='k', lw=2)
plt.fill_between(equis1, y1, 0, alpha=1.0, color='#A1BCC3')
plt.plot(equis2, y2, color='k', lw=2)
plt.fill_between(equis2, y2, 0, alpha=1.0, color='#A1BCC3')
plt.plot(equis3, y3, color='k', lw=2)
plt.fill_between(equis3, y3, 0, alpha=1.0, color='#FFFFFF')
plt.plot(equis4, y4, color='k', lw=2)
plt.fill_between(equis4, y4, 0, alpha=1.0, color='#FFFFFF')
plt.text(V1, 1.02 * P1, '1', horizontalalignment='center', fontsize=15, color='black', weight='bold')
plt.text(V2, 1.02 * P2, '2', horizontalalignment='left', fontsize=15, color='black', weight='bold')
plt.text(V3, 1.05 * P3, '3', horizontalalignment='left', fontsize=15, color='black', weight='bold')
plt.text(V4, 0.95 * P4, '4', horizontalalignment='center', verticalalignment='top',
         fontsize=15, color='black', weight='bold')
plt.ylabel('$P \quad (Nm^-2)$')
plt.xlabel('$V \quad (m^3)$')
plt.axhline(color='black', lw=1)
```

```
plt.axvline(color='black', lw=1)
plt.xlim(0, 1.1 * np.max(equis2))
plt.show()
```

9.7 La función logaritmo

Una función logarítmica es una función f no constante, diferenciable, definida para todo número real mayor de cero, tal que

$$f(xy) = f(x) + f(y)$$

La función logarítmica así definida tiene las siguientes propiedades:

- $f(1) = 0$, ya que $f(1) = f(1 \cdot 1) = f(1) + f(1) = 2f(1)$

- $f(\frac{1}{x}) = -f(x)$, ya que $0 = f(1) = f(x \cdot \frac{1}{x}) = f(x) + f(\frac{1}{x})$

- $f(x/y) = f(x) - f(y)$

- $f'(x) = \frac{1}{x} \cdot f'(1)$ ya que:

$$\frac{f(x + \Delta x) - f(x)}{\Delta x} = \frac{f(\frac{x+\Delta x}{x})}{\Delta x} = \frac{f(1 + \frac{\Delta x}{x})}{\Delta x}$$

multiplicamos y dividimos el segundo miembro por x:

$$\frac{f(x + \Delta x) - f(x)}{\Delta x} = \frac{1}{x} \cdot \frac{f(1 + \frac{\Delta x}{x})}{\Delta x/x}$$

y ya que $f(1) = 0$ podemos restarlo al numerador:

$$\frac{f(x + \Delta x) - f(x)}{\Delta x} = \frac{1}{x} \cdot \frac{f(1 + \Delta x/x) - f(1)}{\Delta x/x}$$

y al tomar límites cuando Δx tiende a 0, el primer miembro es la derivada $f'(x)$, y llamando $\alpha = \frac{\Delta x}{x}$, tenemos que α también tiende a 0 y el límite del segundo miembro resulta ser:

$$\lim_{\alpha \to 0} \frac{1}{x} \cdot \frac{f(1 + \alpha) - f(1)}{\alpha} = \frac{1}{x} \cdot f'(1)$$

Por otra parte, $f'(1)$ no puede ser cero, ya que como $f(1) = 0$ la función se anularía en $x = 1$ y tendría pendiente nula también en $x = 1$, con lo que f sería una función constante, lo que contradice su definición. Elegir un valor para $f'(1)$ equivale a elegir una base para el logaritmo. La elección más sencilla es tomar $f'(1) = 1$, con lo que la derivada será $f'(x) = \frac{1}{x}$ y el logaritmo se llama natural.

Así pues, una función de tipo logarítmico ha de cumplir que $f(1) = 0$; y si tomamos $f'(1) = 1$, ha de ser $f'(x) = \frac{1}{x}$ para $x > 0$. Esta función se denomina logaritmo natural y ha de tener, por todo lo dicho, la forma:

$$\ln x = \int_1^x \frac{dt}{t}$$

La gráfica representa el $\ln e$ como el área bajo la curva $y = f(x)$ entre $x = 1$ y $x = e$:

9.7. LA FUNCIÓN LOGARITMO

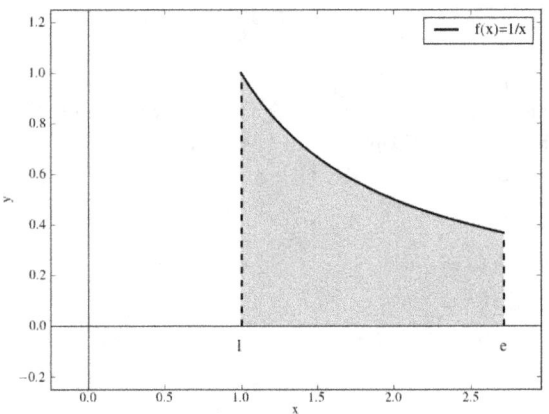

---------- ejecución del programa ----------
```
f(x) =
1/z
F(x) =
log(z)
Area total calculada directamente con Sympy:
A =    1.000
ln e = 1
```

```python
# -*- coding: utf-8 -*-
'''
p9w.py
'''

import numpy as np
import matplotlib.pyplot as plt
import sympy as sy
from matplotlib import rc

rc('font', **{'family': 'serif', 'serif': ['Times']})
rc('text', usetex=True)

z = sy.symbols('z')
sy.init_printing(use_unicode=True)
a = 1.0
b = np.e
#sympy
funcion = 1 / z
print 'f(x) = '
print funcion
I = sy.integrate(funcion)
print 'F(x) = '
print I
Area = sy.integrate(funcion, (z, a, b))
print 'Area total calculada directamente con Sympy:'
print 'A = ', "%6.3f" % Area
print 'ln e = 1'
#grafica
numpuntos = 100
x = np.linspace(a, b, numpuntos)
f = np.zeros(numpuntos, float)
for i in range(0, numpuntos):
    f[i] = 1.0 / x[i]
plt.plot(x, f, 'k-', lw=2)
```

```
plt.fill_between(x, f, 0, alpha=1, color='#BDD0D7')
plt.plot([a, a], [0, 1], 'k--', lw=2)
plt.plot([b, b], [0, 1 / b], 'k--', lw=2)
plt.text(a, -0.1, '1', horizontalalignment='center', fontsize=15, color='black', weight='bold')
plt.text(b, -0.1, 'e', horizontalalignment='center', fontsize=15, color='black', weight='bold')
plt.legend(('f(x)=1/x',), loc='best')
plt.ylabel('y')
plt.xlabel('x')
plt.axhline(color='black', lw=1)
plt.axvline(color='black', lw=1)
plt.xlim(-0.25, b + 0.25)
plt.ylim(-0.25, 1.25)
plt.show()
```

La función así definida tiene las propiedades de una función logarítmica:

- $\ln x$ está definida para todo $x \in (0, \infty)$
- $\ln x$ es diferenciable, y por lo tanto continua en $(0, \infty)$
- $\ln(xy) = \ln x + \ln y$
- $\ln 1 = 0$
- $\ln \frac{1}{x} = -\ln x$
- $\ln(x/y) = \ln x - \ln y$
- $(\ln x)' = \frac{1}{x}$
- $[\ln x^{p/q}]' = \frac{p}{q} \ln x$, con $p, q \in \mathbf{Q}$, ya que si tomamos $u = p/q$ y aplicamos la regla de la cadena:

$$[\ln x^u]' = \frac{1}{x^u}(x^u)' = \frac{1}{x^u} u x^{u-1} = u \frac{1}{x}$$

$$[\ln x^{p/q}]' = \frac{p}{q} \cdot \frac{1}{x}$$

$$[\ln x^{p/q}]' = [\frac{p}{q} \ln x]'$$

y como ambas funciones tienen la misma derivada, solo pueden diferir en una constante C:

$$\ln x^{p/q} = \frac{p}{q} \ln x + C$$

y puesto que ambas funciones se anulan para $x = 1$, la constante $C = 0$.

- La función $\ln x$ no está acotada, su imagen es $(-\infty, \infty)$.
- El valor de x para el cual $\ln x = 1$ es el número e, es decir, que la función $\ln x$ es la inversa de la función exponencial

$$\ln e = 1$$
$$\ln e^y = y, \quad \forall y \in \mathbf{R}$$

- El desarrollo en serie de la función $y = \ln(1 + x)$ es:

```
──────────────────────────── ejecución de 08p10.py ────────────────────────────
f = log(x + 1)
D1 = 1/(x + 1); D1(0) = 1.00
D2 = -1/(x + 1)**2; D2(0) = -1.00
D3 = 2/(x + 1)**3; D3(0) = 2.00
D4 = -6/(x + 1)**4; D4(0) = -6.00
D5 = 24/(x + 1)**5; D5(0) = 24.0
D6 = -120/(x + 1)**6; D6(0) = -120.
D7 = 720/(x + 1)**7; D7(0) = 720.
x - x**2/2 + x**3/3 - x**4/4 + x**5/5 - x**6/6 + x**7/7 + O(x**8)
```

La representación gráfica de la función logaritmo es:

9.8. INTEGRACIÓN NUMÉRICA

```
# -*- coding: utf-8 -*-
'''
p9x.py
representa y = ln x
'''

import numpy as np
import matplotlib.pyplot as plt

numpuntos = 200
fig = plt.figure(facecolor='white')
x = np.linspace(0.01, 7.0, numpuntos)
y1 = np.zeros(numpuntos, float)
y2 = np.zeros(numpuntos, float)
y3 = np.zeros(numpuntos, float)
for i in range(0, numpuntos):
    y1[i] = np.log(x[i])
    y2[i] = np.log(x[i] ** (1.0 / 2.0))
    y3[i] = np.log(1 / x[i])
ax = fig.add_subplot(1, 1, 1, aspect='equal')
p1, = plt.plot(x, y1, 'b', lw=2, label='$\ln x$')
p2, = plt.plot(x, y2, 'r--', lw=1.5, label='$\ln x^{\\frac{1}{2}}$')
p3, = plt.plot(x, y3, 'y-', lw=1.5, label='$\ln 1/x}$')
plt.legend(('$\ln x$', '$\ln x^{1/2}$', '$\ln(1/x)$'), loc='left')
plt.ylabel('y')
plt.xlabel('x')
plt.axhline(color='black', lw=1)
plt.axvline(color='black', lw=1)
plt.axis('equal')
plt.show()
```

9.8 Integración numérica

A menudo se da el caso de necesitar hallar la integral de una función para la cual no se conoce un método de integración, o bien no existe ninguna función sencilla cuya derivada sea la función dada. En el caso de que la función sea desconocida, solo disponemos de algunos de sus valores obtenidos experimentalmente.

Supongamos que en un experimento para determinar el área bajo una función, se han determinado los valores de la función en 13 puntos a intervalos regulares de x, que colocamos en una matriz x de un programa de Python:

```
# -*- coding: utf-8 -*-
"""
p9r.py
integracion numerica: extremo izquierdo de cada intervalo
"""

import numpy as np
import matplotlib.pyplot as plt

x = [-2.0, -1.5, -1.0, -0.5, 0.0, 0.5, 1.0, 1.5, 2.0, 2.5, 3.0, 3.5, 4.0]
y = [0.0, 2.151, 2.646, 2.806, 2.828, 2.85, 3.0, 3.373, 4.0, 4.861, 5.916, 7.133, 8.485]
print 'x = ', x
```

```
print 'y = ', y
n = len(x)
print n, ' puntos; ', n - 1, ' intervalos'
```

En principio, desconocemos la función que siguen estos puntos, pero nos interesa calcular el área bajo la curva que los une.

El primer método de integración consiste en trazar rectángulos entre cada par de valores de x, tomando como altura del rectángulo, el valor de y obtenido para el extremo inferior de ese intervalo:

```
#extremo izquierdo
A1 = 0
for i in range(0, n - 1):
    delta = x[i + 1] - x[i]
    A1 += y[i] * delta
print 'A (extremo izquierdo) = ', "%8.3f" % A1
```

No nos vamos a limitar a calcular solamente el valor numérico del área por cada método, sino que también vamos a representar gráficamente su ejecución. Añadimos al código anterior las siguientes líneas para representar los rectángulos cuyo área va a sumar el programa, así como una línea discontinua que aproxima la forma que podría tener la función que desconocemos uniendo el punto de cada rectángulo que tomamos como referencia para calcular su área:

```
#grafica
alturas = np.zeros(n, float)


def barras(h):
    alturas = h
    alturas = np.append(alturas, 0)
    plt.bar(x, alturas,
            width=delta, alpha=0.4, color='#3E9ECB')

for i in range(0, n - 1):
    plt.plot([x[i], x[i + 1]], [y[i], y[i + 1]], 'k--', lw=0.7)
alturas = np.delete(y, -1)
barras(alturas)
plt.plot(x, y, 'ko')
plt.ylabel('y')
plt.xlabel('x')
plt.axhline(color='grey', lw=1)
plt.axvline(color='grey', lw=1)
plt.show()
```

Al ejecutar el programa, obtenemos el resultado numérico del área, y su representación gráfica. Vemos que posiblemente la diferencia entre el valor real del área y el calculado por este método puede ser bastante grande, ya que los rectángulos no se acercan demasiado a la línea que une los puntos. Cuantos más datos tengamos, más preciso será el método.

9.8. INTEGRACIÓN NUMÉRICA

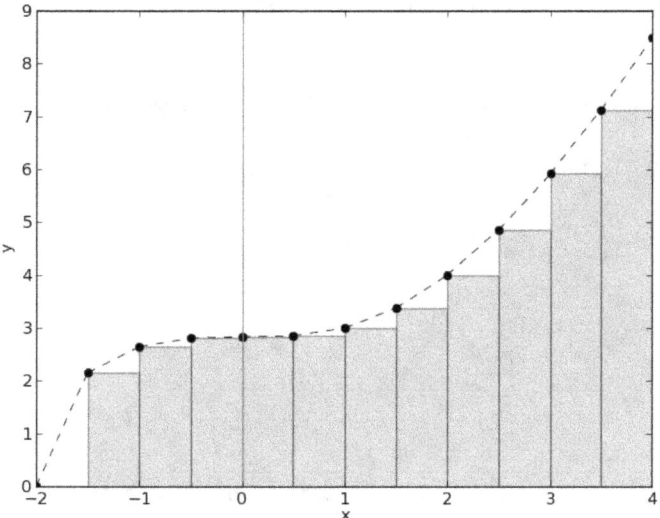

```
_____ ejecución del programa _____
x = [-2.0, -1.5, -1.0, -0.5, 0.0, 0.5, 1.0, 1.5, 2.0, 2.5, 3.0, 3.5, 4.0]
y = [0.0, 2.151, 2.646, 2.806, 2.828, 2.85, 3.0, 3.373, 4.0, 4.861, 5.916, 7.133, 8.485]
13 puntos;  12 intervalos
A (extremo izquierdo) =     20.782
```

Un segundo método consiste en tomar como altura de cada rectángulo, el valor de y correspondiente al extremo derecho de cada intervalo. El programa es prácticamente el mismo que en el caso anterior, con pequeñas modificaciones. Lo incluimos completo para mayor claridad:

```python
# -*- coding: utf-8 -*-
"""
p9s.py   integracion numerica: extremo derecho de cada intervalo
"""

import numpy as np
import matplotlib.pyplot as plt

x = [-2.0, -1.5, -1.0, -0.5, 0.0, 0.5, 1.0, 1.5, 2.0, 2.5, 3.0, 3.5, 4.0]
y = [0.0, 2.151, 2.646, 2.806, 2.828, 2.85, 3.0, 3.373, 4.0, 4.861, 5.916, 7.133, 8.485]
print 'x = ', x
print 'y = ', y
n = len(x)
print n, ' puntos; ', n - 1, ' intervalos'

#extremo derecho
A2 = 0
for i in range(0, n - 1):
    delta = x[i + 1] - x[i]
    A2 += y[i + 1] * delta
print 'A (extremo derecho) = ', "%8.3f" % A2

#grafica
alturas = np.zeros(n, float)


def barras(h):
    alturas = h
    alturas = np.append(alturas, 0)
    plt.bar(x, alturas,
```

```
                width=delta, alpha=0.4, color='#3E9ECB')

for i in range(0, n - 1):
    plt.plot([x[i], x[i + 1]], [y[i], y[i + 1]], 'k--', lw=0.7)

alturas = np.delete(y, 0)
barras(alturas)
plt.plot(x, y, 'ko')
plt.ylabel('y')
plt.xlabel('x')
plt.axhline(color='grey', lw=1)
plt.axvline(color='grey', lw=1)
plt.show()
```

─────────────────────────── ejecución del programa ───────────────────────────
```
x =  [-2.0, -1.5, -1.0, -0.5, 0.0, 0.5, 1.0, 1.5, 2.0, 2.5, 3.0, 3.5, 4.0]
y =  [0.0, 2.151, 2.646, 2.806, 2.828, 2.85, 3.0, 3.373, 4.0, 4.861, 5.916, 7.133, 8.485]
13  puntos;  12  intervalos
A (extremo derecho) =    25.024
```
───

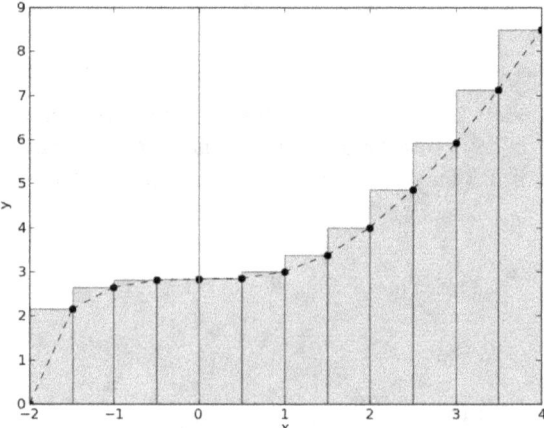

Al tratarse en este ejemplo de una función creciente, la integración por el extremo izquierdo de los intervalos da como resultado un área posiblemente menor que la real, mientras que la integral por el extremo derecho se puede ver que es mayor que el área real bajo la curva.

Un tercer método consiste en agrupar los puntos de tres en tres, y tomar como altura del rectángulo el valor de y correspondiente al punto medio de los tres. Como veremos al ejecutarlo, obtenemos un valor para el área que se encuentra entre los valores obtenidos por los dos métodos anteriores. El programa es el siguiente:

```
# -*- coding: utf-8 -*-
"""
p9t.py
integracion numerica: punto medio de de cada intervalo
"""

import numpy as np
import matplotlib.pyplot as plt

x = [-2.0, -1.5, -1.0, -0.5, 0.0, 0.5, 1.0, 1.5, 2.0, 2.5, 3.0, 3.5, 4.0]
y = [0.0, 2.151, 2.646, 2.806, 2.828, 2.85, 3.0, 3.373, 4.0, 4.861, 5.916, 7.133, 8.485]
print 'x = ', x
```

9.8. INTEGRACIÓN NUMÉRICA

```python
print 'y = ', y
n = len(x)
print n, ' puntos; ', (n - 1) / 2, ' intervalos'

#punto medio
A3 = 0
x3 = []
y3 = []
for i in range(0, n - 2, 2):
    #pmedio = x[i + 1]
    x3.append(x[i])
    y3.append(y[i + 1])
    delta = x[i + 2] - x[i]
    A3 += y[i + 1] * delta
print 'A (punto medio) = ', "%8.3f" % A3

#grafica
alturas = np.zeros(n, float)


def barras(h):
    alturas = h
    plt.bar(x3, alturas, width=delta, alpha=0.4, color='#3E9ECB')

for i in range(0, n - 1):
    plt.plot([x[i], x[i + 1]], [y[i], y[i + 1]], 'k--', lw=0.7)

alturas = y3
barras(alturas)
plt.plot(x, y, 'ko')
plt.ylabel('y')
plt.xlabel('x')
plt.axhline(color='grey', lw=1)
plt.axvline(color='grey', lw=1)
plt.show()
```

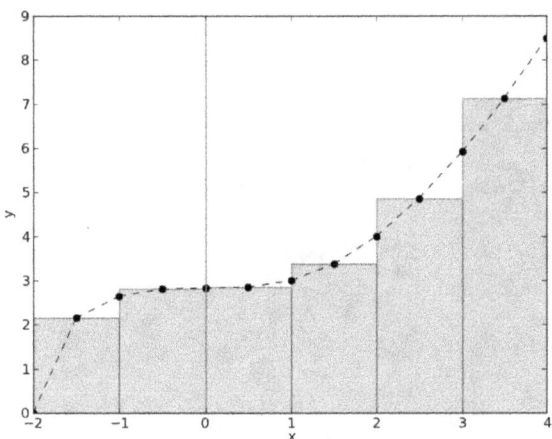

```
_____ ejecución del programa _____
x =  [-2.0, -1.5, -1.0, -0.5, 0.0, 0.5, 1.0, 1.5, 2.0, 2.5, 3.0, 3.5, 4.0]
y =  [0.0, 2.151, 2.646, 2.806, 2.828, 2.85, 3.0, 3.373, 4.0, 4.861, 5.916, 7.133, 8.485]
13 puntos;  6 intervalos
A (punto medio) =    23.174
```

El cuarto método de integración que vamos a ver consiste en utilizar trapecios en lugar de rectángulos. Cada trapecio tiene como base dos puntos consecutivos, y la base es

$$\Delta = x_{i+1} - x_i$$

el área de cada trapecio es igual a

$$\frac{(y_{i+1} + y_i) \cdot \Delta}{2}$$

El programa de Python es el siguiente:

```
# -*- coding: utf-8 -*-
"""
p9u.py
integracion numerica: trapecios
"""

import matplotlib.pyplot as plt

x = [-2.0, -1.5, -1.0, -0.5, 0.0, 0.5, 1.0, 1.5, 2.0, 2.5, 3.0, 3.5, 4.0]
y = [0.0, 2.151, 2.646, 2.806, 2.828, 2.85, 3.0, 3.373, 4.0, 4.861, 5.916, 7.133, 8.485]
print 'x = ', x
print 'y = ', y
n = len(x)
print n, ' puntos; ', n - 1, ' intervalos'

#trapecio
A4 = 0
y4 = []
for i in range(0, n - 1):
    delta = x[i + 1] - x[i]
    y4.append((y[i] + y[i + 1]) / 2.0)
    A4 += y4[i] * delta
print 'A (trapecio) = ', "%8.3f" % A4

#grafica
plt.plot(x, y, 'k-', lw=0.7)
plt.fill_between(x, y, 0, alpha=1, color='#BDD0D7')
for i in range(0, n - 1):
    plt.plot([x[i], x[i]], [0, y[i]], 'k-', lw=0.7)
plt.plot(x, y, 'ko')
plt.ylabel('y')
plt.xlabel('x')
plt.axhline(color='grey', lw=1)
plt.axvline(color='grey', lw=1)
plt.show()
```

─────────────── ejecución del programa ───────────────
```
x =  [-2.0, -1.5, -1.0, -0.5, 0.0, 0.5, 1.0, 1.5, 2.0, 2.5, 3.0, 3.5, 4.0]
y =  [0.0, 2.151, 2.646, 2.806, 2.828, 2.85, 3.0, 3.373, 4.0, 4.861, 5.916, 7.133, 8.485]
13  puntos;  12  intervalos
A (trapecio) =    22.903
```

9.8. INTEGRACIÓN NUMÉRICA

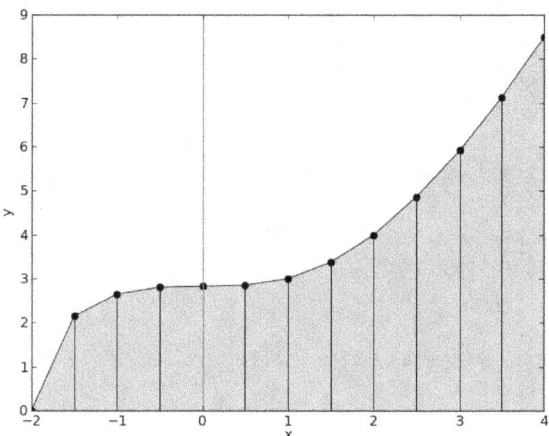

Ahora las áreas de los trapecios se ajustan a las líneas rectas con las que unimos los puntos. La aproximación parece mejor que con los métodos anteriores, pero la función que desconocemos probablemente no está compuesta de segmentos rectos, sino que será una curva. El siguiente método tiene en cuenta esto.

El quinto método consiste en agrupar los puntos de tres en tres, unirlos mediante una parábola, y calcular el área bajo esa parábola. La base de cada intervalo es $\Delta = x_{i+2} - x_i$. El área de cada uno de estos intervalos es

$$\frac{1}{6}[y_i + 4y_{i+1} + y_{i+2}]\Delta$$

El programa es el siguiente:

```
# -*- coding: utf-8 -*-
"""
p9v.py
integracion numerica: parabolas
"""

import numpy as np
import matplotlib.pyplot as plt

x = [-2.0, -1.5, -1.0, -0.5, 0.0, 0.5, 1.0, 1.5, 2.0, 2.5, 3.0, 3.5, 4.0]
y = [0.0, 2.151, 2.646, 2.806, 2.828, 2.85, 3.0, 3.373, 4.0, 4.861, 5.916, 7.133, 8.485]
print 'x = ', x
print 'y = ', y
n = len(x)
print n, ' puntos; ', (n - 1) / 2, ' intervalos'

#parabola
A5 = 0
for i in range(0, n - 2, 2):
    delta = x[i + 2] - x[i]
    A5 += (y[i] + 4 * y[i + 1] + y[i + 2]) * delta / 6
print 'A (parabola) = ', "%8.3f" % A5

#parabola entre cada dos puntos y que pasa por su punto medio


def trazaparabola(j):
    A = np.array([[x[j] ** 2, x[j], 1.0],
                  [x[j + 1] ** 2, x[j + 1], 1.0],
```

```
                        [x[j + 2] ** 2, x[j + 2], 1.0]])
        #print A
        detA = np.linalg.det(A)
        if detA == 0:
            #los tres puntos estan alineados: trazar trapecio
            xrecta = [x[j], x[j + 2]]
            yrecta = [y[j], y[j + 2]]
            plt.plot(xrecta, yrecta, 'k--', lw=1.0)
            plt.fill_between(xrecta, yrecta, 0,
                             alpha=1, color='#BDD0D7')
        else:
            B = np.array([y[j], y[j + 1], y[j + 2]])
            abc = np.linalg.solve(A, B)
            #calcula 10 puntos de la parabola
            xintervalo = np.linspace(x[j], x[j + 2], 10)
            yintervalo = np.zeros(10, float)
            for k in range(0, 10):
                yintervalo[k] = (abc[0] * xintervalo[k] ** 2 +
                                 abc[1] * xintervalo[k] + abc[2])
            plt.plot(xintervalo, yintervalo, 'k--', lw=1.0)
            plt.fill_between(xintervalo, yintervalo, 0, alpha=1, color='#BDD0D7')
            plt.plot([x[j], x[j]], [0, y[j]], 'k--', lw=0.7)

for intervalo in range(0, n - 2, 2):
    trazaparabola(intervalo)

for i in range(0, n - 1):
    plt.plot([x[i], x[i + 1]], [y[i], y[i + 1]], 'k--', lw=0.7)
plt.ylabel('y')
plt.xlabel('x')
plt.axhline(color='grey', lw=1)
plt.axvline(color='grey', lw=1)
plt.show()
```

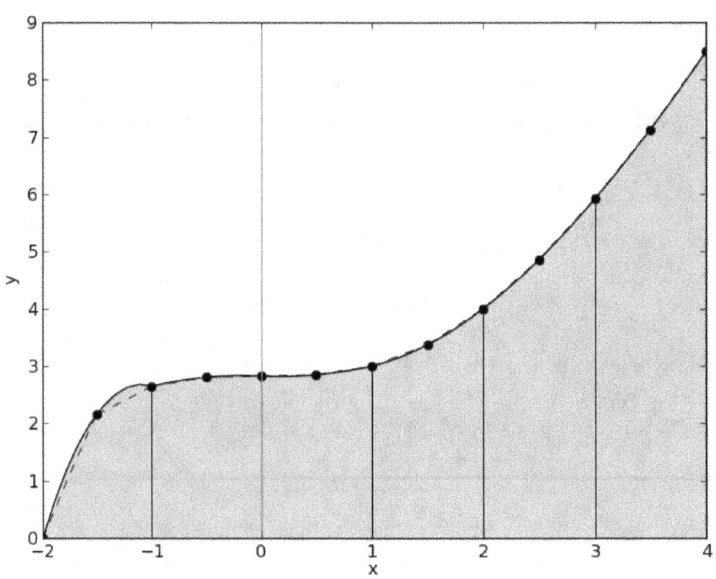

9.8. INTEGRACIÓN NUMÉRICA

```
─────────────────────────── ejecución del programa ───────────────────────────
x =  [-2.0, -1.5, -1.0, -0.5, 0.0, 0.5, 1.0, 1.5, 2.0, 2.5, 3.0, 3.5, 4.0]
y =  [0.0, 2.151, 2.646, 2.806, 2.828, 2.85, 3.0, 3.373, 4.0, 4.861, 5.916, 7.133, 8.485]
13 puntos;  6 intervalos
A (parabola) =    22.994
```

Si comparamos los valores que hemos obtenido por los diferentes métodos:

1. Extremo izquierdo: 20.782
2. Extremo derecho: 25.024
3. Punto medio: 23.174
4. Trapecios: 22.903
5. Parábolas: 22.994

En realidad, los datos de este ejemplo no se han obtenido experimentalmente, sino que se ha utilizado la función $y = \sqrt{8 - x^3}$. Si empleamos el programa para calcular la suma de Riemann para esta función en el intervalo $[-2, 4]$, utilizando intervalos de amplitud menor de 0,05 podemos hacernos una idea de la bondad de cada tipo de integración para esta función en concreto:

```
[a, b] = [ -2.0 , 4.0 ]
delta =  0.05
numero de intervalos:  249
norma de la partición =  0.049805
Suma de Riemann: 23.090
```

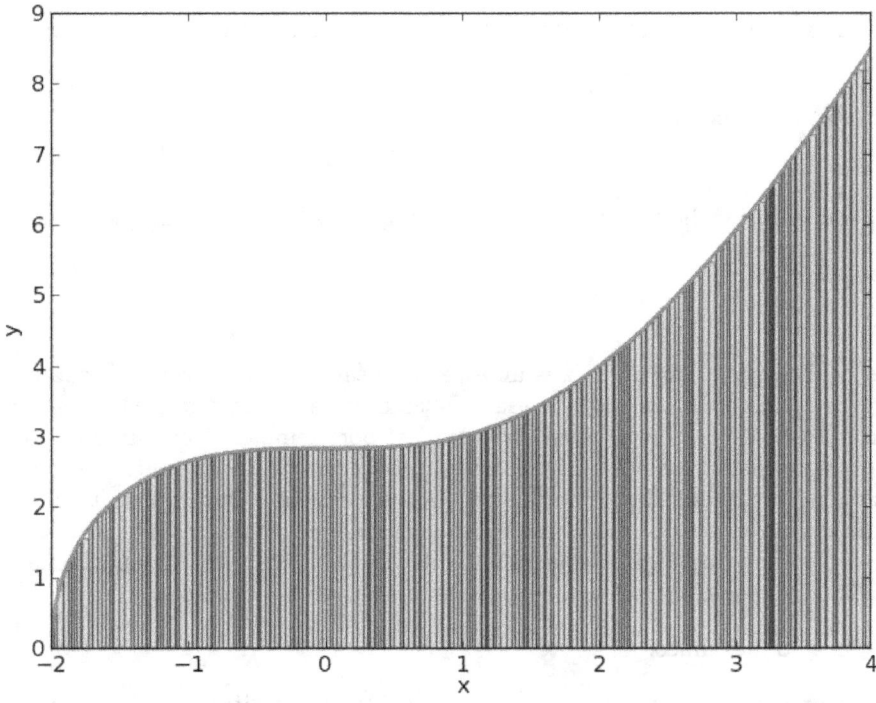

Bibliografía para este capítulo: [3], [12], [24], [31], [37], [38], [41], [45], [47], [46], [50], [53], [55], [56], [58]

10 | Vectores

10.1 Espacio vectorial

Sea un conjunto E y un cuerpo P. Si para todos los elementos de E, que denominaremos vectores, están definidas las operaciones de adición y multiplicación por los números del cuerpo P y se cumplen los siguientes axiomas:

1. A todo par de vectores $\mathbf{x}, \mathbf{y}$ le corresponde un vector suma $\mathbf{x}+\mathbf{y}$ tal que el conjunto E con la operación suma de vectores tiene estructura de grupo abeliano:

    - $\mathbf{x} + \mathbf{y} = \mathbf{y} + \mathbf{x}$
    - $\mathbf{x} + (\mathbf{y} + \mathbf{z}) = (\mathbf{x} + \mathbf{y}) + \mathbf{z}$
    - Existe un único vector nulo $\mathbf{0}$ tal que $\mathbf{x} + \mathbf{0} = \mathbf{0} + \mathbf{x} = \mathbf{x}, \quad \forall \mathbf{x} \in E$.
    - Para todo vector $\mathbf{x}$ existe un único vector opuesto $\mathbf{-x}$, tal que $\mathbf{x} + (\mathbf{-x}) = \mathbf{0}$

2. Para todo elemento $\alpha \in P$, y todo vector $\mathbf{x} \in E$ le corresponde un vector producto $\alpha \mathbf{x}$ tal que

    - $\alpha(\beta \mathbf{x}) = (\alpha\beta)\mathbf{x}$
    - $1\mathbf{x} = \mathbf{x}$

3. Las operaciones de adición y multiplicación cumplen las siguientes propiedades distributivas:

    - $\alpha(\mathbf{x} + \mathbf{y}) = \alpha \mathbf{x} + \alpha \mathbf{y}$
    - $(\alpha + \beta)\mathbf{x} = \alpha \mathbf{x} + \beta \mathbf{x}$

Entonces se dice que el conjunto E es un espacio lineal (o espacio vectorial) sobre el cuerpo P. A los elementos de cualquier espacio vectorial los llamaremos vectores, si bien su aspecto puede ser muy diferente de los clásicos segmentos dirigidos, así por ejemplo, el conjunto de los polinomios de grado no mayor que n con coeficientes reales, o el conjunto de las funciones continuas en un intervalo dado $[a, b]$, son espacios vectoriales. Denotaremos con letras en negrita a los vectores, y con números o letras griegas $\alpha, \beta, \ldots$ a los escalares. En caso de coincidencia de signos, denotaremos el vector nulo $\mathbf{0}$ en negrita, mientras que el número cero 0 lo denotaremos sin negrita.

De la definición de espacio vectorial se deducen las siguientes propiedades:

- El vector nulo $\mathbf{0}$ es único.

- El vector opuesto $\mathbf{-x}$ es único y es igual a $-1\mathbf{x}$. Llamamos diferencia de dos vectores $\mathbf{x}$ e $\mathbf{y}$ a la suma de uno de ellos con el opuesto del otro: $\mathbf{x} - \mathbf{y} = \mathbf{x} + (\mathbf{-y})$.

- Para todo vector $\mathbf{x}$ se cumple que $0\mathbf{x} = \mathbf{0}$.

- Para cualquier número real α se cumple que $\alpha \mathbf{0} = \mathbf{0}$.

- Si se tiene que $\alpha \mathbf{x} = \mathbf{0}$, entonces al menos uno de los dos factores ha de ser nulo: $\alpha = 0$ o $\mathbf{x} = \mathbf{0}$.

10.1. ESPACIO VECTORIAL

Un conjunto formado por un número arbitrario de vectores $e_1, e_2, ..., e_n$, del espacio E, se denomina sistema de vectores. Al realizar sumas y multiplicaciones con los vectores del sistema, obtenemos un vector que es combinación lineal de los vectores del sistema:

$$x = \alpha_1 e_1 + \alpha_2 e_2 + ... + \alpha_n e_n$$

El conjunto $L(e_1, e_2, ..., e_n)$ de todas las posibles combinaciones lineales de los vectores del sistema, obtenido al dar cualesquiera valores a los coeficientes α_i se denomina cápsula lineal de los vectores del sistema, y esta cápsula lineal tiene en sí misma estructura de espacio vectorial, ya que los vectores x obtenidos mediante combinación lineal de los vectores del sistema cumplen los axiomas y tanto el vector nulo como el vector opuesto pertenecen a la cápsula:

$$0 = 0e_1 + 0e_2 + ... + 0e_n$$

$$\text{-x} = (-\alpha_1)e_1 + (-\alpha_2)e_2 + ... + (-\alpha_n)e_n$$

Además, la cápsula lineal es el espacio vectorial «mínimo» que contiene a los vectores del sistema.

Si dado un sistema de vectores, uno de ellos, por ejemplo e_n se puede expresar como combinación lineal de los restantes, entonces la cápsula lineal del sistema de n vectores también se puede generar solamente con los otros $n-1$ vectores. Continuando este proceso de eliminación de los vectores del sistema que son combinación lineal de los otros, llegamos a obtener un sistema de vectores en el que ninguno de sus vectores se puede expresar como combinación lineal del resto de vectores del sistema, o bien el sistema consta de un único vector no nulo. Tal sistema se dice que es linealmente independiente. En otras palabras, la condición necesaria y suficiente para que un sistema de vectores sea linealmente independiente es que si

$$x = \alpha_1 e_1 + \alpha_2 e_2 + ... + \alpha_n e_n = 0$$

entonces todos los coeficientes α_i son nulos. Para que un sistema sea linealmente dependiente basta con que uno de los vectores sea nulo, o bien alguno de los vectores del sistema se pueda expresar como combinación lineal del resto.

Si dos sistemas de vectores son tales que cualquier vector de cada sistema se puede expresar como combinación lineal de los vectores del otro sistema, ambos sistemas son equivalentes, y sus cápsulas coinciden. El concepto de equivalencia de dos sistemas de vectores es una relación de equivalencia, y por tanto cumple las propiedades reflexiva, simétrica y transitiva. Los sistemas equivalentes linealmente independientes tienen el mismo número de vectores, que se denomina rango del sistema de vectores. Por definición, el rango de un sistema de vectores nulos se considera igual a cero.

Supongamos que un sistema de vectores consta de n vectores, entonces si tomamos cualesquiera $n+1$ vectores de su cápsula lineal, estos $n+1$ vectores formarán un sistema linealmente dependiente.

Si en un espacio E un sistema de vectores linealmente independiente puede tener cualquier número de vectores, el espacio lineal se dice que es de dimensión infinita. Nos ocuparemos del caso contrario, aquel en el que un sistema de vectores linealmente independiente, solo puede tener como máximo n vectores. Entonces el espacio E se dice que es de dimensión n, y por lo tanto cualesquiera $n+1$ vectores será linealmente dependiente. El espacio E de dimensión finita n se puede considerar una cápsula lineal de un sistema linealmente independiente compuesto por n de sus vectores, a este sistema se le denomina base del espacio E.

Puesto que el espacio E es una cápsula lineal de la base $e_1, e_2, ..., e_n$, cualquier vector $x \in K$ se puede expresar como combinación lineal de los vectores de la base:

$$x = \alpha_1 e_1 + \alpha_2 e_2 + ... + \alpha_n e_n$$

y a los números α_i se les denomina coordenadas del vector x respecto de dicha base, y el vector x se puede expresar como una matriz fila o columna:

$$x = \begin{pmatrix} \alpha_1 & \alpha_2 & ... & \alpha_n \end{pmatrix}$$

ya que para cualquier vector **x** del espacio E, su descomposición según una base dada, es única. De manera que si fijamos una base, todo vector del espacio queda definido de manera única por sus coordenadas respecto de esa base, y las operaciones de adición y multiplicación de vectores quedan reducidas a operaciones de suma y producto de matrices. Es decir, si:

$$\mathbf{x} = \begin{pmatrix} \alpha_1 & \alpha_2 & ... & \alpha_n \end{pmatrix}$$

$$\mathbf{y} = \begin{pmatrix} \beta_1 & \beta_2 & ... & \beta_n \end{pmatrix}$$

entonces

$$\mathbf{x} + \mathbf{y} = \begin{pmatrix} \alpha_1 + \beta_1 & \alpha_2 + \beta_2 & ... & \alpha_2 + \beta_n \end{pmatrix}$$

y el producto de un vector por un escalar:

$$\lambda\mathbf{x} = \begin{pmatrix} \lambda\alpha_1 & \lambda\alpha_2 & ... & \lambda\alpha_n \end{pmatrix}$$

Se define una aplicación de $E \times E \rightarrow \mathbf{R}$ que asocia a cada par de vectores **x**, **y** un número real $\mathbf{x} \cdot \mathbf{y}$. Esta aplicación, que denominaremos producto escalar, tiene las siguientes propiedades $\forall \mathbf{x}, \mathbf{y}, \mathbf{z} \in E$:

- $\mathbf{x} \cdot \mathbf{x} \geq 0$

- Si $\mathbf{x} \cdot \mathbf{x} = 0$, entonces necesariamente $\mathbf{x} = \mathbf{0}$

- $\mathbf{x} \cdot \mathbf{y} = \mathbf{y} \cdot \mathbf{x}$

- $\mathbf{x} \cdot (\mathbf{y} + \mathbf{z}) = \mathbf{x} \cdot \mathbf{y} + \mathbf{x} \cdot \mathbf{z}$

- Para todo número real α se cumple que

$$\alpha(\mathbf{x} \cdot \mathbf{y}) = \alpha\mathbf{x} \cdot \mathbf{y} = \mathbf{x} \cdot \alpha\mathbf{y}$$

- $\mathbf{0} \cdot \mathbf{0} = 0$

- Desigualdad de Cauchy-Buniakovski: $(\mathbf{x} \cdot \mathbf{y})^2 \leq (\mathbf{x} \cdot \mathbf{x})(\mathbf{y} \cdot \mathbf{y})$; la igualdad se da solamente en el caso de que los dos vectores **x** e **y** sean colineales.

Al espacio vectorial E en el que se ha definido un producto escalar, se le denomina espacio métrico. Veamos un espacio métrico de dimensión 3. En él una base vendrá dada por un sistema de tres vectores linealmente independientes $\mathbf{e}_1, \mathbf{e}_2, \mathbf{e}_3$. Se suelen elegir estos vectores de manera que además de ser linealmente independientes, cumplan que el producto escalar de cualesquiera dos de ellos sea igual a 0 si los vectores son distintos ($\mathbf{e}_i \cdot \mathbf{e}_j = 0$); e igual a 1 si se trata del producto escalar de un vector consigo mismo $\mathbf{e}_i \cdot \mathbf{e}_i = 1$. A la base que cumple esta condición se la denomina ortonormal. En un sistema de coordenadas rectangulares, a esos vectores se los suele denominar **i**, **j**, **k**. Veamos cuál sería el desarrollo del producto escalar de dos vectores cuyas coordenadas rectangulares fueran

$$\mathbf{a} = \begin{pmatrix} a_1 & a_2 & a_3 \end{pmatrix} = a_1\mathbf{i} + a_2\mathbf{j} + a_3\mathbf{k}$$

$$\mathbf{b} = \begin{pmatrix} b_1 & b_2 & b_3 \end{pmatrix} = b_1\mathbf{i} + b_2\mathbf{j} + b_3\mathbf{k}$$

El producto escalar de ambos será:

$$\mathbf{a} \cdot \mathbf{b} = (a_1\mathbf{i} + a_2\mathbf{j} + a_3\mathbf{k}) \cdot (b_1\mathbf{i} + b_2\mathbf{j} + b_3\mathbf{k})$$

y al desarrollar el producto tendremos

$$\mathbf{a} \cdot \mathbf{b} = a_1\mathbf{i} \cdot b_1\mathbf{i} + a_1\mathbf{i} \cdot b_2\mathbf{j} + a_1\mathbf{i} \cdot b_3\mathbf{k} + ... + a_3\mathbf{k} \cdot b_3\mathbf{k}$$

pero en esta expresión todos los productos escalares de cualesquiera dos vectores de la base distintos, son nulos: $\mathbf{i} \cdot \mathbf{j} = 0$, y en el caso de ser el mismo vector, es igual a $\mathbf{i} \cdot \mathbf{i} = \mathbf{j} \cdot \mathbf{j} = \mathbf{k} \cdot \mathbf{k} = 1$. Y obtenemos:

$$\mathbf{a} \cdot \mathbf{b} = a_1 b_1 + a_2 b_2 + a_3 b_3$$

Lo cual coincide con el producto de las coordenadas de ambos vectores, expresadas como producto de una matriz fila por una matriz columna. Veámoslo con un sencillo programa de Python:

10.1. ESPACIO VECTORIAL

```
# -*- coding: utf-8 -*-
"""
p10a.py
producto escalar de vectores
"""

import sympy as sy

a1, a2, a3, b1, b2, b3 = sy.symbols('a1, a2, a3, b1, b2, b3')
sy.init_printing(use_unicode=True)

vectorfila = sy.Matrix([[1, 2, 3]])
vectorcolumna = sy.Matrix([-1, 5, 10])
print 'a = ', vectorfila
print 'b = '
print vectorcolumna
print 'a b = ', vectorfila * vectorcolumna
print
a = sy.Matrix([[a1, a2, a3]])
b = sy.Matrix([b1, b2, b3])
print 'a = ', a
print 'b = '
print b
print 'a b = ', a * b
```

─────────────────── ejecución ───────────────────
```
a =  Matrix([[1, 2, 3]])
b =
Matrix([[-1], [5], [10]])
a·b =  Matrix([[39]])

a =  Matrix([[a1, a2, a3]])
b =
Matrix([[b1], [b2], [b3]])
a·b =  Matrix([[a1*b1 + a2*b2 + a3*b3]])
```

Sea un vector cuyas coordenadas rectangulares son

$$\mathbf{r} = r_1\mathbf{i} + r_2\mathbf{j} + r_3\mathbf{k} \equiv \begin{pmatrix} r_1 & r_2 & r_2 \end{pmatrix}$$

Se llama módulo o longitud de este vector al número real positivo $|\mathbf{r}| = \sqrt{r_1^2 + r_2^2 + r_3^2}$.

Por ejemplo, en la siguiente sección representaremos el vector $\mathbf{r}(t) = t\mathbf{i} + \frac{t^2}{2}\mathbf{j} + \frac{t^3}{100}\mathbf{k}$, donde el escalar t representa el tiempo. La longitud del vector $\mathbf{r}(t)$ es la distancia del extremo del vector al origen de coordenadas para cada valor de t. El siguiente programa de Python calcula la longitud de $\mathbf{r}(t)$ para los valores de $t = 0, 10, 20, ..., 90$:

```
# -*- coding: utf-8 -*-
'''
p10b.py
longitud de un vector
'''

import numpy as np

for t in range(0, 101, 25):
    x = t
    y = t ** 2 / 2
    z = t ** 3 / 100
    longitud = np.sqrt(x ** 2 + y ** 2 + z ** 2)
    print '|r(', t, ')| = ', "%7.2f" % longitud
```

```
|r(   0 )| =       0.00
|r(  25 )| =     349.72
|r(  50 )| =    1768.47
|r(  75 )| =    5069.96
|r( 100 )| =   11180.79
```
ejecución del programa

Para cualesquiera vectores **a** y **b**, y cualquier número real α, el módulo tiene las siguientes propiedades:

- $|\mathbf{a}| = 0$ si y solo si $\mathbf{a} = \mathbf{0}$
- $|\alpha \mathbf{a}| = |\alpha||\mathbf{a}|$
- $|\mathbf{a} \cdot \mathbf{b}| \leq |\mathbf{a}||\mathbf{b}|$
- $|\mathbf{a} + \mathbf{b}| \leq |\mathbf{a}| + |\mathbf{b}|$

Los vectores de módulo igual a 1 se dice que están normalizados, y se denominan vectores unitarios. Dado un vector $\mathbf{a} = \begin{pmatrix} a_1 & a_2 & a_3 \end{pmatrix}$ normalizar el vector a consiste en encontrar el vector unitario **u** que tiene su misma dirección y sentido:

$$\mathbf{u} = \begin{pmatrix} \frac{a_1}{|\mathbf{a}|} & \frac{a_2}{|\mathbf{a}|} & \frac{a_3}{|\mathbf{a}|} \end{pmatrix} = \frac{1}{|\mathbf{a}|} \begin{pmatrix} a_1 & a_2 & a_3 \end{pmatrix}$$

El siguiente programa de Python calcula el módulo y normaliza un vector:

```python
# -*- coding: utf-8 -*-
'''
p10c.py
normaliza un vector
'''

import numpy as np


def modulo(nombre, a):
    radicando = 0.0
    dimension = len(a)
    for i in range(0, dimension):
        radicando = radicando + a[i] ** 2
    longitud = np.sqrt(radicando)
    print '|', nombre, '| = sqrt(', radicando, ') = ', "%5.2f" % longitud
    return longitud


def normaliza(a):       # a es un vector
    longitud = modulo('a', a)
    u = []
    u = a / longitud
    return u

a = np.array([3, -1, 5])
print 'a = ', a
u = normaliza(a)
print 'u = ', u
modulo('u', u)
```

ejecución del programa
```
a =  [ 3 -1  5]
| a | = sqrt( 35.0 ) =   5.92
u =  [ 0.50709255 -0.16903085  0.84515425]
| u | = sqrt( 1.0 ) =   1.00
```

10.1. ESPACIO VECTORIAL

Se denomina ángulo $\{x, y\}$ formado por dos vectores no nulos x e y del espacio E al ángulo definido por:

$$cos\{\mathbf{x}, \mathbf{y}\} = \frac{\mathbf{x} \cdot \mathbf{y}}{|\mathbf{x}||\mathbf{y}|}$$

La desigualdad de Cauchy-Buniakovski permite afirmar que la expresión llamada coseno del ángulo entre vectores no es superior en valor absoluto a la unidad. El siguiente programa de Python calcula el ángulo entre dos vectores:

```python
# -*- coding: utf-8 -*-
"""
Matematicas y Programacion en Python     www.pysamples.com
p10d.py
"""

import numpy as np

#ejemplo 1
#a = np.array([1, 2, 3])
#b = np.array([-1, 5, 10])

#ejemplo 2: colineales
#b = 2 * a

#ejemplo ortogonales:
a = np.array([1, 0, 0])
b = np.array([0, 5, 0])

mod_a = np.linalg.norm(a)
mod_b = np.linalg.norm(b)

print 'a = ', a
print 'b = '
print b

radianes = np.arccos(np.dot(a,b) / (mod_a * mod_b))
dd = np.degrees(radianes)
print 'angulo = ' + str(radianes) + ' radianes = ' + str(dd) + ' grados decimales'


def decdeg_dms(dd):
    dd = abs(dd)
    minutos,segundos = divmod(dd*3600,60)
    grados,minutos = divmod(minutos,60)
    strgms = str(grados) + '’ ' + str(minutos) + "’ " + "%5.2f" % segundos + "’’"
    return strgms

print 'angulo{a,b} = ' + str(radianes/ np.pi) + ' pi radianes = ' + str(decdeg_dms(dd))
```

────────────── ejecución del programa ──────────────
```
a =  [1 2 3]
b =
[-1  5 10]
angulo = 0.380251206693 radianes = 21.7867892983 grados decimales
angulo{a,b} = 0.121037718324 pi radianes = 21.0º 47.0' 12.44''
```

Dos vectores $\mathbf{a}$ y $\mathbf{b}$ son colineales si existe un escalar α tal que $\mathbf{a} = \alpha \mathbf{b}$. Si en el programa anterior tomamos como vector $\mathbf{b}$:

```
b = 2 * a
```

obtenemos:

---— ejecución del programa ———
```
a =   [1 2 3]
b =
[2 4 6]
angulo = 0.0 radianes = 0.0 grados decimales
angulo{a,b} = 0.0 pi radianes = 0.0° 0.0'   0.00''
```

Dos vectores se dice que son ortogonales si su producto escalar es cero: $\mathbf{a} \cdot \mathbf{b} = 0$. Por ejemplo, en el programa tomamos

```
a = np.array([1, 0, 0])
b = np.array([0, 5, 0])
```

---— ejecución del programa ———
```
a =   [1 0 0]
b =
[0 5 0]
angulo = 1.57079632679 radianes = 90.0 grados decimales
angulo{a,b} = 0.5 pi radianes = 90.0° 0.0'   0.00''
```

Tomemos ahora dos vectores no colineales $\mathbf{a}$ y $\mathbf{b}$. Se define el producto vectorial de estos dos vectores como la aplicación que asigna a este par de vectores $\mathbf{a}, \mathbf{b}$, otro vector $\mathbf{c}$ ortogonal a ambos vectores, cuyo módulo es igual al área del paralelogramo que definen $\mathbf{a}$ y $\mathbf{b}$, y cuyo sentido sigue la regla del tornillo al ir de $\mathbf{a}$ a $\mathbf{b}$. Dicho de otra manera: la terna de vectores $\mathbf{a}, \mathbf{b}, \mathbf{c}$ es derecha, es decir, los tres vectores están colocados como el pulgar, índice y corazón(doblado) de la mano derecha. El producto vectorial se designa como $\mathbf{c} = \mathbf{a} \times \mathbf{b}$ o $\mathbf{c} = \mathbf{a} \wedge \mathbf{b}$.

De la condición que ha de cumplir el módulo de $\mathbf{c}$ se deduce que $|\mathbf{c}| = |\mathbf{a}||\mathbf{b}|sen\alpha$, siendo α el ángulo que forman $\mathbf{a}$ y $\mathbf{b}$ reducidos a un origen común. Puesto que $sen\alpha = -sen(-\alpha)$, el producto vectorial cumple que

$$\mathbf{a} \times \mathbf{b} = -\mathbf{b} \times \mathbf{a}$$

$$\mathbf{a} \times \mathbf{a} = 0$$

Si tomamos la base de vectores $\mathbf{i}, \mathbf{j}, \mathbf{k}$, tendremos que $\mathbf{i} \times \mathbf{j} = \mathbf{k}$, $\mathbf{j} \times \mathbf{k} = \mathbf{i}$, y $\mathbf{k} \times \mathbf{i} = \mathbf{j}$. Si cambiamos el orden de los factores, el vector producto vectorial de ambos cambia de signo, y todos los productos vectoriales de un vector por él mismo son nulos. Si expresamos $\mathbf{a}$ y $\mathbf{b}$ en esta base tendremos que

$$\mathbf{a} = a_1 \mathbf{i} + a_2 \mathbf{j} + a_3 \mathbf{k}$$

$$\mathbf{b} = b_1 \mathbf{i} + b_2 \mathbf{j} + b_3 \mathbf{k}$$

$\mathbf{a} \times \mathbf{b} = [a_1 b_1 (\mathbf{i} \times \mathbf{i}) + a_1 b_2 (\mathbf{i} \times \mathbf{j}) + a_1 b_3 (\mathbf{i} \times \mathbf{k})] + [a_2 b_1 (\mathbf{j} \times \mathbf{i}) + a_2 b_2 (\mathbf{j} \times \mathbf{j}) + a_2 b_3 (\mathbf{j} \times \mathbf{k})] + [a_3 b_1 (\mathbf{k} \times \mathbf{i}) + a_3 b_2 (\mathbf{k} \times \mathbf{j}) + a_3 b_3 (\mathbf{k} \times \mathbf{k})]$

Puesto que todos los productos vectoriales de un vector por él mismo son cero nos queda:

$$\mathbf{a} \times \mathbf{b} = a_1 b_2 \mathbf{k} - a_1 b_3 \mathbf{j} - a_2 b_1 \mathbf{k} + a_2 b_3 \mathbf{i} + a_3 b_1 \mathbf{j} - a_3 b_2 \mathbf{i}$$

$$\mathbf{a} \times \mathbf{b} = (a_2 b_3 - a_3 b_2)\mathbf{i} + (a_3 b_1 - a_1 b_3)\mathbf{j} + (a_1 b_2 - a_2 b_1)\mathbf{k}$$

que equivale al desarrollo del siguiente determinante:

$$\mathbf{a} \times \mathbf{b} = \begin{vmatrix} \mathbf{i} & \mathbf{j} & \mathbf{k} \\ a_1 & a_2 & a_3 \\ b_1 & b_2 & b_3 \end{vmatrix}$$

A continuación se muestran dos ejemplos resueltos con el programa de Python figura más abajo. Se representan los tres vectores $\mathbf{a}$(azul), $\mathbf{b}$(verde), $\mathbf{c}$(rojo) y el plano que contiene a los vectores $\mathbf{a}$ y $\mathbf{b}$:

10.1. ESPACIO VECTORIAL

──────────────── ejecución del programa ────────────────
```
a =  [[ 1.5 -0.5  0. ]]
b =  [[ 0.5  0.5  0. ]]
c = a X b =  [[-0.  0.  1.]]
|c| =  [ 1.]
Colores: a(azul), b(verde), c(rojo)
En la imagen se representa la coordenada Z de c a escala 1:10
```

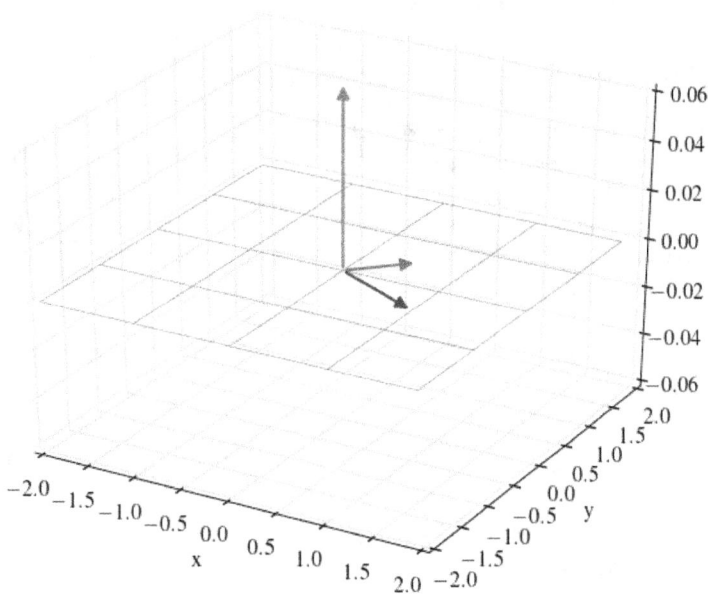

──────────────── ejecución del programa ────────────────
```
a =  [[-2 -1 -1]]
b =  [[1 3 1]]
c = a X b =  [[ 2  1 -5]]
|c| =  [ 5.47722558]
Colores: a(azul), b(verde), c(rojo)
```

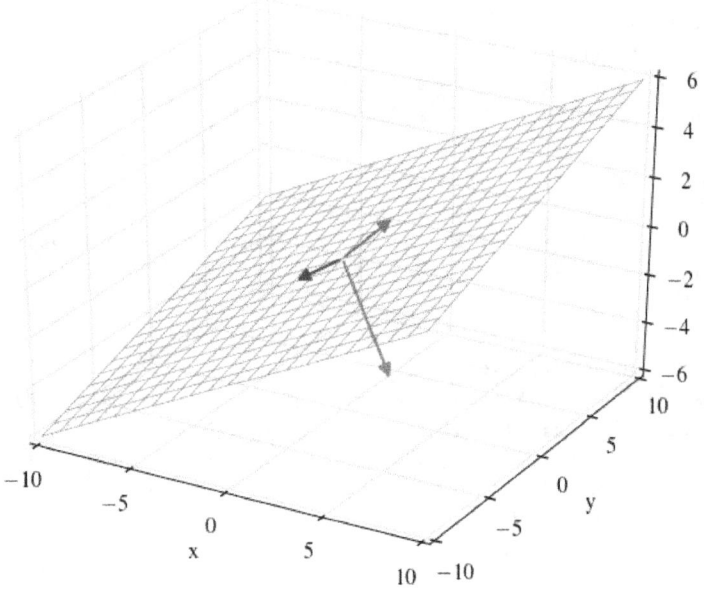

```python
# -*- coding: utf-8 -*-
"""
Mathematics and Python Programming    www.pysamples.com
p10e.py
"""

import matplotlib as mpl
from mpl_toolkits.mplot3d import Axes3D
import numpy as np
import matplotlib.pyplot as plt
from matplotlib import rc
from matplotlib.patches import FancyArrowPatch
from mpl_toolkits.mplot3d import proj3d

rc('font', **{'family': 'serif', 'serif': ['Times']})
rc('text', usetex=True)
mpl.rcParams['legend.fontsize'] = 12

#==============================================================
# #ejemplo 1
# va = np.array([[1.5], [-0.5], [0]])
# vb = np.array([[0.5], [0.5], [0]])
# print 'En la imagen se representa la coordenada Z de c a escala 1:10'

#ejemplo 2
va = np.array([[-2], [-1], [-1]])
vb = np.array([[1], [3], [1]])
#==============================================================
vn = np.cross(va, vb, axis=0)
print 'a = ', np.transpose(va)
print 'b = ', np.transpose(vb)
print 'c = a X b = ', np.transpose(vn)
print '|c| = ', np.sqrt(vn[0] ** 2 + vn[1] ** 2 + vn[2] ** 2)
print 'Colores: a(azul), b(verde), c(rojo)'

fig = plt.figure()
ax = fig.gca(projection='3d')
ax.w_xaxis.set_pane_color((1.0, 1.0, 1.0, 1.0))
ax.w_yaxis.set_pane_color((1.0, 1.0, 1.0, 1.0))
ax.w_zaxis.set_pane_color((1.0, 1.0, 1.0, 1.0))

class Arrow3D(FancyArrowPatch):
    def __init__(self, xs, ys, zs, *args, **kwargs):
        FancyArrowPatch.__init__(self, (0, 0), (0, 0), *args, **kwargs)
        self._verts3d = xs, ys, zs

    def draw(self, renderer):
        xs3d, ys3d, zs3d = self._verts3d
        xs, ys, zs = proj3d.proj_transform(xs3d, ys3d, zs3d, renderer.M)
        self.set_positions((xs[0], ys[0]), (xs[1], ys[1]))
        FancyArrowPatch.draw(self, renderer)


#==============================================================
# #ejemplo 1
# x = np.arange(-2, 2, 0.1)
```

```
# y = np.arange(-2, 2, 0.1)

#ejemplo 2
x = np.arange(-10, 10, 0.1)
y = np.arange(-10, 10, 0.1)
#
X, Y = np.meshgrid(x, y)
#plano que pasa por el punto (0 0 0) y los extremos de los vectores a y b
zx = va[1] * vb[2] - va[2] * vb[1]
zy = va[2] * vb[0] - va[0] * vb[2]
zz = -1.0 * (va[0] * vb[1] - va[1] * vb[0])
Z = (zx * X + zy * Y) / zz


a = Arrow3D([0, va[0]], [0, va[1]], [0, va[2]], mutation_scale=20, lw=1.5,
            arrowstyle="-|>", color="b", linestyle='solid')
b = Arrow3D([0, vb[0]], [0, vb[1]], [0, vb[2]], mutation_scale=20, lw=1.5,
            arrowstyle="-|>", color="g", linestyle='solid')
#
# #example 1: represents Z coordinate scaled 1:10
# c = Arrow3D([0, vn[0]], [0, vn[1]], [0, 0.1 * vn[2]], mutation_scale=20, lw=1.5,
#             arrowstyle="-|>", color="r", linestyle='solid')  # ej. 1


#example 2
c = Arrow3D([0, vn[0]], [0, vn[1]], [0, vn[2]], mutation_scale=20, lw=1.5,
            arrowstyle="-|>", color="r", linestyle='solid')
#
ax.plot_wireframe(X, Y, Z, rstride=10, cstride=10, color='grey', lw='0.5')
ax.add_artist(c)
ax.add_artist(a)
ax.add_artist(b)
plt.xlabel('x')
plt.ylabel('y')
plt.show()
```

10.2 Ecuaciones de una recta en el plano

Sea un espacio vectorial E sobre el cuerpo de los números reales. Se llama espacio afín A a un conjunto de elementos llamados puntos, y que denotaremos con letras mayúsculas. Dados cualesquiera dos puntos A, B, existe un único vector $\mathbf{a} = AB \in E$ que los une (en esta sección prescindiremos de la negrita para indicar el vector AB, con origen en el punto A y extremo en el punto B). Al punto A se le llama origen del vector, y al punto B, extremo del mismo. Si A = B, entonces AA = $\mathbf{0} \in E$

Sea $\mathbf{v}_1, \mathbf{v}_2, ..., \mathbf{v}_n$ una base del espacio vectorial E, y O un punto del conjunto A. Se llama sistema de referencia de A al conjunto $\{O, \mathbf{v}_1, \mathbf{v}_2, ..., \mathbf{v}_n\}$. Cualquier punto de A queda determinado de manera única en este sistema de referencia, ya que $OP_1 = \mathbf{v}_1$, etc, o bien el vector $\mathbf{v}$ que une el origen O con cualquier punto dado P, será una combinación lineal de los vectores de la base.

Consideremos un espacio vectorial de dimensión 2. Los vectores vendrán dados por $\mathbf{v} = \begin{pmatrix} v_1 & v_2 \end{pmatrix}$, y en un sistema de coordenadas rectangulares $\{O, \mathbf{i}, \mathbf{j}\}$ los puntos se pueden expresar mediante un par de coordenadas: $P = (x, y)$ que corresponden al punto extremo del vector con origen en el origen de coordenadas y extremo en el punto P. Al conjunto Π de los puntos determinados por este sistema de coordenadas se le denomina plano.

Sea ahora L una recta del plano, y $P_0(x_0, y_0)$ un punto arbitrario de L. Cualquier otro punto $P(x, y)$ de la recta se pueden unir mediante un vector $\mathbf{r} = P_0P = \begin{pmatrix} x - x_0 & y - y_0 \end{pmatrix}$ que tiene la dirección de la recta y se denomina vector director. Cualquier vector no nulo $\mathbf{v}_n = \begin{pmatrix} A & B \end{pmatrix}$ normal a la recta cumplirá que $\mathbf{r} \cdot \mathbf{v}_n = 0$, luego:

$$\begin{pmatrix} x - x_0 & y - y_0 \end{pmatrix} \cdot \begin{pmatrix} A & B \end{pmatrix} = 0$$

$$A(x - x_0) + B(y - y_0) = 0$$

y si llamamos $C = -Ax_0 - By_0$ tenemos la expresión

$$Ax + By + C = 0$$

que se denomina ecuación general de la recta.

Tomemos ahora otro punto concreto $P_1(x_1, y_1)$ de la recta. El vector P_0P_1 será un múltiplo del vector director $\mathbf{r}$:

$$P_0P_1 = \lambda \mathbf{r}$$

siendo λ un número real. Por lo tanto, la recta es el subespacio afín $\{P_0, \mathbf{r}\}$ de dimensión uno. Sea P cualquier punto de la recta, y OP el vector que va desde el origen al punto P. Entonces tendremos que para cualquier punto de la recta se cumplirá:

$$\text{OP} = \text{OP}_0 + P_0P$$

y como P_0P está en la recta, será un múltiplo de su vector director: $P_0P = \lambda \mathbf{r}$, siendo λ un parámetro que puede tomar cualquier valor real. Así llegamos a una expresión que se denomina ecuación vectorial de la recta:

$$\text{OP} = \text{OP}_0 + \lambda \mathbf{r}$$

Si $\text{OP} = \begin{pmatrix} x & y \end{pmatrix}$, $\text{OP}_0 = \begin{pmatrix} x_0 & y_0 \end{pmatrix}$, y $\mathbf{r} = \begin{pmatrix} r_x & r_y \end{pmatrix}$, llegamos a las ecuaciones paramétricas de la recta:

$$\begin{cases} x = x_0 + \lambda r_x \\ y = y_0 + \lambda r_y \end{cases}$$

La tangente del ángulo que forma la recta con el eje X se denomina pendiente de la recta y es igual a:

$$m = \frac{y_1 - y_0}{x_1 - x_0}$$

La pendiente de la recta es la misma en todos sus puntos, luego, para cualquier punto $P(x, y)$ de la recta también se cumplirá que:

$$\frac{y - y_0}{x - x_0} = \frac{y_1 - y_0}{x_1 - x_0}$$

$$\frac{y - y_0}{y_1 - y_0} = \frac{x - x_0}{x_1 - x_0}$$

$$\frac{x - x_0}{x_1 - x_0} = \frac{y - y_0}{y_1 - y_0}$$

que se denomina ecuación continua de la recta.

Si ahora utilizamos la ecuación general de la recta y sustituimos las coordenadas de los dos puntos P_0 y P_1 obtenemos un sistema de dos ecuaciones con dos incógnitas:

$$\begin{cases} Ax_1 + By_1 + C = 0 \\ Ax_0 + By_0 + C = 0 \end{cases}$$

restando ambas:

$$A(x_1 - x_0) + B(y_1 - y_0) = 0$$

y dividiendo por $(x_1 - x_0)$:

$$A + B \frac{y_1 - y_0}{x_1 - x_0} = 0$$

10.2. ECUACIONES DE UNA RECTA EN EL PLANO

pero esa fracción es justamente la pendiente m de la recta, luego:

$$A + Bm = 0$$

$$m = \frac{-A}{B}$$

Por lo tanto, si $A = 0$ se trata de una recta horizontal; y si $B = 0$ se trata de una recta vertical ya que la ecuación de la recta se simplifica a $Ax = C$, es decir, $x =$constante.

Supongamos que $B \neq 0$. Si ahora en la ecuación general de la recta dividimos por $-B$ obtenemos:

$$\frac{-A}{B}x - y - \frac{C}{B} = 0$$

$$y = \frac{-A}{B}x - \frac{C}{B}$$

$$y = mx - \frac{C}{B}$$

y llamando $n = -\frac{C}{B}$:

$$y = mx + n$$

que se denomina ecuación reducida de la recta.

De todo lo dicho se deduce que para hallar la ecuación de una recta necesitamos un punto P_0 perteneciente a ella, y además uno de los tres siguientes datos: el vector normal a la recta; el vector director de la recta; otro punto de la recta. A continuación se muestran ejemplos de los tres casos, realizados con el programa de Python que se muestra después. Al ejecutar el programa, éste nos pregunta por el tipo de datos que vamos a introducir:

```
────────────────────────── ejecución del programa ──────────────────────────
Tipos de problema según los datos conocidos:
1 - P0 y el vector normal
2 - P0 y el vector director
3 - P0 y P1
```

El programa calcula las ecuaciones de la recta y la representa de color azul. También representa el punto P_0 como un punto rojo. Si se especifica el punto P_1, se representa como un punto negro. Además representa los vectores unitarios director (en rojo) y normal (en verde). Por razones de impresión, el parámetro se muestra con la letra t en lugar de la letra griega λ. Si se trata de una recta vertical u horizontal, el programa proporciona su ecuación pero no la representa.

```
────────────────────────── ejecución del programa ──────────────────────────
Escribe el tipo de problema (1, 2 o 3): 1
Escribe las coordenadas del punto P0 separadas por un espacio:
3 5
P0: [3.0, 5.0]
Escribe las coordenadas del vector normal, separadas por un espacio:
1 0
recta vertical x = 3.0
```

```
────────────────────────── ejecución del programa ──────────────────────────
Escribe el tipo de problema (1, 2 o 3): 2
Escribe las coordenadas del punto P0 separadas por un espacio:
3 5
P0: [3.0, 5.0]
Escribe las coordenadas del vector director, separadas por un espacio:
1 0
recta horizontal y = 5.0
```

Si la recta no es horizontal ni vertical, el programa proporciona sus ecuaciones, y la representa:

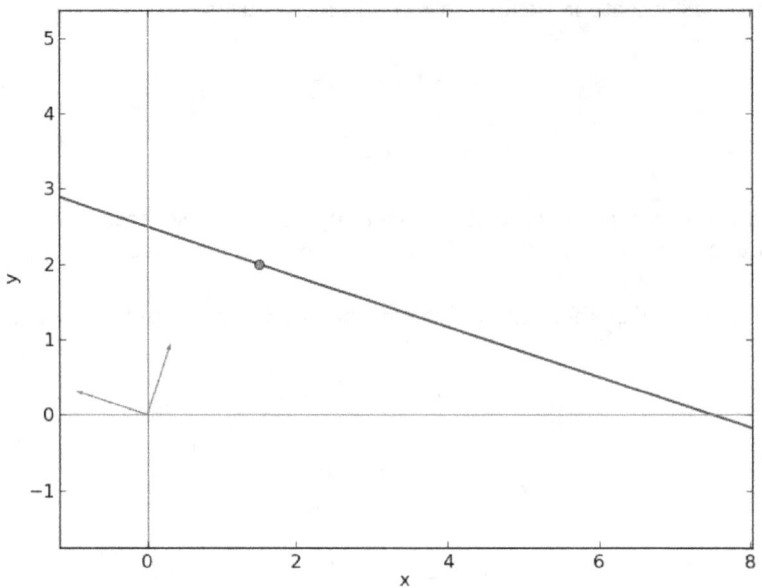

---------- ejecución del programa ----------
```
Escribe el tipo de problema (1, 2 o 3): 1
Escribe las coordenadas del punto P0 separadas por un espacio:
1.5 2
P0:  [1.5, 2.0]
Escribe las coordenadas del vector normal, separadas por un espacio:
1 3
Vector director:  [-3.0, 1.0]
Vector normal:   [1.0, 3.0]
Ecuacion general de la recta: 1.000x + 3.0 y + -7.500 = 0
Ecuacion reducida de la recta:  y = -0.333x + 2.500
Ecuacion vectorial de la recta: OP = [1.5, 2.0] + t[-3.0, 1.0]
Ecuaciones parametricas de la recta:
x =  1.5  +  -3.0 t
y =  2.0  +  1.0 t
Corte con el eje X en el punto [7.500, 0]
Corte con el eje Y en el punto 1[0, 2.500]
```

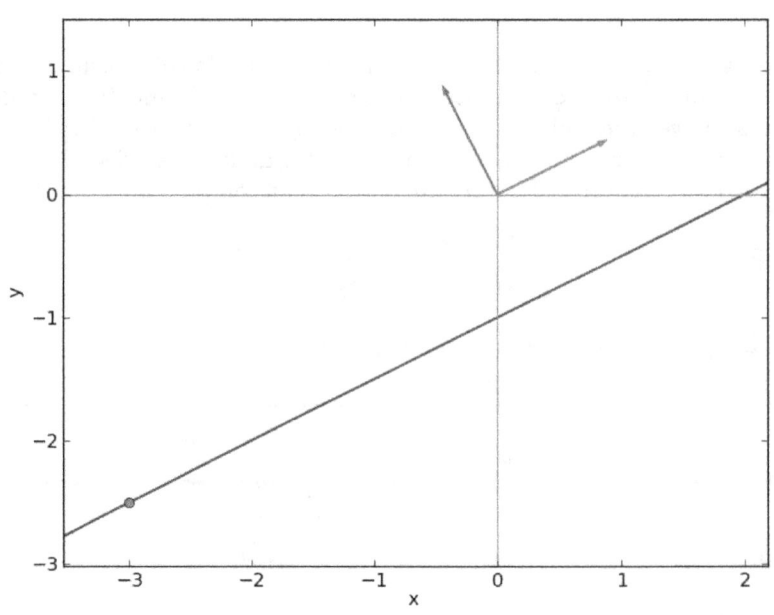

10.2. ECUACIONES DE UNA RECTA EN EL PLANO

ejecución del programa

```
Escribe el tipo de problema: 2
Escribe el tipo de problema (1, 2 o 3): 2
Escribe las coordenadas del punto P0 separadas por un espacio:
-3 -2.5
P0:  [-3.0, -2.5]
Escribe las coordenadas del vector director, separadas por un espacio:
2 1
Vector director:  [2.0, 1.0]
Vector normal:  [-0.5, 1.0]
Ecuacion general de la recta: -0.500x + 1.0 y + 1.000 = 0
Ecuacion reducida de la recta:  y = 0.500x + -1.000
Ecuacion vectorial de la recta: OP = [-3.0, -2.5] + t[2.0, 1.0]
Ecuaciones parametricas de la recta:
x =  -3.0  +   2.0 t
y =  -2.5  +   1.0 t
Corte con el eje X en el punto [2.000, 0]
Corte con el eje Y en el punto 1[0, -1.000]
```

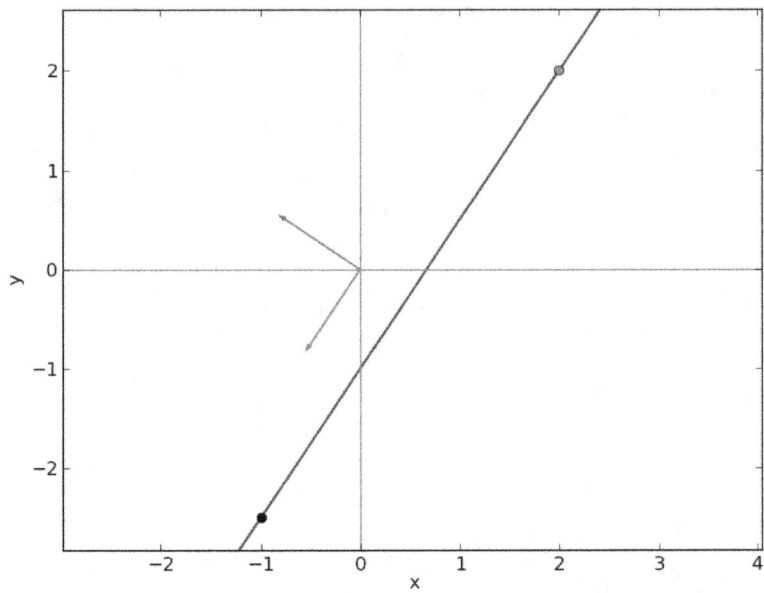

ejecución del programa

```
Escribe el tipo de problema (1, 2 o 3): 3
Escribe las coordenadas del punto P0 separadas por un espacio:
2 2
P0:  [2.0, 2.0]
Escribe las coordenadas del punto P1, separadas por un espacio:
-1 -2.5
P1:  [-1.0, -2.5]
Vector director:  [-3.0, -4.5]
Vector normal:  [-1.5, 1.0]
Ecuacion general de la recta: -1.500x + 1.0 y + 1.000 = 0
Ecuacion reducida de la recta:  y = 1.500x + -1.000
Ecuacion vectorial de la recta: OP = [2.0, 2.0] + t[-3.0, -4.5]
Ecuaciones parametricas de la recta:
x =  2.0  +   -3.0 t
y =  2.0  +   -4.5 t
Corte con el eje X en el punto [0.667, 0]
Corte con el eje Y en el punto 1[0, -1.000]
```

El código del programa de Python es el siguiente:

```
# -*- coding: utf-8 -*-
"""
Mathematics and Python Programming    www.pysamples.com
p10f.py
"""
```

```python
import numpy as np
import matplotlib.pyplot as plt

print 'Tipos de problema seg n los datos conocidos:'
print '1 - P0 y el vector normal'
print '2 - P0 y el vector director'
print '3 - P0 y P1'
print
problem_type = int(raw_input('Escribe el tipo de problema (1, 2 o 3): '))
print ('Escribe las coordenadas del punto P0 separadas por un espacio:')
sp0 = raw_input()
p0 = map(float, sp0.split())
print 'P0: ', p0
maxpoint = p0[0] + 1
minpoint = p0[0] - 1
oblique = False


def valid(director):   # continua si la linea es oblicua
    if r[0] == 0:
        oblique = False
        message = 'recta vertical x = ' + str(p0[0])
    elif r[1] == 0:
        oblique = False
        message = 'recta horizontal y = ' + str(p0[1])
    else:
        oblique = True
        message = 'recta oblicua'
    isoblique = {'oblique': oblique, 'message': message}
    return isoblique

if problem_type == 1:
    print ('Escribe las coordenadas del vector normal, separadas por un espacio:')
    svn = raw_input()
    vn = map(float, svn.split())
    if vn[0] == 0:
        oblique = False
        print 'recta horizontal y = ' + str(p0[1])
    elif vn[1] == 0:
        oblique = False
        print 'recta vertical x = ' + str(p0[0])
    else:
        oblique = True
        # un vector normal a r, eligiendo ry=1
        r = [-1.0 * vn[1] / vn[0], 1.0]
if problem_type == 2:
    print ('Escribe las coordenadas del vector director, separadas por un espacio:')
    sr = raw_input()
    r = map(float, sr.split())
    sigue = valid(r)
    oblique = sigue.get('oblique')
    if oblique:
        # un vector normal a r, eligiendo R=1
        vn = [-1.0 * r[1] / r[0], 1.0]
    else:
        print sigue.get('message')
```

10.2. ECUACIONES DE UNA RECTA EN EL PLANO

```python
if problem_type == 3:
    print ('Escribe las coordenadas del punto P1, separadas por un espacio:')
    sp1 = raw_input()
    p1 = map(float, sp1.split())
    print 'P1: ', p1
    if maxpoint < p1[0]:
        maxpoint = p1[0]
    if minpoint > p1[0]:
        minpoint = p1[0]
    r = [0, 0]
    r[0] = p1[0] - p0[0]
    r[1] = p1[1] - p0[1]
    sigue = valid(r)
    oblique = sigue.get('oblique')
    if oblique:
        vn = [-1.0 * r[1] / r[0], 1.0]   # un vector normal a r, eligiendo B=1
        maxpoint = max([p0[0], p1[0]]) + 1
        minpoint = min([p0[0], p1[0]]) - 1
    else:
        print sigue.get('message')


def geneq(vn, point):   # datos: vector normal y un punto de la recta
    # vn y el punto son arrays lineales de dimension 2
    A = vn[0]
    B = vn[1]
    C = -A * point[0] - B * point[1]
    isoblique = {'A': A, 'B': B, 'C': C}
    return isoblique


def slopeq(ABC):   # datos: la ecuacion general de la recta
    if ABC[1] != 0:
        m = -1.0 * ABC[0] / ABC[1]
        n = -1.0 * ABC[2] / ABC[1]
    else:
        m = 0
        n = 0
    isoblique = {'m': m, 'n': n}
    return isoblique


if oblique:
    parameter = unichr(0x3bb).encode('utf-8')
    print 'Vector director: ', r
    #vn = [-1.0 * r[1] / r[0], 1.0]   # un vector normal a r, eligiendo B=1
    geneq = geneq(vn, p0)
    ABC = [geneq.get('A'), geneq.get('B'), geneq.get('C')]
    print 'Vector normal: ', vn
    print ('Ecuacion general de la recta: ' +
           "%.3f" % ABC[0] + 'x + ' + str(ABC[1]) +
           ' y + ' + "%.3f" % ABC[2] + ' = 0')
    slopeq = slopeq(ABC)
    print ('Ecuacion reducida de la recta:  y = ' +
           "%.3f" % slopeq.get('m') +
           'x + ' + "%.3f" % slopeq.get('n'))
```

```
    print ('Ecuacion vectorial de la recta: OP = ' +
           str(p0) + ' + ' + parameter + str(r))
    corteX = -1.0 * slopeq.get('n') / slopeq.get('m')
    corteY = slopeq.get('n')
    print 'Ecuaciones parametricas de la recta:'
    print 'x = ', p0[0], ' + ', r[0], parameter
    print 'y = ', p0[1], ' + ', r[1], parameter
    print ('Corte con el eje X en el punto [' + "%.3f" % corteX + ', 0]')
    print ('Corte con el eje Y en el punto 1[0, ' + "%.3f" % corteY + ']')
    #graph

    def f(x):
        return slopeq.get('m') * x + slopeq.get('n')
    ur = [0, 0]
    modr = np.sqrt(r[0] ** 2 + r[1] ** 2)
    ur[0] = r[0] / modr
    ur[1] = r[1] / modr
    plt.arrow(0, 0, ur[0], ur[1], width=0.01, fc='r',
              ec='none', length_includes_head=True, ls='solid')
    uvn = [0, 0]
    modvn = np.sqrt(vn[0] ** 2 + vn[1] ** 2)
    uvn[0] = vn[0] / modvn
    uvn[1] = vn[1] / modvn
    plt.arrow(0, 0, uvn[0], uvn[1], width=0.01, fc='g',
              ec='none', length_includes_head=True, ls='solid')
    minimos = [-1.1 * corteX, 1.1 * corteX, ur[0] - 1,
               uvn[0] - 1, minpoint - 1]
    xmin = min(minimos)
    maximos = [-1.1 * corteX, 1.1 * corteX, ur[0] + 1,
               uvn[0] + 1, maxpoint + 1]
    xmax = max(maximos)

    plt.plot([xmin, xmax], [f(xmin), f(xmax)], 'b-', lw=1.5)
    plt.ylabel('y')
    plt.xlabel('x')
    plt.axhline(color='grey', lw=1)
    plt.axvline(color='grey', lw=1)
    plt.plot(p0[0], p0[1], 'ro')
    if problem_type == 3:
        plt.plot(p1[0], p1[1], 'ko')
    plt.xlim(xmin, xmax)
    plt.axis('equal')
    plt.show()
```

10.3 Funciones vectoriales

Si a cada valor de un argumento escalar λ se le hace corresponder un vector $\mathbf{r}(\lambda)$, el vector $\mathbf{r}$ se denomina función vectorial de argumento escalar.

Si para cualquier punto ξ de una región del espacio está definida una función vectorial $\mathbf{r}(\xi)$ se dice que en esa región está definido un campo vectorial. Si el punto viene dado por sus coordenadas

$$\xi = \xi_1 i + \xi_2 j + \xi_3 k$$

donde ξ_1, ξ_2, ξ_3 pueden ser constantes, o bien funciones de la posición $\xi_i = f(x, y, z)$, entonces definir una función vectorial $\mathbf{r}(\xi)$ es equivalente a definir las tres funciones escalares que proporcionan

10.3. FUNCIONES VECTORIALES

sus coordenadas.

En física es muy frecuente que la función vectorial sea una función dependiente del tiempo, que denotaremos como t:
$$\mathbf{r}(t) = x(t)i + y(t)j + z(t)k$$
Al variar el argumento escalar t, manteniendo el origen del vector en un punto fijo del espacio que se toma como origen de coordenadas, el extremo del vector $\mathbf{r}(t)$ describe una serie de puntos, cuyo lugar geométrico se denomina hodógrafo de esa función vectorial.

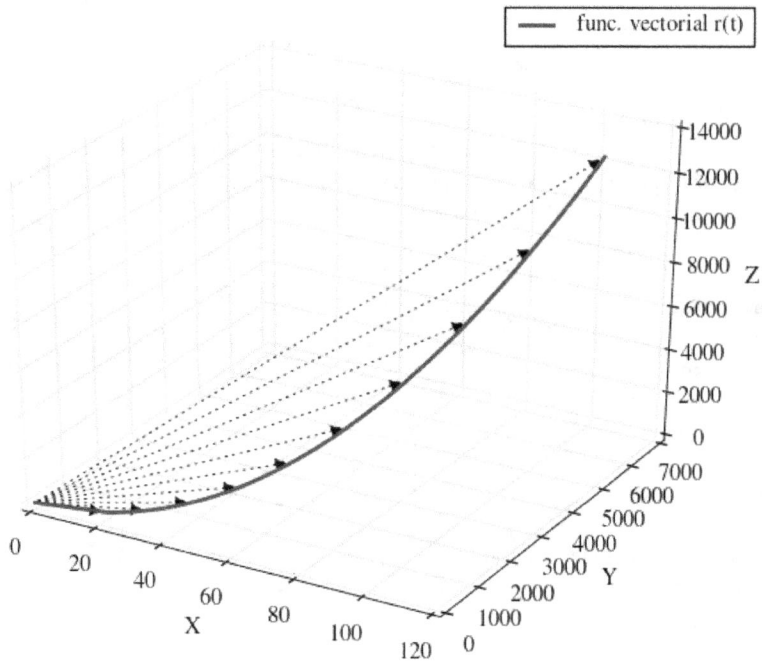

El gráfico representa la función vectorial
$$\mathbf{r}(t) = ti + \frac{t^2}{2}j + \frac{t^3}{100}k$$
en azul, y algunos vectores para ciertos valores de t, con segmentos orientados cuyo origen es el origen de coordenadas, y cuyo extremo es el valor de $r(t)$:

```
# -*- coding: utf-8 -*-
'''
p10g.py
representa funcion vectorial
'''

import matplotlib as mpl
from mpl_toolkits.mplot3d import Axes3D
import numpy as np
import matplotlib.pyplot as plt
from matplotlib import rc
from matplotlib.patches import FancyArrowPatch
from mpl_toolkits.mplot3d import proj3d

rc('font', **{'family': 'serif', 'serif': ['Times']})
rc('text', usetex=True)
```

```
mpl.rcParams['legend.fontsize'] = 12
fig = plt.figure()
ax = fig.gca(projection='3d')
ax.w_xaxis.set_pane_color((1.0, 1.0, 1.0, 1.0))
ax.w_yaxis.set_pane_color((1.0, 1.0, 1.0, 1.0))
ax.w_zaxis.set_pane_color((1.0, 1.0, 1.0, 1.0))

class Arrow3D(FancyArrowPatch):
    def __init__(self, xs, ys, zs, *args, **kwargs):
        FancyArrowPatch.__init__(self, (0, 0), (0, 0), *args, **kwargs)
        self._verts3d = xs, ys, zs

    def draw(self, renderer):
        xs3d, ys3d, zs3d = self._verts3d
        xs, ys, zs = proj3d.proj_transform(xs3d, ys3d, zs3d, renderer.M)
        self.set_positions((xs[0], ys[0]), (xs[1], ys[1]))
        FancyArrowPatch.draw(self, renderer)

numpuntos = 111
x = np.zeros(numpuntos, float)
y = np.zeros(numpuntos, float)
z = np.zeros(numpuntos, float)
for t in range(20, numpuntos):
    x[t] = t
    y[t] = (t ** 2) / 2
    z[t] = (t ** 3) / 100
    if t % 10 == 0:
        a = Arrow3D([0, x[t]], [0, y[t]], [0, z[t]], mutation_scale=20, lw=0.75,
                    arrowstyle="-|>", color="k", linestyle='dotted')
        ax.add_artist(a)

ax.plot(x, y, z, label='func. vectorial r(t)', lw=2)
ax.legend()
ax.set_xlabel('X')
ax.set_ylabel('Y')
ax.set_zlabel('Z')
plt.show()
```

10.4 Límite, continuidad y derivada de una función vectorial

Sea la función vectorial $\mathbf{r}(t)$. El vector constante $\mathbf{l}$ se dice que es el límite de la función vectorial cuando $t \to t_0$, y se escribe

$$\lim_{t \to t_0} \mathbf{r}(t) = \mathbf{l}$$

si $\forall \varepsilon > 0$ existe un $\delta > 0$ tal que cuando $|t - t_0| < \delta$ se cumple que $|\mathbf{r}(t) - \mathbf{l}| < \varepsilon$.

Si $\mathbf{l} = \begin{pmatrix} l_1 & l_2 & l_3 \end{pmatrix}$ y $\mathbf{r} = \begin{pmatrix} r_1(t) & r_2(t) & r_3(t) \end{pmatrix}$, decir que el límite

$$\lim_{t \to t_0} \mathbf{r}(t) = \mathbf{l}$$

equivale a afirmar que el límite de cada una de las componentes $r_i(t)$ es igual a la componente respectiva l_i del vector $\mathbf{l}$:

$$\lim_{t \to t_0} r_i(t) = l_i$$

Una función vectorial $\mathbf{r}(t)$, definida en un entorno de t_0, se dice que es continua en $t = t_0$ si

$$\lim_{t \to t_0} \mathbf{r}(t) = \mathbf{r}(t_0)$$

10.4. LIMITE, CONTINUIDAD Y DERIVADA DE UNA FUNCIÓN VECTORIAL

Una función vectorial $\mathbf{r}(t)$ se dice que es derivable, si existe el límite

$$\lim_{\Delta t \to 0} \frac{\Delta \mathbf{r}}{\Delta t} = \lim_{\Delta t \to 0} \frac{\mathbf{r}(t + \Delta t) - \mathbf{r}(t)}{\Delta t} = \frac{d\mathbf{r}(t)}{dt}$$

Si $\mathbf{r} = (\ r_1(t)\ \ r_2(t)\ \ r_3(t)\ )$, entonces

$$\frac{d\mathbf{r}(t)}{dt} = \left(\ \frac{dr_1(t)}{dt}\ \ \frac{dr_2(t)}{dt}\ \ \frac{dr_3(t)}{dt}\ \right)$$

Veamos un ejemplo en dos dimensiones. Sea

$$\mathbf{r}(t) = (\ r_1(t)\ \ r_2(t)\ ) = (\ t - sent\ \ 1 - cost\ )$$

Su derivada será

$$\frac{d\mathbf{r}(t)}{dt} = (\ 1 - cost\ \ sent\ )$$

Si representamos $\mathbf{r}(t)$ para $t \in [0, 2\pi]$ obtenemos una cicloide. Esta curva ya la hemos representado en el capítulo anterior. El siguiente programa de Python representa con trazo discontinuo la cicloide, y además $\mathbf{r}(t)$ (en negro) y su derivada (en verde) para algunos valores de t.

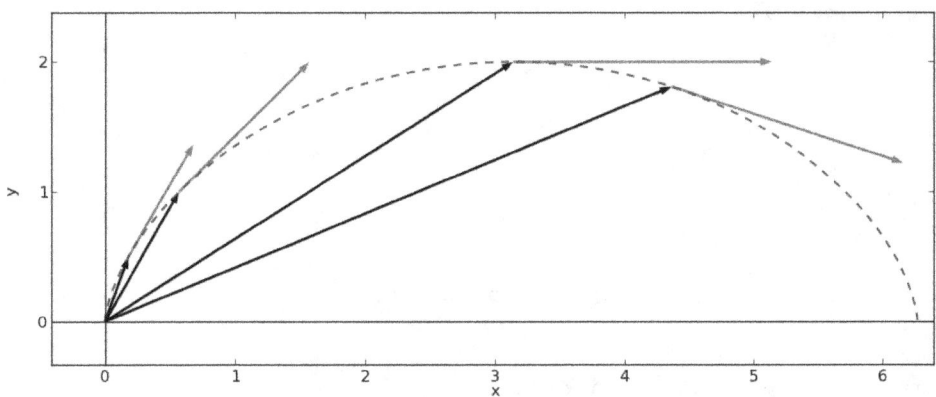

```
# -*- coding: utf-8 -*-
"""
p10h.py
vector y derivada
"""

import numpy as np
import matplotlib.pyplot as plt

t1 = 0.0
t2 = 2 * np.pi
print 't1 = ' + "%5.3f" % t1
print 't2 = ' + "%5.3f" % t2 + ' = 2 pi'


def r1(t):
    fv = t - np.sin(t)
    return fv


def r2(t):
```

```
        gv = 1 - np.cos(t)
        return gv

print 'a = ' + "%5.3f" % r1(t1)
print 'b = ' + "%5.3f" % r2(t2)
numpuntos = 360
tinicial = 0
tfinal = numpuntos
x = np.zeros(numpuntos, float)
y = np.zeros(numpuntos, float)
t = tinicial
while t < tfinal:
    radianes = np.deg2rad(t)
    x[t] = r1(radianes)
    y[t] = r2(radianes)
    t += 1
plt.plot(x, y, 'b-', lw=1.5)


def dr1(t):
    d1 = 1 - np.cos(t)
    return d1


def dr2(t):
    d2 = np.sin(t)
    return d2

#valores de t para los que se va a representar el vector
puntos = [np.pi / 3, np.pi / 2, np.pi, 6 * np.pi / 5]
for i in range(0, 4):
    t = puntos[i]
    plt.arrow(0, 0, r1(t), r2(t), width=0.02, fc='k',
              ec='none', length_includes_head=True, lw=1.0)
    plt.arrow(r1(t), r2(t), dr1(t), dr2(t), width=0.02, fc='g',
              ec='none', length_includes_head=True, lw=0.5)

plt.axhline(color='black', lw=1)
plt.axvline(color='black', lw=1)
plt.axis('equal')
plt.xlim(-0.5, 6.5)
plt.ylabel('y')
plt.xlabel('x')
plt.show()
```

Si el parámetro t es el tiempo, el significado geométrico y físico de la derivada de la función vectorial $\mathbf{r}(t)$ es que $\frac{d\mathbf{r}}{dt}$ es la velocidad con que el extremo del vector $\mathbf{r}$ describe la curva, y es un vector tangente a la curva en cada punto.

$$\mathbf{v} = \frac{d\mathbf{r}}{dt}$$

La derivada segunda corresponde a la aceleración con que el extremo de $\mathbf{r}$ describe la curva:

$$\mathbf{a} = \frac{d\mathbf{v}}{dt} = \frac{d^2\mathbf{r}}{dt^2}$$

El siguiente programa de Python representa la función vectorial $\mathbf{r}(t)$ que describe la posición de un móvil en un tiro parabólico, y representa los vectores $\mathbf{r}(t)$ (en negro), $\mathbf{v}(t)$ (en verde) y $a(t)$ (en rojo) para algunos valores de t:

10.4. LIMITE, CONTINUIDAD Y DERIVADA DE UNA FUNCIÓN VECTORIAL   235

```
_____ ejecución del programa _____
angulo     ymax      alcance    tiempo
(50.0, '    36.64', '  122.98', '     5.47')
```

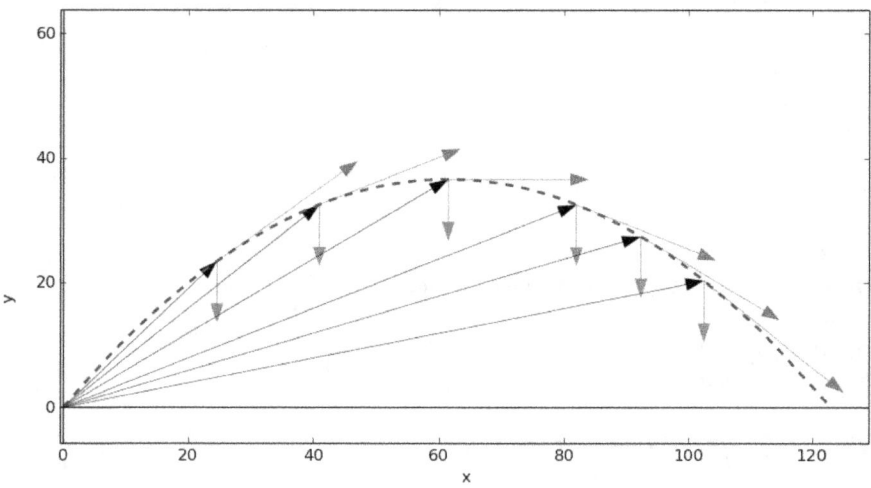

```python
# -*- coding: utf-8 -*-
"""
p10i.py
representa tiro parabolico: r, v, a
"""

import numpy as np
import matplotlib.pyplot as plt

#representa la curva utilizando ecuaciones de fisica
y0 = 0.0
v0 = 35.0
g = -9.81
angulo = 50.0
#vy = v0y - g * t
#tiempo en alcanzar el punto mas alto: tsuelo / 2
#vx = v0x;  x = v0x * t
#y = y0 + v0y*t + 0.5*g*t**2 = y0 + v0y*x/v0x + (0.5*g/v0x**2)*x**2
#ymax = y0 + v0y*tsuelo/2 + 0.5*g*(tsuelo/2)**2
alcancemaximo = 0
alturamaxima = 0
print 'angulo     ymax      alcance    tiempo'
alfa = np.deg2rad(angulo)
v0y = v0 * np.sin(alfa)
tsuelo = - 2 * v0y / g
v0x = v0 * np.cos(alfa)
alcance = - (v0 ** 2) * np.sin(2 * alfa) / g
ymax = y0 + (v0y * tsuelo / 2) + (0.5 * g * (tsuelo / 2) ** 2)
if alcance > alcancemaximo:
    alcancemaximo = alcance
if ymax > alturamaxima:
    alturamaxima = ymax
print (angulo, "%7.2f" % ymax, "%7.2f" % alcance, "%7.2f" % tsuelo)
```

```python
def f(x, beta):
    v0x = v0 * np.cos(np.deg2rad(beta))
    #coeficientes a0, a1,... an
    a = [y0, (np.tan(np.deg2rad(beta))), ((0.5 * g) / (v0x ** 2))]
    y = a[0]
    i = 1
    while i < len(a):
        y = y + a[i] * x ** i
        i += 1
    return y

numpuntos = 300
x = np.linspace(0, np.ceil(alcancemaximo), numpuntos)
y = np.zeros(numpuntos, float)
for i in range(0, numpuntos):
    y[i] = f(x[i], angulo)

plt.plot(x, y, 'b--', lw=2, label='$38$')
#traza r(t)
#valores de t para los que se va a representar el vector
puntos = [tsuelo / 5, tsuelo / 3, tsuelo / 2, 2 * tsuelo / 3, 3 * tsuelo / 4, 5 * tsuelo / 6]


def xvector(tiempo):
    return v0x * tiempo

vx = v0x   # la derivada de xvector es v0x
ax = 0.0   # la derivada de vx es 0


def yvector(tiempo):
    return y0 + v0y * tiempo + 0.5 * g * tiempo ** 2


def vy(tiempo):
    return v0y + g * tiempo

ay = g   # la derivada de vy es g

for i in range(0, 6):
    t = puntos[i]
    plt.arrow(0, 0, xvector(t), yvector(t), width=0.5, fc='k',
              ec='none', length_includes_head=True, lw=0.5)
    plt.arrow(xvector(t), yvector(t), vx, vy(t), width=0.5, fc='g',
              ec='none', length_includes_head=True, lw=0.5)
    plt.arrow(xvector(t), yvector(t), ax, ay, width=0.5, fc='r',
              ec='none', length_includes_head=True, lw=0.5)


plt.axhline(color='black', lw=1)
plt.axvline(color='black', lw=1)
plt.axis('equal')
plt.xlim(-0.5, 1.05 * alcance)
plt.ylabel('y')
plt.xlabel('x')
```

```
plt.show()
```

La derivación de funciones vectoriales tiene las siguientes propiedades, siendo t un parámetro escalar:

- Si **c** es un vector constante, entonces $\frac{d\mathbf{c}}{dt} = 0$

- Sean $\mathbf{a} = \mathbf{a}(t)$ y $\mathbf{b} = \mathbf{b}(t)$ funciones vectoriales, entonces

$$\frac{d(\mathbf{a}+\mathbf{b})}{dt} = \frac{d\mathbf{a}}{dt} + \frac{d\mathbf{b}}{dt}$$

$$\frac{d(\mathbf{a}\cdot\mathbf{b})}{dt} = \frac{d\mathbf{a}}{dt}\cdot\mathbf{b} + \mathbf{a}\cdot\frac{d\mathbf{b}}{dt}$$

- Sea $\mathbf{a} = \mathbf{a}(t)$ una función vectorial de argumento escalar t, y sea $\lambda(t)$ una función escalar del mismo argumento, entonces:

$$\frac{d(\lambda\mathbf{a})}{dt} = \lambda\frac{d\mathbf{a}}{dt} + \frac{d\lambda}{dt}\mathbf{a}$$

En física tenemos un ejemplo concreto: si en la segunda ley de Newton la masa m depende del tiempo según una función escalar $m = m(t)$ y denotamos la aceleración por la función vectorial $\mathbf{a}(t)$:

$$\frac{d(m\mathbf{a})}{dt} = m\frac{d\mathbf{a}}{dt} + \frac{dm}{dt}\mathbf{a}$$

10.5 Campos escalares

Si en cada punto de una región del espacio podemos asignar un valor escalar mediante una función escalar $\phi(x,y,z)$, se dice que en esa región está definido un campo escalar. Por ejemplo, si en cada punto de un placa plana metálica podemos conocer la temperatura de ese punto, en esa placa metálica está definido un campo escalar de temperaturas. En este caso hablamos de un campo escalar plano y se denomina linea de nivel al conjunto de puntos donde el campo escalar toma el mismo valor.

Veamos cómo representar un campo escalar utilizando Python: supongamos que en un tramo de costa la altitud de la misma sobre el nivel del mar, así como la profundidad del mar, vienen dada por $z = 0{,}03(x^2 - y^2)$, para una región alrededor de un punto que se toma como origen de coordenadas. Las líneas de nivel para los valores negativos de Z son de trazo discontinuo en la figura:

```
# -*- coding: utf-8 -*-
"""
p10j.py
lineas de nivel: z = altitud
"""

import matplotlib
import numpy as np
import matplotlib.pyplot as plt

matplotlib.rcParams['xtick.direction'] = 'out'
matplotlib.rcParams['ytick.direction'] = 'out'
x = np.arange(-100, 100, 1.0)
y = np.arange(-100, 100, 1.0)
X, Y = np.meshgrid(x, y)
Z = 0.03 * (X ** 2 - Y ** 2)
plt.figure()
CS = plt.contour(X, Y, Z, 12, colors='k', linewidth=1.0)
plt.clabel(CS, inline=1, fontsize=12, fmt='%1.0f')
plt.title('Z = altitud')
```

```
plt.xlabel('x')
plt.ylabel('y')
plt.show()
```

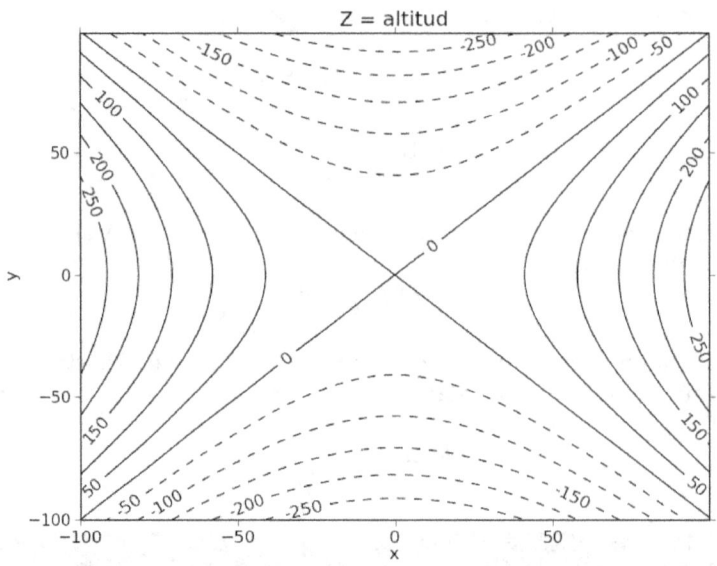

Podemos obtener una imagen en tres dimensiones de este campo escalar utilizando también Python:

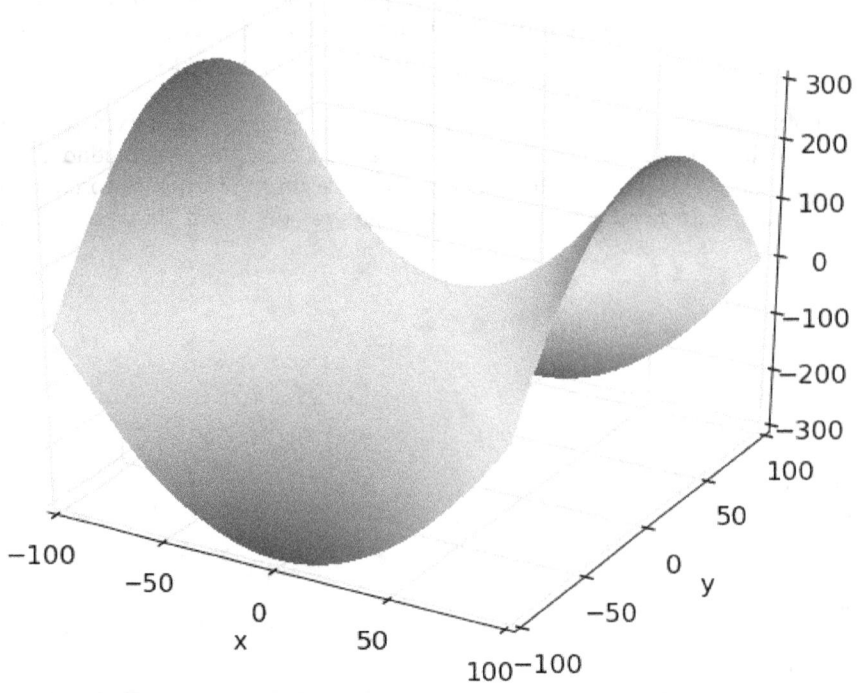

10.5. CAMPOS ESCALARES

```
from mpl_toolkits.mplot3d import Axes3D
import matplotlib.pyplot as plt
from matplotlib import cm
import numpy as np

fig = plt.figure()
ax = fig.add_subplot(111, projection='3d')
x = np.arange(-100, 100, 1.0)
y = np.arange(-100, 100, 1.0)
X, Y = np.meshgrid(x, y)
Z = 0.03 * (X ** 2 - Y ** 2)
ax.plot_surface(X, Y, Z, rstride=1, cstride=1, cmap=cm.coolwarm,
                linewidth=0, antialiased=False)
plt.xlabel('x')
plt.ylabel('y')
plt.show()
```

Otro ejemplo es el campo de potencial eléctrico $V = k\frac{q}{r}$ creado por una carga puntual. En la figura se muestra para una carga $q = 2 \cdot 10^{-9} C$:

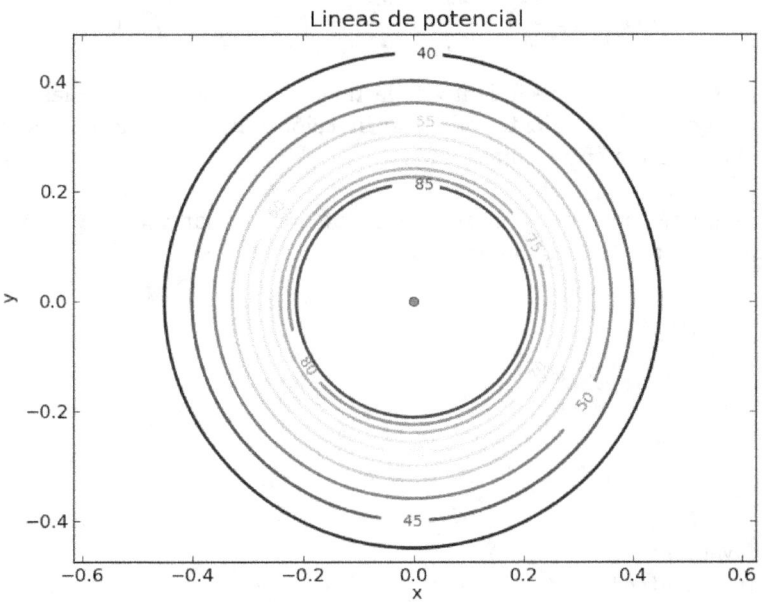

```
# -*- coding: utf-8 -*-
"""
p101.py
lineas de nivel: z = potencial electrico
"""

import matplotlib.pyplot as plt
import numpy as np

r = np.linspace(0.2, 0.5, 200)
t = np.linspace(0, 2 * np.pi, 200)
r, t = np.meshgrid(r, t)

k = 9.0 * 1e9  # constante electrostatica
```

```
q = 2.0 * 1e-9   # carga puntual en culombios
z = k * q / r

CS = plt.contour(r * np.cos(t), r * np.sin(t), z, 10, linewidths=2)
plt.plot(0, 0, 'o', color='grey')
plt.clabel(CS, inline=1, fmt='%5.0f', fontsize=10)
plt.title('Lineas de potencial')
plt.axis('equal')
plt.xlabel('x')
plt.ylabel('y')
plt.show()
```

Si el campo escalar es un espacio de dimensión 3, los puntos que tienen un mismo valor escalar, forman una superficie de nivel: $f(x, y, z) = cte$.

10.6 Gradiente de un campo escalar

Sea $\phi = f(x, y, z)$ una función escalar diferenciable. El gradiente del campo escalar ϕ es un vector que se define como

$$\mathbf{grad}\phi = \frac{d\phi}{dx}\mathbf{i} + \frac{d\phi}{dy}\mathbf{j} + \frac{d\phi}{dz}\mathbf{k} = \begin{pmatrix} \frac{d\phi}{dx} & \frac{d\phi}{dy} & \frac{d\phi}{dz} \end{pmatrix}$$

El sentido del gradiente es el de crecimiento de la función ϕ, y es normal a las líneas de nivel del campo escalar dado por ϕ. El gradiente indica la dirección y la magnitud en que el campo escalar presenta la máxima variación en un punto dado.

El siguiente programa calcula el gradiente de la función escalar $z = 0{,}03 \cdot (x^2 - y^2)$, la función escalar que representamos en la sección anterior.

```
# -*- coding: utf-8 -*-
'''
p10m.py
gradiente de un vector
'''

import sympy as sy

x, y, z, k = sy.symbols('x, y, z, k')
sy.init_printing(use_unicode=True)

k = 0.03
z = k * (x ** 2 - y ** 2)
print 'z = ', sy.simplify(z)


def gradiente(a, dimension):    # a es una funcion escalar
    vectorgrad = []
    radicando = 0.0
    vectorgrad.append(sy.diff(a, x))
    if dimension == 2:
        vectorgrad.append(sy.diff(a, y))
    if dimension == 3:
        vectorgrad.append(sy.diff(a, z))
    for i in range(0, dimension):
        radicando += vectorgrad[i] ** 2
    modulo = sy.sqrt(radicando)
```

10.6. GRADIENTE DE UN CAMPO ESCALAR

```
    resultado = {'vectorgrad': vectorgrad, 'modulo': modulo}
    return resultado

gradz = gradiente(z, 2)
print 'grad z = ', gradz.get('vectorgrad')
modz = gradz.get('modulo')
print '|z| = ', modz
print '|z| = ', sy.simplify(modz)
```

─────────────── ejecución del programa ───────────────
```
z  =  0.03*x**2 - 0.03*y**2
grad z  =  [0.06*x, -0.06*y]
|z| =  sqrt(0.0036*x**2 + 0.0036*y**2)
|z| =  0.06*sqrt(x**2 + y**2)
```

Podemos representar el gráfico de líneas de nivel con los vectores gradiente en varios puntos de las líneas de nivel $Z = 100$ y $Z = -100$, modificando ligeramente el programa que utilizamos para representar las líneas de nivel:

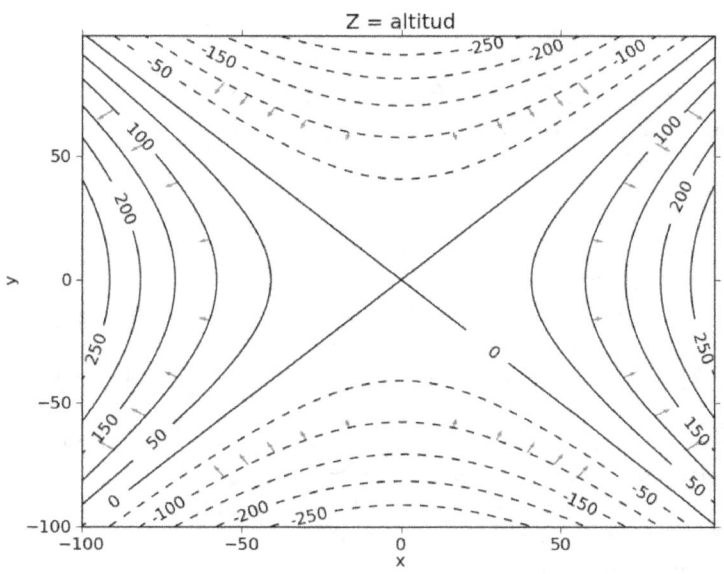

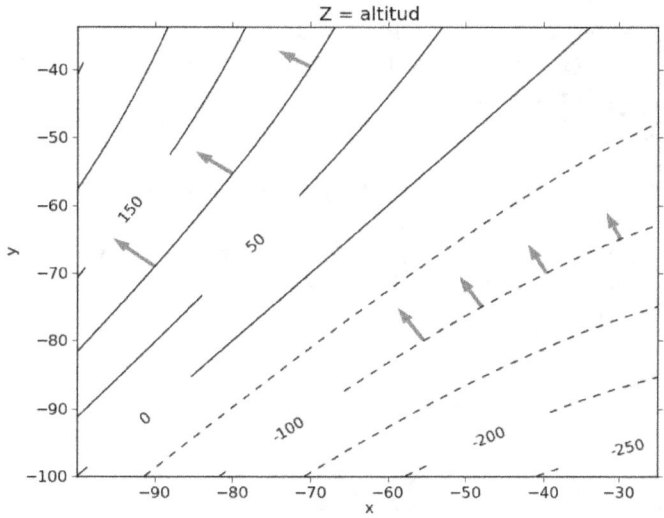

```python
# -*- coding: utf-8 -*-
"""
p10n.py
lineas de nivel: z = altitud
vector gradiente
"""

import matplotlib
import numpy as np
import matplotlib.pyplot as plt

matplotlib.rcParams['xtick.direction'] = 'out'
matplotlib.rcParams['ytick.direction'] = 'out'

x = np.arange(-100, 100, 1.0)
y = np.arange(-100, 100, 1.0)
X, Y = np.meshgrid(x, y)
Z = 0.03 * (X ** 2 - Y ** 2)

plt.figure()
CS = plt.contour(X, Y, Z, 12, colors='k', linewidth=1.0)
plt.clabel(CS, inline=1, fontsize=12, fmt='%4.0f')
px1 = [-90, -80, -70, -60]
py1 = []

for i in range(0, 4):
    py1.append(np.sqrt(px1[i] ** 2 - (100 / 0.03)))
    plt.arrow(px1[i], py1[i], 0.06 * px1[i], -0.06 * py1[i], width=0.5, fc='r', ec='none',
            length_includes_head=True, lw=0.5)
    plt.arrow(px1[i], -py1[i], 0.06 * px1[i], 0.06 * py1[i], width=0.5, fc='r', ec='none',
            length_includes_head=True, lw=0.5)
    plt.arrow(-px1[i], py1[i], -0.06 * px1[i], -0.06 * py1[i], width=0.5, fc='r', ec='none',
            length_includes_head=True, lw=0.5)
    plt.arrow(-px1[i], -py1[i], -0.06 * px1[i], 0.06 * py1[i], width=0.5, fc='r', ec='none',
            length_includes_head=True, lw=0.5)
py2 = [-60, -65, -70, -75, -80]
px2 = []

for i in range(0, 5):
    px2.append(np.sqrt(py2[i] ** 2 + (-100 / 0.03)))
    plt.arrow(px2[i], py2[i], 0.06 * px2[i], -0.06 * py2[i], width=0.5, fc='r', ec='none',
            length_includes_head=True, lw=0.5)
    plt.arrow(px2[i], -py2[i], 0.06 * px2[i], 0.06 * py2[i], width=0.5, fc='r', ec='none',
            length_includes_head=True, lw=0.5)
    plt.arrow(-px2[i], py2[i], -0.06 * px2[i], -0.06 * py2[i], width=0.5, fc='r', ec='none',
            length_includes_head=True, lw=0.5)
    plt.arrow(-px2[i], -py2[i], -0.06 * px2[i], 0.06 * py2[i], width=0.5, fc='r', ec='none',
            length_includes_head=True, lw=0.5)
plt.title('Z = altitud')
plt.xlabel('x')
plt.ylabel('y')
plt.show()
```

10.7 Integración de una función vectorial

Sea $\mathbf{r}(t)$ una función vectorial de argumento escalar t. A la función vectorial $\mathbf{R}(t)$ cuya derivada es igual a $\mathbf{r}(t)$ se la denomina función primitiva de $\mathbf{r}(t)$, es decir:

$$\frac{d\mathbf{R}}{dt} = \mathbf{r}(t)$$

o lo que es lo mismo:

$$\int \mathbf{r}(t) dt = \mathbf{R}(t) + cte$$

Si $\mathbf{r}(t) = \begin{pmatrix} r_1(t) & r_2(t) & r_3(t) \end{pmatrix}$ entonces

$$\mathbf{R}(t) = \int \mathbf{r}(t) dt = \begin{pmatrix} \int r_1(t) dt & \int r_2(t) dt & \int r_3(t) dt \end{pmatrix}$$

cada componente de $\mathbf{R}(t)$ es igual a la integral de la componente respectiva de $\mathbf{r}(t)$. Si se trata de una integral definida entre los valores de $t = t_i$ y $t = t_f$ tenemos:

$$\int_{t_i}^{t_f} \mathbf{r}(t) dt = \mathbf{R}(t_f) - \mathbf{R}(t_i)$$

10.7.1. Integral curvilínea de un campo vectorial

Sea una función vectorial

$$\mathbf{r} = r_1 \mathbf{i} + r_2 \mathbf{j} + r_3 \mathbf{k} = \begin{pmatrix} r_1 & r_2 & r_3 \end{pmatrix}$$

$$d\mathbf{r} = dr_1 \mathbf{i} + dr_2 \mathbf{j} + dr_3 \mathbf{k} = \begin{pmatrix} dr_1 & dr_2 & dr_3 \end{pmatrix}$$

que define una curva C.

Sea el campo vectorial continuo

$$\mathbf{F} = F_1 \mathbf{i} + F_2 \mathbf{j} + F_3 \mathbf{k} = \begin{pmatrix} F_1 & F_2 & F_3 \end{pmatrix}$$

Se llama integral curvilínea del campo $\mathbf{F}$ a lo largo de la curva C a la integral

$$\int_C \mathbf{F} \cdot d\mathbf{r}$$

El significado físico de la integral curvilínea es el siguiente: si el campo vectorial es un campo de fuerzas

$$\mathbf{F} = F_x \mathbf{i} + F_y \mathbf{j} + F_z \mathbf{k} = \begin{pmatrix} F_x & F_y & F_z \end{pmatrix}$$

que asocia a cada punto del espacio un vector fuerza que actúa sobre un objeto, la integral curvilínea

$$\int_C \mathbf{F} \cdot d\mathbf{r}$$

equivale al trabajo realizado al desplazar el objeto a lo largo de la curva C definida por el vector $\mathbf{r}$. Puesto que

$$\mathbf{F} \cdot d\mathbf{r} = \begin{pmatrix} F_x & F_y & F_z \end{pmatrix} \cdot \begin{pmatrix} dr_1 \\ dr_2 \\ dr_3 \end{pmatrix}$$

$$\mathbf{F} \cdot d\mathbf{r} = F_x dr_1 + F_y dr_2 + F_z dr_3$$

y la integral curvilínea queda:

$$\int_C \mathbf{F} \cdot d\mathbf{r} = \int_C F_x dr_1 + F_y dr_2 + F_z dr_3$$

$$\int_C \mathbf{F} \cdot d\mathbf{r} = \int_C F_x dr_1 + \int_C F_y dr_2 + \int_C F_z dr_3$$

Si elegimos un sentido positivo del desplazamiento a lo largo de la curva C al desplazarnos entre dos puntos A y B, la integral cambia de signo si invertimos el sentido del desplazamiento:

$$\int_{AB} \mathbf{F} \cdot d\mathbf{r} = -\int_{BA} \mathbf{F} \cdot d\mathbf{r}$$

Si la curva orientada C a lo largo de la cual se toma la integral curvilínea, es cerrada, la integral curvilínea del campo vectorial $\mathbf{F}$ se denota

$$\oint_C \mathbf{F} \cdot d\mathbf{r}$$

y a la integral se la denomina circulación del campo vectorial $\mathbf{F}$.

10.7.2. Circulación de un campo conservativo

Veamos que ocurre si la función vectorial a integrar es el vector gradiente de un campo escalar $\phi(x, y, z)$ a lo largo de una curva definida por el vector $\mathbf{r}$:

$$\mathrm{grad}\phi = \frac{d\phi}{dx}\mathbf{i} + \frac{d\phi}{dy}\mathbf{j} + \frac{d\phi}{dz}\mathbf{k} = \begin{pmatrix} \frac{d\phi}{dx} & \frac{d\phi}{dy} & \frac{d\phi}{dz} \end{pmatrix}$$

$$d\mathbf{r} = dr_1 \mathbf{i} + dr_2 \mathbf{j} + dr_3 \mathbf{k} = \begin{pmatrix} dr_1 & dr_2 & dr_3 \end{pmatrix}$$

$$\mathrm{grad}\phi \cdot d\mathbf{r} = \begin{pmatrix} \frac{d\phi}{dx}dr_1 & \frac{d\phi}{dy}dr_2 & \frac{d\phi}{dz}dr_3 \end{pmatrix}$$

A esta expresión se la denomina diferencial total de la función escalar ϕ:

$$d\phi = \mathrm{grad}\phi \cdot d\mathbf{r}$$

y la integral curvilínea queda:

$$\int_{AB} \mathrm{grad}\phi \cdot d\mathbf{r} = \int_{AB} d\phi = \phi(B) - \phi(A)$$

En una curva cerrada, el punto final coincide con el inicial y por tanto el gradiente tiene la siguiente importante propiedad:

$$\oint_C \mathrm{grad}\phi \cdot d\mathbf{r} = 0$$

Por lo tanto, cualquier campo vectorial $\mathbf{F}$ que se pueda expresar como el gradiente de una función escalar: $\mathbf{F} = \mathrm{grad}\phi$, cumplirá que su integral curvilínea entre dos puntos no depende del camino seguido C, sino solo de los puntos inicial y final, y como consecuencia, la circulación de $\mathbf{F}$ a lo largo de una línea cerrada será cero. Entonces se dice que el campo vectorial $\mathbf{F}$ es conservativo.

Si $\mathbf{F} = \mathrm{grad}\phi$ es un campo de fuerzas, el trabajo realizado por $\mathbf{F}$ entre dos puntos no depende del camino recorrido, sino solo de los puntos inicial y final; y el trabajo realizado a lo largo de una línea cerrada orientada C, será nulo. A este tipo de campos se los denomina en física campos de fuerzas conservativos. No todos los campos vectoriales son conservativos, por ejemplo, la ley circuital de Ampere para campos eléctricos estáticos establece que

$$\oint_l \frac{\mathbf{B}}{\mu_0} \cdot d\mathbf{l} = i$$

siendo i la corriente eléctrica estática neta que fluye a través de la superficie limitada por la curva l, $\mathbf{B}$ el campo magnético y μ_0 una constante.

10.7. INTEGRACIÓN DE UNA FUNCIÓN VECTORIAL

10.7.3. Rotacional de un campo vectorial

Tomemos un sistema de coordenadas rectangulares, cuyos vectores unitarios son $\mathbf{i}, \mathbf{j}, \mathbf{k}$. Si un campo es no conservativo, su circulación alrededor de una trayectoria cerrada no es cero. Si hacemos tender a cero el área encerrada por la curva, el límite

$$\lim_{\Delta s_1 \to 0} \frac{\oint \mathbf{F} \cdot d\mathbf{l}}{\Delta s_1}$$

se define como la componente de un vector denominado rotacional del campo $\mathbf{F}$, y que se denota como $\mathbf{rotF}$, en la dirección del vector unitario $\mathbf{i}$. De este modo, el vector rotacional de $\mathbf{F}$ es igual a:

$$\mathbf{rotF} = \mathbf{i} \lim_{\Delta s_1 \to 0} \frac{\oint \mathbf{F} \cdot d\mathbf{l}}{\Delta s_1} + \mathbf{j} \lim_{\Delta s_2 \to 0} \frac{\oint \mathbf{F} \cdot d\mathbf{l}}{\Delta s_2} + \mathbf{k} \lim_{\Delta s_3 \to 0} \frac{\oint \mathbf{F} \cdot d\mathbf{l}}{\Delta s_3}$$

De aquí se deduce que en el caso de que $\mathbf{F}$ fuera conservativo, su rotacional sería cero, es decir que si $\mathbf{F} = \mathbf{grad}\phi$, tendremos que

$$\mathbf{rotF} = \mathbf{rot}(\mathbf{grad}\phi) = 0$$

El rotacional del gradiente es igual a cero.

Por lo tanto, el rotacional expresa la rotación de un campo vectorial, por área unitaria, y es un vector cuyo sentido es el del pulgar de la mano derecha, si cerramos el puño con los otros dedos en la dirección de recorrido de la curva. Cada componente del vector es normal al área unitaria perpendicular a ese eje.

A partir de la definición de rotacional con integrales curvilíneas, se puede demostrar que si $\mathbf{F} = F_x \mathbf{i} + F_y \mathbf{j} + F_z \mathbf{k}$, el rotacional del campo $\mathbf{F}$ es:

$$\mathbf{rotF} = \left(\frac{\partial F_z}{\partial y} - \frac{\partial F_y}{\partial z}\right)\mathbf{i} + \left(\frac{\partial F_x}{\partial z} - \frac{\partial F_z}{\partial x}\right)\mathbf{j} + \left(\frac{\partial F_y}{\partial x} - \frac{\partial F_x}{\partial y}\right)\mathbf{k}$$

El siguiente programa calcula el rotacional de un vector expresado en coordenadas rectangulares $\mathbf{v} = v_x \mathbf{i} + v_y \mathbf{j} + v_z \mathbf{k}$. Se muestra la ejecución para tres vectores distintos:

```
# -*- coding: utf-8 -*-
"""
p10o.py
calcula el rotacional de un vector
"""

import sympy as sy

x, y, z = sy.symbols('x, y, z')
sy.init_printing(use_unicode=True)

vector1 = sy.Matrix([[x + z, y + z, x ** 2 + z]])
#vector2 = sy.Matrix([[x, y, z]])
#vector3 = sy.Matrix([[z, x, y]])


def rotacional(v):
    rot = []
    rotx = sy.simplify(sy.diff(v[2], y) - sy.diff(v[1], z))
    roty = sy.simplify(sy.diff(v[0], z) - sy.diff(v[2], x))
    rotz = sy.simplify(sy.diff(v[1], x) - sy.diff(v[0], y))
    rot.append(rotx)
    rot.append(roty)
    rot.append(rotz)
    modulo = sy.sqrt(rotx ** 2 + roty ** 2 + rotz ** 2)
```

```
        resultado = {'rotacional': rot, 'modulo': modulo}
        return resultado

print 'v = ', vector1
rotv = rotacional(vector1)
print 'rot v = ', rotv.get('rotacional')
print '|rot v| = ', rotv.get('modulo')
print
```

―――――――――――――――――――――――――― ejecución del programa ――――――――――――――――――――――――――
```
v =     [x + z, y + z, x**2 + z]
rot v =    [-1, -2*x + 1, 0]
|rot v| =  sqrt((-2*x + 1)**2 + 1)

v =     [x, y, z]
rot v =    [0, 0, 0]
|rot v| =  0

v =     [z, x, y]
rot v =    [1, 1, 1]
|rot v| =  sqrt(3)
```
――

Para comprender el significado físico del rotacional, supongamos que tenemos un canal de agua en el cual existe un campo vectorial de velocidades tal que la velocidad del agua es mayor cuanto más cerca estamos de la superficie. El campo vectorial de velocidades sería de este tipo, colocando el eje X en el fondo del canal, la coordenada Y expresa la distancia desde el fondo:

$$\mathbf{v} = -3y\mathbf{i} + 0\mathbf{j} + 0\mathbf{k} = \begin{pmatrix} -3y & 0 & 0 \end{pmatrix}$$

Podemos visualizar este campo vectorial plano utilizando Python:

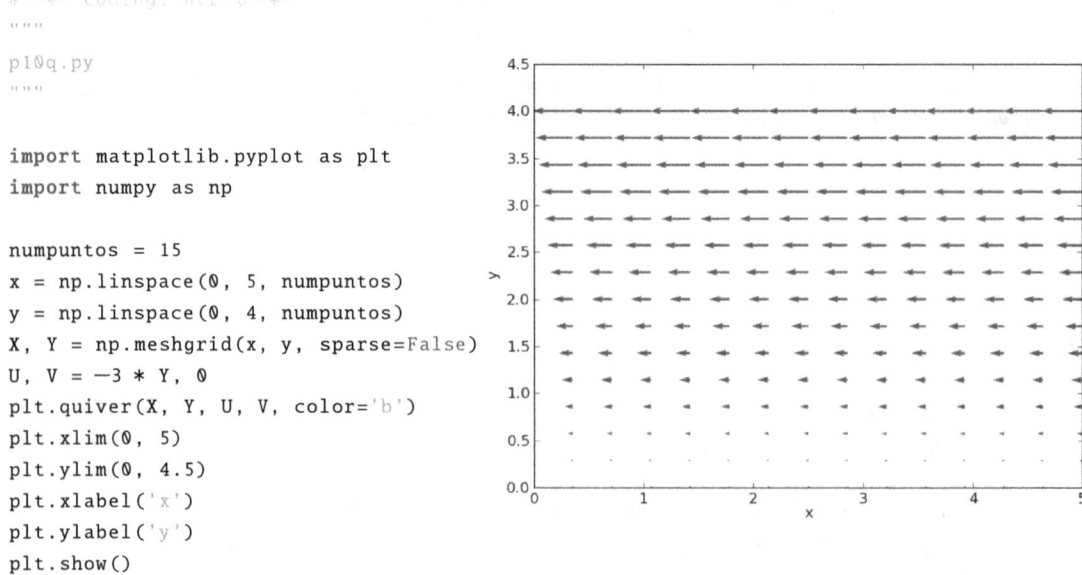

```
# -*- coding: utf-8 -*-
"""
p10q.py
"""

import matplotlib.pyplot as plt
import numpy as np

numpuntos = 15
x = np.linspace(0, 5, numpuntos)
y = np.linspace(0, 4, numpuntos)
X, Y = np.meshgrid(x, y, sparse=False)
U, V = -3 * Y, 0
plt.quiver(X, Y, U, V, color='b')
plt.xlim(0, 5)
plt.ylim(0, 4.5)
plt.xlabel('x')
plt.ylabel('y')
plt.show()
```

Si sumergimos una rueda de paletas en la corriente de agua, comenzará a girar debido a que la velocidad del agua en su parte superior es mayor que la del agua bajo la rueda. En nuestro caso, el agua se mueve hacia la izquierda con una velocidad $\mathbf{v} = -3y\mathbf{i}$, y la parte superior de la rueda se moverá hacia la izquierda, de modo que la rueda girará en el sentido contrario a las agujas del reloj. Si ponemos el puño derecho con los dedos cerrados hacia la izquierda, el pulgar apunta hacia arriba: este es el sentido del vector rotacional, que podemos calcular con el programa que utilizamos en los ejemplos anteriores:

―――――――――――――――――――――――――― ejecución del programa ――――――――――――――――――――――――――
```
v =     [-3*y, 0, 0]
rot v =    [0, 0, 3]
|rot v| =  3
```
――

10.7. INTEGRACIÓN DE UNA FUNCIÓN VECTORIAL

10.7.4. Integrales múltiples

Sea una función $f(x,y)$, y D un dominio acotado y cerrado con una frontera de área cero. Dividimos el dominio en r subdominios parciales mediante curvas arbitrarias de área cero. Cada dominio parcial D_i tiene un área A_i y elegimos arbitrariamente un punto $p_i = (x_i, y_i)$ en cada dominio. Se define la suma integral σ de esa función en el dominio D con esa partición al número:

$$\sigma = \sum_{i=i}^{r} f(x_i, y_i) A_i$$

Para cada división en dominios parciales, existirá un dominio parcial que tenga la superficie mayor que los demás. A esta superficie parcial máxima de esa partición la denotaremos como A_{max}.

La función $f(x,y)$ se dice que es integrable según Riemann en el dominio D si existe el límite de las sumas integrales σ cuando la superficie máxima parcial A_{max} tiende a cero. Ese límite se denomina integral doble de la función $f(x,y)$ extendida al dominio D, y se denota

$$\iint_D f(x,y) dA$$

Si el dominio D es acotado, cerrado y tal que cualquier recta paralela al eje OY corta a la frontera del dominio a lo sumo en dos puntos, entonces la integral doble se puede reducir a integrales simples reiteradas:

$$\iint_D f(x,y) dx dy = \int_{x_1}^{x_2} dx \int_{y_1}^{y_2} f(x,y) dy$$

o cambiando el orden de las integraciones:

$$\iint_D f(x,y) dx dy = \int_{y_1}^{y_2} dy \int_{x_1}^{x_2} f(x,y) dx$$

donde x_1 y x_2 son las abcisas mínima y máxima del dominio, y y_1 e y_2 sus ordenadas mínima y máxima.

Si $F(x,y)$ es una función primitiva respecto de x, entonces tendremos

$$\iint_D f(x,y) dx dy = \int_{y_1}^{y_2} [F(x_2, y) - F(x_1, y)] dy$$

Estos resultados se pueden generalizar para un dominio de tres dimensiones, con lo que en lugar de una integral de superficie tendremos una integral de volumen:

$$\iiint_V f(x,y,z) dV = \iiint_V f(x,y,z) dx dy dz$$

$$\iiint_V f(x,y,z) dV = \int_{x_1}^{x_2} [\int_{y_1}^{y_2} [\int_{z_1}^{z_2} f(x,y,z) dz] dy] dx$$

10.7.5. Flujo de un campo vectorial. Divergencia

Sea un campo vectorial $\mathbf{A} = A_x \mathbf{i} + A_y \mathbf{j} + A_z \mathbf{k}$ cuya magnitud, dirección y sentido representan el volumen de fluido que pasa en la unidad de tiempo a través de un elemento de área unidad perpendicular a $\mathbf{A}$. Sea S una superficie cerrada que trazamos dentro del campo vectorial. Sea $d\mathbf{s}$ un vector normal, y dirigido hacia el exterior de un elemento de superficie ds. La cantidad de fluido que sale de la superfice a través de un elemento ds en la unidad de tiempo será el flujo diferencial de fluido $\mathbf{A} \cdot d\mathbf{s}$. El flujo hacia el interior de la superficie tendrá entonces signo negativo. Si sumamos los flujos diferenciales a través de todos los elementos de superficie obtenemos el flujo neto de fluido hacia el exterior de la superficie en la unidad de tiempo:

$$\psi = \oint_S \mathbf{A} \cdot d\mathbf{s}$$

Si en el interior de la superficie no hay fuentes ni sumideros del campo vectorial, el flujo neto será cero, ya que saldrá tanta cantidad como entra. En caso contrario, esta integral proporciona una medida de la fortaleza de las fuentes (o sumideros) contenidos dentro del volumen encerrado por la superficie.

Por ejemplo, para el campo magnético **B**, la ley integral de Maxwell para campos magnéticos establece que

$$\oint_S \mathbf{B} \cdot d\mathbf{s} = 0$$

lo cual implica que no existen fuentes de campo magnético (no existen físicamente cargas magnéticas libres), y las líneas de flujo del campo magnético siempre son líneas cerradas. En cambio, la ley integral de Maxwell para el campo eléctrico **E** establece que

$$\oint_S \epsilon_0 \mathbf{E} \cdot d\mathbf{s} = q$$

siendo ϵ_0 una constante y q la carga eléctrica contenida dentro del volumen encerrado por la superficie.

Es importante la relación entre el flujo y la unidad de volumen encerrado:

$$\frac{1}{V} \oint_S \mathbf{A} \cdot d\mathbf{s}$$

Si este cociente tiene límite finito cuando el volumen V se contrae hacia un punto p, entonces a este límite se le denomina divergencia del campo vectorial **A** en el punto p

$$div\mathbf{A} = \lim_{\Delta V \to 0} \frac{\oint_S \mathbf{A} \cdot d\mathbf{s}}{\Delta V}$$

Los puntos p en los cuales $div\mathbf{A} > 0$ se denominan fuentes del campo vectorial; los puntos para los cuales la divergencia es negativa se denominan sumideros del campo vectorial: $div\mathbf{A} < 0$. Si en todos los puntos de cierta región la divergencia del campo vectorial es cero: $div\mathbf{A} = 0$, se dice que el campo es solenoidal (o también tubular) en esa región.

Por ejemplo, para los campos magnético y eléctrico, las leyes de Maxwell establecen que:

$$div\mathbf{B} = 0 \qquad div(\epsilon_0 \mathbf{E}) = \rho$$

Siendo ρ la densidad de carga eléctrica.
En dinámica de fluidos, la ecuación de continuidad establece que:

$$div(\rho \mathbf{v}) = -\frac{\partial \rho}{\partial t}$$

siendo **v** la velocidad del fluido y ρ su densidad. Si se trata de un fluido incompresible, la ecuación anterior se convierte en $div(\rho \mathbf{v}) = 0$

En coordenadas rectangulares, se puede demostrar que la divergencia es:

$$div\mathbf{A} = \frac{\partial A_x}{\partial x} + \frac{\partial A_y}{\partial y} + \frac{\partial A_z}{\partial z}$$

Veamos algunos ejemplos calculados con Python. Las gráficas en 3D muestran el flujo neto a través de una superficie cerrada.

```
# -*- coding: utf-8 -*-
"""
p10r.py
calcula la divergencia de un vector v(x,y,z)
"""
```

10.7. INTEGRACIÓN DE UNA FUNCIÓN VECTORIAL

```python
import sympy as sy

x, y, z = sy.symbols('x, y, z')
sy.init_printing(use_unicode=True)

vector1 = sy.Matrix([[x ** 2 + y, y ** 2 + z, z ** 2 + x]])


def divergencia(v):
    return sy.diff(v[0], x) + sy.diff(v[1], y) + sy.diff(v[2], z)

print 'v = ', vector1
print 'div v = ', divergencia(vector1)
```

Para las representaciones 3D se ha empleado Mayavi2. Abrimos Mayavi2 y ejecutamos el programa. Mayavi permite cambiar los colores de la imagen, rotarla, etc.

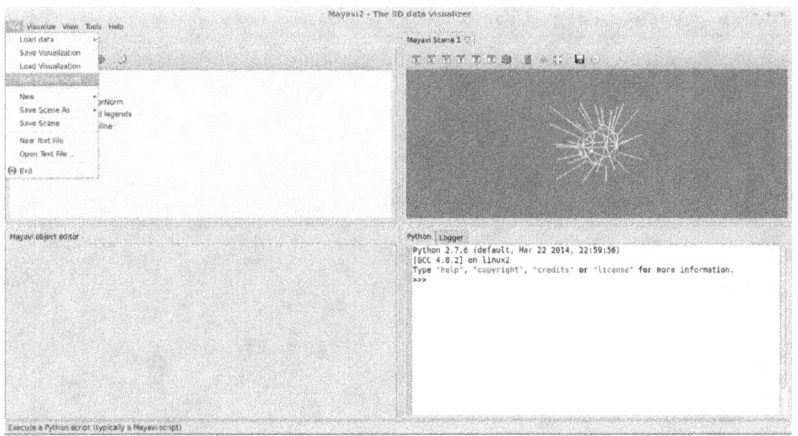

```python
# -*- coding: utf-8 -*-
"""
p10s.py
representa el flujo neto a través de una superficie cerrada
"""

import numpy as np
from mayavi import mlab

x, y, z = np.mgrid[-5:5, -5:5, -5:5]
u = x
v = y
w = z
obj = mlab.flow(u, v, w)
mlab.show()
```

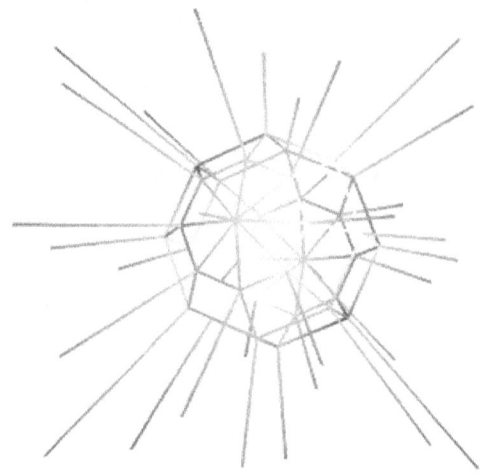

---------- ejecución del programa ----------
```
v  =   [x, y, z]
div v  =   3
```

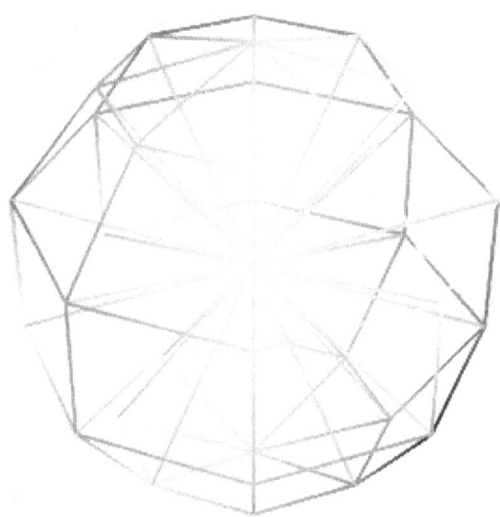

---------- ejecución del programa ----------
```
v  =   [-x, -y, -z]
div v  =   -3
```

10.8 Líneas de flujo. Ejemplos de campos vectoriales

Las líneas de flujo de un campo vectorial son aquellas líneas que tienen la propiedad de que el vector campo es tangente a la línea de flujo en cada punto. El cálculo de las ecuacione de estas líneas requiere resolver ecuaciones diferenciales, que escapan a los objetivos de este libro, pero Python permite fácilmente representar un campo vectorial tanto trazando un número de vectores en diferentes puntos, como por medio de las líneas de flujo. A continuación veremos algunos ejemplos de un campo vectorial

$$\mathbf{A} = A_x \mathbf{i} + A_y \mathbf{j} + A_z \mathbf{k}$$

10.8. LINEAS DE FLUJO. EJEMPLOS DE CAMPOS VECTORIALES

en los cuales utilizaremos los programas de Python que hemos elaborado a lo largo del tema, así como un nuevo programa para mostrar las líneas de flujo. Se muestran las representaciones por ambos métodos:

```
# -*- coding: utf-8 -*-
"""
p10t.py
lineas de flujo de un campo vectorial
"""

import matplotlib.pyplot as plt
import numpy as np

Y, X = np.mgrid[-5:5:200j, -5:5:200j]
U = -Y
V = X
#U = X
#V = Y
speed = np.sqrt(U * U + V * V)
lw = 0.2 + 2 * speed / speed.max()
plt.streamplot(X, Y, U, V, density=0.6, color='b', linewidth=lw, arrowsize=2, arrowstyle='-|>')
plt.xlabel('x')
plt.ylabel('y')
plt.show()
```

1. Sea el campo dado por $\mathbf{A} = -y\mathbf{i} + x\mathbf{j} + 0\mathbf{k}$. Vamos a representar el campo, y a calcular su rotacional y divergencia con los programas que hemos elaborado en este tema. El módulo del vector será $|\mathbf{A}| = \sqrt{y^2 + x^2} = r$. El módulo del vector campo aumenta a medida que nos alejamos del origen. Este campo tiene $div\mathbf{A} = 0$, y el vector $rot\mathbf{A}$ es perpendicular al plano, y de sentido hacia arriba:

———————————————— ejecución del programa ————————————————
```
v =    [-y, x, 0]
rot v =   [0, 0, 2]
|rot v| =   2

v =    [-y, x, 0]
div v =   0
```
——

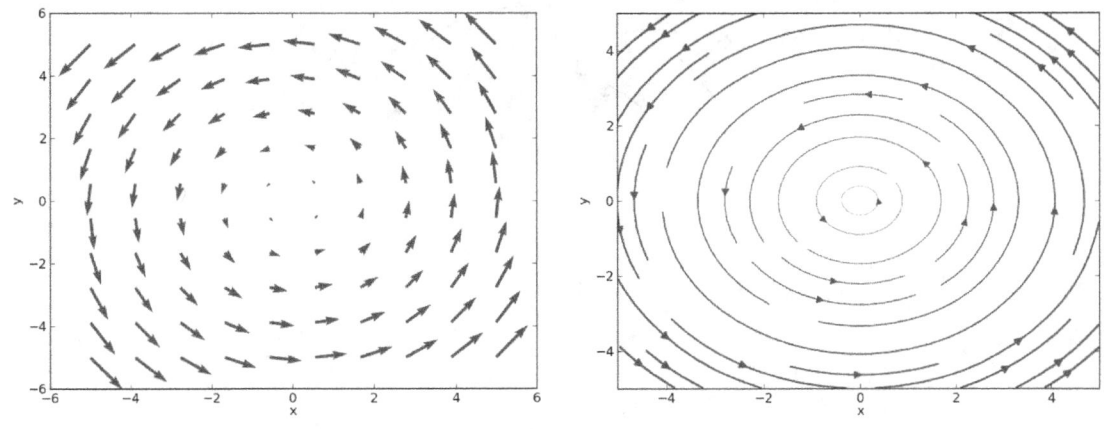

2. Sea el campo dado por $\mathbf{A} = x\mathbf{i} + y\mathbf{j} + 0\mathbf{k}$. El módulo del vector será $|\mathbf{A}| = \sqrt{x^2 + y^2} = r$. Este campo tiene $div\mathbf{A} > 0$, lo que indica que existen fuentes del campo, y $rot\mathbf{A} = 0$:

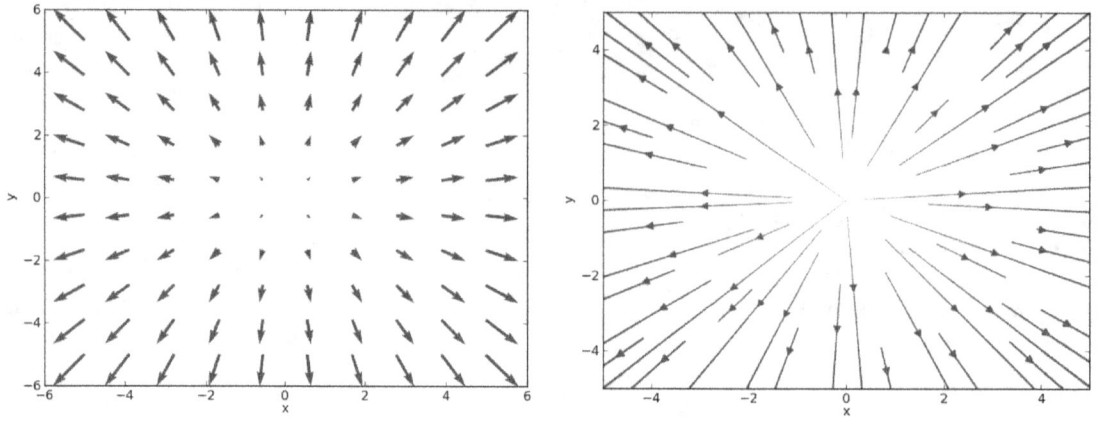

───────────── ejecución del programa ─────────────
```
v   =   [x, y, 0]
rot v =   [0, 0, 0]
|rot v| = 0

v   =   [x, y, 0]
div v =   2
```

Puesto que $rot\mathbf{A}$ es cero, $\mathbf{A}$ es el gradiente de un campo escalar $\phi = \frac{1}{2}(x^2 + y^2)$, y el campo vectorial $\mathbf{A}$ es normal en cada punto a las curvas de nivel del campo escalar ϕ y su sentido es el de aumento del valor de ϕ:

───────────── ejecución del programa ─────────────
```
z    =  0.5*x**2 + 0.5*y**2
grad z =  [1.0*x, 1.0*y]
|z|  =   sqrt(1.0*x**2 + 1.0*y**2)
|z|  =   sqrt(x**2 + y**2)
```

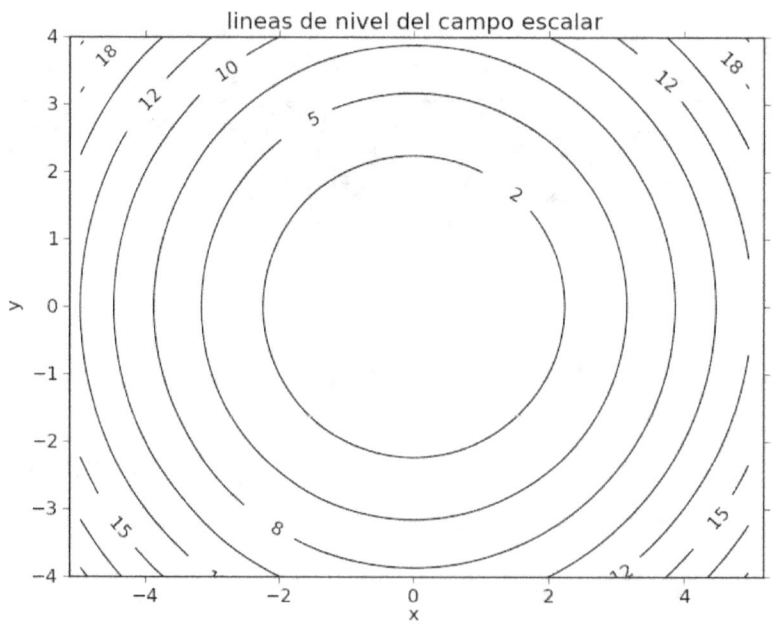

Bibliografía para este capítulo: [20], [21], [23], [24], [25], [26], [28], [34], [40], [44], [57], [61]

Bibliografía

[1] R.A. Adams y C. Essex - Calculus, a Complete Course. Pearson, 2010.

[2] A.D. Alexandrov, A.N. Kolmogorov, M.A. Lavrentiev - Mathematics, its Content, Methods and Meaning. Dover, 1999.

[3] V.V. Amelkin - Ecuaciones Diferenciales en la Práctica. URSS, 2003.

[4] L.T. Ara y M.E. Ríos - Álgebra Lineal y Cálculo Integral. Santander, 1965.

[5] B. Baule - Tratado de Matemáticas Superiores para Ingenieros y Físicos. Labor, 1949.

[6] A.H. Beiler - Recreations in the Theory of Numbers. Dover, 1966.

[7] V.G. Boltianski - La Envolvente. Editorial Mir, 1977.

[8] R.S. Borden - A Course in Advanced Calculus. Dover, 1998.

[9] R.C. Buck - Advanced Calculus. Mc Graw Hill, 1978.

[10] F. Calvo - Estadística Aplicada. Ediciones Deusto, 1990.

[11] C. Chapman - Real Mathematical Analysis. Springer, 2002.

[12] F. Coquillat - Cálculo Integral. Tebar Flores, 1997.

[13] B. Demidovich - Problemas y Ejercicios de Análisis Matemático. Paraninfo, 1985.

[14] J. de Lorenzo - Introducción al Estilo Matemático. Tecnos, 1989.

[15] A. Efimov y B. Demidovich - Problemas de las matemáticas superiores. Editorial Mir, 1983.

[16] H.B. Enderton - Elements of Set Theory. Academic Press, 1977.

[17] J.B. Fraleigh - Álgebra Abstracta. Addison-Wesley Iberoamericana, 1985.

[18] J.A. Fernández Viña - Análisis matemático. Tecnos, 1994.

[19] M. García y R. Bronte - Problemas de Álgebra y Analítica. 1978.

[20] E. García Camarero - Álgebra lineal, 1967.

[21] L.I. Golovina - Álgebra lineal y algunas de sus aplicaciones, Editorial Mir, 1967.

[22] Horst R. Beyer - Calculus: A modern, rigorous approach. Louisiana State University, 2003.

[23] J.M. Iñíguez Almech - Matemáticas para Quimicos. Editorial Labor, 1941.

[24] V. Ilín, E. Pozniak - Fundamentos del Análisis Matemático. Editorial Mir, 1991.

[25] C.T.A. Johnk - Ingeniería Electromagnética, Campos y Ondas. Limusa, 1992.

[26] G.Joos, I.M. Freeman - Theoretical Physics, Dover, 1986.

[27] E. Kamke - Theory of Sets. Dover, 1950.

[28] D. Kletenik - Problemas de Geometría Analítica. Editorial Mir, 1986.

[29] K. Knopp - Theory and Application of Infinite Series. Blackie and Son, 1951.

[30] K. Knopp - Infinite Sequences and Series. Dover, 1956.

[31] K. Knopp - Theory of Functions. Dover, 1996.

[32] A.N. Kolmogorov y S.V.Fomin - Introductory Real Analysis. Dover, 1970.

[33] A. I. Kostrikin - Introducción al Álgebra. Editorial Mir, 1983.

[34] M.L. Krasnov, A.I. Kiseliov, G.I. Makarenko - Análisis Vectorial. Editorial URSS, 2005.

[35] R.E. Larson, R.P. Hostetler - Cálculo y Geometría Analítica. McGraw-Hill, 1989.

[36] D.R. LaTorre - Calculus Concepts. Cengage Learning, 2012.

[37] L. Leithold - The Calculus with Analytic Geometry. Harper and Row, 1976.

[38] A. López, A. de la Villa - Geometría diferencial. CLAGSA, 1997.

[39] A. Luzarraga - Problemas Resueltos de Álgebra Lineal. Barcelona, 1970.

[40] J.E. Marsden, A.J. Tromba - Vector Calculus. Freeman and Company, 2003.

[41] W.J. Moore - Química Física, Urmo, 1978.

[42] J. Martínez Salas - Elementos de matemáticas, 1979.

[43] T. Needham - Visual Complex Analysis. Oxford University Press, 1998.

[44] J.M. Pacheco, C. Durán - Curso de Matemáticas 1. Gómez Puig Ediciones, 1979.

[45] N. Piskunov - Cálculo diferencial e Integral. Editorial Mir, 1983.

[46] P. Puig Adam - Cálculo Integral. Gómez Puig Ediciones, 1979.

[47] L.S. Pontriaguin - Análisis Infinitesimal. URSS, 2011.

[48] L.S. Pontriaguin - Generalizaciones de los números. URSS, 2005.

[49] V. Quesada - Curso y Ejercicios de Estadística. Editorial Alhambra, 1989.

[50] M. Rosenlicht - Introduction to Analysis. Dover, 1968.

[51] W. Rudin - Real and Complex Analysis. McGraw-Hill, 1970.

[52] L. Scharf - A First Course in Electrical and Computer Engineereing. Rice University - CONNEXIONS, 2009.

[53] S.L. Salas y E. Hille - Calculus. Editorial Reverté, 1995.

[54] A. A. Sazánov - El Universo Tetradimensional de Minkowski. Editorial Mir, 1990.

[55] V.S. Shipachev - Fundamentos de las Matemáticas Superiores. Editorial Mir, 1991.

[56] V.I. Smirnov - A Course of Higher Mathematics. Addison Wesley, 1964.

[57] M.R. Spiegel - Cálculo superior. McGraw-Hill, 1987.

[58] P.A. Tipler - Física. Reverté, 1985.

[59] I. Vinográdov - Fundamentos de la Teoría de los Números. Editorial Mir, 1977.

[60] N.N. Vorobiov - Teoría de las Series. Rubiños, 1995.

[61] V.V. Voevodin - Álgebra Lineal. Editorial Mir, 1982.

[62] S.Y. Yan - Number Theory for Computing. Springer, 2002.

[63] A.V. Zhúkov - El Omnipresente Número π. Editorial URSS, 2005.